Pedro Barceló

Alexander der Große

Die Herausgabe des Werkes wurde durch
die Vereinsmitglieder der WBG ermöglicht.
Redaktion: Eckhard Humbert, Düsseldorf
Satz: Setzerei Gutowski, Weiterstadt
Gedruckt auf säurefreiem und alterungsbeständigem Papier
Printed in Germany

Besuchen Sie uns im Internet: www.wbg-darmstadt.de

ISBN 978-3-534-15412-8

Inhalt

Vorwort zur Reihe

„Gestalten der Antike“ – die Biographien dieser Reihe stellen herausragende Frauen und Männer des politischen und kulturellen Lebens jener Epoche vor. Ausschlaggebend für die Auswahl war, dass die Quellenlage es erlaubt, ein individuelles Porträt der jeweiligen Personen zu entwerfen, und sie konzentriert sich daher stärker auf politische Persönlichkeiten. Sie ist gewiss auch subjektiv, und neben den berühmten „großen Gestalten“ stehen interessante Personen der Geschichte, deren Namen uns heute vielleicht weniger vertraut sind, deren Biographien aber alle ihren je spezifischen Reiz haben.

Die Biographien zeichnen spannend, klar und informativ ein allgemeinverständliches Bild der jeweiligen „Titelfigur“. Kontroversen der Forschung werden dem Leser nicht vorenthalten. So geben auch Quellenzitate – Gesetzestexte, Inschriften, Äußerungen antiker Geschichtsschreiber, Briefe – dem Leser Einblick in die „Werkstatt“ des Historikers; sie vermitteln zugleich ein facettenreiches Bild der Epoche. Die Darstellungen der Autorinnen und Autoren zeigen die Persönlichkeiten in der Gesellschaft und Kultur ihrer Zeit, die das Leben, die Absichten und Taten der Protagonisten ebenso prägt wie diese selbst die Entwicklungen beeinflussen. Die Lebensbeschreibungen dieser „Gestalten der Antike“ machen Geschichte greifbar.

In chronologischer Reihenfolge werden dies sein:

Hatschepsut (1479–1457), von den vielen bedeutenden Königinnen Ägyptens nicht nur die bekannteste, sondern auch die wichtigste, da sie über zwei Jahrzehnte die Politik Ägyptens bestimmt hat;

Ramses II. (1279–1213), der Pharao der Rekorde, was seine lange Lebenszeit wie die nahezu unzähligen Bauvorhaben betrifft;

der spartanische König ***Agesilaos (398–361)***, sein Engagement in Kleinasien, seine Auseinandersetzungen mit Athen und Theben veränderten nachhaltig das Erscheinungsbild Spartas und ganz Griechenlands;

Alexander (356–323), der große Makedonenkönig, dessen Rolle in der Geschichte bis heute eine ungebrochene Faszination ausübt;

Hannibal (247–183), einer der begabtesten Militärs der Antike und Angstgegner der Römer; seine Kriege gegen Rom haben Italien mehr geprägt als manch andere Entwicklung der römischen Republik;

Sulla (138–78), von Caesar als politischer Analphabet beschimpft, weil er die Diktatur freiwillig niederlegte, versuchte in einem eigenständigen Konzept, den römischen Staat zu stabilisieren;

Cicero (106–43), Philosoph, Redner und Politiker, von dem wir durch die große Zahl der überlieferten Schriften und Briefe mehr wissen als von jeder anderen antiken Persönlichkeit; sein Gegenpart,

Caesar (100–44), ein Machtmensch mit politischem Gespür und einer ungeheuren Energie;

Kleopatra (69–30), Geliebte Caesars und Lebensgefährtin Marc Antons, die bekannteste Frauengestalt der Antike, die vor allem in den Darstellungen ihrer Gegner unsterblich wurde;

Herodes (73–4), der durch rigorose Anpassung an die hellenistische Umwelt die jüdische Monarchie beinahe in den Dimensionen der Davidszeit wiederherstellte, dem seine Härte jedoch letzten Endes den Ruf des „Kindesmörders“ eintrug;

Augustus (43 v.–14 n. Chr.), der mit unbeugsamer Härte, aber auch großem Geschick das vollendete, was Caesar angestrebt hatte; da er den Bürgerkriegen ein Ende setzte, wurde er für die Zeitgenossen zum Friedenskaiser;

Nero (54–68), der in der Erinnerung der Nachwelt als Brandstifter und Muttermörder disqualifiziert war, auch wenn ihn die zeitgenössischen Dichter als Gott auf Erden feierten;

Marc Aurel (161–180), der so gerne als Philosoph auf dem Thron bezeichnet wird und doch immer wieder ins Feld ziehen musste, als die ersten Wellen der Völkerwanderung das Römische Reich bedrohten;

Septimius Severus (193–211), der erste „Nordafrikaner“ auf dem Thron, aufgeschlossen für orientalische Kulte; er förderte die donauländischen Truppen und unterwarf das Reich zahlreichen Veränderungen;

mit ***Diocletian (284–305)*** lässt man die Spätantike beginnen, die sich vor allem durch konsequente Ausübung der absoluten Monarchie auszeichnet;

Konstantin der Große (306–337), der im Zeichen des Christengottes in die Schlacht zog und siegte, hat den Lauf der Geschichte nachhaltig verändert; dem Christentum war nun der Weg zur Staatsreligion vorgezeichnet;

Athanasius (295–373), unter den großen politischen Bischöfen der Spätantike einer der radikalsten und erfolgreichsten in dem Bemühen, den neuen Glauben im und gegen den Staat durchzusetzen;

Julian (361–363), dessen kurze Regierungszeit vieles von seinen Plänen unvollendet ließ und deshalb die Phantasie der Nachwelt anregte;

Theodosius der Große (379–395), von dem man sagt, er habe mit einer rigorosen Gesetzgebung das Christentum zur Staatsreligion erhoben; er bewegte sich mit Geschick durch eine Welt religiöser Streitigkeiten;

Galla Placidia (390–450), seine Tochter, eine jener spätantiken Herrscherinnen, die nicht länger hinter den Kulissen, sondern auf der politischen Bühne agierten;

Theoderich der Große (474–526), der bedeutendste jener „barbarischen“ Heerführer, die das Weströmische Reich beendeten;

und schließlich Kaiser ***Justinian (527–565)***, der zusammen mit Theodora die Größe des alten Imperium Romanum wiederherstellen wollte; die Beschreibung seiner Herrschaft kann insofern einen guten (chronologischen) Abschluss bilden.

Manfred Clauss

Vorwort des Autors

Mehr als bei jeder anderen Thematik spiegelt die Arbeit an einer Biographie die persönlichen Einstellungen, Neigungen sowie die Subjektivität des Verfassers wider. Kaum ein Autor vermag sich dieser Tatsache zu entziehen. Dies gilt insbesondere für einen Stoff, der uns wie im vorliegenden Fall bestenfalls aus zweiter oder gar dritter Hand überliefert ist. Daher kann das Ergebnis der Auseinandersetzung mit ihm niemals letzte Gewissheiten vermitteln, sondern lediglich zwischen Annäherung und Evidenz, Rekonstruktion und Imagination hin- und herpendeln. Wenn man angesichts derartiger Prämissen dennoch ein solches Vorhaben in Angriff nimmt, dann deswegen, weil das Thema „Alexander" eine besondere Ausstrahlung besitzt, die selbst hundertfache Abhandlungen nicht ausschöpfen können. Wenigstens ein kleines Streiflicht davon zu vermitteln, ist das Ziel dieses Buches, das seine Entstehung einem Umweg verdankt: Vor Alexander stand bei mir Hannibal.

Bei der Beschäftigung mit dem charismatischen karthagischen Feldherrn und Staatsmann (247–183), der einst auszog, um gegen den mächtigsten Staat des westlichen Mittelmeerraumes die Interessen seiner Heimatstadt durchzusetzen, stößt man immer wieder auf zentrale Episoden der Biographie des zur Legende gewordenen makedonischen Königs Alexander (356–323). Zwischen den dramatischen Schicksalen beider schillernder Potentaten gibt es, trotz signifikanter Unterschiede hinsichtlich der Ergebnisse beider Viten, verblüffende Analogien betreffs der historischen Ausgangslage zu Beginn ihrer jeweiligen Laufbahn. Was Hannibal mit seinem wagemutigen Vorstoß gegen Rom beabsichtigte, hatte Alexander bereits vorexerziert, indem er fern der Heimat jahrelang das Perserreich mit Krieg überzog, das größte Imperium der alten Welt eroberte und am Ende eine Brücke zwischen Europa und Asien schlug.

Sein Gang durch die Geschichte bildete eine unerschöpfliche Quelle der Inspiration für zahlreiche politisch maßgebliche Gestalten des Altertums. So lässt sich kaum eine spektakuläre Tat des großen Karthagers anführen, die nicht in Verbindung zum ebenso berühmten Makedonen stand (Bezug auf Herakles, Alpenübergang – Überschreitung des Hindukusch, Cannae – Issos, Gaugamela, und vieles mehr). Kein Wunder also, dass diese überaus komplexe Beziehung stets die Aufmerksamkeit der Forschung auf sich gezogen hat. Es war die Alexander-Imitatio Hannibals, die dazu anspornte, mich eingehender mit diesem über die Epochen hinaus wirkenden Vorbild auseinanderzusetzen.

Das Ergebnis meiner Annäherung an das Phänomen Alexander ist eine

Skizze, die aus der Fülle des verfügbaren Materials eine hoffentlich repräsentative Biographie zusammengefügt hat. Es ging darum, die Lebensstationen des makedonischen Königs vor dem Hintergrund der sich rasch wandelnden Welt des ausgehenden 4. Jahrhunderts zu bilanzieren, sodann seine Aufsehen erregenden militärischen Unternehmungen darzustellen, die dabei verfolgten politischen Zielsetzungen zu untersuchen sowie seine überaus vielschichtige Persönlichkeit einer historischen Beurteilung zu unterziehen. Gleichzeitig galt es, den Blick auf die politischen, sozialen, ökonomischen und kulturellen Rahmenbedingungen einer ungemein spannenden Epoche zu richten, die der Verschmelzung von Orient und Okzident Vorschub leistete, welche von dem im Mittelpunkt der Untersuchung stehenden außergewöhnlichen Machtmenschen eingeleitet und mitbestimmt wurde.

Wie alle monographischen Behandlungen Alexanders trägt auch diese an der Hypothek der Unzulänglichkeit. Diese ergibt sich bereits aus der Unmöglichkeit, aus der unübersehbaren Fülle der vorhandenen Literatur eine einigermaßen erschöpfende Auswahl zu treffen. Daher erheben die benutzten Titel weder Anspruch auf Vollständigkeit noch können sie alle forschungsrelevanten Fragen angemessen berücksichtigen. Das Ergebnis ist ein Kompromiss zwischen eigener Akzentsetzung und angestrebter Repräsentativität. Angesichts der Beschaffenheit unserer Quellenlage in Verbindung mit einer langen Forschungstradition sind neue, spektakuläre Erkenntnisse kaum zu erwarten. Dargeboten werden vielmehr Nuancierungen von bekannten Zusammenhängen, Neubewertungen einzelner Episoden seiner Biographie, Darstellungen der zentralen Fixpunkte und Reflexionen über deren Brüche, um so zu einer Würdigung der historischen Bedeutung Alexanders zu gelangen.

Daher versucht die vorliegende Abhandlung einen Mittelweg zwischen Darstellung, Analyse und Reflexion einzuschlagen. Ihr Leitfaden ist Alexanders Lebensweg, insbesondere die von ihm mitgestalteten politischen, kultischen und militärischen Aktionen. Die Schaubühne des Geschehens bildet die riesige Ländermasse, die sich von der Ägäis bis zum Indus erstreckt. Zur Kennzeichnung der Schauplätze werden die antiken Bezeichnungen, gelegentlich in der verdeutschten Version, und wenn nötig ihre heutige Benennung angeführt. Die Nomenklatur der antiken Personen, Orte, Topographie und Begriffe befolgt in der Regel die in der althistorischen Literatur eingebürgerten Normen; da diese aber keineswegs einheitlich sind, habe ich gelegentlich nach eigenem Gutdünken entschieden. Alle angeführten Datierungsangaben sind vor Christi Geburt.

Bedanken möchte ich mich bei Marco Ladewig und Pamela Lange, die mir bei der Literaturbeschaffung und bei der Herstellung der Druckvorlage mit überaus großem Engagement und Sachverstand unschätzbare

Dienste erwiesen haben. Christiane Kunst, Eike Faber, Christoph Selzer, Oliver Linz, Gunther Gottlieb und Michael Stahl haben das Manuskript gelesen, es mit mir erörtert und manche wertvolle Anregung gegeben. Ihnen allen bin ich sehr verpflichtet. Manfred Clauss möchte ich für die vorbildliche Betreuung dieses Bandes ebenfalls herzlich danken.

Potsdam, im September 2006 Pedro Barceló

Einführung

Kaum eine andere Szene aus dem Leben Alexanders fängt die Dynamik seiner Persönlichkeit so ein wie jene aus mehr als drei Millionen[1] Mosaiksteinchen zusammengesetzte Abbildung, welche im August des Jahres 79 n. Chr. durch den Ausbruch des Vesuvs von Asche bedeckt, konserviert wurde und schließlich im Oktober 1831 bei Ausgrabungen in Pompeji in der Casa del Fauno zum Vorschein kam. Bei dem 2,71 × 5,12 Meter großen Bodenmosaik[2], in dem durch die Kombination der vier Grundfarben Weiß, Ocker, Rot und Schwarz bis zu 40 Farbnuancen zu finden sind, handelt es sich um eine sehr bekannte, in Neapel aufbewahrte römische Kopie einer hellenistischen Schlachtkomposition, deren Vorlage wahrscheinlich bereits im 4. Jahrhundert angefertigt wurde.[3]

Im Vordergrund des Schlachtgetümmels, am linken Bildrand, befindet sich Alexander mit seinem Pferd Bukephalos. Sein vornehmer Rang wird durch das langärmlige Gewand angedeutet, über dem ein reich verzierter Panzer mit einem emblemartigen Gorgonenhaupt den Körper schützt. Die purpurrote Chlamys weist den Reiter als Mitglied eines Herrscherhauses aus. Er prescht barhäuptig den feindlichen Reihen entgegen, während seine Mitkämpfer behelmt auftreten. Markante Körpermerkmale werden nicht retuschiert, sondern betont. Sie verwandeln sich zur ikonographischen Chiffre des Abgebildeten, der durch seine Jugendlichkeit besticht. In ihr verbindet sich das aristokratische Schönheitsideal mit der Individualität des Machtmenschen. Bemerkenswert ist das lange, lockige Haar, das die Vorwärtsbewegung des Hauptakteurs unterstreicht und damit die Wirkung seiner Aktionen verstärkt. Besonders auffallend sind die übergroß gestalteten Augen. Sie offenbaren eine Persönlichkeit, die hohe Ziele anstrebt, indem sie ihren Blick entschlossen in die Ferne richtet.

Den zweiten Brennpunkt des Gemäldes bildet der persische König Dareios III. (siehe Abb. 16, S. 117). Er trägt ein purpurnes Kleid mit weißem Mittelstreifen, der von goldenen Sternen umsäumt ist. Sein Haupt bedeckt eine Tiara, das persische Analogon zum Diadem. Goldene Schmuckreifen verweisen auf die Würde des auf einem prächtigen Streitwagen erhaben über allen anderen stehenden Herrschers. Wie bei Alexander fällt auch bei Dareios III. die individuelle Gestaltung seiner Physiognomie auf, in der sich abzeichnet, wie die Erkenntnis über die sich anbahnende Niederlage vom Schrecken angesichts der unmittelbaren Bedrohung durch den heranpreschenden König der Makedonen überdeckt wird. Die Gefährlichkeit der Lage wird durch die aufopferungsvollen Schutzaktionen persischer Krieger rund um den Wagen des Königs betont. Sie richten ihren Blick

Abb. 1: „Die Alexanderschlacht". Römisches Mosaik in Pompeji nach einem griechischen Gemälde des 4. Jahrhunderts.

sorgenvoll auf Dareios III. und bekräftigen damit die Dramatik der Situation.[4]

Gleichgültig, um welche Schlacht es sich hier handelt, Issos oder Gaugamela[5], wichtig ist, dass die Entscheidung zwischen Makedonen und Persern als agonale Konfrontation zweier Machthaber um die Herrschaft erscheint.[6] Unmittelbar ins Auge springt der Gegensatz zwischen Alexanders zielgerichteter Angriffsspitze und den chaotischen Auflösungserscheinungen um Dareios III. Die Flucht des Perserkönigs steht als Synonym für den Sieg Alexanders. Diese Sichtweise, welche die Ereignisse im Wesentlichen auf den Machtkampf zweier Herrscher reduziert, wird durch die Gesichtszeichnung, die Körperhaltung und die aufeinander bezogenen Gesten sowie die markante Kleidung der Protagonisten verdeutlicht. Sämtliche bewusst akzentuierten Merkmale sind kein schmückendes Beiwerk; sie erschließen uns das Verständnis der Gesamtkomposition. Alexanders Helmlosigkeit kontrastiert mit Dareios' III. Tiara. Während dieser hoch aufgerichtet auf seinen umso tieferen Fall wartet, kämpft jener in gleicher Linie mit seinen Gefährten. Der Künstler wollte Alexander unter Aussparung auffälliger Herrschaftsattribute abbilden. Diese Bescheidenheit sollte den Makedonen deutlich vom prunkvoll auftrumpfenden, in der Schlacht hingegen kläglich

Abb. 1 a: Alexanderschlacht, Ausschnitt: Alexander der Große.

versagenden Perserkönig abheben. Ausschlaggebend für das Charakterbild des Siegers sind nicht die äußeren Insignien der Macht, sondern Positur, Haartracht, Fernblick und Jugendlichkeit. Die Summe dieser Elemente wird für ihn identitätsstiftender als Diadem und Zepter.

Zwar erscheint mit Hilfe der akribisch ausgearbeiteten Details eine ungewöhnliche Gestalt, deren hervorstechende Attribute ein Bild gebündelter Energie, unbändigen Tatendrangs sowie einer jenseits jeder Konvention stehenden Singularität ergeben – doch kommt dies dem historischen Alexander wirklich nahe, oder fassen wir hier nicht lediglich ein ideologisch motiviertes Abbild, eine inszenierte Idealisierung?

Angesichts der verschollenen Primärüberlieferung – nur sie böte die Gewähr für eine einigermaßen zuverlässige Rekonstruktion – muss die Suche nach dem historischen Kern Stückwerk bleiben. Darüber hinaus läuft sie Gefahr, zu einem Dokument unserer eigenen Zeit zu geraten, das sich aus einer Kombination von Reflexionen späterer Quellen wie Diodor, Plutarch, Curtius Rufus, Arrian und Justin zusammensetzt, die im günstigsten Falle auf Originalberichte des Kallisthenes, Ptolemaios, Aristobul oder Nearchos zurückgehen, im ungünstigsten Fall aber lediglich Legenden wiedergeben – wie der Alexanderroman –, die mittels quellenkritischer Forschung und der eigenen Imagination lediglich etwas zurechtgerückt, aber nie gänzlich entschlüsselt werden können.[7]

Wie kann es angesichts dieses Tatbestandes gelingen, sich der Sogkraft einer Rezeptionsgeschichte zu entziehen, die durch vielfache Verformungen, Affekte, Interpolationen, Brüche, Glättungen, Bewertungen und Fälschungen bestimmt ist? Zumal Alexander derartig unterschiedliche und widersprüchliche Assoziationen wachruft, dass es unmöglich scheint, objektive Kriterien für eine sachgerechte historische Deutung zu gewinnen. Hinzu kommt, dass er zu jenen Grenzgängern zählt, die sich jeder Vereinnahmung versagen. Gehörte er dem Okzident oder dem Orient an? Ergibt eine Trennung beider Kulturkreise einen Sinn, indem er hier oder dort verortet wird? Wer kann ihn schon ganz für sich beanspruchen? Lässt sich überhaupt eruieren, wie er wirklich war? Und wenn wir diese Frage stellen, wie könnte die Antwort ausfallen?

War er nicht ein energischer Staatsmann und genialer Stratege, ein brutaler Feldherr, ein risikobereiter Abenteurer und wagemutiger Krieger, ein Bündel an Leidenschaft und Sehnsucht, eine überragende politische Begabung und überschwängliche Natur, ein unermüdlicher Weltreisender und stets die Grenzen des Machbaren sprengender Machtmensch, mehr getrieben als selbst treibend, ein Vabanquespieler, ein skrupelloser Potentat, ein gebildeter Monarch, äußerst empfänglich für Literatur, Kunst und Wissenschaft, wissbegierig und leistungsfähig, kurz entschlossen und launisch, religiös veranlagt, überaus sensibel für die Wirkkraft des Göttlichen; jedoch auch jähzornig, unbeherrscht, großzügig und grausam, hitzig und berechnend zugleich, mutig bis zum Übermut, zu großen Taten und Untaten fähig, ein Despot und ein zärtlicher Liebhaber, den Freuden des Lebens zugewandt, asketisch, erregbar und maßlos, egomanisch und großherzig, kühl und begeisterungsfähig, großmütig und rachsüchtig, tapfer und extrem belastbar, rational und nüchtern, keiner Herausforderung ausweichend, unkonventionell und doch traditionsbewusst, ein Eroberer, Zerstörer und Visionär; von seinen Zeitgenossen als Befreier und Unterdrücker, als traumatische Zumutung und Chance, als dämonische Kraft und als Naturereignis, als Hoffnungsträger oder gar als göttliches Wesen wahrgenommen?

Möglicherweise war Alexander ein wenig von alldem, doch Einzelteile müssen nicht zwangsläufig ein Ganzes ergeben. Und ob solche Fragen überhaupt so viel historisch verwertbares Material ans Licht bringen, dass sich damit Bausteine für eine angemessene Darstellung seines Lebens und seiner Zeit gewinnen lassen, ist ungewiss. Es bleiben Fragezeichen, die keine Alexanderbiographie definitiv lösen kann, auch nicht die vorliegende.[8] Ihr Ziel ist viel bescheidener, nämlich einige Facetten des Phänomens Alexander zu beleuchten. Sie möchte aus der Betrachtung der einschlägigen Quellen und unter Heranziehen der Forschungsliteratur eine Skizze seines Lebensweges entwerfen. Zuvor muss jedoch das historische Umfeld als Rahmen der Biographie näher beleuchtet werden. Ferner soll der Versuch unternommen werden, Alexander als Menschen seiner Zeit zu begreifen, der von seiner makedonischen Herkunft geprägt und von der griechischen Kultur geformt war, sich aber erstaunlich offen für die Welt des Orients zeigte. Es geht auch darum, die ideologische Fundierung seiner Kriegszüge stärker für die Deutung seines Politikverständnisses heranzuziehen, den Eroberer im Spannungsfeld zwischen makedonischem Königtum und persischer Monarchie zu würdigen und zugleich den Versuch zu unternehmen, jene unsichtbare Linie zwischen Mythos und Historie zu vermessen.

Die Verwandlung der Welt nach Alexander

Als Alexander im Jahr 356 geboren wurde, war seine makedonische Heimat eine in ihrer staatlichen Existenz stets gefährdete und von Feinden bedrohte Mittelmacht. Die griechische Poliswelt prägte immer noch das politische Geschehen in der Ägäis, und über allen stand das Perserreich als die dominierende Weltmacht. Als er im Jahr 323 starb, waren Makedonien die stärkste Macht seiner Zeit, Griechenland ein Anhängsel Makedoniens und das Perserreich bloße Makulatur geworden. Eine raschere und radikalere Verwandlung der politischen Landkarte der alten Welt, wie sie sich unter Alexanders Einfluss innerhalb von etwa elf Jahren vollzogen hat, ist schwer vorstellbar. Dazwischen lag ein beispielloser Kriegszug, in dessen Verlauf die aus Makedonien und Griechenland ausgezogenen Gefährten Alexanders ein Gebiet eroberten, das sich von der unteren Donau bis zum Indus, vom Nilland bis zur Arabischen Wüste, vom Roten Meer bis zum Kaukasus erstreckte.

Zu einem Einheitsstaat ist die enorme und heterogene Landmasse, die Alexanders Befehlsgewalt unterstand, keinesfalls verschmolzen. Vielmehr bildeten diese Länder ein buntes Mosaik von Territorien mit unterschiedlichen ökonomischen Strukturen (phönikische Handelsrepubliken, Agrarland Ägypten, Nomadenwirtschaft im iranischen Hochland), Staatsformen (griechische Poleis, mesopotamische Tempelstaaten, Territorialstaaten in Makedonien, Ägypten, Lydien, Karien, baktrische Stammesgesellschaften), Religionen (griechischer Olymp, ägyptische Gottheiten, babylonischer Mardukkult, zoroastrische Lehre), Sprachen (Griechisch, Ägyptisch, Aramäisch, Persisch) und Rechtsordnungen. Eine Verzahnung der makedonischen und persischen Eliten mag Alexander als das Gerüst seiner Staatsgründung vorgeschwebt haben. Doch trotz mancher Versuche konnte es zu keiner Assimilation kommen, und sein plötzlicher Tod machte ohnehin derartige Ansätze zunichte. Die Zukunft des Eroberungswerks hing von der Haltung der makedonischen Führungsschicht ab.

Über Nacht mussten Alexanders Gefährten die Herrschaft über ein immenses Territorium übernehmen. Da es keinerlei Vorkehrungen für den Ernstfall gegeben zu haben scheint, reagierten die Beteiligten hektisch auf das plötzlich eingetretene Machtvakuum. Perdikkas trat als Sprecher der makedonischen Kriegerelite auf. Er fühlte sich dazu legitimiert, weil er den Siegelring vom sterbenden König erhalten hatte.[1] Sein Vorschlag, den noch ungeborenen männlichen Nachkommen Alexanders von der iranischen Fürstentochter Roxane als Nachfolger anzuerkennen – tatsächlich gebar sie kurz darauf einen Sohn –, lief auf die Einsetzung eines Regentschaftsrates hinaus.[2] Dieser Schachzug, der den Interessen des makedonischen Adels entgegenkam, bedeutete faktisch eine Vertagung der Nachfolgeregelung. Dagegen opponierten die Fußtruppen, die Alexanders Bruder Philipp Arrhidaios als König favorisierten.[3] Nach heftigen Kontroversen einigte man sich auf eine Doppelbesetzung des makedonischen Throns.[4] Alexander IV. und Philipp III. Arrhidaios verkörperten eine Verlegenheitslösung, deren Brüchigkeit bereits bei ihrem Zustandekommen kaum verhehlt werden konnte.

Dadurch wurde der Zusammenhalt der eroberten Gebiete in Frage gestellt. Da weder Alexander IV. noch Philipp Arrhidaios als regierungsfähig galten, gestaltete sich die Besetzung der Leitungspositionen zu einem erbitterten Wettbewerb, der unter der makedonischen Militäraristokratie entschieden wurde.[5] Wie zu erwarten, war dieser Streit um die Macht kaum auf friedlichem Weg zu lösen. Daher sind die Jahre nach Alexanders Tod ausgefüllt von militärischen Auseinandersetzungen und wechselnden Allianzen zwischen seinen Nachfolgern, den Diadochen, im Wettlauf um die Herrschaft über den Orient, Makedonien und Griechenland.

Eine Generation lang wüteten unzählige Kriege. Die Diadochen hoben ständig Heere aus, führten sie von einem Kampfplatz zum nächsten, verwüsteten und plünderten Landschaften, Städte und Tempel. Anarchie beherrschte die politische Szene in Ost und West. Fast jährlich änderten sich die Konstellationen. Oberstes Ziel der Kriegsherren war zunächst der Besitz eines möglichst großen Areals der unter Alexander eroberten Länder, um so eine günstige Ausgangsposition für die weitere Ausdehnung des eigenen Herrschaftsbereiches zu gewinnen. Darüber, wie die krisengeschüttelten politischen Verhältnisse zu gestalten seien, gab es unter Alexanders Weggefährten konträre Auffassungen. Antipater, Polyperchon und Eumenes[6] versuchten die Reichseinheit unter der schwachen Oberherrschaft der verbliebenen Verwandten Alexanders zu retten.[7] Dagegen wandten sich Perdikkas und Antigonos, die selbst zu regieren beanspruchten.[8] Schließlich erstrebten Seleukos, Lysimachos, Ptolemaios und Kassander eigene Teilherrschaften.[9] Diese miteinander konkurrierenden Zielsetzungen waren die Ursache für die nach Alexanders Tod ausgebrochenen Konflikte, die erst mit der Schlacht von Kurupedion 281, die das Ende der Diadochenkriege markiert, halbwegs befriedigend entschieden werden konnten.[10]

Rückblickend lässt sich die Diadochenära in zwei unterschiedliche Phasen einteilen. Die erste umfasste die blutigen Kämpfe um Land und Herrschaft. Der Wettstreit der einzelnen Monarchen um die Hegemonie bestimmte die zweite Phase. War es im Alexanderreich gelungen, große Teile der westlich-orientalischen Welt unter einer allgemein anerkannten Leitung zusammenzufassen und damit einen Schritt zur Verwirklichung einer im Osten keineswegs fremden Universalmonarchie zu vollziehen, so stellten die Diadochenreiche das Gegenteil davon dar. Partikularismus und gegenseitige Rivalität erwiesen sich als die bestimmenden Merkmale des hellenistischen[11] Staatensystems.

Der äußere Glanz der Expeditionen Alexanders konnte nicht verhindern, dass vieles Stückwerk geblieben war und dass den Diadochen die Bewahrung der Reichseinheit misslang. Zu sehr waren die heterogenen politischen Verhältnisse in den eroberten Territorien nur durch die charismatische Person Alexanders verklammert worden, als dass einem anderen die Nachfolge glücken konnte. Die Gründe für die Desintegration des Reiches sind nicht nur bei den in Frage kommenden Erben Alexanders zu suchen. Sie lagen vor allem in den Methoden seiner Herrschaftsausübung begründet, die von der Kooperation zwischen den makedonischen und persischen Eliten abhing, aber stets auf Skepsis bei der makedonischen Führungsschicht gestoßen war. Zeitweise schien es zwar, als ob die unnachgiebige Haltung Alexanders seine Kritiker zum Einlenken bewogen habe, wie beim Versöhnungsfest in Opis. Doch dies geschah aus Loyalität zum König, keineswegs aus Überzeugung. So war es nur folgerichtig, dass nach Alexanders Tod der Idee eines makedonisch-persischen Imperiums eine Absage erteilt wurde. Die Westorientierung setzte sich durch. Die Folgen dieses Tauziehens waren nicht nur weitreichend für die Konstituierung des künftigen Herrschaftsgebietes, sondern auch für die nachträgliche politische Ausrichtung; denn das Schwergewicht verschob sich von den orientalischen Machtzentren Babylon, Susa, Persepolis und Ekbatana nach Westen. Die Ägäis verwandelte sich in der Diadochenzeit zum Gravitationszentrum der hellenistischen Politik: Pella, Ephesos, Pergamon, Rhodos, Seleukia, Antiochia am Orontes oder Alexandria am Nil werden die Mittelpunkte der hellenistischen Welt.[12]

In Anlehnung an die makedonische und persische Regierungspraxis setzte sich die Monarchie als Staatsform in den neu gegründeten Staaten durch.[13] Der König herrschte darin weitgehend uneingeschränkt. Vielerorts genoss er göttliche Verehrung. Das eroberte Land und die Menschen gingen in sein Eigentum über, das er nach Gutdünken mit treu ergebenen Gefolgsleuten teilen konnte. Damit wurde freilich der verfügbare Besitz erheblich geschmälert. Legitimiert wurde der Thronanspruch einer Dynastie durch Eroberung und Inbesitznahme des Landes oder, wie es in der Anfangszeit vorkam, durch Berufung auf eine besondere Nähe zu Alexander. So bemächtigte sich Ptolemaios des Leichnams Alexanders, um ihn in Memphis beizusetzen[14], wodurch er bei den Makedonen Ansprüche auf dessen Nachfolge geltend machen konnte, um die Herrschaft seiner Dynastie über Ägypten zu legitimieren. Andere Prätendenten versuchten ebenfalls durch den Verweis auf enge Beziehungen zu Alexander oder

Abb. 2: Reiterstatuette des Ptolemaios II. Philadelphos (283–246).

durch ihre Zugehörigkeit zum makedonischen Adel eine weitere Legitimationsquelle für ihre Ambition anzuführen, da die Heeresversammlung ein gewichtiges Mitspracherecht bei der Anerkennung eines Herrschaftsanspruches besaß.[15]

Alexanders Vorbildfunktion lässt sich an einer König Ptolemaios II. Philadelphos zugeeigneten Reiterstatuette deutlich ablesen. Im Gesicht des Reiters tritt ein „alexanderhaftes Aussehen" zutage: Jugendlichkeit, Fernblick und gelocktes Haar.[16] Wir sehen ferner nur den Reiter – das Pferd ist verloren –, der eine Elefantenhaut über die Brust geknotet und über den Kopf sowie den linken Arm geschwungen hat. Bereits auf Münzprägungen Alexanders finden wir das Motiv der Elefantenhaut, die den von Haar umschlossenen Kopf verdeckt. Der Elefant signalisiert als Tier des Dionysos, dass der Herrscher, der sich seit Alexander als neuer Dionysos begriff, unbesiegbar war. Gleichzeitig wurde durch die sichtbare Nähe des Abgebildeten zu dem Gott der mythische Überbau des hellenistischen Königtums sinnfällig zum Ausdruck gebracht.

Neben der Betonung einer nahen Beziehung zu Alexander waren vor allem die Kontrolle der Armee und die Leitung der Verwaltung die wesentlichen Stützen der hellenistischen Monarchien. Das Heer rekrutierte sich vornehmlich aus Makedonen und Griechen, die aus der Beute der eroberten Gebiete, etwa durch Landzuweisungen, entlohnt wurden. Die Arbeitskraft der ansässigen Bevölkerung, die von der Regierungsbeteiligung ausgeschlossen blieb, bildete die ökonomische Grundlage der neuen Staaten. Die Einheimischen mussten Steuern und Abgaben entrichten und wurden in politischer und ökonomischer Abhängigkeit gehalten. Sie lebten auf dem flachen Land, das häufig zu Gunsten der Stadt von der Regierungszentrale vernachlässigt wurde.[17] Die Stadt war Mittelpunkt des politischen, wirtschaftlichen und kulturellen Lebens.[18] Die Königsresidenzen entwickelten sich zu den Brennpunkten der hellenistischen Reiche.[19] Hier regierte der König, tagte der Kronrat, hier waren auch die Spitzen der Verwaltung und des Militärs angesiedelt. Dies führte zu einer Zentralisierung des politischen und ökonomischen Lebens sowie zur Konzentration des Kulturbetriebs auf die großen Metropolen. Anders als die Bewohner der klassischen Poliswelt war der Bürger einer hellenistischen Residenzstadt Untertan eines Territorialstaates.[20]

Hier fühlte man sich als Kosmopolit. In diesem Sinne konnte dann die stoische Philosophie die Zugehörigkeit aller Menschen zur Gemeinschaft der Weltbürger postulieren und in Anlehnung an platonische Lehrsätze einen Katalog entwickeln, der die Verhaltensnormen für den idealen Monarchen festlegte. Denn vom Königshaus gingen die wesentlichen Impulse aus. Im Auftrag der Herrscher errichteten Architekten schachbrettartig angelegte Städte nach dem Vorbild des Hippodamos von Milet, legten Wissenschaftler Sammlungen und Bibliotheken an, und ein Heer von Gelehrten schuf die Grundlagen für Philosophie und Naturwissenschaft der hellenistischen Ära, deren wichtigste Schulen bis in die römische Kaiserzeit hinein ihren Einfluss behaupten konnten. Die Abhängigkeit der Künste und Wissenschaften vom Monarchen wurzelte im Mäzenatentum der Herrscher, die nicht nur politisch und ökonomisch das Sagen hatten, sondern ebenso eine kulturelle Dominanz ihrer Residenz gegenüber den konkurrierenden Höfen anstrebten.[21] Doch sosehr eine Vielzahl analoger Strukturen auf sämtliche hellenistischen Reiche zutraf, so gab es im Einzelnen große Differenzen. Ihre Lebensdauer war unterschiedlich, und in einigen von ihnen sind Sonderentwicklungen zu beobachten. Eines verband sie jedoch miteinander: Sie alle wurden im Verlauf des 2. und 1. Jahrhunderts eine Beute des aufstrebenden Rom, das auf dem Boden des einstigen Alexanderreiches sein Weltreich begründete.[22]

Die Machtkämpfe der Diadochen veränderten nicht nur die politische Landkarte des Vorderen Orients, sondern auch die des griechischen Mutterlandes. Sofern die Poleis nicht stark genug waren, um den Anfechtungen der Territorialmächte zu widerstehen oder in Form von Föderationen eine eigene Machtstellung aufzubauen, gerieten sie in die Abhängigkeit der Könige von Makedonien.[23] Hier vermochte sich die von Antigonos begründete Dynastie zu behaupten. Dem war die Auslöschung von Alexanders Verwandten und Nachkommen vorangegangen. Zuerst wurde Philipp III. Arrhidaios im Jahr 317 beseitigt. Ein Jahr später ließ Kassander, um die Macht in Makedonien zu erlangen, Alexander IV. sowie Roxane in Gewahrsam nehmen und danach ermorden, womit die altmakedonische Königsdynastie erlosch.[24] Herakles, der gemeinsame Sohn von Alexander und Barsine, fiel kurz darauf den Nachstellungen Polyperchons zum Opfer.[25] Schließlich misslangen Kassanders Bemühungen, sich und seinem Haus die Herrschaft in Makedonien zu sichern. Erst nach heftigen Machtkämpfen vermochten die Nachkommen der Diadochen Antigonos,

Demetrios und Antigonos II. die Herrschaft ihrer Familie im makedonischen Stammland zu begründen.[26]

Nachdem die Antigonidendynastie etabliert war, präsentierte sich Makedonien als ein konsolidiertes Staatswesen, das die seit Philipp II. bestehenden Hegemonieansprüche auf Griechenland aufrechterhalten konnte. Zudem verfügte es über ein unersetzliches Reservoir an Soldaten und Verwaltungspersonal für die Führungsebenen der hellenistischen Höfe. Dadurch erlangte das Antigonidenreich zeitweise eine Schlüsselstellung im Machtgerangel mit seinen Konkurrenten. Aufgrund seiner geostrategischen Lage kontrollierte Makedonien die Balkanhalbinsel und die Nordägäis.[27] Die überkommenen gesellschaftlichen Strukturen behielten hier im Wesentlichen ihre Geltung. Damit erreichte die Kluft zwischen Hofstaat und Regierten nie das Ausmaß, das beispielsweise das Ptolemäerreich kennzeichnete. Seit der Regierung des Antigonos Gonatas (272–239) galt die Maxime vom Königtum als „ehrenvolle Knechtschaft“, eine Auffassung, die zweifellos auf stoische Einflüsse zurückging. Zahlreiche Gelehrte wie Zenon oder Hieronymos von Kardia pflegten freundschaftlichen Umgang mit dem makedonischen König, der seine Residenz in Pella zu einem kulturellen Zentrum ausbaute.[28] Anders als das Seleukidenreich erlebte Makedonien keinen allmählichen Zerfall seiner einstigen Macht. Bis zum Vorabend der römischen Invasion vermochten die Antigoniden die territoriale Einheit und Größe ihres Staatsgebietes zu bewahren. Schließlich wurde Makedonien seine geographische Lage zum Verhängnis. Dem Ansturm der nach der Niederschlagung Karthagos übermächtigen römischen Republik konnte es nicht standhalten, und so wurde das Land als erster Nachfolgestaat Alexanders römische Provinz.[29]

Das Seleukidenreich, von Seleukos, einem Gefährten Alexanders, gegründet, war zunächst der größte hellenistische Flächenstaat. Es umfasste fast das gesamte frühere Perserreich. Die auf orientalische Verwaltungstradition zurückgehende Satrapieneinteilung wurde beibehalten.[30] Doch förderte diese Dezentralisierung der Herrschaft – wie gegen Ende des Perserreiches – die Selbständigkeitsbestrebungen der Statthalter und verstärkte damit die Auflösungstendenzen. Das Seleukidenreich erwies sich als wesentlich schwieriger zu regieren als beispielsweise das zentral geleitete Ägypten oder Makedonien. Der Herrscherkult als ideologische Klammer der Zentralregierung konnte sich erst später als im Ptolemäerreich etablieren, da hier – im Gegensatz zum Pharaonenland Ägypten – die Herrscherapotheose nicht traditionell verwurzelt war.

Legitimiert wurde die Regierung der Seleukidendynastie durch das Recht des Siegers auf das eroberte Land.[31] Zwar beanspruchte der König die Führungsfunktion, aber der Rat der Freunde, dem die Spitzen der Armee und Verwaltung angehörten, wirkte bei der Regierung des Landes

Abb. 3: Seleukos. Tetradrachme aus Susa.

mit. Die makedonisch-griechische Militärelite stellte die Oberschicht der äußerst heterogenen seleukidischen Gesellschaft dar. Ihre Angehörigen wohnten in den großen Städten des Landes wie Antiochia, Seleukia oder Ephesos beziehungsweise auf den Domänen, die das Rückgrat der Wirtschaft bildeten. Die seleukidische Reichspolitik war gekennzeichnet von den Versuchen ihrer Könige, den Orient zu gräzisieren. Als Werkzeug dazu diente eine nach Alexanders Vorbild gestaltete Siedlungspolitik. Zahlreiche Städtegründungen sollten griechische Kolonisten anlocken und durch einen Kranz von Militärstationen und Kulturzentren das erodierende Staatsgebiet schützen.[32] Doch den zahlreichen zentrifugalen Kräften zeigte sich das Seleukidenreich auf Dauer nicht gewachsen. Schon in der Mitte des 3. Jahrhunderts gingen Baktrien und Parthien verloren.[33] Um Koilesyrien mussten die Seleukiden einen langen Krieg gegen die Ptolemäer führen, der die Substanz des Reiches angriff und letztlich ergebnislos verlief.[34] Das anschaulichste Beispiel der allmählichen Desintegration des Seleukidenreiches bot Judäa. Unter der Herrschaft Antiochos' IV. Epiphanes (175–164), der ein Verfechter der Hellenisierung war, kam es wegen der Religionspolitik zu einem unerbittlich geführten Krieg mit den Juden. Als der König neben der Jahweverehrung den Zeuskult in Jerusalem einführen wollte, erhob sich der Widerstand der als Makkabäer bekannt gewordenen Hasmonäer, eines angesehenen Priestergeschlechts. Am Ende dieser Auseinandersetzung stand die Abtrennung der jüdischen Gebiete vom Seleukidenreich.[35] In Kleinasien hatten sich schon vorher einige Territorien gelöst und unter Führung von einheimischen Dynasten ihre Selbständigkeit behauptet wie etwa in Galatien und Pergamon. Die

Abb. 4: Ptolemaios I., Tetradrachme aus Alexandria.

größte Gefahr für die Integrität des Seleukidenreichs drohte aber vom Westen.[36] Mit Roms Eingreifen in die politischen Verhältnisse der östlichen Mittelmeerwelt verkleinerte sich das Reich erneut und blieb schließlich auf den Besitz von Syrien beschränkt. Im Jahr 64 zogen die Römer die Konsequenz ihrer imperialen Eroberungspolitik. Gnaeus Pompeius, der sich als einer der ersten Römer in die Nachfolge Alexanders stellte, eroberte Syrien, welches danach eine Provinz des römischen Weltreichs wurde.[37]

Das vom Alexandergefährten Ptolemaios gegründete Reich stach durch die Fülle seiner Ressourcen hervor. Es war zudem ein relativ geschlossenes Staatswesen.[38] Obwohl das Nilland sein Herzstück bildete, dehnten sich die ptolemäischen Besitzungen von der Kyrenaika im Westen bis nach Phönikien im Osten und Zypern im Norden aus. Die Ptolemäer besaßen zeitweilig Landbesitz an der West- und Südküste Kleinasiens und stritten sich mit den Antigoniden und Seleukiden um Einfluss in Griechenland, in der Ägäis und in Syrien. Eine dünne griechisch-makedonische Oberschicht herrschte hier über die große Masse der alteingesessenen ägyptischen Bevölkerung.

Alexandria, die Residenz der Ptolemäer, fungierte als Machtzentrale des Reiches.[39] Hier stand das prächtige Grabmal Alexanders, den man als Gott verehrte. Während Alexandria eine eingeschränkte Lokalautonomie besaß, wurde das übrige Land in Bezirke aufgeteilt und von einem Verwaltungsapparat kontrolliert, dessen Führungsspitze aus Makedonen und Griechen bestand, während einheimische Ägypter in untergeordneten Stellungen anzutreffen waren.[40] Das straff organisierte Heer königlicher Amtsträger, ein Erbe der Pharaonenzeit, ermöglichte den Ausbau einer staatlichen Monopolwirtschaft. Sie beruhte auf der Arbeitskraft der einheimischen Bevölkerung und brachte der Staatskasse beträchtliche Summen ein. Ein Beispiel für die oft unmenschlichen Bedingungen der Zwangswirtschaft ist die Goldförderung im Süden des Landes. Hier wurden Sträflinge, aber auch politisch Missliebige samt ihren Familien zur Steigerung der königlichen Einnahmen rücksichtslos ausgebeutet. Um die Stabilität der Sozialordnung gewährleisten und den inneren Frieden bewahren zu können, war es von entscheidender Bedeutung, die einheimischen Eliten für sich zu gewinnen; besonders die einflussreiche Priesterschaft. Dies gelang durch Gewährung von Vergünstigungen und indem man alte Privilegien bestätigte. Im Gegenzug verpflichteten sich die Religionsführer, die Regierung der landesfremden Ptolemäer zu dulden. Die finanziellen Mittel der ägyptischen Könige überstiegen die der anderen hellenistischen Monarchien. Sie waren Eigentümer des Landes, das den Einheimischen zur Pacht überlassen wurde, und bezogen riesige Summen aus der Ausbeutung der vielfältigen Ressourcen.

Ähnlich wie das Seleukidenreich zerbröckelte die Macht der Ptolemäer eher langsam.[41] Nach langer Agonie verleibte Augustus ein Jahr nach der Seeschlacht bei Actium 31 das Land dem Römerreich ein und errichtete dort die erste kaiserliche Provinz, die durch ihre Ressourcen, vor allem die Getreidelieferungen, eine wesentliche Stütze der Herrschaft der römischen Caesaren wurde.[42]

Gegenüber der politischen und ökonomischen Kleingliedrigkeit der griechischen Poliswelt im 4. Jahrhundert bietet die Ära Alexanders insofern ein verändertes Bild, als die Einheit des tradierten Wirtschafts- und Handelsraums um den Orient erweitert und somit eine Intensivierung der absatzorientierten Produktion und des Austausches möglich wurde. Gefördert wurde dies zudem durch ein gut funktionierendes Währungssystem und Bankwesen. Ein Innovationsschub im Bereich der Agrartechnik – die Züchtung ertragreicherer Pflanzen- und Nutztierarten, der technologische Fortschritt bei Bewässerungs- und Kanalisationsanlagen –, aber auch im Schiffbau, verbunden mit dem Auffinden neuer Rohstoffvorkommen und dem Zugang zu Handelswegen bis nach Zentralasien, Afrika und Nordeuropa, erschloss wirtschaftlich ergiebige Absatzmärkte, vor allem an den Höfen, in den königlichen Residenzen und in den neu gegründeten Städten. Die griechischen Poleis des Mutterlandes, ökonomisch durch Kriege zunehmend zerrüttet, rückten unter diesen Bedingungen nach einer kurzen Erholung an den Rand des Wirtschaftsgeschehens. Günstiger gelegene Handelsplätze, vor allem Rhodos, gewannen an Bedeutung und politischer Macht. In Ägypten spielte der staatswirtschaftliche Dirigismus eine wichtige Rolle. Vielerorts vertiefte sich die Kluft zwischen Reich und Arm. Eine neuerliche soziale Polarisierung wird erkennbar, gegenüber der das Schwinden der politi-

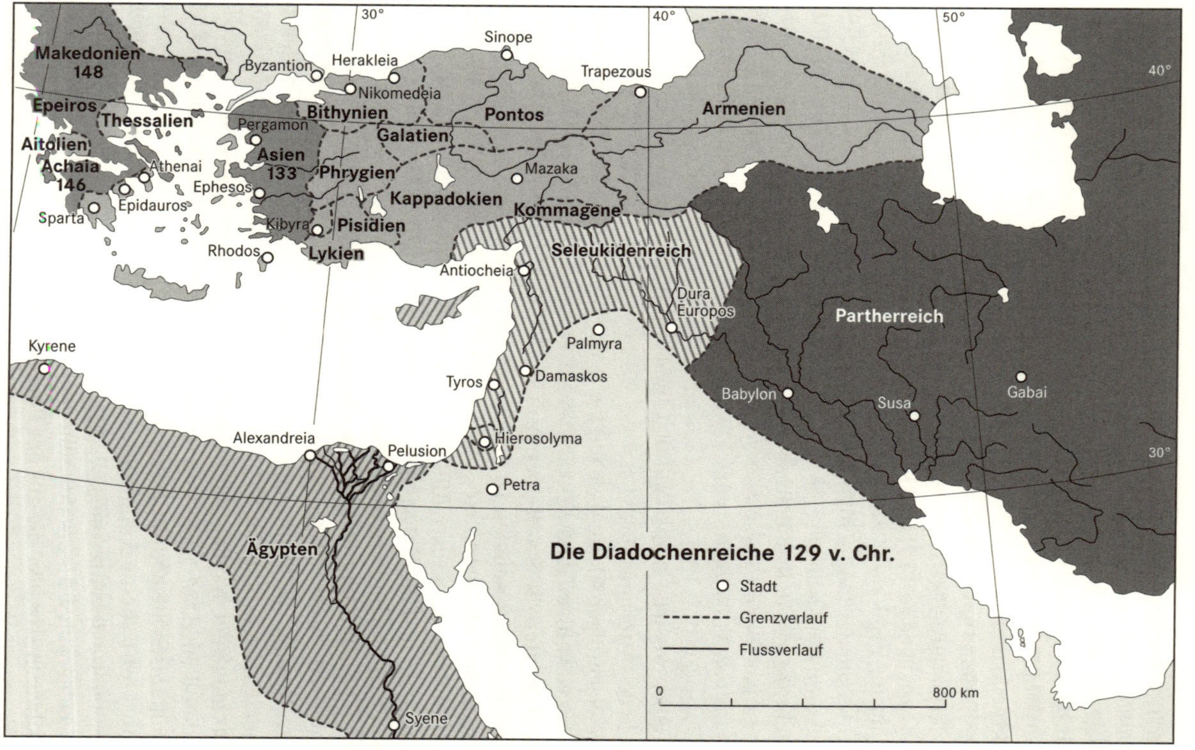

Abb. 5: Die hellenistische Staatenwelt.

schen Einflussmöglichkeiten für breite Bevölkerungskreise im Umfeld der monarchischen Herrschaftssysteme an Bedeutung verliert.

Die Errichtung monarchischer Systeme korrespondierte mit einer Abnahme des allgemeinen politischen Interesses des einzelnen Bürgers, was sich erheblich auf den Kulturbetrieb auswirkte. So suchte und fand die intellektuelle und künstlerische Produktion neue Themen und Betätigungsfelder, indem sie verstärkt die Privatsphäre als Thema für sich erschloss. Auf der anderen Seite entwickelte sich in den neuen Machtzentren eine vom Herrscher geförderte Hofdichtung. Mit dem Tod des Euripides 406 und des Aristophanes 388 ging die Zeit der klassischen Dramaturgie zu Ende. Menander (342–290) verlieh der Theaterdichtung in der Neuen Komödie eine Renaissance; eine erste Blüte erlebte die aufkeimende gelehrte Dichtung, die in Kallimachos von Kyrene und Apollonios von Rhodos ihre markantesten Exponenten fand.[43] In der Geschichtsschreibung ragte Polybios von Megalopolis heraus. Methodisch stand er in der analytischen Tradition des Thukydides. Thematisch verknüpfte er die Berichterstattung über die Ereignisse in Ost und West und wurde so der erste Universalhistoriker des Altertums.[44]

Die Nachfolger Alexanders zeigten in der Baukunst einen starken Hang zur repräsentativen Architektur: Paläste, Denkmäler, Theater, Hallen oder Tempel prägten die Stadtbilder ihrer Residenzen. Die Königsburg in Pergamon, das Mausoleum in Halikarnassos, der Tempel des Apollo in Didyma oder die Stoa des Attalos in Athen sind beredte Beispiele für die Monumentalität und Kreativität der vorherrschenden Kunstrichtung.[45] Die Bildhauerei und Plastik passten sich diesem Trend an.[46] Der heute sich in Berlin befindende Pergamonaltar, ein hochragendes Zeusheiligtum mit Freitreppe, auf dem der Kampf der Götter und Giganten als Allegorie der Kriege zwischen Pergamon und den Galatern dargestellt wird, und die Laokoongruppe im Vatikan sind die markantesten Zeugnisse der hellenistischen Kunst. Wie in der Skulptur, der bildenden Kunst oder der Architektur gingen in den meisten Bereichen des geistigen Lebens die Impulse von den Königshöfen aus. Alexandria entwickelte sich zum Mittelpunkt des hellenistischen Kulturbetriebs; dessen Herzstück war das von Ptolemaios I. ins Leben gerufene Museion, die bedeutendste Lehr- und Forschungsstätte des Altertums.

Das Charakteristikum des neuen Kulturlebens war die Ausbildung von Einzelwissenschaften, die aus der Philosophie hervorgegangen waren. Die exakten Naturwissenschaften erlebten einen Aufschwung. In der Medizin entdeckte der in Alexandria wirkende Herophilos das Nervensystem und wurde zum Begründer der Anatomie. Erasistratos verfeinerte die Chirurgie. In den Ärzteschulen von Alexandria, Kos, Pergamon oder Knidos wirkten namhafte Mediziner. Ihre therapeutischen Einrichtungen zogen

Patienten aus aller Welt an. Von grundlegender Bedeutung erwies sich der Beitrag der hellenistischen Wissenschaft im Bereich der Mathematik. Mit dem Alexandriner Eukleides verbindet sich die Erinnerung an einen der Väter der Geometrie. Apollonios von Perge begründete die Trigonometrie, führte die Ellipsen, Hyperbeln und Parabeln in die Mathematik ein. Der alles überragende Naturwissenschaftler aber war Archimedes von Syrakus. Er entdeckte das Hebelgesetz, das spezifische Gewicht und berechnete die Kreiszahl Pi. Seine Kriegsmaschinen, die bei der Belagerung seiner Heimatstadt Syrakus eingesetzt wurden, erzielten eine große Wirkung. Auch in der Astronomie und Geographie wurden herausragende Entdeckungen gemacht. Hipparchos von Bithynien berechnete die Bahnen der Planeten sowie das Sonnenjahr. Aristarchos begründete das heliozentrische Weltbild, wonach die Sonne und nicht die Erde den Mittelpunkt unseres Astralsystems bildet. Der Alexandriner Eratosthenes, der von der Kugelgestalt unseres Planeten ausging, berechnete dessen Umfang ziemlich genau.[47]

Neben Alexandria als Zentrum der hellenistischen Wissenschaft behauptete sich Athen als Ausgangspunkt der neuen Denkerschulen. Die platonische Philosophie strahlte von der Akademie auf die antike Welt aus. Im Lykeion fand die von Aristoteles inspirierte Schule eine Heimat. Große Bedeutung erlangten vor allem die neuen Denkrichtungen der Stoiker und Epikureer. Die von Zenon aus Kition begründete stoische Lehre – ihren Namen erhielt sie von der *Stoa poikile*, der bunten Halle in Athen, wo sie ihren Sitz hatte – entwickelte sich zur einflussreichsten geistigen Bewegung des Altertums. Die Grundlage der Stoa war die Tugendlehre. Ihre Anhänger teilten die Überzeugung, dass der im Einklang mit der Natur beziehungsweise mit dem göttlichen Gesetz lebende Mensch mit Hilfe der Vernunft den richtigen Weg zu einem erfüllten Dasein finden könne. Die Stoa war kosmopolitisch. Ihr politisches Ideal wurde durch einen Weltstaat verkörpert, in dem der Herrscher gemäß der göttlichen Ordnung regierte und die Eintracht zwischen den Menschen gewährleistete.[48] Der aus Samos stammende Epikur, der 307/306 seine Lehranstalt in Athen eröffnete, verkündete die Zähmung der Begierden. Wichtig sei jedoch nicht der Vorgang der Befriedigung einer maßlosen Gier, sondern das im Inneren wachsende Glück, das zur Unerschütterlichkeit eines in sich selbst ruhenden Geistes führe. Der Epikureismus wandte sich gegen unkontrollierte Emotionen, schätzte jede politische Tätigkeit gering ein und verkündete als Ideal die Erfahrung einer harmonischen menschlichen Verbundenheit innerhalb einer kleinen überschaubaren Gruppe.[49]

Besondere Bedeutung kam den hellenistischen Kult- und Glaubensgemeinschaften zu. Aufgrund des politischen Zerfalls der Poliswelt war die traditionelle olympische Religion zeitweilig in den Hintergrund geraten.

Auch vermochte der aus politischen Rücksichten eingeführte Herrscherkult keinen echten Ersatz für das Schwinden des alten Götterglaubens zu bieten.[50] Große Bedeutung erlangte dagegen Tyche, eine allegorische Figur, die das Schicksal oder die Vorsehung verkörperte und als Symbol für eine höhere Macht oder als Stadtgottheit Verehrung fand. In diesem Zusammenhang lässt sich ein Hang zu religiöser Abstraktion beobachten. Der polisbezogene Götterglaube löste sich immer mehr in der Idee einer umfassenden Gottesvorstellung auf. Das Hauptmerkmal der neuen Religiosität war aber der Aufschwung, den die aus dem Osten stammenden Mysterienkulte nahmen. Durch die Begegnung mit dem Griechentum gingen sie neue Synthesen ein, die ihnen den Weg nach Westen eröffneten. Der ägyptische Isiskult, die Verehrung des syrischen Sonnengottes Baal-Helios, die Mysterien des Mithras und der Kybele fanden rasche Verbreitung. Überall entstanden Kultgemeinden dieser neuen Erlösungsreligionen. Sie entwickelten Rituale und ethische Normen, gaben ihren Anhängern festen Halt und Hoffnung auf ein besseres Jenseits. Die großen religiösen Bewegungen des Ostens eroberten nach und nach die westliche Welt. Sie bereiteten dabei den Nährboden, auf dem Jahrhunderte später das Christentum seinen Siegeslauf antreten konnte.[51]

Sieht man von der Wirkmächtigkeit des römischen Imperiums ab, so haben Alexander und seine Nachfolger die Geschicke der alten Welt am nachhaltigsten geprägt. Ihre Leistung bestand darin, die Schnittmenge zwischen Orient und Okzident erheblich ausgeweitet zu haben. Kultursymbiose, Expansion der griechischen Zivilisation im Osten und die Aufnahme östlicher Ideen, Kulte und Lebensformen im Westen sind nur einige der Stichworte, die diesen vielschichtigen Austausch- und Transformationsprozess kennzeichnen. Die Balkanhalbinsel, der Ägäisraum, Ägypten, die Levante, Kleinasien und der Vordere Orient sind bis zur Ausbreitung des Islam die Kerngebiete der hellenistischen Weltkultur geblieben. Seit dem 3. Jahrhundert strahlte sie nach Westen aus, wo sie in Karthago und in Rom eine neue Heimat fand. Es ist kein Zufall, dass Rom zu dem Zeitpunkt, an dem die hellenistische Beeinflussung am größten war, seine republikanische Staatsordnung in eine monarchische umwandelte. Die politische Entwicklung, die Kultur und Religion der römischen Kaiserzeit und damit wesentliche Grundlagen des neuzeitlichen Europa sind ohne das Erbe Alexanders und des Hellenismus kaum vorstellbar.

Mit der summarischen Beschreibung einiger Entwicklungslinien der auf Alexander zurückgehenden Veränderungen der antiken Welt sind wir den Ereignissen weit vorausgeeilt. Nun gilt es, den Faden des historischen Ablaufs aufzunehmen, um die einzelnen Stationen, die dazu geführt haben, zu dokumentieren und darauf aufbauend den Stellenwert von Alexanders Biographie in diesem Kontext zu ermitteln.

Der schlummernde Riese erwacht

Makedoniens Aufstieg unter Philipp II.

Makedonien war eine Stammesgesellschaft an der Peripherie der griechischen Poliswelt, zu deren Zivilisation es sich trotz seiner Randlage vehement bekannte. Seine aus verschiedenen Ethnien stammenden Bewohner, deren ursprüngliche Wohnsitze sich im Tal des Axios befanden, mussten lange gegen Illyrer, Thraker, Paionen und Griechen kämpfen, ehe sie das Land zwischen Haliakmon und Strymon, das im Süden durch die Ägäis und im Norden durch eine bis zum Donautal reichende Gebirgsgegend eingerahmt wird, als Territorialbesitz ihres sich kontinuierlich vergrößernden Stammesgebietes behaupten konnten. Die küstennahen Regionen Pierien, Bottiaia, Amphaxitis oder Mygdonia, die sich nach Osten hin bis zur Bisaltia und Krestonia ausdehnten und die von rauen Stämmen besiedelten Hochlandzonen Tymphaia, Elimeia, Eordaia, Orestis oder Lynkestis, die abseits des Radius der griechischen Kultur lagen, bildeten das Gerüst dieses heterogenen Landes.[1] Nach außen hin waren seine Grenzen fließend. Sie wurden gegen wehrhafte Nachbarn verteidigt, gelegentlich auch erweitert. Der Zugang zum Meer war für die Pflege der Außenbeziehungen entscheidend.[2] Die Küstenebene am Thermäischen Golf und an der Chalkidike bot vielfältige Möglichkeiten zur Anlage von Häfen und Stützpunkten für Navigation und Handel.

Eine von freien Bauern und Hirten[3] getragene Acker- und Viehwirtschaft bildete die ökonomische Grundlage dieser seit dem 7. Jahrhundert fassbaren Stammesgesellschaft, in der mächtige Adelshäuser sowie eine Königsdynastie an der Spitze der sozialen Pyramide standen.

Die Natur des Landes prägte den Charakter und Lebensstil seiner Bewohner. Karge Landschaften wechselten sich mit saftigen Weiden und fruchtbaren Ebenen entlang der Flüsse ab. Hinzu gesellten sich Hanglagen im Hügelland, die günstige Bedingungen für Ackerbau, Viehzucht und Jagd boten. Da das Land sowohl Kontinentalklimazonen aufweist, als auch in den Küstengebieten vom Mittelmeer beeinflusst wird, brachte es die typischen Produkte beider Regionen hervor. Neben der Haltung und Zucht von Pferden, Rindern, Schafen und Ziegen spielte der Getreide-, Oliven-, Obst- und Weinanbau eine wichtige Rolle. Allerdings hat wohl trotz der fruchtbaren Ebenen von Bermios, Monastir sowie der Gegend nördlich der Chalkidike, wo Weizen und vielfältige Obstsorten gediehen, keine nennenswerte Ausfuhr stattgefunden. Exportschlager war dagegen das reichlich vorhandene Holz der dicht bewaldeten Mittelgebirgszonen.

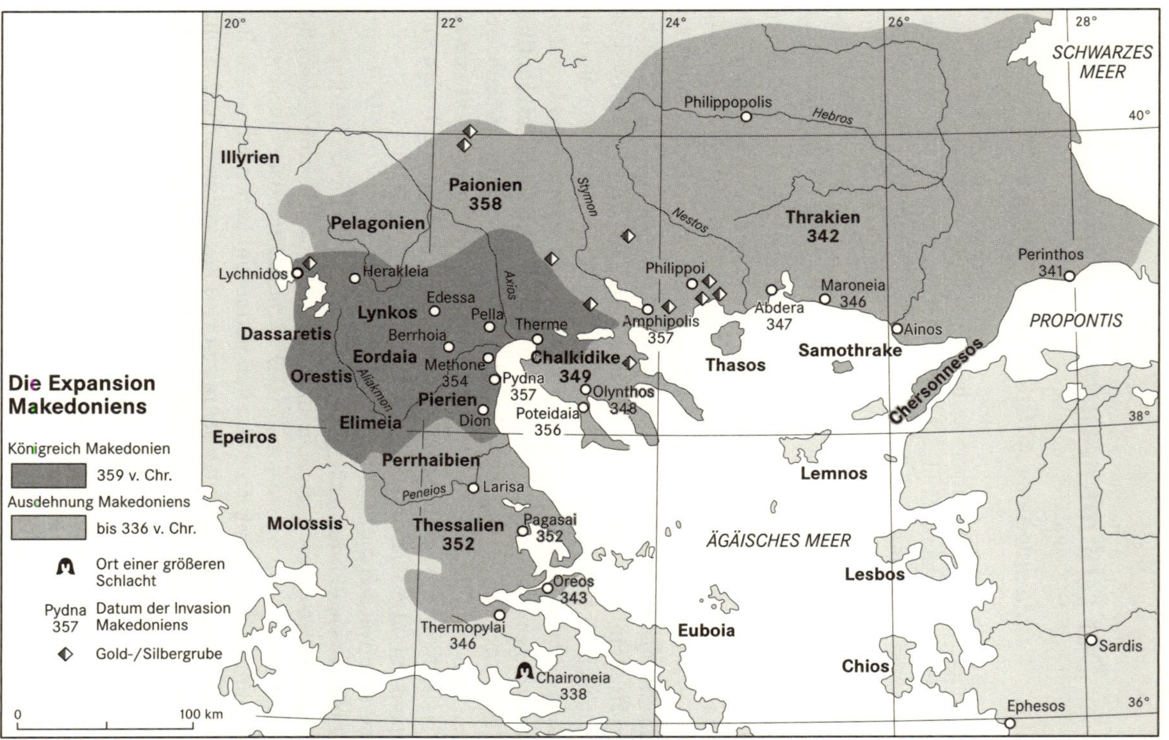

Abb. 6: Makedonien, Griechenland und die Balkanregion.

Zur hohen Qualität dieses begehrten Rohstoffes kam ergänzend der Umstand hinzu, dass Griechenland nur geringe Holzvorkommen besaß und aufgrund seines großen Bedarfs für den Haus- und Schiffbau einen sicheren Abnehmer darstellte.[4] Beachtenswert waren auch die Erträge des Fischfangs sowie der Abbau von Bodenschätzen wie Eisen, Kupfer, Gold und Silber.

Die geopolitische Randlage des Landes begünstigte eine Abschottung nach außen, womit Makedonien jedoch auch von den Handelsströmen und den politischen und kulturellen Einflüssen der mediterran geprägten Poliswelt teilweise ausgeschlossen blieb. Sein größtes Problem stellte die mangelnde innere Geschlossenheit dar, welche von auswärtigen Völkern gelegentlich ausgenutzt wurde, um sich auf seine Kosten auszubreiten. Urbane Zentren waren vor allem in Küstennähe entstanden, wo sich zahlreiche Griechen im Rahmen einer weit gespannten Kolonisationstätigkeit niedergelassen hatten: Methone, Pydna, Poteideia, Olynth, Amphipolis.[5] Größere makedonische Städte wie Edessa, Dion, Aigai oder Pella gab es nur wenige. Da diese ursprünglichen Adelssitze erst nachträglich zu repräsentativen Herrscherresidenzen ausgebaut wurden, vermochte sich dort keine Bürgergesellschaft nach dem Vorbild der klassischen Poleis zu entfalten, die der wirtschaftlichen Dynamik entscheidende Impulse hätte geben können. Daher ist die ökonomische und soziale Entwicklung Makedoniens durch die Fortdauer archaischer Verhältnisse gekennzeichnet. Andererseits blieben der betulichen Stammesgesellschaft die krisenhaften Erschütterungen erspart, von denen große Teile Griechenlands im Gefolge des Peloponnesischen Krieges von 431 bis 404 heimgesucht wurden.[6]

Von den übrigen griechischen Stammesgesellschaften und Poleis hob sich Makedonien durch seine dem Griechischen nur weitläufig verwandte Sprache[7], durch seine große territoriale Ausdehnung sowie durch seine monarchische Verfassung ab. Daneben gab es einen mit beträchtlicher Hausmacht ausgestatteten Adel, der in den Hochlandregionen faktisch unabhängig waltete und ein Mitspracherecht bei der Regierung des Landes und bei der Königswahl besaß, die allerdings von der Heeresversammlung bestätigt werden musste.[8] Die Bedeutung der makedonischen Aristokratie verdeutlicht die bruchstückhaft erhaltene Abschrift eines Staatsvertrages aus dem 4. Jahrhundert, wo neben dem König und den Mitgliedern seines Hauses eine Reihe namentlich aufgeführter makedonischer Adliger die Vereinbarung mit beschworen hat.[9] Mit Sicherheit ging die Initiative zu dieser breit angelegten Bekräftigung der Abmachung von den athenischen Vertragspartnern aus[10], weil sie neben dem als schwach eingeschätzten König zusätzlich die maßgeblichen makedonischen Fürsten in die Pflicht nehmen wollten, um die Einhaltung des Abkommens zu gewährleisten.

Der König stand nicht über dem Adel, sondern galt als *primus inter pares*. Seine Befähigung zur Herrschaft musste er immer wieder unter Beweis stellen, wozu sich insbesondere Kriegszüge eigneten. Darauf spielt Aristoteles[11] an, wenn er die makedonischen neben den spartanischen Königen einordnet, weil deren Herrschaftsansprüche auf die Heeresführung zurückgingen. Daher ist der Abstand zwischen König und Adligen in ähnlicher Weise einzuschränken wie bei den Protagonisten der homerischen Epen, von denen sich einige führende Geschlechter dieser randständigen Regionen ableiteten. Achilleus wurde als Ahnherr der Aiakiden, der epeirotischen Könige aus dem Stamm der Molosser in Anspruch genommen; Herakles, Zeus' Sohn, galt als mythische Gründergestalt des Argeadenhauses, der makedonischen Monarchie.[12]

Ein Blick auf die Regierungstätigkeit der Argeaden bestätigt, wie untrennbar Amt und Leistung miteinander verwoben waren. Von ihnen wurden besondere militärische Qualitäten gefordert. Starke Persönlichkeiten auf dem Königsthron erlangten zeitweilig ein erdrückendes Übergewicht im Lande, während schwache Regenten zum Spielball konkurrierender Mächte werden konnten. Die Schwierigkeiten, das Gleichgewicht zwischen den zentrifugalen Kräften zu wahren, belegen die zahllosen Fehden zwischen den regionalen Machteliten des Landes, bei denen Clangeist und Blutrache mehr als das Gesetz galten. Da es keine festen Regeln für die Nachfolge gab, brachen bei Thronvakanzen regelmäßig langwierige und überaus blutige Streitigkeiten innerhalb der Argeadendynastie aus. Der makedonische Thron war alles andere als ein Ruhekissen. Die politischen und militärischen Anforderungen an den jeweiligen König waren beträchtlich. Die meisten Argeaden bezahlten für die Zeit ihrer Regentschaft den hohen Preis eines gewaltsamen Todes.

Die Könige geboten über einen uneinheitlichen und schwer regierbaren Personenverband, der Ackerbauern aus dem Tiefland, Hirten aus den Mittelgebirgsgegenden, griechische Kolonisten sowie halbbarbarische Hochlandbewohner umfasste. Zu ihren Lieblingsbeschäftigungen gehörte die Jagd, daneben luden sie regelmäßig zu Tischgesellschaften ein, an denen der Hofstaat teilnahm.[13] Auch bereisten sie häufig an der Spitze ihrer Gefährten das weite Land, um die Treuebande zu den zahlreichen Clans vor Ort zu festigen. Sie führten das makedonische Heeresaufgebot, übten priesterliche und richterliche Funktionen aus, prägten Münzen, leiteten geeignete Infrastrukturmaßnahmen ein, wie die Anlage von Straßen, den Bau von Hafenanlagen und veranlassten gelegentlich Stadtgründungen. Außerdem repräsentierten sie das Gemeinwesen nach außen, indem sie Verträge abschlossen und Bündnisse mit auswärtigen Staaten eingingen.[14] Den griechischen Autoren, denen wir die Kenntnis der makedonischen Vergangenheit verdanken, erschienen diese Kompetenzen so umfangreich wie diejenigen der orientalischen Potentaten, weswegen sie die Herrschaft der Argeaden häufig als *tyrannis* bezeichneten.[15] Erschwert wird eine solche Beurteilung allerdings durch den tiefgreifenden Wandel, den Makedonien unter Philipp II. (359–336) erfuhr, der den schlummernden Riesen am Rande der griechischen Welt binnen einer Generation zur Großmacht werden ließ.[16] Möglicherweise haben die rasanten Umwälzungen dazu beigetragen, dass das Königtum der Argeaden nachträglich als unabhängiger und uneingeschränkter wahrgenommen wurde, als es von Beginn an war. Dafür bieten die aus großem zeitlichem Abstand heraus verfassten Berichte der antiken Autoren einige Anhaltspunkte, wenn sie die Fortschritte Makedoniens mit der Regierung Philipps II. gleichsetzten. So lesen wir bei Arrian: *Philipp übernahm euch (die Makedonen) als Herumtreiber und Arme; viele von euch weideten, in Felle gekleidet, ihre wenigen Schafe in den Bergen und kämpften ohne viel Erfolg gegen die Illyrer, Triballer und ihre Nachbarn, die Thraker. Er hat euch anstatt der Felle Mäntel gegeben, euch im Kampf ebenbürtig gemacht, so dass ihr auf die Festigkeit von Forts nicht mehr vertrautet als auf eure eigene Tapferkeit und euch behaupten konntet. Er hat euch zu Bauherren von Städten gemacht und euch gute Gesetze und Sitten gebracht.*[17] Bei derartigen Äußerungen ist eine rückschauende Perspektive zu berücksichtigen. Nach der Erfahrung der eingangs skizzierten Diadochenzeit wurde Philipps II. Regierung als entscheidender Baustein für die spätere Entwicklung begriffen. Der König als Führer, Lehrer, Gesetzgeber und Wohltäter seines Volkes, wie er in den erhaltenen Textpassagen beschrieben wird, ist aber eine typisch hellenistische Sichtweise, die nur bedingt mit der politischen Realität des Stammeskönigtums, die vor der Ära der Diadochen bestand, übereinstimmt. Auf der anderen Seite sollten die berechtigten Vorbehalte gegen die Allmacht des Königs keineswegs zu einer allzu minimalistischen Vorstellung von der makedonischen Monarchie verleiten. Zwar setzte mit der Regierungszeit Philipps II. die überregionale Geltung Makedoniens ein[18], wesentliche Grundlagen dafür sind jedoch lange vor ihm gelegt worden.[19]

Hier muss an Alexander I. (um 495–450) mit dem Beinamen Philhellen, Griechenfreund, erinnert werden, den ersten makedonischen König, von dem sich eine konkretere Vorstellung gewinnen lässt.[20] Die von ihm in Umlauf gebrachte Legende von der argivischen Herkunft seiner Dynastie ermöglichte ihm und den Argeaden die Zulassung zu den Olympischen Spielen. Mit diesen propagandistischen Offensiven war eine wichtige Stufe des Annäherungsprozesses an die bewunderte hellenische Kulturwelt genommen. Gleichwohl musste er, so wie sein Vater Amyntas, der im 1. Perserkrieg dem Achaimeniden Dareios I. Gefolgschaft schuldete, nun

Abb. 7: Alexander I. Philhellen. Oktodrachme aus Makedonien.

im 2. Perserkrieg Xerxes, Dareios' Sohn, Vasallendienste leisten. Doch er kollaborierte heimlich mit den vereinten Hellenen, und als diese nach der Schlacht bei Platää 479 das Heer des Xerxes aus Europa vertreiben konnten, sagte er sich von Persien los. Dank seiner Diplomatie[21] und opportunistischen Machtpolitik vermochte er Makedoniens Einflussbereich östlich des Strymon auszuweiten, was zur Stärkung des Königtums beitrug.[22] Anlässlich der Schilderung dieses Expansionsprozesses nennt ihn Herodot „Stratege und König", was kein amtlicher Titel war, sondern die historische Umschreibung seiner gefestigten Machtposition.[23] Seine Eroberungen unterschieden sich staatsrechtlich von denen seiner Vorgänger. Er nahm dabei keine Rücksicht auf aristokratische Sonderrechte, wie dies im alten Stammesgebiet der Makedonen bisher der Fall gewesen war. Alexander I. vereinigte die hinzugekommenen Gebiete mit den alten makedonischen Kernlandschaften zu einer Einheit. Er war der erste zum griechischen Kulturkreis gehörende Potentat, der sich in hoheitsvoller Herrscherattitüde unter Nennung seines Namens abbilden ließ.[24] Seine Erfolge vergrößerten den Abstand zu den adligen Standesgenossen, was sein königliches Selbstbewusstsein stärkte. Dieses neue Herrschaftsverständnis kommt in seinen Münzbildern besonders zum Tragen, in denen sich ein Hang zur Individualisierung mit dem Bedürfnis nach Repräsentation verbindet.

Anschließend rückte König Archelaos (413–399) in den Blickpunkt der antiken Autoren. Über ihn berichtet der athenische Historiker Thukydides[25], dass seine Leistungen im Bereich der Landesverteidigung und der Militärreformen bedeutender waren als die aller seiner Vorgänger. Er fand in der griechischen Öffentlichkeit starke Beachtung, weil unter seinem dynamischen Regiment das wachsende politische Gewicht Makedoniens in der Poliswelt immer deutlicher spürbar wurde und sich sein Hof zum Magneten für prominente Vertreter des griechischen Geisteslebens entwickelte.[26] Künstler wie der Maler Zeuxis oder Dichter wie Pindar, Bakchylides, Aischylos, Timotheos, Agathon oder Choirilos, Naturwissenschaftler wie der Arzt Hippokrates waren schon früher Gäste am Argeadenhof gewesen. Der Tragödiendichter Euripides weilte als Tischgenosse des Archelaos lange in Pella. Aus dieser Begegnung erwuchs eine rege schriftstellerische Tätigkeit, die in Euripides' *Archelaos* einen Höhepunkt erreichte. Diese Schrift ist Ausdruck der zeitgenössischen Anschauungen eines ethischen Königtums, angereichert mit einem Loblied auf die makedonische Herrscherdynastie.[27] Dass aber die Meinungen der Griechen über Archelaos auseinandergingen, belegt die kritische Einschätzung seiner wachsenden Machtstellung, zumal sie gegenüber griechischen Staaten eingesetzt wurde. Die gegen ihn erhobenen Vorwürfe der Despotie und Barbarei[28] weisen voraus auf die seinem späteren Nachfolger Philipp II. aus ähnlichen Gründen zuteil gewordene Beurteilung.

Als Philipp II. im Alter von etwa 22 Jahren 359 die Regentschaft für Amyntas IV.[29] übernahm – den unmündigen Sohn seines zusammen mit Tausenden von Makedonen gegen die Illyrer gefallenen Bruders Perdikkas III. –, steckte das Land in einer hoffnungslosen Lage. Angesichts der umstrittenen Amtsführung seiner Vorgänger zerfiel die Königsmacht zusehends.[30] Philipps II. Vorgänger hatten nicht verhindern können, dass Makedonien zeitweise in Abhängigkeit von den Illyrern, Athen, Theben oder Olynth geriet. So verbrachte Philipp II. drei Jahre als Geisel im Theben des Epameinondas und Pelopidas. Dort konnte er aus unmittelbarer Anschauung Einblicke in die Ränkespiele und das politische Tauziehen der sich mißtrauisch beäugenden griechischen Staaten gewinnen, denn von 371 bis 362 war die böotische Stadt zur Führungsmacht aufgestiegen, und so bot der unfreiwillige Aufenthalt in Theben dem heranwachsenden Prinzen in den Bereichen Diplomatie und Politikgestaltung genügend Lehrstoff.[31]

Nun stand der überraschend an die Spitze des makedonischen Staates gelangte junge Regent vor der schwierigen Aufgabe, die im Westen eingedrungenen Illyrer sowie die im Norden sich ausbreitenden Paionen abzuwehren. Außerdem musste er seine Stellung gegen die Ansprüche einiger Konkurrenten aus dem Argeadenhaus absichern. So versuchten Pausanias mit thrakischer und Argaios mit athenischer Hilfe, ihn aus der Regentschaft zu verdrängen. Doch Philipp II. reagierte schnell und entschlossen, indem er zunächst die Ansprüche der Thronprätendenten abwehrte und dann die im Norden eingedrungenen Paionen vertrieb. Besetzte makedonische Regionen wurden wiedergewonnen und die obermakedonischen Fürstentümer Lynkestis und Orestis in das Staatsgebiet einbezogen. Ferner vereinbarte er mit den Athenern, Amphipolis zu erobern und ihnen anschließend die Stadt zu übergeben, wohingegen diese sich im Gegenzug verpflichteten, Pydna an Makedonien abzutreten.[32] Dann zog er mit seinem Heer nach Westen. Er übte Rache für den Tod seines Bruders, indem er die Illyrer besiegte, die daraufhin Westmakedonien räumen mussten.

Derartige Erfolge dienten nicht nur der Stabilisierung der labilen Nordwestgrenze, sondern erhöhten zusätzlich das Prestige des angeschlagenen

Argeadenhauses.[33] Bereits die ersten Aktionen Philipps II. nahmen sein später immer deutlicher sichtbar werdendes politisches Credo vorweg: Makedonien dürfe nie wieder zum Spielball fremder Mächte verkommen. Diesem Ziel ordnete sich die darauffolgende expansive Außenpolitik unter, die durch Diplomatie, Einschüchterung, Geschick, Militärinterventionen, wechselnde Allianzen, Rücksichtslosigkeit und Machtbewusstsein geprägt war.

Im Jahr 357 brachte er das strategisch wichtige Amphipolis unter seine Kontrolle, weigerte sich jedoch – entgegen der eingegangenen Verpflichtung –, die Stadt an Athen abzutreten, weil sich Makedoniens Zugang zur See nun erheblich verbesserte. Dadurch geriet er aber mit Athen in Konflikt, welches diese Gegend als eigenes Interessengebiet beanspruchte. Als Antwort auf die neue Machtbildung im Norden der Ägäis entstand eine starke antimakedonische Partei in Athen, die in Demosthenes ihren prominentesten Sprecher finden sollte.[34] Philipps II. nächstes Ziel war Poteideia, das er 356 stürmte und plünderte und danach Olynth, der Führungsmacht des Chalkidischen Bundes, überließ.[35]

Nach diesen Erfolgen ließ sich Philipp II. von der Heeresversammlung zum König proklamieren.[36] Es war ein kühn inszenierter Staatsstreich, dem aber das Votum des Heeres Legitimität verlieh. Auf diese Weise beendete er die Regentschaft, die er bisher in seiner Eigenschaft als Vormund ausgeübt hatte, und trat von nun an als rechtmäßiger König auf; er ließ jedoch den minderjährigen Amyntas IV. am Leben. Möglicherweise spielte die Geburt seines Sohnes Alexander dabei eine Rolle, denn ab diesem Zeitpunkt konnte Philipp II. einen akzeptablen Thronerben vorweisen. Anschließend leitete er innere Reformen ein, um seine Stellung gegenüber dem Adel zu festigen. Ein erhöhtes Militärpotenzial schuf die Voraussetzung, um seine ausgreifende Außenpolitik fortzusetzen, welche freilich durch die desolate Lage der Polisstaaten, die sich in unzähligen Fehden gegenseitig schwächten, begünstigt wurde.

Durch das Aufstellen einer leistungsfähigen Kavallerie und einer äußerst disziplinierten Fußtruppe sind bereits im 5. Jahrhundert die Grundlagen der später herausragenden makedonischen Armee gelegt worden. Neben der traditionell starken Adelsreiterei, den Hetairoi[37], nahm die umstrukturierte Infanterie nun eine gleichwertige Stellung ein. Ihre Mitglieder wurden durch Verleihung des Titels Pezhetairoi, Kampfgefährten zu Fuß, in eine größere Nähe zur Reiterei gerückt und standen nach dieser Rangerhöhung auch in einem engeren Verhältnis zum König. Ihre Zahl erfuhr eine beträchtliche Steigerung. Der allein dadurch erzielte Vorsprung gegenüber Konkurrenten wurde durch die verbesserte Ausrüstung noch vergrößert. Ihre Hauptwaffe war die drei bis fünf Meter lange Stoßlanze, die Sarissa.[38] Trotz der Größe und des Gewichts konnten auf Grund des hohen Trainingsstandes mit dieser Waffe außerordentlich flexible Bewegungen ausgeführt werden. Als geschlossene Phalanx waren die mit Sarissen ausgestatteten Truppen extrem schlagkräftig. Sie konnten sich jederzeit mit den als unbesiegbar geltenden griechischen Fußtruppen, den Hopliten, messen. Zudem verfügte das makedonische Heer über die beweglicheren Hypaspisten, die mit einem größeren Schild und einer kurzen Lanze ausgerüstet waren und als Sturmtruppe fungierten. Als Flankenschutz zur schwer bewaffneten Reiterei agierte eine leichte Kavallerie.[39]

Zusätzlich verbesserte Philipp II. die Schlagkraft seiner Armee, indem er taktische Änderungen einführte und die makedonischen Eliteeinheiten durch griechische Hopliten, kretische Bogenschützen, thessalische, illyrische und thrakische Reiterformationen ergänzte. Er verstand es, die verschiedenen Waffengattungen im Gefecht effizient aufeinander abzustimmen. Hinzu gesellte sich die Taktik der schiefen Schlachtordnung des Epameinondas. Während seines Aufenthalts in Theben hatte er deren enorme Wirkung kennen gelernt und später zur Grundlage seiner Kriegführung erhoben. Der Hetairenreiterei kam der offensive Part zu, während die Phalanx der Pezhetairoi defensiv agierte. Die taktische Offensive war dabei nicht auf einen bestimmten Flügel fixiert, sondern er richtete die Aufstellung seines Heeres flexibel nach der Schlachtordnung des Feindes oder der Beschaffenheit des jeweiligen Geländes aus.

Philipps II. territoriale Erwerbungen dienten nicht nur der Stärkung der Monarchie, sondern ebenso der wirtschaftlichen Absicherung seiner stets wachsenden Armee, womit sich deren Effizienz wiederum erhöhte. Die mit großzügigen Landparzellen belohnten Soldaten bildeten, ähnlich wie die Spartaner, eine jederzeit einsatzbereite Militärkaste, die sich weitgehend dem Kriegshandwerk widmete. Mit diesem zahlenmäßig beachtlichen, professionell geführten und hervorragend ausgebildeten Heer konnten weder die Balkanstämme noch die meisten Polisstaaten des Ägäisraumes konkurrieren. Gestützt auf dies planvoll geschmiedete Machtinstrument, forcierte Philipp II. nach der Phase der Herrschaftssicherung den Aufstieg seines Landes. Allerdings war der eingeschlagene expansionistische Kurs nicht ohne Risiko: Er lief Gefahr, die Kräfte Makedoniens zu überfordern und bei Rückschlägen schwerwiegende Nachteile heraufzubeschwören. Doch solange außenpolitische Fortschritte erzielt werden konnten, blieb Kritik aus.

Ein weiterer erfolgreicher Feldzug in Thrakien verschaffte ihm den Besitz der Goldbergwerke im Pangaiongebirge, womit er eine starke finanzielle Basis zur Fortsetzung seiner künftigen außenpolitischen Projekte gewann.[40] Durch die kontinuierliche Ausbeutung der äußerst ergiebigen Minen konnte Makedonien seine Staatsfinanzen langfristig erheblich aufbessern und den Grundstein für eine florierende Wirtschaftspolitik legen.

Währenddessen vermochte der tüchtige Feldherr Parmenion die Illyrer zu schlagen und damit die stets gefährdete Westgrenze zu sichern. Schließlich gelang es, die mit Athen verbündete Polis Pydna einzunehmen, womit Philipp II. das makedonische Staatsgebiet nach Süden arrondierte. Durch die Gründung der Stadt Philippoi in Thrakien, nordöstlich von Amphipolis, versorgte er sein militärisches Gefolge mit Land und setzte sich gleichzeitig ein Denkmal für seine jüngsten Erfolge.[41] Damit war das Beispiel gegeben, das später von seinem Sohn Alexander vielfach imitiert werden sollte.

Etwa zum gleichen Zeitpunkt, als der energische Argeadenherrscher die Regierungsgeschäfte übernahm, vollzog sich eine Wachablösung im Perserreich. Mit Artaxerxes III. Ochos, dessen Regierung sich fast mit Philipps II. Amtszeit decken sollte (359–338), bestieg eine durchsetzungsfähige Person den Achaimenidenthron, die ihrem makedonischen Pendant durchaus ebenbürtig war. Artaxerxes' III. entschiedenes Auftreten rettete die Einheit des Vielvölkerstaates, die durch innere Rivalitäten sowie Aufstände an der Peripherie wie in Phönikien, Zypern oder Ägypten zunehmend bedroht wurde.[42] Für diese Kriege wurden immer mehr griechische Söldner verpflichtet, die sich aufgrund ihrer Ausbildung und Bewaffnung den orientalischen Truppen überlegen zeigten. Auf ihre Kampfkraft stützte sich zusehends die Macht der persischen Könige und Satrapen.[43] Einen Augenzeugenbericht darüber konnten die an den persischen Angelegenheiten interessierten Zeitgenossen aus der Feder des athenischen Feldherrn Xenophon in dessen *Anabasis* lesen.

Ebenso wie das Reich der Achaimeniden war auch die Monarchie der Argeaden, wenn auch in einem erheblich kleineren Maßstab, ein Vielvölkerstaat. Sein multiethnischer Charakter ergab sich nicht nur daraus, dass hier makedonische, griechische, illyrische, thrakische und phrygische Bevölkerungsgruppen beheimatet waren, sondern das Land diente stets auch als Sammelbecken für Exilsuchende, Vertriebene und Kolonisten aus den unterschiedlichsten Gegenden Griechenlands und dem Perserreich. Die makedonischen Könige boten zahllosen griechischen Flüchtlingen neue Siedlungsgebiete und verbanden auf diese Weise Erfordernisse der Landerschließung mit der bewussten Hellenisierung ihres Territoriums.[44] In dem nach außen dynamisch auftretenden Balkanstaat begegneten sich makedonische Lebensart und griechische Kultur, Orient und Okzident.

Im Jahr 356 wurde Philipp II. direkt in die internen Auseinandersetzungen des Achaimenidenreiches hineingezogen, als sich der persische Satrap Artabazos[45] mit der Unterstützung Athens gegen Artaxerxes III. erhob. Nach dem Scheitern des Umsturzversuchs bat er um Aufnahme am Hof von Pella. Der makedonische König entsprach dieser Bitte und verschaffte sich dadurch eine genaue Kenntnis über die Verhältnisse der westlichen

Länder des Perserreiches.[46] Der orientalische Potentat kam mit seiner Familie nach Makedonien. Darunter befand sich auch seine Tochter Barsine[47], die etwas älter als der gerade geborene Prinz Alexander war. Beide lernten sich als Kinder in Pella kennen. Dabei war damals nicht absehbar, dass aus dieser Begegnung eine starke emotionale Beziehung erwachsen könnte, die geradezu zukunftsweisend werden sollte. Alexander machte Barsine später zu seiner Geliebten und verschaffte ihr einen bevorzugten Platz in seiner unmittelbaren Umgebung. Sie sollte ihm einen Sohn schenken, der den Namen des mythischen Urahns des makedonischen Königshauses tragen wird: Herakles.[48]

Dank des fulminanten Regierungsauftaktes Philipps II. hatte sich die Lage seines Heimatlandes grundlegend gewandelt. Er vermochte die kriegstüchtigen Hochlandbewohner in seinen Staat zu integrieren, indem er ihre faktisch autonom regierenden Fürsten an sich band. Damit gelang es dem politisch, diplomatisch und militärisch versierten Herrscher, seinen Thron zu festigen. Denn durch seine spektakulären Eroberungen war das Staatsgebiet nach allen Richtungen erweitert worden. Binnen weniger Jahre hatte Philipp II. Makedonien aus seiner Isolation herausgeführt und das ehemals von fremden Mächten (Athen, Theben, Illyrien) unterjochte Königreich als eine Achtung gebietende Größe im Konzert der griechischen Staaten etabliert. Doch dies war lediglich das Präludium einer viel umfassenderen und ehrgeizigeren Außenpolitik. Mit Philipp II., der weitsichtig, planvoll und wenn nötig skrupellos sein Ziel eines starken, unabhängigen Makedoniens verfolgte, wurde ein neues Kapitel in der Geschichte seines Landes aufgeschlagen.

Kindheit und Jugend

Umgeben von Olympias, Philipp II. und Aristoteles

Alexander III., der später den Beinamen der Große erhalten wird[1], kam im Juli des Jahres 356 in Pella zur Welt, als zweitältester Sohn Philipps II.[2], der damals erfolgreich in Poteideia auf der Chalkidike Krieg führte und darüber hinaus einen Sieg bei den Olympischen Spielen verbuchen konnte. Ob Alexanders Geburtsdatum mit dem Brand des Artemistempels von Ephesos zeitlich zusammenfiel, was aus rückschauender Perspektive Anlass für alle möglichen Spekulationen und Weissagungen gab, sei dahingestellt.[3]

Seine Mutter Olympias war die Tochter des epeirotischen Königs Neoptolemos aus dem Stamme der Molosser, die zu den Griechen gezählt wurden.[4] Vermutlich hatten sich die Eltern in Samothrake anlässlich des Mysterienkultes der Kabiren kennen gelernt und etwa ein Jahr vor Olympias' Niederkunft geheiratet. Da beide aus Königshäusern stammten und die Stiftung einer Ehe stets der Familienpolitik untergeordnet blieb, ist die berichtete wechselseitige Zuneigung wohl eine Erfindung späterer Autoren.[5] Denn diese Hochzeit entsprach den standesgemäßen Erwartungen, die an ein Mitglied des Argeadenhauses gestellt wurden. Philipp II., der damals ganz mit der Konsolidierung seines Throns beschäftigt war, konnte sich damit Hoffnungen auf ein engeres Zusammenrücken zwischen beiden Ländern machen. Für das epeirotische Königshaus dürften ähnliche Gedanken eine Rolle gespielt haben. Die dort regierenden Aiakiden erhofften sich von diesem Bündnis eine Ausweitung ihres Einflusses nach Osten.[6]

Die willensstarke, adelsstolze Olympias zeichnete sich durch ausgeprägtes Selbstbewusstsein, Leidenschaft und Extravaganz aus. Sie war politisch gebildet und vielseitig interessiert. Ihr Ehrgeiz wog nicht weniger als ihre Begabung.[7] Sie schenkte Philipp II. um 355 noch eine Tochter, Kleopatra. Doch es gab noch weitere Nachkommenschaft Philipps II. Gemäß den Gepflogenheiten des Argeadenhauses, wo Polygamie nicht unüblich war, ging Philipp II. vor der Ehe mit Olympias und auch danach verschiedene Bindungen ein, aus denen Nachkommen hervorgingen. Mit der Thessalierin Philina[8] zeugte er Philipp Arrhidaios, seinen ältesten Sohn, der allerdings aufgrund einer Behinderung nur bedingt als herrschaftstauglich galt. Philipps II. letzte und jüngste Frau, Eurydike Kleopatra[9], gebar Karanos, einen weiteren Stiefbruder Alexanders, und Europe. Darüber hinaus sind Phila, Audata, Meda und Nikesopolis als weitere Frauen Philipps II. bekannt.[10] Sie gebaren ihm mehrere Töchter – Kyna und Thessalonike –, die Philipp II.

Abb. 8: Olympias.

als potenzielle Ehepartnerinnen für seine ambitionierte Machtpolitik sicher gelegen kamen. Denn durch Ehebündnisse wurden damals Allianzen mit den Nachbarn geschlossen und befestigt. Eine Rangordnung zwischen den Frauen Philipps II. scheint nicht bestanden zu haben.[11] Wenn Olympias als rechtmäßige Gattin apostrophiert wird, dann deswegen, weil die epeirotische Königstochter als Mutter des präsumtiven Thronerben hervorstach. Doch ist keineswegs sicher, ob sie eine Sonderstellung gegenüber den anderen Frauen beanspruchen konnte. Wahrscheinlich entstand diese Einschätzung erst nachträglich wegen der alles überragenden Bedeutung ihres Sohnes Alexander.

Dieser wuchs in der Königsresidenz Pella auf. Die aufstrebende, moderne Stadt bildete das Schaufenster Makedoniens zur Außenwelt.[12] Sie lag

Abb. 9: Königliche Löwenjagd in Makedonien.
Fries aus dem sogenannten Philippsgrab in Vergina.

am Fluss Lydias und hatte Zugang zum Meer, da die antike Küstenlinie weiter im Norden verlief als die heutige. Der Ort war mit prächtigen Tempelbauten, großen Stadthäusern und prachtvollen Palästen geschmückt. In einem davon, in dem vor zwei Generationen errichteten Prunkbau des kunstsinnigen Königs Archelaos, verbrachte Alexander seine ersten Jahre. Da die Kindheit des Prinzen mit dem eruptiven Aufstieg Makedoniens zur führenden Macht in der Ägäis zusammenfiel und sein Vater die treibende Kraft dieses Prozesses war, dürfte er wenig Zeit für die Erziehung seines Sohnes erübrigt haben, und so war es vor allem Olympias, die sich dieser Aufgabe mit Hingabe widmete.[13] Sie sorgte zunächst dafür, dass die aus dem makedonischen Adel stammende Lanike, die Schwester von Alexanders späterem Kampfgefährten Kleitos, als Amme zur Verfügung stand. Ferner achtete sie darauf, dass ihr Sohn eine gründliche religiöse Erziehung erhielt.[14]

Sein erster Lehrer war Leonidas, ein Verwandter seiner Mutter, der als fähiger, aber auch strenger, teils kleinlicher Pädagoge geschildert wird. Er soll seinen Schüler zu Maßhalten und Abhärtung angehalten und ihm die Vorzüge einer einfachen Lebensweise vermittelt haben. Für Alexanders literarische Ausbildung wurde Lysimachos aus Akarnanien verpflichtet, der dem wissbegierigen und aufnahmefähigen Jungen die wichtigsten

Werke der griechischen Dichtkunst näherbrachte. Er nannte ihn den „kleinen Achilleus“ und weckte durch die Lektüre von *Ilias* und *Odyssee* die Faszination seines Schülers für die Welt Homers.[15] Weitere, uns namentlich nicht bekannte Lehrer unterrichteten ihn in Mathematik, Musik und Geometrie. Alexander blieb auch später mit ihnen in Verbindung. Lysimachos wird er später sogar auf seinen Persienzug mitnehmen. Es gibt eine Reihe von Anekdoten über Alexanders Verhältnis zu seinen Lehrern, was zeigt, wie bedeutend sie für seine Entwicklung waren.[16]

Auch die körperliche Ertüchtigung hatte neben dem Schulbetrieb einen hohen Stellenwert für den künftigen Herrscher. Vor allem die Jagd hatte es dem königlichen Prinzen angetan. Schon früh übte er sich in dieser für die makedonische Adelswelt so charakteristischen Betätigung, der er sein Leben lang leidenschaftlich nachgehen sollte. Wie beliebt das Jagen war und wie sehr es den Repräsentationsbedürfnissen der Führungseliten entsprach, unterstreicht ein prächtiges Gemälde aus der Grabanlage von Aigai (Vergina). Es zeigt, wie eine adlige Gesellschaft eindrucksvoll mit Jagen beschäftigt ist; ob Philipp II., Alexander und ihre Gefährten hier dargestellt worden sind, bleibt ungewiss.[17]

Die erste zeitgenössische Erwähnung Alexanders wird auf das Jahr 346 datiert, als sich eine athenische Gesandtschaft am Königshof in Pella zu Friedensverhandlungen aufhielt. Nach dem Nachtmahl soll der etwa zehnjährige Alexander auf der Lyra Gedichte vorgetragen und danach ein Streitgespräch mit anderen Epheben geführt haben.[18] Die Überlieferung dieser Begebenheit ist symptomatisch: Wir erfahren nur etwas darüber, weil der Auftritt des angeblich feminin wirkenden Knaben in Athen Anlass für Gerede gegeben haben soll. Homosexualität war in der hellenisch-makedonischen Welt nicht ungewöhnlich, und homoerotische Beziehungen genossen eine weitgehende gesellschaftliche Akzeptanz. Zahlreichen Mitgliedern der Führungsschicht wurden Männerliebschaften nachgesagt, so auch Philipp II. und später Alexander.[19]

Die nächste bekannte Episode aus seinen Jugendtagen hat mit seinem Lieblingspferd Bukephalos zu tun. Durch Geschick und Unerschrockenheit gelang es ihm offenbar, das wilde Tier zu zähmen, das von nun an sein zuverlässiger und treuer Begleiter werden sollte.[20] Beide Szenen, der behütete Jüngling und der furchtlose Draufgänger, scheinen sich zu widersprechen. Doch letztlich verdeutlichen sie nur diverse Facetten eines komplexen Charakters, der von widersprüchlichen Neigungen und Affekten bestimmt wurde. Der Königssohn konnte ebenso gut rezitieren wie reiten, er war ein Mensch des Geistes und der Tat. Dabei scheinen sich seine überdurchschnittlichen Begabungen bereits im Knabenalter abgezeichnet zu haben.[21] Alexander lebte einerseits in der höfischen Atmosphäre des Palastes, umgeben von Lehrern und Erziehern. Andererseits wuchs er inmitten einer grobschlächtigen, von Wettbewerb und Ruhmsucht geprägten Umgebung auf, in der ästhetische und sinnliche Genüsse, worunter auch die gleichgeschlechtliche Liebe fiel, sich mit Bluttaten abwechselten.[22] Einen Eber oder einen Feind eigenhändig zu erlegen, vermehrte das Prestige des Siegers. Kämpfen und Töten waren in der makedonischen Adelswelt wenig anstößig. Hauptsache war, dass man dabei erfolgreich blieb.

In dieser für die Psyche eines jeden heranwachsenden Menschen wichtigen Zeit der geistigen Charakterbildung und körperlichen Ertüchtigung verstärkte sich die Bindung zwischen Olympias und ihrem im Geist der homerischen Adelsethik aufwachsenden Sohn. Sie gab dem aufgeweckten Prinzen den nötigen Halt, um sich in der komplizierten familiären Atmosphäre des Königshofes zurechtzufinden. Beide verfolgten das gleiche Ziel: Alexander sollte eines Tages als Erbe Philipps II. den Thron besteigen. Da aber keine festen Regeln für die Thronfolge existierten, war diese noch lange nicht entschieden. Voraussetzung für eine Proklamation war die Zugehörigkeit zum Argeadenhaus, aber diese Bedingung erfüllte stets eine Reihe von Kandidaten.[23] Philipp II. war selbst erst an die Macht gekommen, nachdem bereits zwei Brüder vor ihm regiert hatten. Diese besaßen wiederum Nachkommen, die ihrerseits für eine Thronbesteigung jederzeit in Frage kamen. Der von Philipp II. verdrängte Amyntas IV. war ein potenzieller Anwärter ebenso wie Alexanders Stiefbruder Philipp Arrhidaios. Am Ende der Regierungszeit Philipps II. sollte noch Karanos hinzukommen. Dennoch galt Alexander als der ernsthafteste Aspirant auf die Nachfolge seines Vaters. Seine hohe Geburt und seine ausgezeichneten Anlagen prädestinierten ihn für die anspruchsvolle Aufgabe.

Andererseits bestand für Nachfolgediskussionen wenig Bedarf, denn Philipp II. befand sich auf dem Höhepunkt seiner Leistungsfähigkeit. Er bestimmte die Richtung der auf Expansionskurs angelegten makedonischen Politik. Die erzielten Erfolge gaben ihm Recht, und so konnte er sich der uneingeschränkten Anerkennung seiner Landsleute sicher sein. Dabei stach besonders die Radikalität seiner Kriegführung hervor. War es bisher üblich, den Besiegten nach dem Gefecht abziehen zu lassen und sich auf die Behauptung des Schlachtfeldes sowie auf die Errichtung von Siegestrophäen zu beschränken, so gingen seine Soldaten dazu über, jeden feindlichen Widerstand niederzuschlagen. Nach dem Sieg auf dem Kampfplatz wurde der Feind mit Hilfe der Reiterei verfolgt und dezimiert.[24] Den Gegnern keinerlei Schonung zu gewähren, wurde ein Markenzeichen seiner Militäraktionen.

Parallel dazu zeigte sich Philipp II. auf dem diplomatischen Parkett nicht minder entschlossen. So etwa in Thessalien, wo es ihm aufgrund seines Ansehens und Geschicks gelang, zum höchsten Amtsträger des Thessalischen Bundes gewählt zu werden.[25] Damit geriet Nordgriechenland 352 unter seinen unmittelbaren Einfluss. Wenig später folgte eine Intervention in Mittelgriechenland, dem Tor nach Böotien, Attika und zur Peloponnes. Er zog gegen die Phoker, die den Tempelschatz von Delphi geraubt hatten, und schlug sie auf dem Krokusfeld bei Pagasai, wo er im Anschluss an den Feldzug eine Flottenstation errichten ließ. An den Besiegten, ihre Zahl ging in die Tausende, statuierte er ein grausiges Exempel, indem er sie im Meer ertränken ließ.[26] Sein weiterer Vormarsch nach Süden wurde jedoch von spartanischen, athenischen und achaiischen Truppen an den Thermopylen vereitelt. Daraufhin wandte er sich nach Thrakien. Geschickt nutzte er die dort ausgebrochenen Stammesstreitigkeiten, um seinen Einflussbereich bereits 351 bis zum Hellespont auszudehnen.[27]

Von größter Tragweite für die territoriale Konsolidierung der Argeadenherrschaft war allerdings die Eroberung Olynths, welche den Anschluss der griechisch besiedelten Halbinsel Chalkidike an Makedonien 348 nach sich zog.[28] Philipp II. erwarb damit ein ökonomisch und handelspolitisch wertvolles Gebiet, das die Hellenisierung Makedoniens beschleunigte und darüber hinaus ermöglichte, dass seine Krieger mit ausgedehntem Landbesitz versorgt wurden. Auch gewann er strategisch wichtige Flottenstützpunkte, die der maritimen Dominanz Athens entgegenwirkten. Die seit Jahren andauernde Konkurrenz mit Athen fand einen Ausgleich im Frieden des Philokrates von 346, der Philipp II. die Anerkennung seines vergrößerten Besitzstandes durch Athen einbrachte.[29] In dieser Zeit änderte sich das Gesicht des Landes: Bevölkerungsteile wurden in die eroberten Territorien umgesiedelt und die Grenzen in Illyrien und Thrakien durch die Anlage befestigter Orte gesichert.

Unter Philipps II. Ägide erreichte der Ausbau der Königsmacht einen nie da gewesenen Höhepunkt. Aufgrund seiner dynamischen Expansionspolitik kumulierte er vielfache Hoheitsrechte als König der Makedonen, Archon der Thessaler sowie als Herr über zahlreiche Landschaften auf dem Balkan, wofür die Herrschaftspraxis des Achaimenidenreiches als Vorbild gedient haben mag. Auf seinen zahlreichen Feldzügen wurde er von einer mobilen Kanzlei begleitet, die alle Dokumente doppelt ausfertigte und sorgsam archivierte. Derartige Verwaltungsvorschriften waren in keiner griechischen Polis üblich; nachweisbar sind sie dagegen beim persischen König und seinen Satrapen. Ebenfalls nach orientalischem Muster wurden die Kampfverbände der Gefährten des Königs und die Grade der Leibwächter organisiert.[30] Die Anführer der Truppen wurden vom König zunehmend an den Hof gebunden. Die von ihnen zu verrichtenden Dienste für den Herrscher waren zugleich Teil der Standesehre wie Pflicht und fanden ihren Ausdruck in der Übersiedlung zahlreicher Adliger in die Residenz Pella. Durch das hierdurch intensivierte Gefolgschaftsprinzip wurde der Zusammenhalt zwischen den unterschiedlichen Regionen und Stämmen verbessert, was gleichzeitig die Einigung des Landes förderte.

Eine besondere Stellung kam dabei dem Pagenkorps zu, in das junge Adlige ab dem vierzehnten Lebensjahr aufgenommen wurden, um von nun an im persönlichen Umfeld des Königs zu leben.[31] Dabei wurde die künftige Führungselite nicht nur militärisch ausgebildet, sondern ihr wurde auch eine sorgfältige Erziehung zuteil, die in Einklang mit den am Hof von Pella herrschenden griechischen Wertvorstellungen stand. Die Pagen wuchsen in einem anderen Umfeld und mit anderen Anschauungen als ihre Väter auf, was zur dauerhaften Bindung an die Argeadendynastie beitrug. Die Zugehörigkeit zu den Königspagen galt als eine besondere Auszeichnung. Sie konnte daher von den ehrgeizigsten Adligen kaum umgangen werden. Andererseits erhielt der König damit eine Möglichkeit zur Disziplinierung ihrer Familien, denn die am Hof weilenden Pagen dienten als Pfand für deren Wohlverhalten.[32]

Den entscheidenden Durchbruch in Südgriechenland erzielte Philipp II. 346, als er die Phoker schlug und an ihre Stelle trat, womit er sich Zugang zum erlauchten Kreis der Delphischen Amphiktyonie, der Schutzmächte des Delphischen Orakels, verschaffte.[33] Dies brachte neben politischen Vorteilen – bald geriet Euböa in seinen Bann – vor allem eine beträchtliche ideologische Aufwertung. Damit war Makedonien endgültig in Griechenland angekommen. Der Athener Isokrates erblickte im makedonischen König den künftigen Einiger Griechenlands und den Anführer einer Expedition gegen das Perserreich.[34]

In den nächsten Jahren konnte Philipp II. seinen Einfluss auf Euböa, Elis und Megara ausweiten. Ferner gelang es ihm, König Arrybbas aus Epeiros zu vertreiben und seinen Schwager Alexander an dessen Stelle zu setzen, womit sich Makedoniens Wirkungskreis bis zur Adria ausdehnte. Nach einem Bündnis mit Hermeias, dem Stadtherrn des kleinasiatischen Assos, wandte er sich 342 erneut Thrakien zu. Hier gelang es, den thrakischen Stammesfürsten Kersebleptes definitiv zu besiegen und das eroberte Territorium als makedonisches Herrschaftsgebiet, Strategie, zu annektieren.[35] Thrakien musste den Zehnten entrichten und Hilfstruppen stellen. Nur noch Byzanz, Perinth und die athenische Flotte vermochten 341 Philipp II. die Kontrolle über den nordägäischen Raum streitig zu machen. Dieser Machtzuwachs, der Makedoniens Position festigte, fiel mit Alexanders Prinzenzeit zusammen, die wiederum mit dem Namen Aristoteles' eng verbunden ist.

Kaum eine Facette seines Lebens ist so von Spekulationen bestimmt wie die Beziehung zwischen dem Welteroberer und dem Universalgelehrten. Als entscheidend für seine spätere Biographie, als paradigmatische Zusammenkunft von Macht und Geist wurde diese Begegnung immer wieder ausgemalt und gedeutet. In der Tat verführt das langjährige Schüler-Lehrer-Verhältnis zwischen zwei so herausragenden Persönlichkeiten sehr dazu, darin mehr als ein zufällig arrangiertes Zusammentreffen zu sehen. Doch die zugrunde liegenden Fakten mahnen eher zur Behutsamkeit. Aristoteles stammte aus Stageira, das mittlerweile zum makedonischen Staatsverband gehörte. Bereits sein Vater Nikomachos war als Arzt am Königshof zu Pella tätig gewesen und vielleicht gab dies den Ausschlag für die Wahl seines Sohnes als Prinzenerzieher. Jedenfalls gab es an Bewerbern keinen Mangel. Zum Zeitpunkt seiner Berufung befand sich Aristoteles auf Lesbos. Er war zuvor lange in Athen gewesen, das er erst nach dem Tod seines Lehrers Platon im Jahre 347 verlassen hatte. Danach nahm er im kleinasiatischen Assos am Hofe des Stadtherrschers Hermeias Aufenthalt, wo er als hoch angesehener Lehrer und Berater wirkte. Er wurde schon damals zu den herausragenden Geistern der Epoche gezählt, wenn auch sein Ruhm noch nicht die ihm später zuteil gewordene universale Geltung erreicht hatte.[36]

Im Jahre 342 begann in Mieza der Unterricht, an dem neben Alexander noch andere gleichaltrige Angehörige der makedonischen Oberschicht teilnehmen durften.[37] Die Wahl des Ortes erfolgte mit Bedacht, denn man wollte abseits der Residenzstadt Pella eine optimale ruhige Ausbildungsstätte schaffen. Im Mittelpunkt von Alexanders Erziehung stand die Förderung seiner historischen, literarischen und naturwissenschaftlichen Neigungen. Aristoteles redigierte Homers *Ilias* neu. Das Werk wurde Alexanders Lieblingsbuch, das ihn überallhin begleitete. Schon in der Kindheit hatte die Lektüre Homers ihn stark beeindruckt und angesprochen, speziell die Gestalt des Achilleus; nun, unter Anleitung des Aristoteles, wurde das Heldenepos vollends sein Lebenselixier. Alexander hatte stets ein besonderes Gespür für die Aktualität des Mythos. Er blieb sein ganzes Leben davon berührt und in ihm gefangen. Der Anspruch der homerischen Helden, „alle zu überragen und stets der Beste zu sein", wurde seine wichtigste Handlungsmaxime.[38] Sie lässt sich geradezu als Motto seiner Biographie begreifen.[39]

Auch die Werke der Geschichtsschreiber wie Herodot, Thukydides und Xenophon dürften seine Aufmerksamkeit gefunden haben; sie dienten dazu, ihm, dem Makedonen, die griechische Perspektive historischer Weltdeutung näherzubringen. Ihre Zweckmäßigkeit stand für ihn außer Frage. Kallisthenes, ein Neffe des Aristoteles, sollte ihn als Chronist seines Feldzuges nach Persien begleiten, bei dem auch Xenophons *Anabasis* als Wegweiser Verwendung finden wird. Besondere Bewunderung zollte der junge Alexander den Gedichten Pindars[40], in denen adlige Lebensweisen überschwänglich gefeiert und herausragende Taten hymnisch gepriesen wurden, womit sie zur Unsterblichkeit der Protagonisten beitrugen. Auch den

Abb. 10: Aristoteles.

Bühnenwerken der Tragiker galt sein Interesse. Er schätzte die dramatische Inszenierung mythologischer Stoffe und deren Ausdeutung für ethische Erkenntnisse. Euripides las er mit Begeisterung.[41]

Beträchtliche Lehrerfolge erzielte Aristoteles im Bereich der naturwissenschaftlichen Unterweisung. Er sensibilisierte Alexander für die Komplexität der Tier- und Pflanzenwelt, für die Beobachtung von Naturerscheinungen und für die Gesetzmäßigkeit mathematisch-physikalischer Phänomene. Vor allem geographische Problemfelder, die Kenntnis ferner Länder sowie topographische und geologische Themen erregten schon jetzt die Phantasie des wissbegierigen Schülers. Auch die Medizin gehörte zum Unterrichtsstoff. Die dabei erworbenen Kenntnisse kamen Alexander in Asien zugute, als er seinen Gefährten Rezepte und Therapien verordnen konnte. Schließlich dürften Ethik, Politik und Philosophie nicht zu kurz gekommen sein, ohne dass sich freilich die Inhalte und Lernziele dieser Unterweisungen genauer bestimmen lassen.[42]

Die oft debattierte Frage, inwiefern die Lehren des Aristoteles unmittelbare Auswirkungen auf das Wirken Alexanders hatten, ist kaum zu beantworten, nicht nur aus Mangel an direkten Zeugnissen, sondern auch, weil diese Vorstellung einer nachträglichen Projektion entspringt.[43] Ihr zugrunde liegt der Gedanke einer planmäßigen Vorbereitung der späteren Aktionen des wagemutigen Tatmenschen durch einen genialen Denker, was aber unzutreffend ist.[44] Alexander und Aristoteles hatten bei aller Hochachtung, die sie füreinander empfunden haben mögen, ein ausgeprägtes Gefühl für ihre Verschiedenheit, Autonomie und Geltung. Jedenfalls wurde Alexander durch die Aneignung der maßgeblichen Bildungsgüter der griechischen Kultur zu einem Hellenen. Dies fiel ihm umso leichter, als er mütterlicherseits Grieche war und sich stets zu seiner Herkunft bekannt hatte.

Nach einem fast dreijährigen Studium endete der Aufenthalt in Mieza. Während dieser Zeit hatte Alexander nicht nur seinen Geist, sondern auch seinen Körper kontinuierlich trainiert. Reiten, gymnastische und athletische Wettbewerbe sowie Lauf- und Ausdauerübungen gehörten zum Begleitprogramm jeder vornehmen Erziehung.[45] Auch in diesem Bereich ragte der junge Thronanwärter heraus, wie die später im Verlauf seiner asiatischen Expedition von ihm ertragenen Strapazen unter Beweis gestellt haben.

Voller Tatendrang und bestens gewappnet für seine künftigen Aufgaben kehrte der sechzehnjährige Prinz nach Pella zurück, wo er sich unvermittelt in die hektische Atmosphäre der Regierungszentrale eines expandierenden Gemeinwesens versetzt fand. Nun galt es, sich als Thronprätendent zu behaupten. Denn Alexander wurde in Vertretung seines Vaters mit der Wahrnehmung der Regierungsgeschäfte beauftragt[46], da dieser damals einen Feldzug an der Meerenge zwischen Europa und Asien führte und sich dabei vergeblich bemühte, die Städte Perinth und Byzanz einzunehmen.[47] Eine erste diplomatische Bewährungsprobe bestand der königliche Prinz, als er in Pella mit einer persischen Gesandtschaft geschickt verhandelte. Kurz darauf zog er an der Spitze eines Truppenkontingents gegen den thrakischen Stamm der Maider, den er mühelos niederwerfen konnte.[48] Diesen ersten militärischen Erfolg feierte er 340 durch die Errichtung der Stadt Alexandropolis, übrigens zum gleichen Zeitpunkt, als sein Vater auf thrakischem Boden den Stützpunkt Philippopolis (Plovdiv) anlegte.[49] Beiden Unternehmungen wohnte eine tiefe symbolische Bedeutung inne. Als Stadtgründern stand Philipp II. und Alexander ein Heroenkult durch die dankbare Bevölkerung zu, womit Vater und Sohn gottähnliche Ehren erhielten.

Welche Aufgaben würde die Zukunft diesen ehrgeizigen, energischen und hochbegabten Tatmenschen stellen, und wie würden sie ihre Zusammenarbeit in einer politisch komplexer werdenden Welt gestalten? Diese Fragen ergeben sich schon deswegen, weil die Beziehung zwischen Vater und Sohn bald starken Belastungsproben ausgesetzt sein und zu einem zentralen Thema der makedonischen Politik werden sollte. Die latente Konkurrenzsituation hat Plutarch mittels einer legendär gewordenen Äußerung des jugendlichen Alexanders eingefangen, in der sich Bewunderung und Ironie zu einer einprägsamen Sentenz vermengen: *Sooft die Nachricht einlief, dass Philipp eine berühmte Stadt erobert oder einen glorreichen Sieg davongetragen habe, hörte er (Alexander) sie immer mit finsterer Miene an und sagte zu seinen Gefährten: „Mein Vater wird noch alles vorwegnehmen und mir keine Gelegenheit übrig lassen, mit euch eine große und glänzende Tat zu verrichten.“*[50]

Rachefeldzug gegen Persien

Unter falscher Flagge?

Im Verlauf von Alexanders Kinder- und Jugendjahren änderte sich die politische Landkarte Griechenlands auf dramatische Weise. Seit dem Ende des 5. Jahrhunderts war die athenische Vorherrschaft von der spartanischen abgelöst worden, die sich angesichts dieser Aufgabe genauso überfordert zeigte wie Theben, das zeitweise eine Hegemonialstellung einnehmen konnte. Danach wurden das wieder erstarkte Athen des 2. Seebundes und das unter Jason von Pherai machtvoll auftretende Thessalien vorübergehend zu wichtigen Faktoren in dem Gerangel um die führende Stellung in Griechenland, doch auch sie vermochten keine dauerhafte Hegemonie zu begründen.[1]

Entscheidend für die Zukunft des gesamten Ägäisraumes wurde Philipp II., der den krisengeschüttelten Polisstaaten die atemberaubende Leistungsfähigkeit der makedonischen Monarchie vorführte. Damit geriet das Thema Alleinherrschaft in den Blickpunkt der politischen Eliten.[2] Xenophons Schrift über den Perserkönig Kyros war ein Vorläufer dieses Trends. Bei dem von Alexander geschätzten Historiker Herodot erscheint Kyros als der grimmige Eroberer des Lyderreiches, der nicht aus rationaler Einsicht agiert, sondern aus abergläubischer Furcht den unterlegenen König Kroisos am Leben lässt.[3] Bei Xenophon, den Alexander genauso eifrig gelesen haben dürfte, mutiert Kyros zu einem trefflichen Herrscher, der mit Rücksicht auf die Allgemeinheit regiert. In Xenophons *Kyropädie*, einem historischen Roman, der vom Begründer des persischen Weltreiches handelt, wird ein monarchisches Staatsideal entworfen, das der eigenen Gegenwart den Spiegel vorhält. Derartige politische Optionen wurden von didaktischen Absichten geleitet. Sie kreisten meist um die Erziehung der Machtträger. Im Vordergrund stand die Person, weniger die Institution.[4] Ein eindrucksvolles Beispiel dafür bot Xenophons Lieblingsgestalt Agesilaos, der durch seine kleinasiatische Expedition der hellenischen Öffentlichkeit die Verwundbarkeit des Achaimenidenreiches vorführte. Im Jahre 396 war der spartanische König Agesilaos an der Spitze eines Heeres nach Aulis aufgebrochen, wo er in homerischer Manier, wie einst Agamemnon, ein Opfer darbrachte und die Befreiung der kleinasiatischen Griechen vom persischen Joch verkündete.[5] Sein militärischer Vorstoß hätte beinahe zum Erfolg geführt, wenn der König nicht plötzlich abberufen worden wäre, um die bedrohte Stellung Spartas in Mittelgriechenland zu stabilisieren.[6]

Solche Unternehmungen waren es, die das Herz zahlreicher Hellenen, und wir können vermuten, dass sowohl Philipp II. als auch Alexander Agesilaos' Taten sorgfältig registriert hatten[7], höher schlagen ließen. Die panhellenisch[8] Gesinnten verurteilten aufs Schärfste die endemischen Bruderkriege der griechischen Staaten und forderten zur inneren Eintracht auf. Ihr wortreiches Sprachrohr war der Athener Isokrates.[9] Bereits in seinem auf dem Höhepunkt der spartanischen Machtentfaltung 380 abgefassten Panegyrikos hatte er zur Überwindung des Partikularismus aufgerufen.[10] Seit den vierziger Jahren des 4. Jahrhunderts wird der Argeade Philipp II. Adressat seiner Botschaften. Ihm, der durch Gewandtheit, Intrigen, Einschüchterung, Diplomatie und militärische Kompetenz die Arrondierung Makedoniens vollbracht hatte, war die Aufgabe zugedacht, die geeinten Griechen nach Asien zu führen. Bemerkenswert bleibt die utilitaristische Begründung des unverhohlen postulierten Eroberungskrieges: *Wie groß werden alle von Dir denken müssen, wenn Du das wirklich durchführst, vor allem, wenn Du daran gehst, das Perserreich zu beseitigen oder doch wenigsten große Teile davon abzutrennen, Städte zu gründen in diesem Gebiet und alle anzusiedeln, die heute aus Not ums tägliche Brot umherirren müssen und alle belästigen, zu denen sie kommen. Gelingt es uns nicht, sie von ihren Zusammenrottungen abzubringen dadurch, dass wir ihnen einen ausreichenden Lebensunterhalt bieten, so werden sie zu einer solchen Zahl anschwellen, dass sie für die Hellenen zu keiner geringeren Gefahr werden als für die Barbaren. Ich will sagen: Du musst den Hellenen Wohltäter, den Makedonen König, den Barbaren, so vielen als möglich, Herrscher sein.*[11]

Isokrates' Ausführungen verdeutlichen die sozialen Nöte der Poliswelt als Ergebnis eines komplexen ökonomischen Transformationsprozesses, der mit den unzähligen Kriegen des 5. und 4. Jahrhunderts zusammenhing. Die vielfältigen Krisenerscheinungen waren auch eine Konsequenz des Niedergangs der heimischen Landwirtschaft, die den auswärtigen Importen nicht standhalten konnte. Sie spiegeln gleichermaßen den demographischen Druck wider, der, gepaart mit der Zunahme der Sklavenarbeit, zur Konzentration der handwerklichen Produktion führte und vielen freien Arbeitskräften jede Erwerbsmöglichkeit raubte. Der Gegensatz zwischen Arm und Reich erzeugte vielerorts gefährliche innenpolitische Spannungen und blutige Revolten. Die Zahl der sozialen Absteiger und Entwurzelten nahm dramatisch zu. Arbeitssuchende verdingten sich als Söldner in den zahllosen Konflikten innerhalb und außerhalb des griechischen Raumes.[12] Philipp II. nutzte geschickt diese Krise für seine Zwecke aus, indem er sich als Garant der Stabilität profilierte. Darüber hinaus bot sein erfolgreiches Agieren den untereinander rivalisierenden Poleis das beste Beispiel dafür, was eine zielstrebig geführte Territorialmacht zu leisten im

Stande war. Dass dies einen tiefen Eindruck hinterließ, zeigt die lebhafte Diskussion, die Philipps II. Auftreten auslöste. Einem Teil der öffentlichen Meinung erschien er als letzte Chance der Hellenen, um ihre politische Zersplitterung zu überwinden. Seine Kritiker verurteilten allerdings das Streben nach Hegemonie als Tyrannis. Aus den zahlreich erhaltenen Äußerungen des Isokrates oder Aischines und aus denen des eingeschworenen Philippgegners Demosthenes lässt sich die Rezeption der makedonischen Machtpolitik nachzeichnen.[13] Doch auch wenn die vor der athenischen Volksversammlung ausgetragenen Redeschlachten einen eindrucksvollen Einblick in die Mechanismen dieser Auseinandersetzung gestatten, ein Gradmesser für die tatsächlichen politischen Gewichte sind sie nicht. Die Entscheidungszentren lagen außerhalb der Poliswelt. Am Königshof zu Pella liefen inzwischen die Fäden der griechischen Politik zusammen, und Philipp II. wusste sie geschickt zu knüpfen.

Seine Position hatte eine zusätzliche Stärkung erfahren, als es ihm um 340 gelungen war, große Teile Thrakiens der makedonischen Monarchie einzuverleiben, womit er den Land- und Seeweg nach Asien beherrschte.[14] Dies musste zu einer Intensivierung der Spannungen mit Athen führen. Athen war auf die Zufuhr von Getreide aus dem Schwarzmeerbereich angewiesen und betrachtete jede Form fremder Machtentfaltung am Hellespont als akute Bedrohung. Als Philipp II. eine athenische Getreideflotte kaperte, eskalierte die Krise.[15] Den Anlass zum offenen Ausbruch der Feindseligkeiten lieferte jedoch die makedonische Besetzung der phokischen Polis Elateia. Da diese Stadt ein umfassendes Bündnissystem in Westgriechenland, auf der Peloponnes und auf den Inseln der Ägäis aufgebaut hatte, konnte sie ein großes Truppenaufgebot mobilisieren.[16] Philipp II. war es zuvor jedoch erneut gelungen, aus der politischen Konstellation in Griechenland einen Vorteil zu ziehen. In der Delphischen Amphiktyonie waren weitere Streitigkeiten aufgetreten, die er ausnützte, um sich vom Ratsmitglied zum Vorsitzenden wählen zu lassen. Als solcher durfte er ganz offiziell und ohne Verdacht zu erregen in Zentralgriechenland militärisch agieren. Damit hatte er sich eine strategisch wichtige Schlüsselstellung für den Aufmarsch nach Südgriechenland verschafft. Angesichts des Bedrohungspotenzials, das der ständig mächtiger werdende makedonische König darstellte, rückten zahlreiche griechische Poleis näher zusammen. Auch das traditionell mit Athen verfeindete Theben schloss sich dem maßgeblich vom Athener Demosthenes inspirierten hellenischen Bund an, der als Gegengewicht zu Makedonien ins Leben gerufen wurde.[17]

Auf dem Schlachtfeld von Chaironeia in Böotien fiel am 2. August 338 die Entscheidung. Die makedonische Armee schlug das aus Thebanern und Athenern samt ihren Alliierten zusammengesetzte Bundesheer. Alexander führte die Attacke der Reiterschwadronen an, die in die Eliteformation der Heiligen Schar der Thebaner einbrach[18] und dadurch den Erfolg besiegelte.[19] Er wurde zu einer historischen Zäsur: Unmittelbar darauf zerbrach die Koalition der Gegner Makedoniens. Weder das Weltreich der Perser noch der übermächtige Attische Seebund, noch das aus dem Peloponnesischen Krieg siegreich hervorgegangene Sparta, noch Theben unter dem glänzenden Epameinondas hatten trotz vielfacher Bemühungen das zu vollbringen vermocht, was nun Philipp II. nach Chaironeia glückte: Griechenland zu beherrschen.

Im Bewusstsein der Fragilität seiner momentan überragend scheinenden Machtstellung zeigte sich der Sieger weitsichtig und verfuhr maßvoll mit den Unterlegenen. Zwar musste Athen jeglichen Seebundambitionen abschwören und seine thrakischen Besitzungen an Makedonien abtreten, dafür durfte es aber die lebenswichtigen Kleruchien (Siedlungen außerhalb Attikas, deren Bewohner – im Gegensatz zu denen einer Kolonie – ihr athenisches Bürgerrecht behielten) auf Imbros, Skyros, Lemnos und Delos behalten.[20] Auch Sparta, das sich bisher isolationistisch verhalten hatte, musste zähneknirschend die neuen Realitäten akzeptieren. Es wurde in den Status einer Mittelmacht versetzt, was die Spartaner dadurch vergalten, dass sie jede Form der Zusammenarbeit mit Philipp II. verweigerten.[21] Deutlich härter wurde Theben bestraft. Es musste territoriale Einbußen hinnehmen und eine Makedonien freundliche Oligarchie akzeptieren, was zur Folge hatte, dass zahlreiche Opponenten ins Exil getrieben wurden. Darüber hinaus musste sich Theben eine Besatzung auf der alten Königsburg (Kadmeia) gefallen lassen.[22]

Philipp II., der Schöpfer der makedonischen Großmacht und nun faktischer Beherrscher Griechenlands, erwies sich gleichzeitig als Konkursverwalter der Poliswelt, deren politische Agonie durch sein energisches Auftreten beschleunigt wurde – obwohl man dies aus damaliger Perspektive kaum erkennen konnte.[23] Im Sommer des Jahres 338 befand er sich auf dem Höhepunkt seiner Machtentfaltung. Der Historiker Diodor bilanziert die Leistungen dieses ungewöhnlichen politischen Talentes folgendermaßen:

Philipp war vierundzwanzig Jahre lang König der Makedonen. Obwohl er über wenige Ressourcen verfügte, machte er aus dem Königreich die erste Macht Europas. Dank seiner Entschlossenheit erlangte er die Führerschaft in Griechenland, und die Städte erkannten gerne seine Leitungsfunktion an. Er wies die Schänder des Delphischen Orakels in ihre Schranken. Nachdem er die Illyrer, Thraker, Skythen und weitere Grenzvölker unterworfen hatte, nahm er sich die Eroberung des Perserreiches vor […] Alle diese Taten waren keine Glücksfälle, sondern Ergebnis seiner Tugenden. Er ragte heraus durch seine militärischen Fähigkeiten, seinen Mut und die Großzügigkeit seines Wesens.[24]

Abb. 11: Philipp II. von Makedonien. Tetradrachme aus Amphipolis (Vorderseite).

Vom Schlachtfeld bei Chaironeia aus begab sich der achtzehnjährige Alexander in Begleitung des angesehenen Antipater nach Athen, um in Vertretung seines Vaters den Friedensvertrag zu bekräftigen. Dort wurde er mit Ehren überhäuft, darunter auch mit dem athenischen Bürgerrecht.[25] Die Stadt war ihm sicher aus den Berichten seines Lehrers Aristoteles, der lange dort gelebt hatte, vertraut. Gewiss empfand er bei diesem Besuch ein hohes Maß an Bewunderung für die Leistungen der anerkannten Hochburg des griechischen Geistes. Dies dürfte aber nicht sein Urteilsvermögen hinsichtlich der Einschätzung der politischen Zustände getrübt haben. Athen hatte sich zwar der makedonischen Vorherrschaft gebeugt, jedoch geschah dies widerwillig, große Loyalität war in Zukunft daher nicht zu erwarten.[26]

Das sichtbare Ergebnis der veränderten Machtverhältnisse in Griechenland war die auf Philipps II. Initiative hin erfolgte Gründung des Korinthischen Bundes – die Bezeichnung leitet sich von dem Versammlungsort beim Poseidontempel auf dem Isthmos von Korinth ab –, in dem sich die meisten Staaten des Festlandes und der Ägäis – Sparta blieb die große Ausnahme – 338 zu einer Föderation zusammenschlossen.[27] Mittels dieses politischen Bündnisses wollte Philipp II. seine neu gewonnene Dominanz institutionell absichern. Außerdem versuchte er, indem er ein gemeinsames politisches Ziel propagierte, die innere Kohärenz dieser zur Bewahrung des neuen Status quo in Griechenland ins Leben gerufenen Militärallianz zu stärken. Daher beschloss die Bundesversammlung auf ihrer ersten Zusammenkunft nach der Konstituierung im Frühjahr 337 einen Rachekrieg gegen das Achaimenidenreich, dessen Durchführung Philipp II. von Amts wegen oblag.[28] Makedonien selbst scheint kein Mitglied des Korinthischen Bundes geworden zu sein, sondern war lediglich durch die Person seines Königs vertreten. Dieser hatte allerdings als gewählter Hegemon maßgeblichen Einfluss auf die Politik der Allianz. Hinzu kam, dass er es nach Chaironeia nicht versäumt hatte, wichtige Orte wie Theben, Chalkis, Korinth und Ambrakia mit einer makedonischen Besatzung zu versehen, um eine strategisch wirksame Kontrolle des südgriechischen Territoriums zu erreichen. Nichts sollte dem Zufall überlassen werden.

Der Gedanke eines Rachekrieges gegen Persien – wie er von den panhellenischen Kreisen um Isokrates und in der Begründung der Kriegserklärung des Korinthischen Bundes propagiert wurde – war für Philipp II. nicht unproblematisch. Sicherlich erinnerte man sich daran, dass seine Vorfahren während der Perserkriege dem Achaimenidenreich treue Vasallendienste geleistet hatten: allerdings nicht allein Makedonien. Zahlreiche griechische Staaten hatten aus Zwang oder Opportunismus ähnlich gehandelt. Dessen ungeachtet bediente sich Philipp II. der panhellenischen Aufrufe, denen überdies eine beträchtliche Dosis ungeschminkter Chauvinismus beigemischt war, um eine Aktionsgemeinschaft gegen den einstigen Verbündeten zu schmieden. Derartige Losungen boten reichliche Angriffsflächen. Demosthenes hat sie erbarmungslos aufgezeigt und auf die Schwäche der makedonischen Position hingewiesen. Dass er sich nicht durchsetzen konnte, heißt aber nicht, dass Philipps II. Kriegsaufruf auf allgemeine Zustimmung stieß.[29] Überschwängliche Begeisterung für eine Expedition gegen die Achaimeniden kam in Griechenland nicht auf. Zwar versprachen die Mitglieder des Korinthischen Bundes, dem Kampfaufruf zu folgen, doch sie taten dies unter Zwang. Möglicherweise erschien den nachdenklicheren Zeitgenossen der Rachekrieg gegen Persien als eine Unternehmung, die unter falscher Flagge geführt wurde. Schließlich gab es keine virulenten Konfliktherde zwischen den Hellenen und dem Achaimenidenreich, die eine solch riskante und umfangreiche kriegerische Aktion gerechtfertigt hätten.

Bei den geplanten militärischen Aktivitäten handelte es sich faktisch um einen makedonischen Eroberungskrieg, der sich in die Systematik der bisherigen Machtpolitik einfügte, dessen genaue Zielsetzung aber unklar blieb. Auch durften die wirtschaftlichen Implikationen des Projektes keineswegs vernachlässigt werden, denn Makedoniens Finanzen waren durch die aggressive Eroberungspolitik Philipps II. ziemlich erschöpft und bedurften dringend einer Auffrischung. Hinzu kam, dass die prekäre soziale Lage Griechenlands nach einem Ventil verlangte, was eine derartige Unternehmung zumindest begünstigte. Die Absorption des Bevölkerungsüberschusses, die Aussicht auf Beute, Ländereien und neue Märkte boten vielfältige Anreize. Philipp II. war Realist genug, um die politischen und ökonomischen Vorteile, welche die Eroberung zumindest eines Teils von Kleinasien mit sich bringen konnte, zu erkennen. Wie in der Vergangenheit versuchte er auch diesmal die veränderte Situation, die sich durch den unerwarteten Tod Artaxerxes' III. 338 ergeben hatte, für seine expansiven Ziele zu nutzen. Der große orientalische Nachbar galt als geschwächt und durch innere Streitigkeiten zerrissen. Daher erschien der gewählte Zeitpunkt für das asiatische Projekt als durchaus opportun.

Welche Rolle Alexander bei dem bevorstehenden Persienzug zugedacht war, ist nicht genau zu ermitteln. Entweder erwartete man von ihm ähnlich wie in Chaironeia die Führung eines wichtigen Truppenkommandos in der Umgebung seines Vaters, oder es war vorgesehen, dass er zu Hause bleiben und in Abwesenheit des Königs als dessen Stellvertreter amtieren sollte. Die Kriegsvorbereitungen berücksichtigten nicht nur die veränderte Lage in Griechenland und am achaimenidischen Königshof, sondern auch die komplexen politischen Verhältnisse Kleinasiens.[30] Vor kurzem war der mit Philipp II. verbündete Hermeias, der Herr von Assos, beseitigt worden.[31] Daher war es ein Hauptziel der makedonischen Politik, gewogene Bündnispartner im kleinasiatischen Raum zu gewinnen. Vielleicht erhoffte sich Philipp II. Beistand von den griechischen Söldnerführern Mentor und Memnon. Letzterer hatte sich als Flüchtling einige Zeit am Hof von Pella aufgehalten.[32] Wahrscheinlich lernte er hier Barsine kennen, die Tochter des ebenfalls im Exil lebenden persischen Satrapen Artabazos, die er auch heiratete. Mit dieser Verbindung verstärkten sich die Bande zwischen einem Vertreter der griechischen Militärelite und einer der vornehmsten Familien des Perserreiches, denn in der Zwischenzeit war Artabazos wieder in Ehren in seiner Heimat aufgenommen worden. Die Brüder Mentor und Memnon, die nun in persische Dienste traten, hatten schon einmal die Seiten gewechselt, und so schien es Philipp II. nicht ausgeschlossen, mit ihnen ein Arrangement treffen zu können. Aber daraus wurde nichts, weil Memnon durch seine Ehe zu einer festen Stütze der persischen Herrschaft in Kleinasien avanciert war.

Den Beziehungen zu Karien kam bei der Feldzugsplanung eine besondere Bedeutung zu. Ausgerechnet die Behandlung dieses diplomatisch sensiblen Themas sollte das bisherige Einvernehmen zwischen Philipp II. und seinem begabten Sohn über Gebühr belasten.[33] Im Zuge der diplomatischen Flankierung seiner asiatischen Expedition stimmte Philipp II. einer Eheschließung zwischen seinem Sohn Philipp Arrhidaios und der Tochter des karischen Fürsten Pixodaros zu.[34] Als Alexander von dem Plan erfuhr, warb er ebenfalls um die Prinzessin, was sein Vater jedoch hintertrieb. Diese ungebetene und überaus unüberlegte Einmischung vereitelte schließlich die dynastische Anbindung Kariens an Makedonien und damit einen wichtigen Teil der Strategie Philipps II. Der Vater zeigte sich verärgert über die törichte und kontraproduktive Haltung seines Sohnes und maßregelte ihn, indem er die in diese Angelegenheit involvierten Helfer seines Sohnes ins Exil schickte, darunter den bekannten griechischen Schauspieler Thessalos, der als Ehevermittler agiert hatte.[35] Über Alexanders Absichten kann man nur mutmaßen. Möglicherweise wollte er sich nicht durch die Verbindung mit einer Herrscherfamilie aus Kleinasien von seinem Bruder übertrumpfen lassen, vielleicht wollte er seine eigene Hausmacht stärken und gleichzeitig einen Beweis für seine politische Unabhängigkeit erbringen. Jedenfalls trug die Angelegenheit dazu bei, den latenten Konflikt zwischen König und Thronanwärter zu verschärfen. Alexanders Ansehen wurde durch diese hastig inszenierte Aktion nachhaltig beschädigt.

Hinsichtlich seiner Anwartschaft auf den makedonischen Thron überstürzten sich die Ereignisse. Zwar galt Alexander nach wie vor als der aussichtsreichste Kandidat, aber als sein Vater im Frühjahr des Jahres 337 die junge Makedonin Kleopatra ehelichte, die damals bereits schwanger war und bald darauf eine Tochter, Europe[36], gebar, entbrannte die Diskussion um die Nachfolgefrage mit einer bisher unbekannten Heftigkeit.[37] Ein unter Alkoholeinfluss entstandenes Wortgefecht zwischen Attalos, Kleopatras Onkel, und Alexander bei den Hochzeitsfeierlichkeiten lieferte den Anlass dazu. Attalos soll auf die zu erwartende Nachkommenschaft von Kleopatra und Philipp II. angestoßen haben, indem er einen rein makedonischen Thronerben hochleben ließ. Dies empfand Alexander als direkten Angriff auf seine Thronansprüche, als ob er ein unwürdiger Bastard sei. Darüber kam es zum Streit, der sich zu einer Krise innerhalb des Königshauses ausweitete.[38]

Der Vorwurf der halbmakedonischen Herkunft Alexanders dürfte nicht ausschlaggebend gewesen sein, da kaum anzunehmen ist, dass sein Vater sich von Dritten hätte vorschreiben lassen, wen er als Nachfolger designieren würde, ganz zu schweigen von Philipps II. eigener Herkunft, die ebenso wenig rein makedonisch war.[39] Es ging vielmehr um die souveräne Handlungsvollmacht des Königs, um den Einfluss des makedonischen Adels sowie um die Festigung politischer Bündnisse angesichts des bevorstehenden asiatischen Feldzugs. Offenbar konnte Philipp II. auf die Zusammenarbeit mit der von Attalos vertretenen Gruppierung nicht verzichten, und so schlug er sich auf dessen Seite. Diese Vorkommnisse belegen, welchen Einfluss die Militärelite auf die Leitlinien der makedonischen Politik ausübte und welche Rücksichten selbst ein so starker König wie Philipp II. nehmen musste, um weit gespannte außenpolitische Projekte realisieren zu können.

Als Reaktion auf den Zwischenfall begaben sich Alexander, der dabei von einigen Gefährten wie Harpalos, Laomedon, Erigyios und Ptolemaios begleitet wurde[40], sowie seine Mutter, die sich am makedonischen Hof deplatziert fühlte, außer Landes. Olympias reiste an den Hof ihres Bruders nach Epeiros. Alexander, der sie zunächst dorthin begleitete, ging dann nach Illyrien.[41] Die getrennten Aufenthaltsorte von Mutter und Sohn müssen als Zeichen für die Selbstständigkeit Alexanders gewertet werden, der sich damit vom Einfluss Olympias' befreite und für die Zukunft zu verstehen gab, dass er politische Grundsatzfragen bar jeder Sentimentalität behandelt wissen wollte. Ein Verbleiben bei der mit dem König heillos zerstrittenen Mutter hätte eine Aussöhnung zwischen Vater und Sohn enorm erschwert, an der beide Seiten, trotz der Vorkommnisse, ein Interesse haben mussten.[42]

Alexander verweilte nicht lange im illyrischen Exil. Bald kam es durch die Vermittlung des Korinthers Demaratos[43] zur Beilegung des in der griechischen Öffentlichkeit angesichts des bevorstehenden Persienzuges unpopulären Familienzwistes. Der hochgehandelte Thronanwärter, der von Philipp II. Zusicherungen hinsichtlich der Nachfolgefrage erhalten haben dürfte, kehrte im Frühjahr 336 nach Pella zurück.[44] Nicht nur Alexander hatte ein vitales Interesse an einem Ausgleich mit seinem Vater, auch dieser konnte sich angesichts seiner vermutlich längeren Abwesenheit von Makedonien keine schwelende Krise im eigenen Haus leisten. Die Versöhnung war daher ein Gebot der Staatsräson. Ob aber mit Alexanders Rückkehr das getrübte Vater-Sohn-Verhältnis sich substantiell verbessert hat, ist fraglich. Es war eine äußerst schwierige Zeit für den ambitionierten Thronprätendenten, der miterleben musste, wie sich um die Verwandtschaft der neuen Frau seines Vaters eine gegen ihn gerichtete politische Gruppierung sammelte[45], die seinen Anspruch auf das Erbe Philipps II. hintertrieb.

Alexanders Chancen auf den Königsthron hingen von der Unterstützung der makedonischen Kriegerelite und vom Wohlwollen seines Vaters ab. Dieser hatte aus Gründen der politischen Vernunft zwar seine Rückkehr in die Heimat ermöglicht, aber er konnte ihm jederzeit seine Gunst entziehen. Wie geschickt Philipp II. auf der politischen Bühne Makedoniens und Griechenlands agierte, zeigt die angebahnte eheliche Verbindung zwischen seiner Tochter Kleopatra und dem von ihm auf dem epeirotischen Thron eingesetzten Alexander, Olympias' jüngerem Bruder, womit er sich auf Dauer den Beistand des benachbarten Epeiros sicherte und gleichzeitig den Einfluss seiner verstoßenen Frau Olympias beschnitt.[46] Die zunehmende Isolierung, in die Alexander zu geraten drohte, dürfte der Grund gewesen sein, um die Tochter des karischen Fürsten Pixodaros zu werben, wogegen Philipp II. allerdings strikt einschritt. Damit maßregelte er nicht nur seinen allzu eigenmächtigen Sohn, sondern zeigte ihm die Grenzen seiner Kompetenzen auf. Es war eine überaus bittere Lehre für Alexander gewesen, die ihm schlagartig die Labilität seiner Position verdeutlichte. Einige Vertreter der makedonischen Aristokratie gingen auf Distanz zu ihm.

In dieser Zeit rückten Attalos und Parmenion, zwei prominente Mitglieder der Militärelite, durch eine Politik der Heiratsstiftung zwischen beiden Familien näher zusammen. Die von ihnen befehligten Truppen stellten das Rückgrat der Armee für den Persienfeldzug. Philipps II. Haltung in dem latenten Streit zwischen Attalos und Alexander scheint auf Beschwichtigung ausgerichtet gewesen zu sein. Einerseits bediente er sich weiterhin der beachtlichen Talente seines Sohnes, andererseits ließ er seine Opponenten frei gewähren. Attalos, der Onkel von Philipps II. neuer Frau Eurydike Kleopatra, genoss nach wie vor das Vertrauen des Königs, denn er erhielt ein wichtiges Kommando in Kleinasien, wo er zusammen mit Parmenion den makedonischen Vortrupp im Frühjahr des Jahres 336 anführte.[47]

Möglicherweise versuchte Alexander damals, sich ein Gegengewicht zu verschaffen, indem er engere Beziehungen zu Antipater knüpfte, der ihm seit dem gemeinsamen Aufenthalt in Athen bestens bekannt war. Dieser herausragende Vertreter der makedonischen Aristokratie sollte ihm bei seiner bevorstehenden Thronbesteigung unschätzbare Dienste erweisen.[48]

Makedonische Kabalen

Thronbesteigung Alexanders

Im Einklang mit dem Beschluss des Korinthischen Bundes beabsichtigte Philipp II., der bereits umfangreiche logistische und diplomatische Vorkehrungen getroffen hatte, im Spätsommer des Jahres 336 den Feldzug gegen den östlichen Nachbarn persönlich anzuführen. Doch bevor er aufbrach, inszenierte er ein prachtvolles Fest in Aigai, der alten makedonischen Königsstadt, aus Anlass der Hochzeit seiner Tochter Kleopatra mit König Alexander von Epeiros. Braut und Bräutigam waren über Olympias, Kleopatras Mutter und Alexanders Schwester, miteinander verwandt. Damit wollte man nicht nur die Verbindung zwischen Makedonien und Epeiros bekräftigen, sondern nach den Verstimmungen der jüngsten Vergangenheit die Versöhnung zwischen den regierenden Häusern der Aiakiden und Argeaden öffentlich unterstreichen. Aufgrund des Streits zwischen Attalos und Alexander anlässlich der Eheschließung Philipps II. mit Eurydike Kleopatra war ein Riss im makedonischen Herrscherhaus entstanden, der vor dem Aufbruch nach Asien endgültig gekittet werden sollte.[1]

Zu der Feier in Aigai erschienen Abgesandte der Alliierten Philipps II. Es waren gerade seine griechischen Verbündeten, die das Zerwürfnis mit Alexander beanstandet hatten. Vor diesem auserwählten Publikum wollte Philipp II. die wiederhergestellte Eintracht innerhalb der Argeadendynastie demonstrieren, denn Alexander – nicht aber seine Mutter Olympias, die sich in Epeiros aufhielt – nahm an der Seite seines Vaters an der Hochzeitsfeier teil. In der Erwartung der prachtvollen künstlerischen Darbietungen, der musischen und sportlichen Wettkämpfe und Bankette, welche die sprichwörtliche Großzügigkeit der Argeaden bestätigen sollten[2], kippte die Festtagsstimmung der von überall her angereisten Hochzeitsgäste ins blanke Entsetzen um: Während der Feierlichkeiten wurde Philipp II. von Pausanias, einem seiner Leibwächter, ermordet.[3]

Was war dem vorausgegangen? Über die Mordtat von Aigai lässt sich keine endgültige Klarheit gewinnen. Folgender Ablauf des Tathergangs wurde kolportiert: Der aus der Landschaft Orestis stammende Attentäter diente in der unmittelbaren Umgebung Philipps II. Er soll ein Liebesverhältnis mit einem Pagen des Königs angefangen haben. Bald kam es zu Eifersuchtsszenen zwischen den jungen Männern, in deren Folge der Page Selbstmord beging. Danach soll Attalos Pausanias zu einem Gelage eingeladen, ihn betrunken gemacht und ihn anschließend seinen Stallknechten übergeben haben, damit sie ihn vergewaltigen sollten. Daraufhin erhob der Geschändete Anklage gegen Attalos. Da aber dieser ein enger Vertrauter Philipps II. war, zudem seit der Hochzeit des Königs mit Eurydike Kleopatra in verwandtschaftlichem Verhältnis zu ihm stand und schließlich zu diesem Zeitpunkt bereits als Befehlshaber der asiatischen Verbände auserkoren war, nahm der Monarch Abstand von einer Bestrafung. Vielmehr versuchte Philipp II. den Ankläger mit Geschenken und einer Beförderung zu besänftigen. Darüber äußerst enttäuscht, beschloss Pausanias, Rache am König zu nehmen, der ihm die geforderte Genugtuung verweigert hatte.[4]

Handelte Pausanias auf eigene Faust oder in fremdem Auftrag? Die vorhandenen Quellen geben keine eindeutige Antwort darauf.[5] Ihr Grundtenor lautet, dass zwar Olympias und Alexander als Anstifter oder Mitwisser der Tat in Frage kämen; aber es werden keine zwingenden Belege für beziehungsweise gegen diesen Verdacht geliefert. Welche Vorteile hatte Alexander vom plötzlichen Ableben seines Vaters? Kam sein Tod ihm überhaupt gelegen? Es fällt schwer, dies nicht zu bejahen. Dass sich Alexanders Position nach einem absehbar erfolgreichen Persienfeldzug Philipps II. hätte verbessern können, ist fraglich, vor allem, wenn man bedenkt, dass der damals erst fünfundvierzigjährige Monarch noch weitere Thronerben erwarten konnte. Tatsächlich wurde noch kurz vor Philipps II. Tod Karanos geboren, womit ihm seine neue junge Frau Eurydike Kleopatra einen weiteren männlichen Nachkommen schenkte.[6]

Schließlich ist auch das Gerücht eines persisch inspirierten Anschlags auf das Leben Philipps II. laut geworden. Gewiss hatten die Achaimeniden kein geringes Interesse daran, den energischen Makedonenkönig zu beseitigen, der als Anführer der bevorstehenden asiatischen Expedition die westlichen Satrapien der orientalischen Monarchie ernsthaft bedrohte. Ob aber Pausanias und seine Mitverschwörer als persische Agenten handelten, lässt sich nicht klären.

Wenden wir unseren Blick auf Alexander, so war seine Situation vor dem Attentat überaus prekär. Zwar herrschte nach den Kabalen der Vergangenheit am makedonischen Königshof zwischen den rivalisierenden Machtgruppen notgedrungen Waffenstillstand, aber die Zeit arbeitete gegen Alexanders Ambitionen. Daher boten die momentanen politischen Verhältnisse für eine Thronbesteigung gewiss keine schlechteren Chancen als die für ihn überaus ungewisse Zukunft. Außerdem schweißten die eingeleiteten Militäraktionen die bisherigen Gegner zu einer makedonischen Einheitsfront zusammen, die – wie die späteren Ereignisse bestätigen sollten – durch einen Regierungswechsel keineswegs zerbrechen musste. Im Krieg gegen Persien vereinigten sich die Interessen des makedonischen Königshauses mit denen des mächtigen Militäradels.

Wenn es stimmt, dass die Mordtat des Pausanias von persönlichen Motiven geleitet wurde, dann lag hier eine unübersehbare Parallele zu Alexanders eigenem Schicksal begründet. Auch dieser war von Attalos gekränkt worden und hatte von Philipp II. ebenso wenig Genugtuung erhalten wie Pausanias. Dass Alexander den gedemütigten Pausanias zu seinem Vorhaben ermuntert haben mag, ist nicht auszuschließen.[7] Unabhängig davon, welcher Version man den Vorzug geben will (Pausanias' Alleintäterschaft in Verbindung mit der Attalosaffäre, beziehungsweise man hält letztere für eine Erfindung, um Alexander oder Olympias zu entlasten, oder man postuliert die These einer persischen Inspiration der Mordtat), Tatsache bleibt, dass Alexander eindeutiger Nutznießer des Attentates war. Er sollte später ohne Bedenken enge Vertraute und Weggefährten beseitigen, wenn es die Umstände erforderten oder seine Autorität gefährdet schien.[8] Der Königshof zu Pella war sowohl für Regierende als auch für Thronanwärter ein gefährliches Pflaster. Welche Auswege boten sich da einem jungen Mann, der in dieser von Machtbesessenheit, Wettbewerb, Empfindlichkeiten, Skrupellosigkeit, Intrigen und Hinterlist durchtränkten Atmosphäre aufgewachsen war? Daher darf Alexander nicht mit anachronistischen Maßstäben beurteilt werden. Zu bedenken sind überdies die Bedrohungssituation, die sich in letzter Zeit gegen ihn aufgebaut hatte, sowie die Demütigungen, die er verkraften musste. Es bedurfte schon viel Ausdauer und Tatkraft, Selbstbewusstsein und Geschick, um diese Widrigkeiten einigermaßen heil zu überstehen. Abschließend lässt sich wohl keine letzte Sicherheit im Mordfall Philipps II. gewinnen, doch eine wie auch immer geartete Mitwisserschaft Alexanders oder der Olympias – immerhin hat sie später Pausanias mit postumen Ehren überhäuft – bleibt denkbar.[9]

Unmittelbar nach dem Attentat ist der exemplarische Ablauf eines Thronwechsels in Makedonien zu beobachten: Als Erstes bemächtigte sich Alexander des Palastes von Aigai und ließ sich dort unverzüglich zum König ausrufen. Antipater, einer der einflussreichsten Vertreter der makedonischen Militärelite, spielte eine zentrale Rolle bei der Inthronisation. Er veranlasste, dass die am Hof weilenden Adligen sowie die Heeresversammlung auf den jungen Herrscher eingeschworen wurden.[10] Wenige Tage später versuchte Alexander die Zuneigung des Volkes zu gewinnen, indem er versprach, seinen künftigen politischen Kurs an den Vorgaben seines Vaters zu orientieren.[11] Zu seinen ersten Handlungen gehörten die Bestattung des Ermordeten sowie die Bestrafung des Täters. Auch die Helfershelfer ließ er am Grab Philipps II. hinrichten. Von den angeblich an der Verschwörung beteiligten Söhnen des Aëropos, Heromenes, Arrhabaios und Alexander Lynkestes, wurde nur Letzterer am Leben gelassen, weil dieser ihn als Herrscher anerkannte und ihm huldigte.[12]

Als dem Gebot der Rache für den ermordeten Vorgänger Genüge getan war, traf Alexander Vorkehrungen, um eventuellen Gefährdungen durch potenzielle Mitbewerber zu begegnen.[13] Als ernsthafter Konkurrent um die Königswürde galt Amyntas IV., der Sohn Perdikkas' III., des Bruders und Vorgängers Philipps II. Er konnte einen legitimen Anspruch auf den Thron geltend machen, zumal er bereits als Kind nach dem Tod seines Vaters den Königstitel geführt hatte – bevor die ursprüngliche bloße Vormundschaft seines Onkels in den Rang des makedonischen Monarchen umgewandelt wurde.[14] Obwohl nirgendwo von einer Verschwörung seines Vetters die Rede war, ließ ihn Alexander ermorden, ebenso seinen Stiefbruder Karanos.[15]

Eine gefährlichere Herausforderung für Alexander war sein erklärter Rivale Attalos. Dieser hätte mit dem asiatischen Vortrupp, dem er als Befehlshaber vorstand, auf die Kunde von Philipps II. Tod einen Aufstand entfachen können. Doch er tat dies nicht. Ebenso wenig verbündete er sich mit den Athenern, sondern brachte das ihm von Demosthenes unterbreitete Angebot, gemeinsam gegen Alexander vorzugehen, in Pella zur Anzeige. Da Attalos bei den Soldaten große Beliebtheit genoss, hätte er im Ernstfall eine beachtliche militärische Revolte gegen den jungen König anzetteln können. Ob die modernen Autoren recht haben, die behaupten, Attalos habe sich gegen Alexander verschworen, sei dahingestellt.[16] Jedenfalls war Alexander entschlossen, das Problem Attalos definitiv zu lösen. Daher entsandte er seinen Vertrauten Hekataios von Kardien an der Spitze einiger Einheiten nach Asien mit dem Auftrag, Attalos gefangen zu setzen und nach Makedonien abzuführen, notfalls ihn zu beseitigen, was auch prompt geschah. Die Aktion gelang nicht zuletzt deshalb, weil der zweite in Asien weilende Feldherr, Parmenion, trotz seiner durch Eheschließung entstandenen Verwandtschaft mit Attalos samt seinen Truppen treu zu Alexander stand. Genauso bekannten sich die weiteren im Heer dienenden makedonischen Adligen eindeutig zum neuen König, womit dieser eine bedeutende Unterstützung mit Signalwirkung auf die Heimat gewann.[17]

Die namentlich bekannten Personen, deren Leben im Rahmen der Thronbesteigung verwirkt war, waren nur die prominentesten unter den Opfern.[18] Eine Anzahl weiterer Standespersonen entzog sich den Nachstellungen durch Emigration.[19] Die meisten von ihnen gingen nach Persien, einige von ihnen, wie Amyntas[20], sollten gar zu Beratern des Dareios III. aufsteigen. Von den männlichen Verwandten des Königshauses blieb schließlich nur der behinderte Halbbruder Alexanders, Philipp Arrhidaios, am Leben.[21] Für den blutigen Epilog dieser Vendetta gegen die tatsächlichen oder vermeintlichen Opponenten sorgte die inzwischen aus Epeiros nach Makedonien zurückgekehrte Olympias, indem sie Kleopatra Eurydike und deren Tochter Europe in den Tod trieb.[22]

Die dringendste Aufgabe, die sich Alexander nach erfolgter Proklamation stellte, bestand darin, den makedonischen Militäradel dauerhaft an sich zu binden.[23] Ferner musste seine Stellung gegenüber den zahlreichen griechischen Bündnispartnern seines verstorbenen Vaters, vor allem gegenüber Thessalien, der Delphischen Amphiktyonie und jenen Makedonien feindlich gesinnten Mitgliedern des Korinthischen Bundes geklärt werden.[24] Er wusste nur allzu gut, auf welchen labilen Grundlagen die makedonisch-griechische Kooperation beruhte, da sie größtenteils von der starken Persönlichkeit seines Vaters abhängig gewesen war, und dass einige Verbündete nur darauf warteten, sich von Makedonien loszusagen. Daher ging er als Erstes auf die in Aigai versammelten Gesandten der griechischen Städte zu und versuchte, sie auf seine Person einzuschwören.[25] Als Philipps II. Nachfolger beanspruchte er die politischen Leitungsfunktionen, die sein Vater wahrgenommen hatte. Er fühlte sich an den vom Korinthischen Bund gefassten Beschluss gebunden, und so befand er sich gleich zu Beginn seiner Regierung im faktischen Kriegszustand mit dem Perserreich, weswegen er den Vortrupp, der bereits in Asien die Kampfhandlungen mit den Satrapen des hellespontischen Phrygien und Lydiens eröffnet hatte, nicht abberief.

Den Regierungswechsel in Makedonien sahen Athen, Theben und zahlreiche Städte der Peloponnes und Aitoliens als Omen für die Befreiung von der aufoktroyierten Vorherrschaft an. Der Athener Demosthenes beantragte ein Dankfest für die Mörder Philipps II. und ehrte sie öffentlich mit einem Kranz.[26] In Ambrakia wurde die makedonische Besatzung aus der Stadt vertrieben, und auch in Theben beabsichtigte man Gleiches zu tun.[27] Dagegen reagierten andere Poleis wie Argos, Messene und zahlreiche Gemeinwesen Arkadiens und Böotiens auf den Herrscherwechsel in Makedonien gelassen. Sie hatten keine Veranlassung, am bestehenden Status quo zu rütteln, der ihnen handfeste Vorteile versprach.[28]

Der junge König der Makedonen musste unverzüglich handeln, wenn er seine überaus brüchige Herrschaft stabilisieren wollte.[29] Er begab sich an der Spitze seines Heeres von Pella über Pydna und Dion nach Thessalien, wo er zum Archon des Thessalischen Bundes gewählt wurde.[30] Unterstützt durch die hervorragende thessalische Reiterei marschierte er auf den Thermopylenpass zu. Hier traf er auf die Gesandten der Delphischen Amphiktyonie, die ihn zum Führer der hoch angesehenen Bundesgenossenschaft ernannten. Nun konnte er sich die Stellung verschaffen, die bereits sein Vater Philipp II. eingenommen hatte. Dann erschien er überraschend vor Theben, wodurch seine Gegner überrumpelt wurden.[31] Der Widerstand gegen Makedonien erlosch so rasch, wie er begonnen hatte. Kriegerische Aktionen in Griechenland lagen nicht in Alexanders Interesse. Daher versuchte er, so gut es ging, zu beschwichtigen. Nach Ambrakia, wo

Abb. 12: Diogenes und Alexander. Gemälde von Gaspard de Crayer (1584–1669).

die makedonische Besatzung verjagt worden war, schickte er Gesandte, die den Aufständischen mitteilten, dass sie ihm bei seinem Entschluss, ihnen die volle Autonomie zu gewähren, ein wenig zuvorgekommen seien.[32] Unter allen Umständen sollte eine Neuauflage der Situation, die zur Schlacht von Chaironeia geführt hatte, verhindert werden.[33]

Alexander begab sich von Böotien aus unter Umgehung Athens nach Korinth, um den gleichnamigen Bund zu erneuern und sich als Nachfolger Philipps II. und oberster militärischer Führer der Griechen umfangreiche Vollmachten für den Krieg gegen Persien bestätigen zu lassen.[34] Im Gegenzug sicherte er den Bundesmitgliedern weitgehende innere Autonomie zu.

Innerhalb weniger Wochen war es Alexander auf seinem Marsch von Pella nach Korinth gelungen, sich zum Archon der Thessalischen Föderation, zum Vorsitzenden des Rates der Delphischen Amphiktyonie und zum Hegemon des Korinthischen Bundes ernennen beziehungsweise sich in dieser Position bestätigen zu lassen. Auf dem Rückweg in die Heimat machte er einen Abstecher zum Delphischen Orakel, womit er etwas tat, was er bei seinen späteren Unternehmungen regelmäßig wiederholen sollte: sich stets der Wirkkraft der göttlichen Mächte zu vergewissern.

Zwar erschien Alexander mit einem Heer in Griechenland, doch zu ernsthaften Kampfhandlungen kam es nicht. Mittels sorgsam dosierter

Drohgebärden und diplomatischen Geschicks gab der Neuling auf dem makedonischen Thron einen ersten Beweis seiner militärischen Entschlossenheit und seiner politischen Spannkraft. Der von Demosthenes grob unterschätzte Jüngling hatte sich als gelehriger Nachfolger seines außergewöhnlichen Vaters erwiesen.[35]

In Korinth soll Alexander den in ganz Hellas berühmten kynischen Philosophen Diogenes[36] getroffen haben. Über diese legendäre Begegnung, die vielleicht nie stattgefunden hat, sind zahlreiche Versionen im Umlauf. Eine der bekanntesten ist jene anekdotenhaft zugespitzte Geschichte, die den Kontrast zwischen der Arroganz der Macht und der Anspruchslosigkeit des wahren Weisen thematisiert: Als Diogenes keine Anstalten machte, dem jungen König aufzuwarten, begab sich Alexander mit seinem Gefolge zu Diogenes und fragte ihn, ob er einen Wunsch habe. „Geht mir ein wenig aus der Sonne", soll der Geistesmensch dem Tatmenschen geantwortet haben.[37]

Herrschaftssicherung und Strafgericht

Von der Donau nach Theben

Als die Vorbereitungen zum Angriff auf das Achaimenidenreich ihren Höhepunkt erreichten, traf die Nachricht von Aufständen an den Grenzen Makedoniens ein. Offenbar beabsichtigten einige thrakische und illyrische Stämme das vermeintliche Machtvakuum nach dem Thronwechsel auszunutzen, um sich territoriale Vorteile zu verschaffen.[1] Alexander zögerte keinen Augenblick und beschloss, die Militäraktion in Kleinasien zu verschieben: Zunächst sollten die bedrohten Zonen an der Peripherie seines Königreichs gesichert werden.

Die von ihm ins Visier genommenen Operationen hatten den Charakter eines Präventivschlags; sie dienten gleichzeitig als Generalprobe für den geplanten Persienzug. Gewiss erhoffte man eine ansehnliche Beute und neue Rekrutierungsmöglichkeiten für dringend benötigte Hilfstruppen. Außerdem wollte Alexander mit einer raschen Militäroperation gegen die Triballer die Verbindungswege zwischen Europa und Asien unter Kontrolle halten, die für die logistische Versorgung seines Heeres strategisch wichtig waren. Zusätzlich galt es, gegenüber dem Stamm, der unlängst Philipp II. eine schmerzliche Niederlage zugefügt hatte, seine Macht zu demonstrieren.[2] Schließlich diente der Feldzug zur Profilierung des jungen Königs, der vor der heimischen Militärelite beweisen musste, dass er die nach den Palastintrigen erworbene Herrschaft nun auf dem Schlachtfeld zu behaupten wusste. Der Erwartungsdruck, der auf ihm lastete, war riesig.

Im Frühjahr des Jahres 335 zog Alexander an der Spitze seiner Streitkräfte von Amphipolis aus, wo sich die Truppen gesammelt hatten, nach Nordosten. Er überquerte den thrakischen Grenzfluss Nestos und danach den Hebros (Maritza) östlich von Philippopolis, von wo aus er bis zum Haimosgebirge (Balkan) vorstieß.[3] Hier fand er den Schipkapass von den Feinden besetzt, die eine Wagenburg als Wegsperre errichtet hatten. Durch einen wagemutigen Angriff kämpfte er sich aber den Weg frei: Da seine Fußtruppen sich auf den Boden legten und ihre Schilde zum Schutz über sich hielten, rollten die anbrausenden Wagen über sie hinweg, ohne Schaden anzurichten. Daraufhin erstürmten Alexanders Soldaten die Passhöhe.[4] Auf diese Weise verschafften sich die Makedonen Zugang zum Siedlungsgebiet der Triballer. Nun ließ Alexander seine Bogenschützen und Speerwerfer ausschwärmen, um die Gegner aus ihren Verstecken herauszulocken. Dann zwang er sie, sich ihm in einer offenen Schlacht entgegenzustellen. Am Ufer des Flusses Lyginos wurde schließlich das Aufgebot des thrakischen Fürsten Syrmos aufgerieben. Die Fliehenden wurden bis zum Istros (Donau) verfolgt.

Hier vereinigte sich das makedonische Heer mit einer Flottille aus Byzanz, die entlang der Schwarzmeerküste gesegelt und an der Donaumündung in den großen Fluss eingebogen war. Durch eine kombinierte See- und Landoperation sollte die in der Mitte des Flusses gelegene Insel Peuke eingenommen werden, auf welche sich die Triballer und andere Stämme vor den Makedonen geflüchtet hatten. Doch die aufwändig inszenierte Unternehmung misslang.[5] Erfolg hatte Alexander hingegen beim Versuch, mehrere Abteilungen über den Fluss zu bringen und das Nordufer der Donau zu okkupieren. Danach trieb er die hier ansässigen Stämme in die Flucht. Aus Dankbarkeit opferte er dem Zeus, Herakles sowie dem Flussgott, weil sie ihm das Überqueren des legendären Stromes ermöglicht hatten; damit überdeckte er die teilweise missglückte Operation. Die Wirkung dieser Aktion war freilich groß, galt doch die Donau als die nördlichste zivilisatorische Grenzlinie. Alexander durfte sich rühmen, sie als erster Hellene überwunden zu haben. Mit den Triballern, Thrakern und Skythen schloss er Bündnisverträge ab, die seine Vormachtstellung in der Region festigten.[6] Mittels einer spektakulären Expedition hatte der junge König wichtige Ziele erreicht: Den gefährlichen Nachbarn wurde die Leistungsfähigkeit der makedonischen Armee vorgeführt, und außerdem erhielt er Zulauf durch thrakische Truppen, die er auf seinem Persienzug einsetzen sollte. Ferner konnte die Niederlage seines Vaters gerächt werden, und schließlich wurden mit dem Übersetzen über die Donau neue geopolitische Maßstäbe gesetzt.[7]

Zeit zum Ausruhen blieb kaum, denn auf dem Rückweg nach Makedonien, als das Heer das Siedlungsgebiet der Agrianer erreicht hatte, erfuhr Alexander von den in Illyrien ausgebrochenen Unruhen. Zunächst einmal verstärkte er seine Mannschaften durch agrianische Speerwerfer, eine Spezialeinheit, die stets an vorderster Front eingesetzt wurde und bei seinen weiteren Feldzügen von enormer Bedeutung war.[8] Dann beschloss er, direkt nach Westen zu ziehen, um unverzüglich eine militärische Antwort auf den Aufstand zu geben.

Der illyrische Fürst Kleitos hatte sich mit Glaukias, dem Fürst der Taulantier, verschworen und die Autarier auf seine Seite gezogen.[9] Gegen Letztere schickte Alexander den agrianischen Fürsten Langaros mit dem Auftrag, die Rebellion im Stammesgebiet der Aufständischen zu ersticken, was auch gelang.[10] Alexander selbst eilte mit seiner Streitmacht durch Paionien an die illyrische Grenze, wo Kleitos das unweit vom Ochrid-See gelegene makedonische Bollwerk Pelion bereits eingenommen hatte und auf die Ankunft des Glaukias wartete. Nach einer gewaltigen Marschleistung erreichten die Makedonen Pelion, noch bevor Glaukias im Kampfgebiet eintreffen konnte. Sie begannen Kleitos anzugreifen, der aber allen Erstürmungsversuchen tapfer widerstand. Bald sah sich Alexander gezwungen, die Belagerung aufzugeben, denn Glaukias und seine Taulantier hatten inzwischen sämtliche Höhenzüge der Umgebung besetzt. Das makedonische Heer wurde in dem unzugänglichen gebirgigen Gelände eingeschlossen und büßte seine operative Überlegenheit ein.

In dieser kritischen Lage ersann Alexander ein gewagtes Manöver: Er stellte seine besten Einheiten in Schlachtordnung auf. Dann ließ er die tief gestaffelte Phalanx auf dem linken Flügel eine Angriffsspitze bilden, mit der er den Durchbruch schaffte und eine Anhöhe besetzen konnte, die ihm erlaubte, das nächstgelegene Flussufer zu erreichen und sich aus der drohenden Umklammerung zu befreien. Alexander, der dadurch wieder die operative Initiative erlangen konnte, wandte eine weitere List an. Er täuschte einen Rückzug vor, kehrte aber nach drei Tagen, nachdem er seine Kampfverbände umgruppiert hatte, im Eiltempo wieder um und schlug die vor Pelion sorglos kampierenden Truppenverbände des Kleitos und Glaukias im Spätsommer 335 vernichtend. Die angeschlagenen Illyrer, die sich retten konnten, zogen sich daraufhin in ihre Stammesgebiete zurück.[11] Alexander hatte sein Ziel erreicht. Er bekam wertvolle illyrische Verstärkungen für seine künftigen Feldzüge, und die makedonischen Grenzen galten von nun an als sicher. Der illyrische Feldzug bestach durch die Flexibilität und Anpassungsfähigkeit der makedonischen Streitkräfte. Er offenbarte erstmalig das beachtliche strategische Talent des jungen Königs, der über hervorragende Berater verfügte und sich selbst als ungemein lernfähig erwies.

Doch wenn Alexander gedacht hatte, er könne nun schleunigst heimkehren, um den aufgeschobenen kleinasiatischen Feldzug voranzubringen, so sah er sich darin getäuscht. Anstatt nach Pella zu marschieren, führte ihn sein Weg direkt nach Süden.[12] Das Ziel war Theben. Dort hatte sich das Gerücht verbreitet, Alexander sei in Illyrien gefallen.[13] Dies wirkte als die Initialzündung zu einem Aufstand gegen die makedonische Vorherrschaft in Griechenland, der sich zu einem Flächenbrand auszuweiten drohte.[14] Philipp II. hatte einst der böotischen Vormacht nach der Niederlage von Chaironeia hart zugesetzt, als er den von Theben abhängigen Städten volle Autonomie gewährte. Ferner hatte er eigene Anhänger an die Macht gebracht und seine Gegner ins Exil befördert. Nun kamen die thebanischen Flüchtlinge zurück, beseitigten die amtierende Regierung und überredeten die Mehrheit der Bürgerschaft, sich gegen Makedonien zu erheben.[15] Daraufhin fingen sie an, die Besatzungstruppen, die auf der Burgfestung stationiert waren, zu belagern. Des Weiteren forderten sie die übrigen Griechen auf, von Makedonien abzufallen. Die Parolen zeigten

Wirkung. Aus Arkadien rückten Truppen heran, und in Athen standen die Feinde Makedoniens im Begriff, die Oberhand zu gewinnen.

Inmitten dieser aufgeheizten Stimmung erschien Alexander an der Spitze seines kampferprobten Heeres vor Theben. Aufgrund einer spektakulären Marschleistung war es ihm gelungen, eine Streitmacht von etwa 30000 Mann über schwieriges Terrain in weniger als zwei Wochen von Illyrien nach Böotien zu führen. Sein schnelles Handeln hatte die Gegner schockiert und ihre Gegenwehr paralysiert. Niemand wagte der eingekreisten Stadt beizustehen. Zunächst versuchte Alexander, den drohenden Kampf durch Verhandlungen abzuwenden[16], doch die Thebaner ließen sich darauf nicht ein. Tagelang wurde die Stadt attackiert, bis an einer Stelle der Durchbruch gelang. Plötzlich sahen sich die Belagerten von zwei Seiten bedrängt. Die makedonische Wachmannschaft auf der Kadmeia machte einen Ausfall und vereinigte sich mit dem Gros der Angreifer, die inzwischen den äußeren Mauerring überwunden hatten und in die Stadt eingedrungen waren. Es kam zu einem furchtbaren Gemetzel.[17] Mehr als 6000 Thebaner fielen den Kampfhandlungen zum Opfer. Doch was darauf folgte, war weitaus schlimmer. Alexander hatte die Militäraktion nominell im Auftrag des Korinthischen Bundes durchgeführt, der gegen ein abtrünniges Mitglied eine Strafexpedition verhängt hatte. Daher wurde die Entscheidung über das Schicksal der Stadt in die Hände derjenigen gelegt, die sich im Verlauf des Feldzuges auf makedonischer Seite beteiligt hatten. Hier führten die Orchomenier, Platäer und Phoker – die ärgsten Widersacher der Thebaner, die in der Vergangenheit Opfer thebanischer Großmachtsucht gewesen waren – das Wort. Da sie offene Rechnungen mit der besiegten Stadt zu begleichen hatten, folgte kein Friedensschluss, sondern ein Strafgericht. Sie verlangten, dass Theben zerstört, sein Territorium aufgeteilt und die überlebende Bevölkerung, über 30000 Menschen, in die Sklaverei verkauft werden sollte.[18] Das überaus grausame Urteil, das die öffentliche Meinung Griechenlands empörte, kam den Intentionen Alexanders durchaus gelegen, der sich bei der Vollstreckung hinter seinen Verbündeten versteckte.[19] Er erwirkte lediglich für die Heiligtümer und Priester, für das Haus des Dichters Pindar und dessen Nachkommen sowie für die Parteigänger Makedoniens Immunität. Über den Fall Thebens resümiert Arrian: *Der Abfall der Thebaner war plötzlich ohne jede vernünftige Überlegung erfolgt, und die Eroberung Thebens hatte sich in wenigen Tagen ohne besondere Anstrengungen der Eroberer vollzogen, und das Blutbad war so grauenhaft, weil es durch Stammverwandte geschah, die alte Feindschaften zum Austrag brachten. Und nun die Versklavung der gesamten Bevölkerung der Stadt, die damals an Macht und Ansehen in kriegerischer Hinsicht unter den Griechen die Erste war!*[20]

Ansonsten sollte das an Theben statuierte Exempel den Widerstandswillen derjenigen griechischen Städte brechen, die sich der makedonischen Hegemonialpolitik widersetzten.[21] Als Begründung für das brutale Vorgehen wurde Thebens Parteinahme für Xerxes während der Perserkriege angeführt.[22]

Dieses recht fragwürdige Argument hätte allerdings im Falle Athens nicht geltend gemacht werden können. Die unverhohlenen Sympathien für die Abschüttelung der makedonischen Vorherrschaft waren nur durch die rasche Vorgehensweise der makedonischen Armee im Keim erstickt worden.[23] Ein athenisches Hilfskontingent für Theben wurde im letzten Augenblick zurückgehalten. Das lag aber im Sinn des Königs der Makedonen, der eine direkte Konfrontation mit Athen unbedingt vermeiden wollte.[24] Daher begnügte er sich damit, durch die Beherrschung der Meerengen Druck auf die Stadt auszuüben. Athens Getreideversorgung hing ganz davon ab, ob sich die eigene Flotte ungehinderten Zugang über den Bosporus und die Dardanellen verschaffen konnte, und Alexander besaß die Mittel dazu, diese Passage zu blockieren oder zumindest deutlich zu erschweren. Doch neben praktischen gab es auch propagandistische Motive für einen behutsamen Umgang mit Athen.[25] Die offizielle Begründung des bevorstehenden asiatischen Krieges lautete, Rache zu nehmen für die Verwüstung Griechenlands durch die Perser vor mehr als hundertvierzig Jahren.[26] Welchen Eindruck hätte die Belagerung jener Stadt gemacht, um deretwillen Alexander die vereinten Griechen nach Asien führen wollte?

Die ersten selbstständigen Handlungen Alexanders nach seiner Thronbesteigung zeigen einen überaus agilen, gezielt handelnden Feldherrn und Staatsmann, der seine militärischen und politischen Vorstöße sorgfältig kalkulierte und dann entschlossen durchführte. Das Darbringen von Opfern und der Besuch von Orakeln und Heiligtümern gehörten ebenso dazu wie die Inanspruchnahme kultischer oder mythischer Identifikationsfiguren als Garanten für seine Aktionen. Ferner offenbarten seine Auftritte auf dem Balkan und in Griechenland einen gewieften Machtpolitiker, der seinen eingespielten Militärapparat energisch und wirkungsvoll einzusetzen vermochte, aber auch den Weg des diplomatischen Ausgleichs einschlug, wenn es opportun erschien, und ansonsten erbarmungslos gegen diejenigen vorgehen konnte, die sich seinem Willen widersetzten.

Mag sein, dass er sich durch die Zerstörung Thebens keine Freunde unter den Griechen gemacht hatte, ihr Respekt aber war ihm von nun an gewiss. Der von Demosthenes als Muttersöhnchen verspottete und verkannte Alexander[27] stand nun im Begriff, die Griechen im Verein mit den Makedonen nach Asien zu führen. Nach den erbrachten Beweisen seiner Fähigkeiten standen die Chancen für ein erfolgreiches Gelingen der ge-

Abb. 13: Marmorkopf Alexanders des Großen.
Pergamon, um 200–150.

planten Unternehmung auf einmal gar nicht so schlecht. Auf diesem energischen jungen Mann – der im Gegensatz zu seinem Vater sich der Öffentlichkeit glatt rasiert präsentierte und sein Haar betont lässig und lang trug und ansonsten alles tat, um seine unverwechselbare Identität zu betonen – ruhten die Hoffnungen seiner Landsleute und all derjenigen, die sich daranmachten, ihn nach Asien zu begleiten.[28]

Das Achaimenidenreich

Ein Koloss auf tönernen Füßen?

Seit Kyros, der Begründer des Achaimenidenreiches, Lydien und die ionischen Städte Kleinasiens um 545 erobert hatte, fiel der Schatten der persischen Weltmacht auf die Stammesgesellschaften des Balkanraumes und die griechische Poliswelt.[1] Um den eigenen Standort in dieser gewandelten politischen Landschaft zu bestimmen und das gesteigerte Interesse der Nachwelt an den folgenreichen Vorgängen zu befriedigen, errichtete der griechische Historiker Herodot dieser Begegnung mit der Rekonstruktion der überaus farbigen Geschichte ein beeindruckendes schriftstellerisches Denkmal.[2] Es war nach den Epen Homers das grandioseste und eines der am meisten verbreiteten Werke der griechischen Literatur. Beide, Homer und Herodot, erzählen vom Kampf zwischen östlichen und westlichen Völkern. Während sich bei Homer noch keine Spuren einer wie auch immer gearteten Ost-West-Dualität finden, verkörpern für den im Perikleischen Zeitalter lebenden Herodot Orient und Okzident, Perser und Griechen, bereits klar umrissene, sich politisch-kulturell gegenüberstehende Blöcke beziehungsweise geopolitische Kategorien. In der Publizistik des 4. Jahrhunderts verfestigte sich dieser Gegensatz zum chauvinistischen Bild des der griechischen Zivilisation weit unterlegenen dekadenten Orientalen, der zum Prototyp des Barbaren schlechthin verkam. Selbst so namhafte Intellektuelle wie Isokrates, Platon oder Aristoteles scheuten sich nicht, derartige Feindbilder kritiklos zu verbreiten.[3]

Dennoch ist der im griechischen Schrifttum viel beschworene Ost-West-Gegensatz kein zuverlässiges Diagnoseinstrument, um den Puls der realen griechisch-persischen Beziehungen zu messen. Zwar hatten die Perserkriege Leid und Not über weite Teile des Ägäisraumes gebracht, aber ihre Wunden heilten allmählich und, was noch wichtiger war, es war keine unversöhnliche Feindschaft zwischen beiden Kulturkreisen entstanden. Vielmehr pendelte sich als Ergebnis der zunehmend intensiven und vielfältigen Kontakte rund um den Ägäisraum ein *modus vivendi* zwischen den Anrainervölkern ein. Die unter persischer Oberhoheit stehenden kleinasiatischen Griechen arrangierten sich mehr oder weniger widerwillig mit ihren Herren.[4] Das Achaimenidenreich wurde Zufluchtsort für Verbannte aus dem Westen, Betätigungsfeld für Söldner und Händler, Export- und Importmarkt für die expandierende Wirtschaft des östlichen Mittelmeerraumes.[5] Persisches Gold strömte wiederholt nach Griechenland und spielte eine wichtige Rolle im Machtkampf der Poleis um die Vorherrschaft. Akte gegenseitiger Einmischung belegen die sich einbürgernde Normalität in den Ost-West-Beziehungen. Zahlreich waren die Begegnungen zwischen griechischen und persischen Aristokraten, Kaufleuten und Soldaten.[6] Gesandtschaften, Handel und Personenaustausch vermittelten die jeweils andere Lebensform und schärften das Bewusstsein für die in beiden Weltgegenden durchaus vorhandenen sozialen und kulturellen Analogien. Akkulturationsprozesse führten zur bereitwilligen Übernahme fremder Vorbilder und ließen jenseits aller politischen und zivilisatorischen Unterschiede beide Welten immer näher aneinanderrücken.[7]

Letzteres betraf Makedonien in besonderer Weise. Hier hatte sich während der langen und epochalen Regierungszeit Philipps II. eine Modernisierung des Staatsverständnisses und der Regierungspraktiken angebahnt, die bei näherem Hinschauen als Orientalisierung, das heißt als eine Übernahme der im Perserreich eingebürgerten Usancen und Institutionen bezeichnet werden kann. Als Beispiele dafür lassen sich der gezielte Ausbau von Pella zum Machtzentrum der makedonischen Monarchie oder die Stärkung des Pagenkorps als Keimzelle eines neuen makedonischen Hofadels nach persischem Vorbild anführen. Dem orientalischen Vielvölkerstaat verdankte man nicht nur manche konkrete Anregung, sondern er diente westlich der Ägäis gelegentlich als Modell für Innovation und Effizienz.

Gleichzeitig erfuhren die Beziehungen zwischen dem Achaimenidenreich und Makedonien durch Philipps II. expansive Außenpolitik eine bisher unbekannte Dynamik. War in der Vergangenheit der Balkanstaat von der orientalischen Weltmacht kaum wahrgenommen worden, so änderte sich dies schlagartig, denn im Zuge der zunehmenden politischen Bedeutung der Argeadenmonarchie ab der zweiten Hälfte des 4. Jahrhunderts wuchs Makedonien zu einer Größe heran, mit der zu rechnen war. Das militärisch schlagkräftige Land galt von nun an sowohl als möglicher Partner, aber auch als Konkurrent, als Garant und zugleich als Bedrohung der Interessen der Perser an der Westgrenze ihres Einflussbereichs. Als Ausdruck eines kurzfristig erzielten Interessenausgleichs ist der von Artaxerxes III. und Philipp II. abgeschlossene Vertrag wohl aus dem Jahre 344 zu werten, der durch den Verzicht auf gegenseitige kriegerische Aktionen das politische Verhältnis zwischen den maßgeblichen Mächten des Ägäisraumes zeitweilig regelte.[8] Möglicherweise hatte der an den Hof von Pella geflüchtete Artabazos, der sich mittlerweile mit König Artaxerxes III. wieder versöhnt hatte, diese Annäherung vermittelt.

Eine Änderung des Gleichgewichts erfolgte bereits im Zuge der ausgreifenden makedonischen Politik zu Beginn der dreißiger Jahre des 4. Jahrhunderts. Philipps II. Ambitionen auf die Kontrolle der Meerengen hatten nicht nur die Athener beunruhigt. Sie riefen ebenso die Perser auf den Plan, die der von der makedonischen Belagerungsarmee akut bedrohten Stadt Perinth Beistand leisteten, bis der Argeadenherrscher schließlich unverrichteter Dinge abziehen musste.[9] Danach waren die Perser durchweg auf Seiten der Gegner Philipps II. anzutreffen. Sie hatten durch Geldzahlungen die Aktivitäten der traditionell Makedonien feindlich eingestellten Poleis (Athen, Theben, Sparta) unterstützt und verfolgten das gleiche Ziel: die Verhinderung einer übermächtigen makedonischen Hegemonie in Griechenland.[10] Nach dem Scheitern dieses Alternativmodells waren die Perser kompromittiert. Ihre Einmischung in die griechischen Angelegenheiten lieferte Philipp II. zusätzliche Argumente für den eingeschlagenen aggressiven Kurs gegenüber dem östlichen Nachbarn.[11] Daher war aus makedonischer Sicht Dringlichkeit geboten, denn von einem erfolgreichen Feldzug auf asiatischem Boden erhoffte man sich zusätzlich eine Entspannung der politischen Lage in Griechenland.

Von entscheidender Bedeutung für die Angriffspläne Philipps II. war jedoch der Thronwechsel in Susa Ende 338 gewesen, der eine Autoritätskrise nach sich zog. Artaxerxes III. war durch den Eunuchen Bagoas ermordet worden, der danach eine Schlüsselstellung am Königshof erlangen konnte, wodurch ein Machtvakuum entstand.[12] Denn der neue Herrscher Arses, ein Sohn des ermordeten Artaxerxes III., war schwach und vermochte sich nicht lange zu halten. Aus den neu aufkeimenden Intrigen ging der aus dem Achaimenidenhaus stammende Dareios III., der Satrap Armeniens, als Sieger hervor.[13] Mit ihm bestieg ein bewährter Politiker und Feldherr den persischen Thron. Wahrscheinlich stand seine Erhebung mit der drohenden Invasion aus dem Westen in Zusammenhang. Mit Sicherheit erhofften sich die persischen Führungskreise vom neuen Herrscher eine wirkungsvolle Eindämmungspolitik gegenüber Makedonien, die man seinem Vorgänger offenbar nicht zugetraut hatte.[14]

Jedenfalls wurden als Konsequenz dieses Machtgerangels die Abwehrkräfte des durch Thronstreitigkeiten strapazierten Vielvölkerstaates deutlich geschwächt. Dennoch bewirkte die zeitweise eingetretene Lähmung der Machtzentrale am Vorabend der makedonischen Invasion keine dramatische Beeinträchtigung der Verteidigungsbereitschaft des Achaimenidenreiches, denn die kleinasiatischen Satrapen waren auf einen Einfall aus dem Westen vorbereitet. Ihnen stand der erfahrene Söldnerführer Memnon zur Verfügung, der die Taktik und die Kampfweise sowohl der Griechen als auch der Makedonen bestens kannte. Ferner waren die Perser ihren Gegnern zur See deutlich überlegen. Demgegenüber verfügte der Korinthische Bund einschließlich des Aufgebots der makedonischen Marine über kein vergleichbares nautisches Potenzial. Alexander musste sich auf die Mitwirkung Athens verlassen, was nicht ganz unproblematisch war angesichts der dort vorherrschenden antimakedonischen Ressentiments.

Die Kriegshandlungen zwischen Makedonen und Persern hatten lange vor Alexanders Eintreffen auf dem asiatischen Kontinent begonnen. Bereits im Herbst des Jahres 336 und im Jahr darauf konnten die unter Führung des Attalos und Parmenion vorausentsandten Einheiten beträchtliche Geländegewinne verbuchen. Sie drangen bis Magnesia am Mäander und nach Ephesos vor. Doch als Memnon zu einem Gegenschlag ausholte, wurden die makedonischen Abteilungen zurückgeworfen.[15] Sie zogen sich weiter nach Norden zurück, wo lediglich ein Brückenkopf bei Abydos und Rhoiteion behauptet werden konnte. Danach wurde Parmenion nach Pella abberufen, wo er neue Instruktionen erhielt.[16] Den Befehl über die in Asien detachierten Truppen führte nach der Ermordung des Attalos nun Kalas.[17] Alles Weitere hing vom Eintreffen Alexanders auf dem asiatischen Kriegsschauplatz ab. Inzwischen wurden von makedonischer Seite die Kriegsvorbereitungen intensiviert. Möglicherweise hatte das Expeditionskorps nach der Beseitigung des Attalos eine spürbare Beeinträchtigung seiner operativen Kapazität hinnehmen müssen, weil es Soldaten für die Balkanfeldzüge Alexanders zur Verfügung stellen musste und damit zur Untätigkeit verurteilt wurde.

Gelegentlich wird das Perserreich des ausgehenden 4. Jahrhunderts aus westlicher Perspektive als „Koloss auf tönernen Füßen“[18] bezeichnet, was die Kritik vieler Persienspezialisten nach sich gezogen hat.[19] Wie so oft wird auch hier die historische Wahrheit in der Mitte liegen. Weder war die Achaimenidenmonarchie zu Alexanders Zeiten ein stark gefestigtes Staatswesen, noch lässt sich sagen, dass sie in Auflösung begriffen war. Sie litt, wie alle Großreiche, die sich überlebt hatten, an den üblichen Spannungen zwischen Machtzentrale und Peripherie, an den internen Machtkämpfen der Führungseliten, am Verlust militärischer und ökonomischer Potenz und an den Folgen von Aufstandsbewegungen im Inneren.[20] Aber sosehr alles zusammen genommen eine unübersehbare Schwächung darstellte: Ohne massive äußere Einwirkungen wäre es nicht auseinandergefallen, sondern hätte noch lange weiter bestehen können, wenn auch in wahrscheinlich veränderter Form. Allerdings sind dies alles Erkenntnisse, die Alexanders Auftritt auf der asiatischen Bühne voraussetzen. Ob den Zeitgenossen vor Beginn des makedonischen Zuges in Kleinasien im Jahr 334 die sich bald offenbarende Zerbrechlichkeit des achaimenidischen Vielvölkerstaates bewusst sein konnte, ist angesichts der Erfahrungen aus der Vergangenheit zu bezweifeln. Zwar war Xenophons legendäre Rückführung der 10000 griechischen Söldner aus dem Herzen Vorderasiens nach Griechenland spektakulär und sprach nicht gerade für das kriegerische Potenzial der Achaimeniden. Ebenso verdeutlichten Agesilaos' Taten in Kleinasien die Unzulänglichkeiten der dortigen Militärorganisation, aber ein durchschlagender Beweis für die Schwäche des Perserreiches war

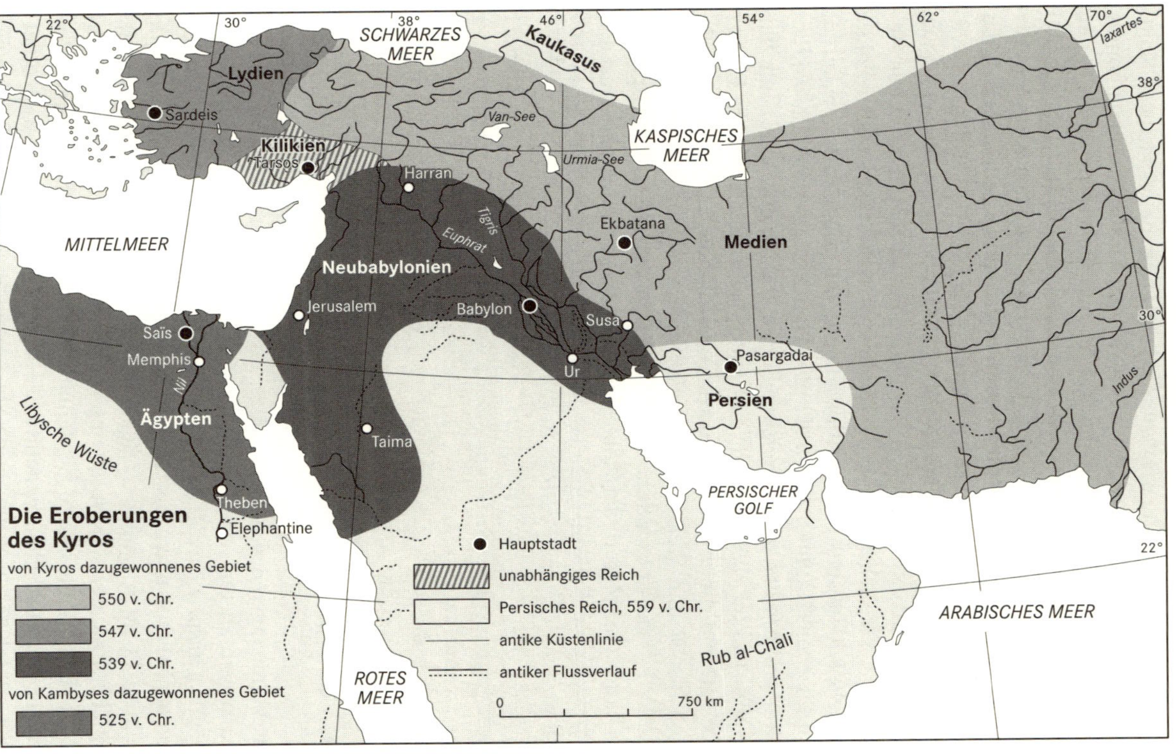

Abb. 14: Das Perserreich und die Eroberungen des Kyros.

damit nicht erbracht worden. Die unendliche Weite des asiatischen Kontinents, die auf Eindringlinge eine zermürbende Wirkung ausüben konnte, sodann die großen Ressourcen des Reiches, welche es erlaubten, eine imposante Kriegsmaschinerie aufzubieten, sowie die schwer zugänglichen Rückzugsgebiete im ostiranischen Raum, von wo aus sich wirksame Formen des Widerstandes gegen Invasoren organisieren ließen, setzten jedweden Eroberungsabsichten einen Dämpfer auf.

Im Verhältnis zu Griechenland oder zu Makedonien waren die demographischen und ökonomischen Ressourcen des achaimenidischen Reiches um ein Vielfaches überlegen. Die landwirtschaftlichen Überschüsse Ägyptens, Kleinasiens und Mesopotamiens, die gewaltigen Viehherden des iranischen Raumes, die maritime Handelsdominanz Phönikiens, Zyperns und Ioniens, die zahlreichen Städte und die gut ausgebaute Verkehrsinfrastruktur zu Wasser und zu Lande – allein die legendäre Königsstraße verband die persisch-medischen Kernländer mit sämtlichen Satrapien in Ost und West, und sie blieb nicht die einzige Kommunikationsader[21] –, ganz besonders aber die großen Vorräte an Edelmetallen, die in den Schatzhäusern der Königsresidenzen lagerten, machten aus dem Perserreich eine Achtung gebietende Macht und eine äußerst attraktive Beute zugleich, die nicht geringe Begehrlichkeiten weckte.

Welche konkreten Ziele der neue Argeadenherrscher, der damals noch ein weitgehend unbeschriebenes Blatt war, und seine machthungrigen adligen Kampfgefährten verfolgten – etwa die Beherrschung der Meerengenregion, die sein Vater nie vollständig erreicht hatte, oder gar die Eroberung Kleinasiens, zumindest von Teilen davon –, welche Dauer der Feldzug haben würde und vor allem, welche Ergebnisse man den makedonischen Waffen in Kleinasien zutrauen konnte, war, trotz der jüngst erbrachten Beweise ihrer militärischen Effizienz im Voraus schwer zu beurteilen. Voraussagen ließ sich allerdings, dass Alexanders Verhalten und das seiner Weggefährten von Wagemut und dem Streben nach Ruhm erfüllt waren. Sich anspruchsvolle Aufgaben vornehmen, die Leistungen der Vorfahren nachahmen und nach Möglichkeit übertreffen sowie eine unbändige Sehnsucht nach großen Zielen, gepaart mit einem Drang nach der Ferne (Pothos), der sich bereits bei der Donauexpedition manifestiert hatte, bestimmten die innere Einstellung des makedonischen Kriegeradels angesichts der asiatischen Expedition.[22] Andererseits muss daran erinnert werden, dass der Persienzug bereits vor Alexanders Regierungsantritt eine beschlossene Sache war. Indem er sie sich zu eigen machte, erfüllte er zunächst die in ihn gesetzten Erwartungen. Die Einstellung der längst eingeleiteten Militäroperationen wäre gewiss mit schweren Macht- und Ansehensverlusten verknüpft gewesen.

Ebenso unvorhersehbar wie der Verlauf der Kriegshandlungen blieb ungewiss, wie sich die politischen Verhältnisse in Griechenland und an den Grenzen Makedoniens während der Abwesenheit eines Großteils der Armee gestalten würden. Ob sich dort Widerstand oder gar Auflehnung gegen die erst jüngst begründete makedonische Dominanz regen würde, war eine offene Frage. Ihre Beantwortung hing vor allem von den militärischen Fortschritten in Kleinasien ab, womit sich deutlich abzeichnete, unter welchem Erfolgsdruck der junge König von Anfang an stand. Daher traf Alexander, bevor er der Heimat den Rücken kehrte, Vorsorge, um seine logistische Basis zu konsolidieren. Er setzte den vielfach bewährten Antipater als seinen Stellvertreter in Makedonien ein und übertrug ihm das Kommando über etwa die Hälfte des insgesamt verfügbaren Heeresaufgebotes, was diesen in die Lage versetzte, jeden aufkeimenden Aufruhr zu ersticken.[23]

Im Frühjahr des Jahres 334 versammelte Alexander sein Heer in Pella und die Flotte in Amphipolis. Die Kriegsvorbereitungen sollten möglichst reibungslos vor sich gehen, denn es galt, die persische Führung, so gut es irgend ging, zu überraschen. Die überlegene gegnerische Flotte sollte keine Gelegenheit erhalten, das Übersetzen der Invasionsarmee nach Asien zu unterbinden. Dann begab sich Alexander an der Spitze seines Heeres über Amphipolis, Abdera und Maroneia entlang der thrakischen Küste nach Sestos.[24] Gleichzeitig beorderte er seine Flotte dorthin, um den Transport des Landheeres über den Hellespont zu ermöglichen. Eine förmliche Kriegserklärung scheint nicht stattgefunden zu haben – der vom Korinthischen Bund erwirkte Kriegsbeschluss war drei Jahre zuvor erfolgt[25] – und so glich die Expedition einem Überfall, bei dem es um Ruhm, Herrschaftssicherung, Ehrgeiz, Beute, Machtstreben, Abenteurertum und territoriale Gewinne ging. Damals waren die ökonomischen Ressourcen Makedoniens infolge der Schenkungen von Kronland sowie wegen der Kosten für die vorangegangenen Militärexpeditionen nahezu erschöpft. Alexanders Kriegsrüstungen hatten etwa 800 Talente verschlungen. Ihm blieben kaum mehr als 70 Talente übrig, als er von Pella aufbrach. Damit konnte er seine Unternehmung maximal einen Monat lang finanzieren.[26]

Einer der berühmtesten Feldzüge der Weltgeschichte nahm seinen Anfang. Alexander wurde begleitet von 1800 Hetairen, einer hervorragenden Reitertruppe, die in 15 Ilen zu je 120 Mann unterteilt waren und von tüchtigen Kommandeuren befehligt wurden. Hinzu kamen etwa 4000 Mann starke peloponnesische, thessalische, thrakische und illyrische Kavallerieeinheiten.[27] Den Kern seiner Fußtruppen bildeten die 9000 Mann der makedonischen Phalanx, die in Unterabteilungen gegliedert war. Besondere Bedeutung hatten dabei die schwer bewaffneten Hypaspisten, 3000 Mann stark, eine Eliteeinheit, die als Angriffskeil diente. Ergänzend dazu kamen etwa 7000 kampferprobte, leichtbewaffnete Illyrer, Paionen und Thraker. Die verbündeten griechischen Staaten stellten eine Truppe von 7000 Hopliten zur Verfügung, die als Reserve fungierte und Deckungsaufgaben zu erfüllen hatte. Etwa 5000 griechische Söldner, die ein hohes Maß an Professionalität aufwiesen, komplettierten Alexanders Heer.

Es ist unklar, ob zu der etwa 37000 Mann starken Invasionsarmee die in Asien voraus detachierten Kontingente dazuzurechnen sind, oder ob diese Truppe bereits in der genannten Zahl berücksichtigt ist.[28] Jedenfalls war ein vergleichbares makedonisch-griechisches Heeresaufgebot bisher nie in Aktion getreten.[29] Wichtig waren auch Spezialeinheiten wie die agrianischen Speerkämpfer oder die kretischen Bogenschützen. Begleitet wurde die Armee von einem umfangreichen Tross von Knechten, Dienern, Handwerkern, Zimmerleuten, Schreinern, Waffenschmieden und Schiffsbesatzungen, der wohl zahlenmäßig der kämpfenden Truppe kaum nachstand. Hier wirkten ganze Stäbe von Technikern, Pionieren, Ingenieuren, Landvermessern, Baumeistern, Belagerungsexperten, Wissenschaftlern, Handwerkern, Künstlern, Ärzten, Priestern, Sehern – unter ihnen stach Aristandros von Telmessos[30] hervor – und Historikern. Letzteren fiel die Aufgabe zu, als Chronisten der Unternehmung deren Fortschritte und Errungenschaften der Nachwelt zu überliefern. Kallisthenes[31], ein Verwandter des Aristoteles, war der bekannteste von ihnen; auch der Philosoph Anaxarchos[32] schloss sich der Expedition an.[33]

Hinsichtlich des Ausbildungsgrades, der Motivation und Kampfkraft unterschied sich das makedonische Kontingent von den übrigen Heeresteilen, die entweder gegen Sold oder gar zwangsverpflichtet und daher ohne große innere Beteiligung am Feldzug teilnahmen. Dies traf vor allem auf Kontingente der griechischen Bundesgenossen zu. Hier stand Alexander noch ein erhebliches Stück Überzeugungsarbeit bevor, um diese als unzuverlässig geltenden Mannschaften für die Ziele der Expedition zu begeistern.

Als ein entscheidender Schwachpunkt der gesamten Unternehmung sollte sich aber die Unterlegenheit der makedonischen gegenüber der persischen Flotte erweisen. Samt der Bundesgenossenbeiträge standen Alexander kaum mehr als 170 Kriegsschiffe zur Verfügung. Die meisten von ihnen kamen aus Athen, Korinth, Ägina und Makedonien.[34] Das erreichte nicht einmal die Hälfte des gegnerischen Aufgebots, das sich aus den Kontingenten der unter achaimenidischer Hoheit stehenden Phöniker, Zyprioten und kleinasiatischen Griechen speiste, die zudem den griechischen Schiffen technisch überlegen waren. Ein tieferes Verständnis für die Bedeutung der Seekriegführung scheint Alexander nicht besessen zu haben, wie der schwer verständliche Entschluss, die eigene Flotte während des Jahres 334 aufzulösen, noch zeigen wird.[35]

Inszenierter Auftakt eines Überfalls

Als Achilleus am Hellespont

Bis zur Mitte des Jahres 334 hatte der junge makedonische König zahlreiche Beweise seiner Tatkraft geliefert, wenn wir an seine geglückte Thronbesteigung, die kühnen Expeditionen gegen die Thraker und Illyrer oder die Festigung der makedonischen Vormachtstellung in Griechenland denken, die für sich genommen schon beachtliche Leistungen darstellten. Sie blieben jedoch im Rahmen des Möglichen und bestätigten nur, was man von dem begabten und für seine künftigen Aufgaben sorgfältig vorbereiteten Nachfolger eines außergewöhnlichen Herrschers erwarten konnte. Auf manche Zeitgenossen mag der Erfolg des Sohnes wie eine Verlängerung oder gar Vollendung der väterlichen Politik gewirkt haben.[1]

Erst nachdem Alexander den Fuß auf den asiatischen Kontinent gesetzt und damit die lang geplante und mehrfach aufgeschobene Militäraktion eingeleitet hatte, gewann seine Gestalt eindeutige Konturen. Sie begann schlagartig aus der relativen Anonymität des makedonischen Adelskollektivs herauszuragen und eigene Akzente zu entwickeln. War das bisher vom Sohn Philipps II. Geleistete vorgezeichneten Spuren gefolgt, so wird er von nun an, ohne die bisherige Marschrichtung aufzugeben, seine eigenen Bahnen beschreiten und somit sein unverwechselbares Profil schärfen. Und dennoch: Sosehr in der Folgezeit das asiatische Abenteuer neue Maßstäbe setzen und Alexanders Protagonismus ins Unermessliche steigern wird, war dies doch gleichermaßen eine Unternehmung des makedonischen Militäradels[2], dessen ehrgeizigste Mitglieder die einmalige Chance erhielten, sich neben dem nicht minder ruhmsüchtigen König wirkungsvoll in Szene zu setzen: Antigonos, Hephaistion, Kleitos, Krateros, Nearchos, Parmenion, Perdikkas, Philotas, Ptolemaios, Seleukos und viele andere nahmen daran teil und erlangten wie Alexander Ruhm und Unsterblichkeit.[3] Einige von ihnen sollten, wie eingangs gezeigt, in der Nachfolgezeit die Geschicke des östlichen Mittelmeerraumes entscheidend bestimmen.

In Sestos machte sich das Heer für den Übergang nach Asien bereit. Die Flotte der Bundesgenossen traf verabredungsgemäß an der Meerenge ein. Sie hatte den Auftrag, den Transport und die logistische Versorgung der Truppen zu ermöglichen.[4] Die gefürchteten persischen Schiffe ließen sich nicht blicken. Dass die Perser ihre weit überlegene Seemacht nicht einsetzten, um die Überfahrt der Invasionsarmee wenigstens zu behindern und sie von der Küste aus zu bedrängen, geschah keineswegs aus Nachlässigkeit, wie gelegentlich angenommen wird.[5] Das Gros ihrer Schiffe befand sich damals am Nildelta. Sie hatten den Auftrag, einen in Ägypten ausgebrochenen Aufstand niederzuschlagen. Natürlich wusste dies der makedonische Stab und nutzte daher die günstige Gelegenheit für die reibungslose Beförderung seiner Truppen nach Asien.[6] Allerdings war damit zu rechnen, dass nach Beendigung der Kampfhandlungen in Ägypten die persische Armada rasch in den kleinasiatischen Gewässern auftauchen würde.

Während Parmenion die Verladung des Heeres an den Dardanellen überwachte, nahm sich Alexander Zeit für einen Abstecher an die Südspitze der Chersones, wo er das Grabmonument des Protesilaos in Elaius aufsuchte.[7] Dieser galt als der Grieche, der im Troianischen Krieg vor allen anderen Mitkämpfern als Erster asiatischen Boden betreten hatte, weswegen er als Heros kultisch verehrt wurde. Da das Heiligtum im Zuge der Perserkriege von Xerxes geplündert worden war[8], veranstaltete Alexander eine symbolträchtige Wiedergutmachung. Wie die Abfahrt aus Europa wurde auch die Überwindung der Meeresstraße, die beide Erdteile trennt, sowie die Ankunft auf der asiatischen Seite des Hellespont mit großem Pathos begangen. Analog zur homerischen Lobpreisung der adeligen Krieger der heroischen Vergangenheit zelebrierte sich die makedonische Militäraristokratie selbst. Wenn auch die antiken Autoren den Blick einseitig auf Alexander lenken, seine Gefährten waren nicht minder enthusiastisch an diesen Aktionen beteiligt. Darüber hinaus sollten diese Gedenkakte die makedonischen Truppen samt den griechischen Bundesgenossen ansprechen und für die bevorstehenden militärischen Herausforderungen anspornen.

Sowohl am europäischen als auch am gegenüberliegenden asiatischen Ufer des Hellespont wurden zum Ruhm des Zeus, der Athene und des Herakles Altäre errichtet. Mitten auf dem Meer fand ein Opfer für Poseidon und die Nereiden statt, um eine günstige Überfahrt zu erflehen. Eine wertvolle goldene Schale wurde ins Wasser geworfen, um die Meeresgottheiten zu versöhnen. Alexander steuerte eigenhändig sein Schiff und landete an jenem Strand, den angeblich schon die Mannen Agamemnons aufgesucht hatten. Er soll als Erster in voller Rüstung an Land gegangen sein und zuvor einen Speer auf das gegenüberliegende Ufer geworfen haben, um damit seine Besitzansprüche auf Asien zu unterstreichen.[9]

Was im Einzelnen tatsächlich geschah, lässt sich kaum rekonstruieren. Unabhängig davon, wie man die Wirkung der auch als Motivationsschub gedachten Siegerpose beurteilt, unzweifelhaft ist, dass die Eröffnungsphase des Persienzuges bewusst an die homerische Heldenverehrung anknüpfte[10], um damit den Rachecharakter der Expedition zu betonen. Alexander und seine Gefährten reklamierten für sich, spätere Wegbegleiter der einstigen Helden zu sein, weil Achilleus, Agamemnon, Odysseus,

Ajax und ihre Gefährten als Chiffren der hellenischen Identität galten. In diesem Sinne ist der sich daran anschließende Besuch in Ilion, dem sagenumwobenen Troia, zu verstehen.

An diesem für Griechen und Makedonen ehrwürdigen Ort erwies Alexander dem vermeintlichen Grab des Achilleus seine Reverenz. Parallel dazu besuchte sein Gefährte Hephaistion, der hier erstmals erwähnt wird, die Ruhestätte des Patroklos.[11] Dann betete der Makedonenkönig, der seine Abstammung mütterlicherseits auf Achilleus zurückführte, an der Stelle, wo dessen Sohn Neoptolemos den Troianer Priamos erschlagen haben soll, um diese Tat zu sühnen. Seine Rüstung weihte Alexander der Göttin Athene, der er größte Ehrerbietung erwies. Im Gegenzug erhielt er Waffen, die aus dem Troianischen Krieg herrühren sollten. Er ließ sie künftig bei seinen Feldzügen ständig vor sich hertragen.[12] Alexander hatte sich mit dem engsten Kreis seiner Vertrauten nach Troia aufgemacht, um Achilleus, die mythische Symbolgestalt für militärische Tüchtigkeit par excellence, für seine Zwecke einzuspannen. Indem er diesen als seinen Vorfahren in Anspruch nahm, sich ihm anglich und die folgenden Militäraktionen unter dessen Ägide stellte, verkündete er ein Programm, das sich in wenigen Worten zusammenfassen ließ: Er versprach allen, die sich ihm anschlossen, jenen Ruhm und Erfolg, für den der gefeierte Kriegsmann Achilleus Pate stand.[13] Eine Mischung aus genussvoll erlebter Theatralik, tief empfundener Devotion und nüchtern berechneter Wirkung prägte die Atmosphäre der vor Beginn der Kampfhandlungen veranstalteten Rituale. Nebenbei bereitete Alexander mit dem Anknüpfen an den Achilleusmythos die eigene Mythenbildung vor.

Zweifellos verlieh die Verknüpfung der legendären homerischen Troiaexpedition mit dem Persienzug der Unternehmung Alexanders den Charakter einer grundsätzlichen Abrechnung mit den „orientalischen Barbaren". Über ihre Tragweite lässt sich aus den vorhandenen Quellen jedoch wenig in Erfahrung bringen. Daher gehen die modernen Sichtweisen, die in diesen Inszenierungen bereits die Ankündigung eines Kampfes um das ganze Perserreich, ja um die Weltherrschaft erkennen wollen, letztlich von den später zutage tretenden Ergebnissen aus.[14]

Die Wertschätzung des Ortes äußerte sich nicht nur im symbolhaften Handeln, sondern auch in materiellen und ideellen Vergünstigungen: Um sich die griechischen Poleis Kleinasiens gewogen zu machen, gab Alexander der Stadt Ilion die politische Autonomie und befreite sie von Abgaben und Tributen. Ferner verbot er seinen Truppen jegliche Plünderungsaktion.[15] Er wollte nicht als Eroberer, sondern als Befreier wahrgenommen werden.

Die spektakulären Aktivitäten, die Alexander auf den Spuren Homers ausführte, waren durchaus ernst gemeint. Sie dienten ihm als ideologische

Flankierung seiner weit gespannten Pläne. Was er und seine Gefährten diesbezüglich unternahmen, war keine bloße Schauspielerei – die für das höhere Ziel der Kriegspropaganda in Kauf genommen wurde –; die an den Tag gelegte Homerbegeisterung entsprach dem Lebensgefühl des makedonischen Kriegeradels. Ein Schüler des Aristoteles hat später diese Ereignisse niedergeschrieben. Leider ist von diesem Werk außer dem Titel „Das Opfer in Ilion“ nichts erhalten geblieben.

Manche modernen Historiker[16] sehen in Alexander einen Romantiker, der bei seinem Aufenthalt in Troia ausschließlich aus persönlichen Motiven handelte. Diese Sichtweise spiegelt eher eine neuzeitliche Gefühlslage wider als die für Menschen der antiken Mittelmeerkultur schlüssige Vereinbarkeit von Realität und Mythos, Schwärmerei und Ernsthaftigkeit, Inszenierung und Kalkül. Die Betonung der gemeinsamen griechischen Tradition, ablesbar an der Summe der vollzogenen Opfer, Sühnehandlungen und Akte der Erinnerung erlebten die Betroffenen als Vergewisserung und Stimulation. Im Mythos fanden die bevorstehenden Militäraktionen, die zunächst noch kein klares Ziel erkennen ließen, ihre Rechtfertigung. Und obwohl zahlreiche Hellenen westlich und östlich der Ägäis die Neuauflage eines Troianischen Krieges mit Befriedigung quittiert haben mögen, ein Abfall der griechischen Städte Kleinasiens vom Achaimenidenreich fand keineswegs statt. Die herrschenden Machtverhältnisse warnten vor übereilten Schritten, falls diese überhaupt ernstlich erwogen wurden. Andere hatten lange vor Alexander die Befreiung der kleinasiatischen Griechen gefordert wie Isokrates oder dies wie Agesilaos sogar versucht – gelungen war sie noch keinem.

In Alexanders Appell an den griechischen Gemeinsinn mischte sich das Gefühl der Unterlegenheit mit dem Willen zum Sieg über den übermächtigen Feind. Durch Pathos und Aktionismus sollte die anfängliche Unsicherheit hinsichtlich der Zukunft der Expedition überdeckt werden. Schließlich befand sich seit etwa zwei Jahren eine starke makedonische Vorhut in Kleinasien, die sich nach ersten, viel versprechenden Fortschritten, die zu einem Umschwung in Ephesos geführt hatten, unter dem Druck des im persischen Dienst stehenden Memnon bis nach Abydos zurückziehen musste und seitdem auf der Stelle trat. Dort wartete sie die Ankunft der Hauptarmee ab, um die ramponierte Waffenehre der Makedonen wiederherzustellen.[17]

Lediglich die vor der Küste gelegene, faktisch unangreifbare Inselfestung Kyzikos trotzte der Macht der Satrapen. Die anderen exponierten Städte an der Nahtstelle zwischen Europa und Asien, wie etwa Lampsakos, verhielten sich abwartend. Das Risiko einer einseitigen Parteinahme war zu groß und so musste Alexander erst zeigen, was er zu leisten im Stande war, um Parteigänger zu rekrutieren. Allein in die historische Rolle des legendären Achilleus zu schlüpfen, sosehr diese ihm maßgeschneidert zu sein schien, genügte nicht, um einen politischen Umschwung im griechisch sprechenden kleinasiatischen Raum zu bewirken. Es mussten handfeste Beweise seines politischen Geschicks und vor allem seiner militärischen Kompetenz folgen. Noch mehr als seine Gegner war der in Asien agierende König der Makedonen auf schnelle Erfolge angewiesen.

Ein akutes Problem bestand darin, sich Klarheit hinsichtlich der einzuschlagenden Marschrichtung zu verschaffen: Entweder begab sich das makedonisch-griechische Heer auf direktem Weg dorthin, wo das Hauptaufgebot der Satrapen vermutet wurde, oder es bog nach Süden ab, um möglichst rasch die griechischen Städte auf seine Seite zu bringen. Dabei bestand die Gefahr, dass ein allzu sorgloses Eindringen ins asiatische Territorium[18] die Flankendeckung der auf sich allein gestellten Invasionsarmee entblößen könnte; denn diese wurde von logistischen Schwierigkeiten geplagt.[19] Sie konnte sich maximal einen Monat lang selbst verpflegen, danach musste das eroberte Gebiet die Finanzierung der Expedition übernehmen. Dabei war freilich Rücksicht auf die Völker Kleinasiens zu nehmen, die man vom persischen Joch zu befreien vorgab. Denn eine übermäßige Ausplünderung hätte den Ruf der „Befreiungsarmee“ vorzeitig ruiniert.

Alexander und seine Gefährten stießen in der Troas auf das Gros der dort wartenden Truppen. Der zweiundzwanzigjährige Monarch strotzte vor Selbstbewusstsein. Ihm stand, trotz der genannten Schwierigkeiten, ein beträchtliches Militärpotenzial zur Verfügung. Keiner seiner Vorgänger auf dem Argeadenthron und auch kein griechischer Potentat hatte jemals eine vergleichbare Truppenkonzentration in Feindesland geführt. Voller Siegesgewissheit machte sich die von einem neuen Achilleus angeführte makedonisch-griechische Kriegskoalition auf, um die Konfrontation mit dem Gegner zu suchen. Es ist anzunehmen, dass die militärischen Direktiven in der Anfangsphase der Expedition von Parmenion ausgegeben wurden, der aufgrund seiner Ortskenntnis und Erfahrung einen maßgeblichen Einfluss auf den Feldzugsplan ausgeübt haben dürfte.

Währenddessen hielten die persischen Satrapen von Lydien, des hellespontischen Phrygien, Großphrygien, Kappadokien und Kilikien gemeinsam mit dem griechischen Söldnerführer Memnon Kriegsrat. Auch Mitglieder der Achaimenidenfamilie nahmen daran teil, unter ihnen war ein Sohn des Dareios III. Memnon riet dazu, die Durchgangsgebiete preiszugeben und Alexander zu zermürben, ihn ins Landesinnere zu locken, damit er dann von der Seeseite mit Hilfe der überlegenen Flotte abgeschnitten und ausmanövriert werden könnte. Doch der Drang nach Schonung der fruchtbaren Landschaften Westkleinasiens und die persische Kriegerethik setzten sich gegen die zwar unpopuläre, aber wohlbegründete Strategie des Rhodiers Memnon durch. Daher beschloss der persische Kriegsrat, unverzüglich gegen die makedonische Invasionsarmee vorzugehen.[20] Mit diesem Entschluss manifestierte sich die Schwäche der persischen Kriegsplanungen: Der von Dareios III. als Befehlshaber der vornehmlich aus griechischen Söldnern bestehenden Westarmee eingesetzte Memnon erhielt von den kleinasiatischen Satrapen wenig Unterstützung.[21]

Im Mai des Jahres 334 sammelte sich das persische Heer in der Nähe der bithynischen Stadt Zeleia am Fluss Granikos östlich der Landschaft Troas. Es bot die Schlacht an in der Erwartung, die Überlegenheit seiner Kavallerietruppen ausspielen zu können. Die Satrapen hofften, auf diesem unmittelbar vor dem europäischen Kontinent liegenden Kampfplatz, den sie selbst ausgesucht hatten, die Eindringlinge vernichtend zu schlagen und ihnen so das Erobern asiatischen Bodens zu verwehren. Offenbar waren sie vom Wunsch erfüllt, an den fernen Königshof von Susa möglichst rasch das Scheitern der makedonischen Expedition melden zu können, noch bevor diese so recht begonnen hatte.

Sieg am Granikos

Befreier der Griechen Kleinasiens?

Über den ersten Schlagabtausch am Granikos besitzen wir widersprüchliche Berichte. Während bei Diodor das Gros des persischen Heeres in einiger Entfernung vom Fluss lagerte, war es nach Arrian unmittelbar am Ufer aufgestellt, um den Makedonen den Übergang zu verwehren.[1] Ebenso wenig Einigkeit herrscht hinsichtlich des Schlachtverlaufs.[2] Zwei unterschiedliche Abläufe der Militäroperationen stehen zur Diskussion: Parmenion, der hier erstmalig als Kontrapunkt zu Alexander auftaucht, plädierte dafür, den entscheidenden Vorstoß im Morgengrauen zu führen, um den Gegner zu überrumpeln. Alexander, der das Satrapenheer im offenen Visier noch am späten Nachmittag herausfordern wollte, hielt dagegen. Gemäß dieser „ritterlicheren" Version wurde der Kampf am Flussufer eröffnet. Alexander, durch einen weißen Helmbusch weithin erkennbar, soll an der Spitze seiner berittenen Kampfgefährten die feindlichen Linien durchbrochen haben, indem er wagemutig gegen die verdutzten Gegner vorpreschte. Dabei geriet er selbst in Lebensgefahr und konnte nur dank des Eintretens seines Gefährten Kleitos gerettet werden.[3] Schließlich sollen die nachrückenden makedonischen Fußtruppen nach einem blutigen Kampf den Rest des feindlichen Heeres umzingelt und bezwungen haben. Nach der anderen, weniger spektakulären Version hatte Alexander den Fluss in der Nacht überschritten. Bereits im Morgengrauen soll er die persischen Formationen angegriffen und dank der Wucht einer Reiterattacke ein deutliches Übergewicht auf dem Schlachtfeld hergestellt haben. Danach vermochte er mit Hilfe der Phalanx und der schwer bewaffneten Infanterie die für den Perserkönig kämpfenden griechischen Söldner niederzuringen.

Die Gegenüberstellung der unterschiedlichen taktischen Entwürfe in Form eines Streitgesprächs zwischen Alexander und Parmenion, das sich bei ähnlichen Anlässen wiederholen wird, diente der Verherrlichung des Königs der Makedonen bei gleichzeitiger Herabwürdigung Parmenions und seiner Parteigänger.[4] Während des Asienfeldzugs wird dieser auf Befehl Alexanders hingerichtet werden, da er in die Verschwörungspläne seines Sohnes Philotas eingeweiht gewesen sein soll. Für die Apologeten Alexanders galt er daher als willkommener Sündenbock. Darüber hinaus bot der als Zauderer verzeichnete Feldherr eine wirksame Kontrastfolie zum visionären Siegertypus Alexander. Wahrscheinlich verlief die Schlacht am Granikos gemäß der Parmenion in den Mund gelegten Planvorgaben.

Unbestritten ist jedoch, dass sich der junge König nicht nur als Stratege im Hintergrund, sondern auch als Kämpfer in vorderster Linie profilierte und damit seine Landsleute ungeheuer motivierte und mitriss.

Jedenfalls bestand das Ergebnis dieses ersten Kräftemessens, das wohl wesentlich von Parmenions Stab geplant worden war, in der Niederlage des persischen Heeres. Die Tragweite dieses Sieges ließ sich zunächst kaum ermessen, aber immerhin war damit der Fortgang der Expedition vorerst gerettet.[5] Vor allem die griechischen Söldner im persischen Dienst wurden rücksichtslos niedergemetzelt, die Gefangenen nach Makedonien abgeführt.[6] Auch die Schicht der persischen Heerführer und die berittenen Eliteeinheiten wurden entscheidend dezimiert. Unter den Gefallenen befanden sich ein Sohn des Dareios III. sowie weitere Mitglieder des Achaimenidenhauses.[7] Auffallend ist die unversöhnliche Härte der Sieger gegenüber den griechischen Mannschaften, die auf der Gegenseite gefochten hatten. Sie wurden als Verräter an der panhellenischen Sache behandelt.[8] Möglicherweise geschah dies nicht nur, um den Befreiungsparolen Wirkung zu verleihen, sondern war auch als Warnung an ihre Heimatpoleis gerichtet, sich nicht gegen den König der Makedonen und Hegemon des Korinthischen Bundes zu stellen.

Der Sieg am Granikos war möglich geworden, weil die griechisch-makedonische Armee operativ und vielleicht sogar numerisch dem Satrapenheer überlegen war, auch ihre bessere Bewaffnung fiel ins Gewicht.[9] Zwar verfügten die Perser über mehr Reitertruppen, dafür waren sie an Fußsoldaten deutlich unterlegen; hinzu kam die mangelnde Kampferfahrung der rasch aufgestellten Verbände, die vornehmlich aus Einheiten der westlichen Satrapien Hellespont, Phrygien, Lydien und Karien, verstärkt durch kappadokische und paphlagonische Reiter sowie griechische Hopliten bestanden, die kaum aufeinander eingespielt waren.[10] Ganz anders sah das makedonische Heer aus. Seit vielen Jahren waren die unterschiedlichen Teilstreitkräfte aufeinander abgestimmt und durch ständiges Training und Kampferfahrung erprobt. Außerdem fochten sie unter der Leitung von bewährten Offizieren und, was vor allem die Makedonen zu Höchstleistungen antrieb, ihr König kämpfte ohne Schonung seiner Person wie einer der ihren an vorderster Front mit. Einen gewissen Unsicherheitsfaktor stellte zwar die Einstellung eines Teils der griechischen Bundesgenossen dar; doch scheinen sie sich im Verlauf der Kampfhandlungen in die ihnen zugewiesene Rolle gefügt zu haben, zumal sie in der zweiten Reihe aufgestellt waren und Alexander sie nach Möglichkeit zu schonen versuchte.

Als ebenso wichtig wie der militärische Sieg erwies sich dessen propagandistische Ausschlachtung. Denn noch war keine Entscheidung erzwungen, sondern lediglich ein Vorteil errungen worden. Nach wie vor bildete die aus Ägypten herannahende persische Flotte, die den Ägäisraum kontrollierte, eine akute Gefahr im Rücken des griechisch-makedonischen Heeres, da sie jederzeit eine zweite Kriegsfront in Griechenland eröffnen konnte. Außerdem hatte Memnon samt einem starken Kontingent griechischer Söldner im persischen Dienst die Schlacht am Granikos überlebt. Sie waren nach Halikarnassos ausgewichen, um den Widerstand zu organisieren. Hier sammelten sich die versprengten Reste des Satrapenheeres. Die neu formierte Armee vereinigte sich mit den makedonischen und griechischen Emigranten – einer der prominentesten war der Athener Charidemos, der auf Alexanders Druck seine Heimat hatte verlassen müssen[11] – und mit den neu angeworbenen Söldnern.[12] Memnons Männer warteten auf einen Augenblick der Schwäche ihrer Gegner.

Alexander, der zu diesem Zeitpunkt ein vitales Interesse an ruhigen Verhältnissen in Griechenland hatte, instrumentalisierte den Sieg am Granikos als panhellenische Tat. Einen Teil der Beute schickte er seiner Mutter nach Makedonien. In der Grenzstadt Dion ehrte er die Gefallenen mit Ehrenstatuen. Ferner stiftete er für ihre Familien und Nachkommen eine Reihe von Privilegien. Nach Athen sandte er 300 erbeutete persische Kriegsrüstungen mit der Weihinschrift für die Göttin Athene: *Alexander, Sohn des Philipp, und die Griechen mit Ausnahme der Spartaner, von den Barbaren, die Asien bewohnen.*[13] Mit derartigen Aktionen appellierte er an die hellenische Solidarität, um sich der Treue seiner Bundesgenossen zu versichern, deren Flottenkontingente für die Versorgung seiner Armee unentbehrlich waren. Auch sollten damit jegliche Absichten, den Korinthischen Bund zu verlassen, vereitelt werden, Pläne, welche Demosthenes und andere Gleichgesinnte nach wie vor hegten. Darüber hinaus dürfte Alexander damit beabsichtigt haben, jene Griechen, die bei Memnon anheuern wollten, von einer solchen Parteinahme abzubringen.

Nachdem das Aufgebot der Satrapen am Granikos geschlagen worden war, stand der Invasionsarmee der Weg nach Süden und Osten offen. Nun konnte die lauthals verkündete Befreiung der kleinasiatischen Städte endlich Gestalt annehmen. Zunächst nahm Parmenion die Übergabe von Daskyleion, der Residenz des hellespontischen Satrapen, entgegen, womit eine nennenswerte Beute gesichert werden konnte. Der prachtvolle Satrapensitz mit seinen Palästen, Gärten und Wildgehegen vermittelte den Makedonen eine erste Vorahnung der zu erwartenden Reichtümer, welche die orientalischen Potentaten in Kleinasien angesammelt hatten.[14]

Inzwischen marschierte Alexander nach Sardes weiter, dem geschichtsträchtigen Hauptort der lydischen Satrapie, der an den märchenhaft reichen Kroisos erinnerte.[15] Unterwegs kam ihm die Bürgerschaft entgegen, an ihrer Spitze der persische Kommandant Mithrenes[16], der ihm die Stadt übergab. Es handelte sich um den ersten Überläufer der persischen Führungsschicht. Die Motive, die ihn dazu veranlassten, bleiben unklar. Jedenfalls nahm ihn der Makedonenkönig in Ehren auf. Damit wollte er ein Signal an die Eliten des Perserreiches senden, um sie in seine Gefolgschaft einzureihen. Die Ressourcen und Schätze, die sich in Sardes befanden, wanderten in die Kriegskasse der Makedonen und ermöglichten so den Fortgang der Kampagne.[17] Alexander bestätigte die Autonomie der Stadt und ließ verkünden, dass Lydien nach den eigenen alten Rechten verwaltet werden sollte. Als neuer Satrap wurde der Makedone Asandros eingesetzt, der eine gut ausgerüstete Garnison erhielt.[18] Noch vor seinem Weggang ließ Alexander auf dem Burgberg von Sardes eine Stätte der Zeusverehrung errichten, wozu er sich aufgrund eines günstigen Omens bestärkt sah.[19]

Von Sardes schlug er den Weg zu den griechischen Städten Ioniens ein. Wenn Alexander die Poleis, die sich ihm anschlossen, für frei erklärte, so hieß dies in erster Linie, dass ihre innere Selbstverwaltung respektiert wurde. Außenpolitisch blieben sie aber in seiner Obhut. Außerdem mussten sie weiterhin dieselben Tribute entrichten, die sie zuvor dem persischen König gezahlt hatten. Dies lässt sich am Beispiel von Ephesos aufzeigen, wo die Persien-freundliche Oligarchie stürzte und der Weg zur Errichtung eines demokratischen Regierungssystems geebnet wurde. Voller Dankbarkeit für die Unterstützung, die er von den Persien-feindlichen demokratischen Politikern erhielt, erklärte der König der Makedonen die Stadt für frei. Er verfügte ferner, dass die von Ephesos aufzubringenden Abgaben nun dem örtlichen Heiligtum der Artemis zugute kommen sollten, woraus ersichtlich wird, dass Alexander bei der Tributerhebung nach Belieben verfuhr.[20] Ferner ließ er es sich nicht nehmen, am Artemision von Ephesos vor dem in Schlachtordnung aufgestellten Heer zu opfern.[21]

In diesen Tagen kamen Gesandte aus Magnesia und Tralles, welche die Unterwerfung ihrer Poleis anboten. Der makedonische König nahm sie an und schickte Parmenion, um die Städte in Besitz zu nehmen und den persischen Widerstand in den anderen ionischen und äolischen Poleis zu brechen.[22] Mancherorts wie in Priene oder Ephesos wurde Alexander mit Ehren bedacht, die sich kaum von denen unterschieden, die man den Göttern entgegenbrachte. Der junge makedonische König war keinesfalls der Erste, dem man derart huldigte. Schon der Spartaner Lysander, der den Peloponnesischen Krieg beendet hatte, aber auch Philipp II. waren Gegenstand der kultischen Verehrung gewesen. Indem sie religiöse Feiern stifteten, wollten sich die dankbaren Städte für erwiesene Wohltaten revanchieren und gleichzeitig ein enges Band mit dem neuen starken Mann knüpfen, um ihn dezent daran zu erinnern, dass sie seines Schutzes bedurften und weitere Konzessionen von ihm erwarteten.[23]

Anders als in Ephesos stieß das griechisch-makedonische Heer in Milet, der wichtigsten Hafenstadt Ioniens, auf unerwartet heftigen Widerstand.[24]

Die Milesier strebten eine neutrale Haltung in diesem Konflikt an. Sie wollten sich mit beiden Kriegsparteien arrangieren. Doch die Rechnung ging nicht auf. Als der örtliche Befehlshaber erfuhr, dass die persische Flotte nahte, verweigerte er Alexander den Zutritt zur Stadt. Dieser besetzte daraufhin mit seinen Schiffen die vorgelagerte Insel Lade und vermochte so den Hafen von Milet von der Landseite zu umschließen. Dank der Durchschlagskraft seiner mitgeführten Belagerungsmaschinen fielen die Stadtmauern nach kurzer Zeit. Die Sieger behandelten die Besiegten nicht so rigoros wie nach der Schlacht am Granikos, als sie sich gegenüber den gefangenen Griechen gnadenlos gezeigt hatten. Wie Ephesos erhielt auch Milet eine demokratische Verfassung. Spätestens hier offenbarte sich aber die Widersprüchlichkeit der von Alexander verkündeten Losungen. Diejenigen, die man zu befreien vorgab, sträubten sich mit Vehemenz dagegen. Dass ausgerechnet Milet, einst Ausgangspunkt und Hort des Ionischen Aufstandes gegen das Perserreich, sich durch Widerborstigkeit gegenüber Alexander hervortat, konterkarierte dessen propagandistische Bemühungen in besonderer Weise. Die Befreiungsideologie geriet zur Farce.

Alexander fasste nach den militärischen Operationen in Milet einen schwerwiegenden Entschluss. Er entließ seine der persischen weit unterlegene Flotte und behielt lediglich ein kleineres Kontingent attischer Schiffe bei sich.[25] Er tat dies wohl kaum, um diese als Garanten für das Wohlverhalten Athens einzuspannen, wie man allgemein vermutet. Denn wie hätte der Makedonenkönig das athenische Flottengeschwader von Land aus wirksam kontrollieren können? Wahrscheinlich verhielt es sich genau umgekehrt. Auf die Zuverlässigkeit dieser Besatzungen dürfte er besonders gerechnet haben, weswegen er sie bei sich behielt, und zwar nicht als Geiseln, sondern als Kombattanten.[26]

Bezeichnenderweise ging der Entscheidung, die Flotte zu verkleinern, eine Kontroverse zwischen Alexander und Parmenion voraus, so berichten jedenfalls die antiken Autoren. Sie wurde erfunden, um Alexanders Fehlbewertung der Kriegslage zu überdecken.[27] Tatsächlich sind die Gründe, die ihn veranlassten, seine Flotte, die sich bisher durchaus bewährt hatte, aufzulösen, kaum nachvollziehbar.[28] Gewiss scheute er die hohen Kosten, die ihr Unterhalt verursachte; vielleicht wollte er auch das Risiko ihres Verlustes vermeiden, das bei einem direkten Kräftemessen mit dem Gegner tatsächlich drohte, mag auch sein, dass er ihr insgesamt nicht ganz traute. Doch mit der Anordnung, sie abzuziehen, überließ er die Kontrolle über die Ägäis und damit die Möglichkeit, neue Brandherde in seinem Rücken mit einiger Aussicht auf Erfolg zu entfachen, seinen Widersachern. Dass die Maßnahme falsch war, beweist die Tatsache, dass Alexander kaum ein Jahr später die Order rückgängig machte und sich gezwungen sah, eiligst eine neue Flotte aufzustellen, um das unerträgliche maritime Übergewicht seiner Gegner in den kleinasiatischen Gewässern auszugleichen. Hinzu kam, dass die feindlichen Schiffe die Getreidelieferungen aus dem Schwarzmeergebiet zu blockieren drohten und somit Athen in das Lager des Perserkönigs hätten treiben können. Dass die persische Flotte aus ihrer erdrückenden operativen Überlegenheit zu wenig Kapital herauszuschlagen vermochte, steht auf einem anderen Blatt und ist kein Grund, um Alexanders Fehlentscheidung zu rechtfertigen.

Jedenfalls offenbarte die Auflösung der eigenen Flotte, dass die bisherige Strategie trotz unbestreitbarer Erfolge immer mehr ins Leere zu laufen drohte. Außerdem verschärfte diese Maßnahme die politische Isolation der in Kleinasien operierenden griechisch-makedonischen Armee. Die persische Dominanz in der Ägäis diktierte Alexander die Regeln des Krieges insofern, als er nun gezwungen wurde, einen mühseligen Landkrieg gegen die als Stützpunkte der persischen Flotte dienenden Hafenstädte Kleinasiens zu führen, dessen Ausgang völlig ungewiss blieb und bei dem er Gefahr lief, sich gänzlich zu verzetteln.

Die Behandlung der „befreiten" Städte Kleinasiens ist für Alexanders Herrschaftsverständnis aufschlussreich. Er ließ die bis dahin regierenden, Persien-freundlichen Regime – meist handelte es sich um Oligarchien oder um Tyrannenherrschaften[29] – absetzen und eröffnete so den bisher unterdrückten politischen Gruppierungen – das waren vor allem die Demokraten – den Zugang zur Macht. Diese Tatsache besagt nichts über seine politische Gesinnung. Es handelte sich vielmehr um Maßnahmen zur Stabilisierung seiner Herrschaft.[30] Die griechischen Städte Kleinasiens, die für frei erklärt wurden, scheinen nicht etwa Mitglieder des Korinthischen Bundes geworden zu sein, sondern verharrten wie in der Vergangenheit direkt unter der Befehlsgewalt eines nun allerdings neuen Monarchen.[31] Der König der Makedonen übernahm somit die Funktion, die bisher der König der Perser ausgeübt hatte. Dies wurde schon unmittelbar nach der Schlacht am Granikos sichtbar, als Alexander den aus dem makedonischen Militäradel stammenden Kalas, gemäß der persischen Tradition, zum Satrapen des hellespontischen Phrygien ernannte, ihn also mit der Verwaltung eines Territoriums betraute, das als rechtmäßig erworbener Besitz erachtet wurde. Damit traf er eine bedeutsame Vorentscheidung, die sich während seiner weiteren Eroberungen vielfach wiederholte.

Mit dem Übergang der Herrschaft vom Perserkönig auf den Makedonenkönig bahnte sich ein Umschwung der politischen Verhältnisse im Ägäisraum an. Vielerorts vermochten sich politische und soziale Gruppierungen, die bislang von einer Beteiligung an der Regierung ferngehalten worden waren, nun unter dem Schutz Alexanders durchzusetzen, was zur Folge hatte, dass diese dem neuen Machthaber zu Dankbarkeit verpflichtet waren. Die so zustande gekommene Zweckgemeinschaft trug dazu bei, die neuen Regierungen zu stabilisieren. Damit hing der Bestand der politischen Neuordnung Westkleinasiens entscheidend von den weiteren Erfolgen Alexanders ab. Auf der anderen Seite wurden die von Alexander benachteiligten sozialen Gruppen und Personen in die Arme der Perser getrieben. Noch konnte sich keine Seite ihrer Sache sicher sein.

Es gab immer noch erheblichen Widerstand gegen die Eindringlinge. Außerdem stellte die persische Flotte einen Machtfaktor dar, der in der Lage war, die neuen Herrschaftsverhältnisse nach Belieben zu destabilisieren. Alexanders Dilemma bestand darin, dass ein Weitermarsch nach Osten die noch keineswegs gefestigten westkleinasiatischen Erwerbungen gefährden konnte, wenn die persischen Verbündeten ihre noch beträchtlichen Ressourcen gezielt gegen die landeinwärts strebende makedonische Armee einsetzten. Auf der anderen Seite verfügte Alexander nicht über die erforderlichen Seestreitkräfte, um diese Gefahr direkt zu entschärfen. Dies konnte ihm nur gelingen, wenn er die phönikischen und zypriotischen Seestädte, welche die Rekrutierungszentren der persischen Flotte darstellten, in seine Hand bekam, was aber im Sommer des Jahres 334 noch in weiter Ferne lag.

Um die Kontrolle über die südliche Ägäis zu gewinnen, musste Alexander notwendigerweise nach Karien ziehen. Das Land besaß für ihn eine besondere Bedeutung und Anziehungskraft. Wegen seiner früheren Hochzeitspläne mit einer karischen Prinzessin hatte er sich einst das Missfallen seines Vaters zugezogen, was ihn beinahe den makedonischen Thron gekostet hätte. Erneut ging es um eine karische Dame von königlichem Geblüt. Ihr Name war Ada.[32] Diese Schwester des inzwischen verstorbenen Pixodaros nahm Kontakt zu ihm auf, noch bevor er die Belagerung des karischen Satrapensitzes Halikarnassos anordnete. Sie hoffte mit Hilfe des Argeadenherrschers den karischen Thron besteigen zu können. Doch zunächst musste das Heer des Memnon, der von Dareios III. inzwischen zum Oberbefehlshaber für den Krieg im Westen ernannt worden war, ausgeschaltet werden. Nach einem erbitterten Gefecht, das dank der mitgeführten Belagerungsmaschinen entschieden wurde, konnte Alexander in die hart umkämpfte Stadt einziehen, die unter dem Ansturm bereits heftig gelitten hatte und danach dem Erdboden gleichgemacht wurde.[33] Memnon zog sich mit seinen Schiffen auf die Insel Kos zurück, um von hier aus den Krieg fortzusetzen.[34] Die Eroberung der strategisch wichtigen Zitadelle von Halikarnassos bereitete größere Schwierigkeiten, denn der persische Satrap von Karien, Orontopates[35], behauptete sich auf der Hafenburg, obwohl er von einer makedonischen Besatzung umzingelt wurde. Erst nach einem erbitterten Ringen, das sich ein ganzes Jahr hinzog, musste er abziehen.

Alexander musste in Kauf nehmen, dass trotz der jüngsten Erfolge sich weite Teile des Ägäisraumes seiner Kontrolle entzogen. Mit der Regelung der inneren Angelegenheiten Kariens gab er eine improvisierte und eigenwillige Antwort auf diese Herausforderung. Es überrascht, wie sehr er sich in die Verhältnisse Kleinasiens einbinden ließ und damit eine neue Dimension politischen Handelns eröffnete. Die Fürstin Ada wurde als Regentin eingesetzt, die im Gegenzug Alexander adoptierte, wodurch dieser zum Mitregenten und legitimen Anwärter auf den karischen Thron avancierte.[36] Gleichzeitig wurde ihr ein bewährter makedonischer Truppenkommandeur zur Seite gestellt, womit Alexander erstmals ein Modell der politisch-militärischen Kooperation schuf, das in Zukunft häufig zur Anwendung kommen sollte. Nun war der König der Makedonen und bevollmächtigte Stratege des Korinthischen Bundes, der inzwischen Gebieter der westlichen Satrapien des persischen Reiches und Schutzherr der kleinasiatischen Griechen geworden war, auch noch Erbe der karischen Monarchie.[37] Die Reihe seiner Titel und Machtbefugnisse entfaltete von nun an eine eigene Dynamik, die zwar an den kometenhaften Aufstieg Makedoniens unter der Führung seines Vaters Philipp II. erinnerte, jedoch mittlerweile im Begriff stand, eine präzedenzlose Ausweitung und Beschleunigung zu erfahren.

Dass der Makedonenkönig auf die Traditionen Kariens Rücksicht nahm, hängt wohl mit seiner Biographie zusammen. Das Land konnte über eine lange Zeitspanne hinweg eine faktische Unabhängigkeit vom Achaimenidenreich behaupten. Erst in der unmittelbaren Vergangenheit und wegen Alexanders gescheiterter Einmischung als Brautwerber um die Tochter des Pixodaros, die schließlich die Gemahlin des Persers Orontopates wurde, der nach dem Tod des Schwiegervaters an die Macht kam, kehrte Karien erneut in den Schoß des Perserreiches zurück.[38] Nun bot sich Alexander die einmalige Gelegenheit, seinen vorangegangenen Missgriff zu korrigieren und mit Unterstützung der einheimischen Regentin Ada die Kontrolle über dieses strategisch wichtige, halb gräzisierte Land ausüben zu können. Ein derartiger Schachzug war nicht nur opportun, sondern deutete bereits das Modell seiner künftigen Herrschaftssicherung an. Gerade in den Regionen, die als Ziel der nächsten Unternehmungen auserkoren waren, herrschten zahlreiche Fürsten und Dynasten, mit denen ähnliche Vereinbarungen getroffen werden konnten.

Größer als Agesilaos und Achilleus

Von Gordion nach Tarsos

Zwischen Frühjahr und Spätherbst des Jahres 334 vermochte Alexander seine überaus riskante Expedition zu stabilisieren. Er hatte das Satrapenheer geschlagen, namhafte Städte des hellespontischen Phrygien, Lydiens, Ioniens und Kariens eingenommen und somit Taten vollbracht, die ihn nicht nur auf eine Stufe mit Achilleus stellten, sondern auch die Erfolge des historisch zeitnahen und nicht minder bewunderten Agesilaos, der mit seinen Spartanern einen legendären Feldzug in Kleinasien unternommen hatte, weit zu übertreffen schienen. Außerdem konnte er die erworbenen Gebiete seiner Herrschaft unterstellen, indem er die vorhandene persische Verwaltungsorganisation beibehielt, an deren Spitze aber Leute seines Vertrauens berief. Offen blieb zunächst die Frage, ob die Neuerwerbungen kurzlebige Augenblickserfolge sein oder zu festen Bestandteilen einer neuen politischen Ordnung zusammenwachsen würden. Zwar bewegte sich die griechisch-makedonische Armee weitgehend ungehindert in Lydien, Ionien und Karien, aber nicht alle Gebiete, die auf der zurückgelegten Strecke lagen, konnten als befriedet oder gar erobert gelten. Eine definitive Konsolidierung hing von der Haltung der lokalen Eliten, von der beträchtlichen Kampfkraft der unter Memnon stehenden Verbände sowie von den weiteren Fortschritten des Feldzuges ab. Die Gefahr eines politischen Umschwungs zuungunsten Alexanders war keineswegs gebannt.[1]

Dennoch verlor der Makedonenkönig keine Zeit damit, seine fragile Herrschaft in den genannten Territorien zu sichern, sondern überließ diese langwierige Aufgabe den von ihm eingesetzten Satrapen, die dafür angemessene Truppenkontingente erhielten sowie die Vollmacht, aus der einheimischen Bevölkerung Milizen anzuwerben. Ihn zog es weiter nach Osten.

Unmittelbar nach der Regelung der Machtverhältnisse in Karien wurden die militärischen Operationen fortgesetzt und dies, obwohl es mittlerweile Winter geworden war. Hierbei erfuhr die bisher eingeschlagene Vorgehensweise, die in etwa sieben Monaten den König der Makedonen zum faktischen Gebieter über das westliche Kleinasien gemacht hatte, eine rasante Beschleunigung. Noch bevor das Jahr 334 zu Ende ging, eröffnete Alexander einen neuen Feldzug, der die Eroberung der lykischen Hafenplätze zum Ziel hatte, um den Aktionsradius der hinter seinem Rücken stationierten persischen Flotte zu verkürzen.[2] Zuvor schickte er Parmenion mit den Verwundeten, den Bundesgenossen, dem Tross und der Beute nach Sardes ins Winterlager, während die Belagerungsmaschinen in Tralles stationiert wurden. Die jung verheirateten makedonischen Soldaten erhielten Heimaturlaub und die Order, sich zusammen mit weiterer Verstärkung zu Beginn der guten Jahreszeit auf dem kleinasiatischen Kampfplatz wieder einzufinden.[3]

Alexander selbst gönnte sich keine Ruhepause. Er nahm an der Spitze seiner Eliteeinheiten die strategisch wichtigen lykischen Städte Xanthos und Patara ein; auch Phaselis ergab sich nach anfänglichem Zögern.[4] In Xanthos sollen Alexander erstmals Zweifel an der Richtigkeit seines Vorgehens geplagt haben. Doch nach Erhalt eines günstigen Omens setzte er seinen Marsch mit unverminderter Energie fort.[5]

Grund zum Kopfzerbrechen hatte Alexander durchaus: Zwar konnte sich seine Armee auf feindlichem Territorium behaupten und hatte inzwischen eine Reihe von Achtungserfolgen errungen. Auch war ein Angriff der persischen Flotte gegen die griechischen Verbündeten der Makedonen bisher ausgeblieben, aber der Feind war keinesfalls geschlagen. Im Gegenteil: Die meisten Küstenabschnitte der Ägäis wurden von Memnons Verbänden kontrolliert. Der in Kleinasien geleistete Widerstand flaute keineswegs ab und erwies sich zunehmend als Problem, weil er Truppen band und Ressourcen verschlang. Hinzu kam, dass es völlig unklar war, wann und wie sich die östlich des Euphrat verstärkt auf den Krieg vorbereitende persische Hauptmacht in die Kampfhandlungen einschalten würde. Eingekreist von Feinden trat Alexander die Flucht nach vorn an, um einer drohenden Umklammerung zuvorzukommen.[6]

Im makedonischen Lager verlief nicht alles nach Plan, denn die Verschwörung des aus vornehmem Geblüt stammenden Alexander Lynkestes, des Befehlshabers der thessalischen Kavallerie, verursachte große Aufregung. Mittels des Überläufers Amyntas hatte Dareios III. ihn angeworben. Der Perserkönig bot ihm eine große Geldsumme an sowie die Anerkennung als Herrscher auf dem Argeadenthron, falls dieser seinen königlichen Namensvetter beseitigte.[7] Durch Parmenion oder Olympias – beide Versionen werden überliefert – wurde das Komplott aufgedeckt und Alexander Lynkestes daraufhin seiner Stellung enthoben und verhaftet.[8]

Alexander Lynkestes verfügte über großen Einfluss sowohl in der Heimat – der Regent Antipater war sein Schwiegervater – als auch bei den thessalischen Kampfgefährten. Deswegen wurde er auch nicht sofort hingerichtet, was ein Hinweis darauf ist, dass der König mit seinen Opponenten behutsam umgehen musste, um keine unnötige Provokation heraufzubeschwören.[9] Möglicherweise enthüllte das aufgedeckte Komplott lediglich die Spitze eines Eisbergs. Grund zur Unzufriedenheit hinsichtlich der Ziele der bisherigen Kriegführung gab es vor allem bei jenen adligen

Standesgenossen, die einen begrenzten Feldzug jener Art bevorzugten, durch die Philipp II. nach und nach die Arrondierung Makedoniens vollbracht hatte. Daher musste Alexander nicht nur vor den Persern, sondern ebenso vor dem Netzwerk seiner aristokratischen Gegenspieler auf der Hut sein, wenn er seine bisher so ungestüm verlaufende Expedition weiter vorantreiben wollte.

Auf dem Weg nach Nordosten unterwarf Alexander zunächst einige in der rauen Gebirgszone Lykiens beheimatete Stämme, ohne alle strategisch wichtigen Wege dieser unzugänglichen Region unter Kontrolle bringen zu können. Dabei musste er seinen Truppen äußerst beschwerliche Märsche in einer winterlichen Gebirgsgegend zumuten, wo Nahrung und Beute eher Mangelware waren. Danach begab er sich zur pamphylischen Küste. Hier soll sich eines jener Wunder ereignet haben, die sich im Zuge der steigenden Erfolgskurve Alexanders stetig vermehren werden: In einer unzugänglichen Küstenpassage wich das Meer vor dem makedonischen Heer zurück und machte den Weg frei.[10] Unsere Quellen sind mit Episoden gespickt, bei denen das Mirakulöse die Berichterstattung der Fakten überlagert.[11]

Bald darauf konnten Perge, Side und Aspendos – Letzteres erst nach Überwindung größerer Widerstände[12] – unterworfen werden, womit ein wichtiger Küstenabschnitt, der für den Aktionsradius der persischen Flotte große Bedeutung besaß, halbwegs kontrolliert werden konnte.[13] Aber nicht alles gelang. Vor dem pisidischen Telmessos, das nicht eingenommen werden konnte, wurden die Grenzen der Operationsfähigkeit der Invasionsarmee aufgezeigt. Sie gab aber deswegen nicht auf und eröffnete eine neue Front in Sagalassos, wo dann endlich der Widerstand der Pisidier zum Erliegen kam.[14] Bis zum Ende des Winters waren einige Regionen Lykiens, Pamphyliens und Pisidiens von Alexander erobert worden. Er fasste diese Gebiete zu einer Satrapie zusammen, die der Obhut seines erprobten Gefährten Nearchos von Amphipolis anvertraut wurde. Dieser erhielt den Auftrag, den Marsch des Hauptheeres nach Osten abzuschirmen, falls Memnon im Rücken Alexanders einen Vorstoß unternehmen sollte.[15]

Daraufhin begaben sich die seit Monaten rastlos operierenden Verbände nach Norden, Richtung Phrygien, womit sich die prekäre Versorgungslage schlagartig verbesserte.[16] Sie stießen bis nach Kelainai vor, dem Hauptort der Satrapie, der nach kurzer Belagerung kampflos eingenommen wurde, weil die persische Wachmannschaft durch Verhandlungen zur Aufgabe bewegt werden konnte. Als Satrap von Großphrygien wurde Antigonos, der Befehlshaber der bundesgenössischen Kontingente, eingesetzt. Diese Personalentscheidung sollte sich als Glücksgriff erweisen. Der erfahrene Feldherr, der sich schon unter Philipp II. bewährt hatte, trug dank seiner erfolgreichen Feldzüge gegen die versprengten Reste des persischen Widerstands in der Folgezeit entscheidend dazu bei, den weiteren Vormarsch Alexanders abzusichern. Von allen Satrapen, die Alexander ernannte, sollte er der erfolgreichste sein und sein Amt am längsten versehen.[17]

Alexander zog entlang der Königsstraße zunächst nach Gordion weiter, der Residenz des legendären Königs Midas. Dort erwartete er die Heeresgruppe des Parmenion, die in Sardes überwintert hatte, sowie die nach Makedonien beurlaubten Truppen, die zusammen mit frisch ausgehobenen Verbänden im Frühjahr des Jahres 333 als letzte sich am verabredeten Treffpunkt einfanden.[18] Dort erschien ebenfalls eine Gesandtschaft aus Athen, die um Freigabe der in der Schlacht am Granikos in makedonische Gefangenschaft geratenen Landsleute bat; doch Alexander blieb davon ungerührt und vertagte die Regelung dieser Angelegenheit auf einen späteren Zeitpunkt.[19]

Bei den vergangenen Kampfhandlungen waren zahlreiche Soldaten gefallen oder verwundet worden. Beträchtliche Truppenkontingente mussten in den Garnisonen stationiert werden, die an den verschiedenen Etappenzielen angelegt worden waren, um die erworbenen Territorien zu kontrollieren sowie den Durchmarsch und die Versorgung des Heeres zu gewährleisten. Dies alles ließ den ursprünglichen Mannschaftsbestand abschmelzen. Daher war Nachschub aus Makedonien, den wehrhaften Nachbarvölkern und den verbündeten griechischen Staaten unerlässlich. Als die neu formierte Armee die ursprüngliche Kampfstärke nahezu erreicht hatte, wurde in Gordion eine Heerschau veranstaltet. Dann bereiteten sich die Streitkräfte auf die kommenden Aufgaben vor. Der strategisch günstig gelegene Ort schien als Operationsbasis geeignet, um von hier aus dem erwarteten Ansturm Dareios' III. zu begegnen. Doch die Perser machten keine Anstalten, die Invasionsarmee zum Kampf zu stellen, sondern überließen ihr das Gebiet westlich des Halys. Sie betrieben eine Hinhaltestrategie in der Erwartung, den Feind zu demoralisieren und ihn zur Aufgabe seiner Eroberungspläne zu zwingen. Ansonsten setzten sie ihre Hoffnung auf den westlichen Kriegsschauplatz in der Annahme, dass gezielte Nadelstiche gegen die makedonisch beherrschten Gebiete in Kleinasien und in Griechenland Alexander über kurz oder lang zur Umkehr zwingen würden.

Alexanders Fortsetzung des Feldzuges Richtung Osten begegneten die Perser mit einer Verstärkung ihrer Aktivitäten auf dem westlichen Kriegsschauplatz. Von dort trafen auch bald einige Hiobsbotschaften in Alexanders Lager ein. Zu Beginn der für die Schifffahrt geeigneten Jahreszeit setzte Memnon völlig ungehindert seine Seeoperationen in der Ägäis mit großem Elan fort. Er brachte Chios in seine Gewalt, begab sich von hier aus nach Lesbos, wo die Übergabe einiger Städte erzwungen wurde, und fing dann an, Mytilene zu belagern.[20] Unter dem Eindruck dieser Erfolge reifte in Griechenland immer mehr die Bereitschaft zur Kooperation mit Persien. Einige Poleis nahmen Geheimgespräche mit Memnon auf. Sie beabsichtigten, einen Aufstand gegen die makedonische Herrschaft anzuzetteln, sobald Verstärkungen einträfen. Aus Athen und Sparta machten sich Gesandtschaften zum Hof des Perserkönigs auf, um die Verhandlungen zum Abschluss zu bringen.[21]

Zwar hatte Alexander keine genaue Kenntnis über die griechisch-persischen Annäherungsversuche, die sich seit Frühjahr des Jahres 333 anzubahnen schienen, aber die Fortschritte der persischen Flotte in der Ägäis verdeutlichten ihm zur Genüge die dramatische Situation an seiner Westflanke. Er musste darauf reagieren, wenn er nicht zwischen zwei übermächtigen feindlichen Truppenkonzentrationen zermalmt werden wollte.[22] Eine sich anbietende Alternative hätte bedeutet, sich unverzüglich nach Ionien zu begeben, um den drohenden Abfall der jüngst erworbenen Gebiete im Rücken der Invasionsarmee zu verhindern. Die andere Option, die riskantere, bestand darin, den Kampf mit der Hauptarmee des Dareios III. zu suchen. Dies hätte aber zur Folge gehabt, noch weiter nach Osten zu ziehen, erheblich mehr Zeit für die kaum überschaubaren Aufgaben aufzuwenden und damit die eigenen Versorgungslinien gefährlich zu überdehnen.

Alexander entschied sich für die kühnere Variante. Er favorisierte den direkten Zweikampf mit Dareios III. Allerdings gab er gleichzeitig Befehl, eine neue Flotte in die Ägäis zu entsenden, um die verhängnisvolle Fehlentscheidung des Vorjahres zu korrigieren, als er seine Schiffe abgezogen und dem Gegner die Initiative und das Meer kampflos überlassen hatte. Eine beträchtliche Summe, die aus der Beute der letzten Monate stammte, wurde investiert, um ein griechisch-makedonisches Geschwader aufzustellen, das unter Führung des Hegelochos die Verbindungswege über den Hellespont überwachen und die abgefallenen Seestädte zurückerobern sollte.[23]

Während des Aufenthalts in Gordion fielen wichtige Vorentscheidungen bezüglich der künftigen Feldzuggestaltung.[24] Das makedonische Hauptheer befand sich in Äquidistanz zu den neuralgischen Kriegsschauplätzen: Von Gordion war es bis zur Ägäis ähnlich weit wie bis zum Euphrat. Indem sich Alexander zur Fortführung der Kampfhandlungen im Osten entschied, ging er ein hohes und unkalkulierbares Risiko ein, denn eine Niederlage gegen Dareios III. hätte mit Sicherheit das Ende der makedonischen Herrschaft im Westen bedeutet. Bei einem Erfolg hingegen rückte die gesamte Ostküste des Mittelmeeres in greifbarer Nähe, was die Chance eröffnete, die Operationsbasen der persischen Flotte definitiv auszuschalten. Nur durch einen entscheidenden Sieg über den Perserkönig war es möglich, die maritime Dauerbedrohung der makedonischen Herrschaft in der Ägäis zu beenden. Eine Weiterführung der Expedition in Richtung Levante lag somit in der Logik der Offensivstrategie, die Alexander notgedrungen eingeschlagen hatte. Ob allerdings bereits in Gordion die strategischen Direktiven bis ins Einzelne ausgearbeitet wurden, bleibt fraglich. Eine sich den verändernden Umständen anpassende flexible Planung und die Fähigkeit zur Improvisation dürften den weiteren Verlauf des Feldzugs mitbestimmt haben.

Nachdem die Vorbereitungen für den Weitermarsch Richtung Euphrat getroffen und das Heer auf eine Konfrontation mit der persischen Hauptstreitmacht eingestimmt worden war, spielte sich eine denkwürdige Episode ab. Der sagenumwobene König Midas von Gordion war mit Makedonien in besonderer Weise verbunden. Der Legende nach war ein Teil der makedonischen Urbevölkerung einst aus Phrygien eingewandert, und noch zu Alexanders Zeiten trug eine der fruchtbarsten Gegenden im makedonischen Flachland den Namen „Gärten des Midas“. In seinem Palast zu Gordion befand sich ein Streitwagen, dessen Deichsel und Joch durch einen kunstvoll geknüpften Bastknoten verbunden waren. Eine Weissagung lautete, dass dem, der den Knoten lösen könne, die Herrschaft über Asien versprochen sei. Alexander ergriff die Gelegenheit beim Schopfe und machte sich an die Aufgabe.[25]

Was sich in Gordion genau abspielte, ist umstritten. Ob Alexander den Deichselpflock entfernte oder den Knoten durch einen Schwertstreich löste (was wahrscheinlicher scheint) – beide Versionen werden parallel überliefert –, sei dahingestellt. Hauptsache war, dass er vor seinen Truppen nun als ein Anführer dastand, dem die Götter Zustimmung zuteil werden ließen.[26] Ebenso bedeutend war das von seiner Umgebung – hier ist an Kallisthenes zu denken – in Umlauf gebrachte Schlagwort von der Verheißung der „Herrschaft über Asien“. Es eignete sich bestens als Kampfparole für seine Armee.[27] Angesichts der nicht gerade verlockenden Aussichten, welche die bevorstehenden Herausforderungen verhießen, hatte Alexander ein großes Interesse daran, seine Soldaten zu motivieren und ihnen das Gefühl eines baldigen großen Sieges zu vermitteln. Gleichzeitig gab die gesteuerte Verbreitung der Episode des Gordischen Knotens dem mittlerweile aufkeimenden Alexandermythos wirkungsvolle Nahrung. Doch bei der Würdigung der sagenumwobenen Vorgänge darf nicht verkannt werden, dass Alexander sich in eine Sackgasse manövriert hatte. An seiner Westflanke verschaffte sich die persische Flotte zunehmend Vorteile, im Osten stand ihm die persische Hauptstreitmacht im Wege. Einen Ausweg konnte nur ein Sieg über den Perserkönig eröffnen. Bezeichnenderweise gibt jene Version, welche die Lösung des Gordischen Knotens mit Brachialgewalt andeutet, die Situation, in der sich Alexander im Som-

Abb. 15: Alexander der Große durchschlägt den Gordischen Knoten. Gemälde von Jean-Simon Berthélemy (1743–1811).

mer des Jahres 333 befand, pointiert wieder: Sein weiteres Schicksal hing von seinem Schwert ab.

Wohl im Juni brach das Heer entlang der Königsstraße nach Ankyra auf. Dahin kamen Abgesandte der Völker Paphlagoniens, jener südlich des Schwarzen Meeres gelegenen Landschaft an der Peripherie Kleinasiens. Sie baten um Schonung ihrer Siedlungsräume und boten im Gegenzug ihre Unterwerfung an. Alexander, der keine Veranlassung verspürte, sich vom eingeschlagenen Weg abbringen zu lassen, nahm diesen Vorschlag bereitwillig auf, der ihm freilich eine mehr nominelle als faktische Herrschaft über das abgelegene Bergland einbrachte. Daraufhin wurde Paphlagonien der hellespontischen Satrapie unterstellt. Von Ankyra aus marschierte das Heer zunächst nach Osten weiter, überschritt den Halys und bog dann nach Süden Richtung Tarsos ab, das als nächstes Ziel anvisiert wurde.[28]

Auf dem Weg dahin musste ein beachtliches Hindernis überwunden werden: die Gebirgspässe Kilikiens. Die Zeit drängte. Es galt unter allen Umständen zu verhindern, dass sich der Gegner dort festsetzen konnte, denn dann wäre der Zugang nach Syrien blockiert und somit die Strategie des Feldzuges gefährdet gewesen. Vor der Kilikischen Pforte lag das Hochland Kappadokiens. Den nördlichen Teil berührte die Invasionsarmee kaum, und so blieb er unter Ariarathes[29] als Teil des persischen Herrschaftsgebietes erhalten, während der zwischen Halys und der Salzwüste gelegene südliche Landesteil der Aufsicht des einheimischen Fürsten Sabiktas[30] übergeben wurde. Nach einem schnellen Marsch durch das teilweise unwirtliche Land passierte das Heer die Städte Mazaka und Tyana. Im Hochsommer stand es vor der Kilikischen Pforte, einem natürlichen Engpass auf dem Weg nach Süden und Osten. Da die Bergstation leicht zu verteidigen war, konnte sie auch als Absperrung dienen.

Das aufmarschierende Heer musste diese am Ausläufer des Taurosgebirges liegende Barriere überwinden, wollte es die Häfen an der kilikischen Küste erreichen. Es eilte im beschleunigten Tempo bis zur Hochebene unweit der Passhöhe. Hier wurde die Armee aufgeteilt. Die Kavallerie und die Phalanx lagerten unter Parmenions Kommando nördlich des Passes. In der Nacht stürmte Alexander an der Spitze seiner Hypaspisten und Leichtbewaffneten die nur schwach bewachte, einige Meter breite Gebirgsstraße. Nach einem kurzen Gefecht gelang der Durchbruch. Die persischen Wachmannschaften ergriffen die Flucht. Damit stand Alexanders Armee der Weg in die kilikische Küstenebene und nach Tarsos offen.[31]

Entweder unterschätzte die persische Führung den strategischen Wert des Passes, denn eine entschlossene Verteidigung hätte die feindlichen Marschkolonnen am Betreten Kilikiens hindern können, oder man wurde durch das schnelle Vorrücken der Makedonen schlicht überrascht. Jedenfalls erreichten Alexanders Männer im Juli 333 die Mittelmeerküste. Der kilikische Satrap Arsames[32], der am Granikos gekämpft hatte und an der Kilikischen Pforte den Durchmarsch der Eindringlinge nicht hatte verhindern können, räumte eiligst seinen Satrapensitz Tarsos. Bevor er floh, gab er Befehl, die Ernten und die Stadt anzuzünden. Dies vereitelte jedoch Alexander, indem er ausgewählte Reiterschwadronen nach Tarsos vorausschickte, welche die persische Garnison vertrieben, bevor sie ihr Werk der Zerstörung verrichten konnte.

Beim Betreten der Kydnosebene ereignete sich ein dramatischer Zwischenfall, der die ganze Expedition in Frage zu stellen schien. Der von den Strapazen des schnellen Abstiegs völlig erhitzte Alexander badete im Fluss Kydnos und erkrankte, von einem starken Fieber befallen, lebensgefährlich. Dank der ärztlichen Kunst des Philipp von Akarnanien wurde er jedoch gerettet.[33] Die Genesung schritt aber nur langsam voran. Während der Monate August und September war Alexander an sein Krankenbett gefesselt.[34] Schlagartig wurde allen Beteiligten deutlich, wie sehr die Zukunft der Expedition von seiner Person abhing. Seine militärische Führerschaft, seine Energie und sein Charisma erwiesen sich immer mehr als die entscheidenden Antriebskräfte der Unternehmung. Er war mittlerweile unersetzlich geworden.

Durch den Ausfall des obersten Befehlshabers gab es eine deutliche Verzögerung der geplanten militärischen Aktivitäten, wenn auch das Heer nicht völlig untätig blieb. Da inzwischen Nachrichten über den persischen Aufmarsch eintrafen, wurde Parmenion mit der Besetzung der syrischen Gebirgspässe beauftragt.[35] Er marschierte mit den Bundesgenossen und der thessalischen Reiterei dorthin, während Alexander den Rest des Heeres bei sich behielt, um die strategisch wichtige und wirtschaftlich bedeutsame kilikische Ebene samt Hinterland zu kontrollieren. Um den Zusammenhalt der neuen Gebietserwerbungen zu festigen, erhielt der Makedone Balakros[36] die Aufsicht über die kilikische Satrapie.

Eine für den weiteren Verlauf der gesamten Kampagne entscheidende Botschaft dürfte Alexander bereits auf dem Weg nach Tarsos erhalten haben, wann genau, lässt sich allerdings nicht ermitteln. Memnon, der persische Oberbefehlshaber im Westen, war bei der Belagerung von Mytilene erkrankt und kurz darauf verstorben.[37] Das unerwartete Ableben des tüchtigen und charismatischen Feldherrn, der bei den in persischen Diensten stehenden griechischen Söldnern höchstes Ansehen genossen hatte, hinterließ eine nicht zu schließende Lücke. Damit fehlte ein zentraler Aktivposten der persischen Kriegsstrategie.[38] Mit dem Rhodier Memnon, der mit einer Dame aus der persischen Aristokratie vermählt war, verschwand zugleich einer der profiliertesten Vorläufer jener griechisch-orientalischen Militäreliten, die im Zeitalter des Hellenismus die politischen Geschicke des Orients gestalten sollten.

Pharnabazos[39], der neue Befehlshaber im Westen, blieb zunächst erfolgreich. Er konnte Mytilene, Tenedos und Samothrake einnehmen und machte sich daran, den Aktionsradius der persischen Seeherrschaft auszudehnen. Alexander reagierte darauf, indem er sein Heer aufteilte. Parmenion war bereits mit einem starken Verband zur Syrischen Pforte abkommandiert worden, um Dareios III. zu hindern, in Kilikien einzudringen. Alexander selbst führte, sobald er das Krankenbett verlassen konnte, eine Expedition an, um die kilikische Küste zu besetzen.[40] Das Ziel seines Vorgehens war es, koordinierte Aktionen zwischen den Seestreitkräften des Pharnabazos und dem in Richtung syrische Mittelmeerküste aufmarschierenden Heer des Dareios III. zu unterbinden.[41]

Besonders lag Alexander daran, die westlich von Tarsos gelegenen Hafenstädte Anchialos und Soloi zu besetzen, um auf diese Weise die Versorgungsmöglichkeiten der persischen Flotte weiter einzuschränken. Den Aufenthalt in Anchialos nutzte er, um das Grabmal des assyrischen Königs Sardanapal aufzusuchen.[42] Soloi gab er eine demokratische Verfassung, nachdem er der Stadt eine hohe Geldzahlung für ihre Persien-freundliche

Haltung auferlegt hatte. Hier erfuhr er von der Eroberung der hart umkämpften Hafenfestung von Halikarnassos durch seine Truppen, was eine Schwächung der Manövrierfähigkeit der persischen Flotte bewirkte. Voller Freude darüber veranstaltete er athletische und musische Wettkämpfe, ließ sein Heer einen feierlichen Umzug ausführen und brachte dem Heilgott Asklepios ein Opfer als Dank für seine Genesung dar.[43] Zu dieser Zeit traf auch die Kunde über den ersten Seesieg der jüngst aufgestellten makedonisch-griechischen Flotte ein. Sie hatte ein persisches Geschwader in einem Gefecht, das in den Gewässern bei der Insel Siphnos ausgetragen worden war, geschlagen. Damit zeichnete sich eine hoffnungsvolle Wende in den bisher eher glücklos verlaufenen Kriegsaktionen der Makedonen in der Ägäis ab.

Gegen Mitte Oktober 333 brach Alexander, der etwas mehr als die Hälfte seines Heeres bei sich hatte – die anderen Einheiten befanden sich unter Parmenions Kommando bereits an den syrischen Gebirgspässen –, entlang der Küstenstraße nach Mallos auf. Hier schlichtete er einen Streit innerhalb der Bürgerschaft, opferte dem Heros Amphilochos und erließ den Mallern die Tribute, die sie bisher Dareios III. entrichten mussten. Als Begründung führte er das Argument der argivischen Herkunft der Maller an. Er betrachtete sie als Stammesverwandte, denn auch seine Familie, die Herakliden, war einst von Argos nach Makedonien ausgewandert. Was sich bereits in Karien abgezeichnet hatte, wiederholte sich nun in Kilikien: Mittels kultisch inszenierter Rückgriffe auf legendäre Begebenheiten betonte Alexander seine persönlichen Bande zu den Bewohnern Asiens und baute so sein Netzwerk der Herrschaftssicherung aus.[44]

In Mallos ereilte ihn die Nachricht vom Aufmarsch des Dareios III., der mittlerweile mit seiner Hauptstreitmacht im syrischen Sochoi eingetroffen war. Damit befand er sich nur noch wenige Tagesmärsche vom Voraustrupp unter Parmenion entfernt. Alexander berief eine Versammlung seiner Gefährten ein und beschloss, unverzüglich zu handeln. Er wollte sich mit den Verbänden des Parmenion vereinigen, bevor diese von Dareios III. angegriffen werden konnten.

Zweikampf zwischen Alexander und Dareios III.

Issos

Seit Beginn der asiatischen Expedition war Alexander ungewöhnlichen Belastungen ausgesetzt. Es galt allerlei Gefahren, klimatische Widrigkeiten und Entbehrungen auszuhalten. Seine Fähigkeiten wurden besonders bei der Durchführung von Militäraktionen, der Bewältigung gewaltiger Strecken zwischen den Kampffronten, den Verhandlungen mit Gesandtschaften, der Wahrnehmung von Repräsentationsaufgaben und dem sachgemäßen Umgang mit den Eliten der eroberten Landschaften gefordert. Hinzu kam der ungeheure psychologische Druck, der aus der angespannten politisch-militärischen Situation resultierte. Er musste sich auch um die Verhältnisse in der Heimat kümmern, die durch die ständigen Querelen zwischen Antipater und Olympias belastet wurden. Stets erreichten den mit seinem asiatischen Feldzug gänzlich beschäftigten Alexander Briefe aus Makedonien voll gegenseitiger Schuldzuweisungen. Immer wieder wurde er gezwungen, Partei zu ergreifen und zwischen den eigenwilligen Kampfhähnen zu vermitteln.[1]

Zwar verfügte der makedonische König über hervorragende Truppenführer und Berater, aber das letzte Wort lag bei ihm. Dies brachte ihn gelegentlich in Zugzwang. Er musste in Extremsituationen Entscheidungen treffen und immer wieder die Grenzen der eigenen Belastbarkeit überschreiten. Hervorzuheben ist sein Wagemut. Ständig kämpfte er an vorderster Stelle mit, schonte sich keinesfalls, erlitt immer wieder Verwundungen, tat selbst alles, was er von seinen Untergebenen verlangte. In wenigen Monaten war das Bild eines unermüdlichen Draufgängers entstanden, der keine Herausforderung scheute und seinen Soldaten zum Vorbild wurde. Was fehlte, war ein Sieg im direkten Vergleich mit dem Herrscher des Achaimenidenreiches. Aus Alexanders Sicht war dies nicht nur notwendig, um den eigenen Ehrgeiz zu befriedigen, sondern auch, um die Zukunft der Expedition abzusichern.

Alexanders unbeirrtes Vorrücken Richtung Euphrat hatte Dareios III. genötigt, seine bisherige, behutsame Vorgehensweise zu überdenken und eine aktivere Rolle in dem bereits ein Jahr lang dauernden Krieg zu übernehmen.[2] Ohnehin erwartete man vom Inhaber des Achaimenidenthrones, dass er die Invasoren aus dem Lande vertrieb und damit seiner Pflicht als Beschützer seiner Untertanen nachkam. Spätestens als die Kunde vom Ableben des tüchtigen Feldherrn Memnon in Susa eintraf, war die Hoffnung verschwunden, die Eindringlinge aus dem Westen durch eine Hinhaltestrategie zermürben zu können, die auf Abnutzungserscheinungen in den öden Regionen Kleinasiens in Verbindung mit erhöhtem Druck im Ägäisraum setzte.[3] Daher berief der König der Könige im Frühsommer des Jahres 333 den Kronrat in Susa ein, um über die nächsten Maßnahmen zu beraten. Anwesend waren die höchsten Würdenträger des Reiches sowie der athenische Flüchtling Charidemos. Vielleicht nahm auch der makedonische Überläufer Amyntas an der Besprechung teil. Als Ergebnis der Zusammenkunft erging die Order, eine neue Armee aufzustellen, um den griechisch-makedonischen Einheiten entgegenzutreten.[4] Mit Sicherheit liefen schon vorher die Vorbereitungen für die Mobilmachung auf Hochtouren. Seit der Niederlage am Granikos waren die Perser über die Kampfkraft ihrer Widersacher im Bilde. Außerdem verfügten sie in Kleinasien über keine nennenswerten Landstreitkräfte, sondern lediglich über unabhängig voneinander auf regionaler Ebene operierende Verbände. Es ist daher davon auszugehen, dass die persische Führung eine zweite Verteidigungslinie plante, um ein Vordringen Alexanders in die persischen Kernländer zu unterbinden.[5]

Dareios III. begab sich im Juli 333 an der Spitze seiner Garde von Susa nach Babylon, das als Sammelplatz der Truppen auserkoren worden war. Schwer gepanzerte iranische Reiter, Bogenschützen, Streitwagen und die Leibgardisten bildeten den Kern einer Vielvölkerarmee, in der neben Persern auch noch Meder, Armenier, Hyrkaner, Babylonier sowie Aufgebote aus den östlichen Regionen Kleinasiens und dem syrisch-arabischen Raum vertreten waren. Zwar waren die persischen Kavallerieeinheiten den makedonischen zahlenmäßig überlegen, an ausgebildeten, kampferprobten Fußtruppen herrschte dagegen akuter Mangel. Um diesen zu beheben, erteilte Dareios III. seiner Flotte den Befehl, alle verfügbaren griechischen Söldner, die bisher in Westkleinasien oder auf den Ägäisinseln ihren Dienst verrichteten, zu sammeln und in die phönikischen Häfen zu befördern.[6] Von dort aus sollten sie landeinwärts marschieren und sich dann im nördlichen Syrien mit dem persischen Hauptheer vereinigen. Nicht zuletzt vom Einsatz seiner griechischen Hopliten erhoffte sich Dareios III., die gefürchtete makedonische Phalanx ausschalten zu können. Diese Maßnahme, so notwendig sie für die Verstärkung der Armee des Dareios III. auch war, brachte auf der anderen Seite eine Schwächung der persischen Präsenz an der stark umkämpften Westfront mit sich. Dennoch bildeten die dort verbliebenen persischen Schiffe und Mannschaften nach wie vor einen Störfaktor, der ein makedonisches Übergewicht im Ägäisraum verhinderte. Immer noch kontrollierten die Perser umfangreiche Abschnitte des Festlandes bei Ephesos, Milet und Halikarnassos, Teile der lykischen Küste sowie zahlreiche Inseln der Kykladen, ferner Tenedos und Rhodos.[7]

Abb. 16: Alexanderschlacht. Ausschnitt: Dareios III.

Eine militärische Formation von der Größenordnung, wie sie Dareios III. gegen Alexander ins Feld führte, ließ sich nicht improvisieren. Sie war eine komplexe, schwerfällige Maschinerie. Das Aufstellen dauerte angesichts der großen Entfernungen innerhalb des Achaimenidenreiches geraume Zeit. Über die Zahl der aufgebotenen Soldaten kann man nur mutmaßen, da keine gesicherten Nachrichten vorliegen. Die angeblich Hunderttausende von Kämpfern, die auf persischer Seite gefochten haben sollen, Arrian und Plutarch nennen 600000 Mann, sind völlig übertrieben.[8] Wahrscheinlich war das achaimenidische Heer der Armee Alexanders zahlenmäßig überlegen. Doch in welcher quantitativen Relation die beiden feindlichen Blöcke genau zueinander standen, bleibt spekulativ. Bestenfalls führte Dareios III. doppelt so viele Truppen auf das Schlachtfeld, wie sie Alexander zur Verfügung standen.

Dareios' III. Strategie bestand ursprünglich darin, die Schlacht auf offenem Gelände anzubieten, um den Vorteil seiner überlegenen Reiterschwadronen zur Geltung zu bringen. Daher ließ er seine Streitkräfte über den Euphrat bis in die nordsyrische Ebene von Sochoi vorstoßen.[9] Den Eindringlingen sollte der Weg nach Mesopotamien versperrt bleiben. Um die Versorgung der kämpfenden Truppe zu verbessern, wurden der Tross mit dem königlichen Harem sowie die Kriegskasse nach Damaskus geschickt. Dort verharrten sie in großer Entfernung vom Kampfgeschehen und warteten den Ausgang der Schlacht ab. Offenbar muss Dareios III. aber des Wartens überdrüssig geworden sein, denn er drängte plötzlich zum Aufbruch. Ob das von den antiken Autoren kolportierte Gerücht, Dareios III. habe Alexanders langen Aufenthalt in Tarsos als Zeichen der Furcht gedeutet, der Wahrheit entspricht, ist mehr als fraglich. Wahrscheinlich wollte er seine Versorgungsprobleme verringern und den aufwändigen Feldzug einfach abkürzen und dabei die Dislozierung der gegnerischen Armee ausnutzen. Jedenfalls schlug Dareios III. den Ratschlag des makedonischen Überläufers Amyntas in den Wind, der ihn beschwor, die für die Entfaltung seiner überlegenen Reitertruppen günstige Stellung in der Ebene von Sochoi nicht aufzugeben. Er versicherte ihm, dass der makedonische König bestimmt kommen werde, um den Zweikampf anzunehmen.[10]

Alexander, der über das Herannahen der persischen Streitkräfte informiert war, durfte nun auf keinen Fall den Kontakt zu den Einheiten des Parmenion, die etwa vier Tagesmärsche entfernt am Bailanpass bereits Posten bezogen hatten, abreißen lassen. Ende Oktober 333 begab er sich von Mallos im Eilmarsch entlang der Küstenebene des Golfes von Alexandretta nach Issos, einen Grenzort zwischen Kilikien und Syrien. Die Straße zwischen dem Meer und den Ausläufern des Amanosgebirges war gut begehbar. Außerdem lieferten die umliegenden Felder genug Nahrung für die Truppen. In Issos ließ er die Verwundeten, die dem mörderischen Marschtempo nicht folgen konnten, zurück. Dann eilte er weiter nach Myriandros, das unweit des Bailanpasses lag, wo die Mannschaften des Parmenion den Zugang nach Syrien kontrollierten. Hier vollzog sich die Vereinigung der bislang getrennt operierenden Heeressäulen.[11]

In der Zwischenzeit hatte Dareios III. seine Stellung in der Ebene von Sochoi aufgegeben und den Marsch nach Norden angetreten. Er überquerte das Amanosgebirge über den Löwenpass. Dann bog er nach Südwesten Richtung Kilikien ab in der Hoffnung, die Verbindung zwischen den weit zerstreuten feindlichen Linien zu kappen beziehungsweise den seiner Meinung nach noch in Tarsos weilenden Alexander zu blockieren.[12] Er wusste damals nicht, dass in dem Augenblick, als sein Heer über den Pass von Kaleköy Richtung Meerbusen von Issos zog, Alexander sich nur einen knappen Tagesmarsch von ihm entfernt befand. Dieser hatte Issos bereits hinter sich gelassen und marschierte nach Süden auf Myriandros zu. Beide feindlichen Marschkolonnen ahnten nichts voneinander. Weder bemerkte Alexander, dass ihm Dareios III. dicht auf den Fersen war, noch hatte der Perserkönig Kenntnis über die genaue Position der gegnerischen Verbände. Die Feindaufklärung der im eigenen Land operierenden persischen Armee versagte kläglich. Dem landesunkundigen Alexander mag man dies nachsehen.[13] Immerhin waren noch nie zuvor westliche Kampftruppen, es sei denn als Söldner, so weit nach Osten vorgedrungen. So in etwa lauten die Berichte und Einschätzungen in den Quellen.[14] Ob sie zutreffend sind, ist eine andere Frage.

Eine nahe liegende Deutung der fieberhaften Truppenbewegungen, die der Schlacht vorausgingen, könnte lauten, dass Dareios III. den Weg über das Gebirge wählte, um seine Widersacher zu überraschen. Offenbar wollte er die feindliche Hauptarmee von dem weiter südlich liegenden Verband des Parmenion trennen und die Makedonen durch die Beherrschung der Straße nach Tarsos von ihren westlichen Versorgungslinien abschneiden. Dies bedeutet aber auch, dass Dareios III. den Kampf in einer der kleinräumigen Küstenebenen des kilikisch-syrischen Grenzgebiets bewusst in Kauf nahm, als er diese Initiative ergriff. Wenn es sich so verhielt und der Perserkönig genau wusste, worauf er sich einließ, er also keineswegs ziellos im Gebirge umherirrte, dann böte dies einen Hinweis darauf, dass sein Heeresverband den gegnerischen Truppen keineswegs so haushoch überlegen war, wie die antiken Autoren suggerieren, welche ein Interesse hatten, durch Übertreibung der Mannschaftsstärke der Gegner Alexanders Gloriole umso heller erstrahlen zu lassen.[15]

Wie auch immer man die Vorgeplänkel vor Kampfbeginn beurteilen mag, Tatsache ist, dass es Anfang November bei nassem Wetter zum Schlagabtausch kam. Dareios III. hatte vorher Issos besetzt, die dort verbliebenen, rekonvaleszenten feindlichen Soldaten niedermetzeln lassen und südlich der Stadt am Fluss Pinaros Stellung bezogen. Alexander erfuhr erst in der syrischen Stadt Myriandros von Dareios' III. Aufmarsch in seinem Rücken. Zur Vergewisserung schickte er ein Schiff, um die Position des persischen Heeres zu erkunden.[16] Als diese bestätigt wurde, kehrte er um und setzte sich mit seiner gesamten Streitmacht nach Norden in Bewegung. Südlich von Issos, an einem bis heute noch umstrittenen Schlachtort, trafen beide Heere in „umgekehrten Fronten" aufeinander. Unklar ist, wie lang die Front war, die von den Ausläufern des Amanosgebirges im Osten und dem Meeresstrand im Westen begrenzt wurde. Je nach Verortung des Schlachtfeldes schwankt die Länge des für die Kampflinien zur Verfügung stehenden Raumes zwischen drei und sieben Kilometern.[17]

Angesichts der beeindruckenden Taten auf seinem Weg durch Asien besteht die Gefahr, Alexanders Militäraktionen aus nachträglicher Perspektive als kontinuierlich ansteigende Erfolgkurve zu beurteilen. Eine derartige Sichtweise vermag lediglich Segmente einer in Wirklichkeit komplexeren Gemengelage zu beleuchten. Scheinbar resultierten Alexanders Siege aus einer Kombination von Draufgängertum und Effizienz. Oft genug war jedoch bloßes Glück sein wichtigster Verbündeter. An einigen entscheidenden Wendepunkten kamen ihm unvorhergesehene Vorfälle zu Hilfe: Etwa der überraschend eingetretene Tod Memnons, der

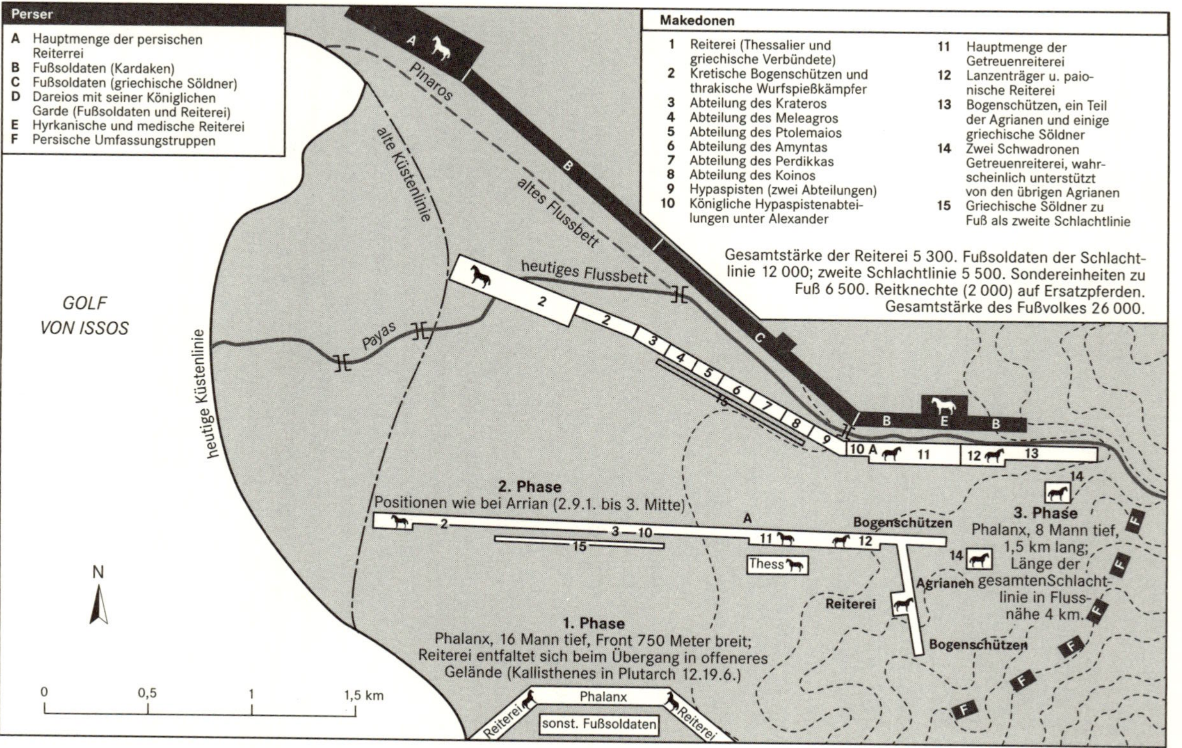

Abb. 17: Die Schlacht bei Issos.

die persische Westfront schwächte, oder der Umstand, dass Dareios das Amanosgebirge einen Tag zu spät überquerte, womit Alexander einer verhängnisvollen Abtrennung seines Heeres von den Verbänden des Parmenion um Haaresbreite entging. Das Geheimnis seines Erfolges bestand keineswegs nur aus weiser Voraussicht und kluger Berechnung, sondern auch aus Fehlern der Gegner und aus Zufällen. Letztere trugen gelegentlich zu einer günstigen Wendung der oft genug aussichtslos erscheinenden Lage bei.

Dies lässt sich an der Situation, die am Vorabend der Schlacht bei Issos entstanden war, verdeutlichen: Alexander hatte sich, obwohl er seine gesamte Streitmacht hatte vereinigen können, in eine Sackgasse manövriert. Der Zugang nach Westen blieb ihm verwehrt. Nur ein eindeutiger Sieg bot ihm die Option, den Kopf aus der Schlinge zu ziehen. Im Falle einer Niederlage wären dagegen alle bisher erworbenen Vorteile verspielt gewesen, denn er befand sich tief im feindlichen Land ohne nennenswerte Verbündete, allein auf sich gestellt, und die persische Flotte kontrollierte immer noch das Meer und konnte ihn von seinen weit entfernten Versorgungsbasen abschneiden. Dagegen hielt sein Gegner gewichtige Trümpfe in der Hand. Fast das gesamte Potenzial seines Reiches stand Dareios III. zur Verfügung, und selbst ein ungünstiger Ausgang des Kampfes wäre für den Perserkönig zu verkraften gewesen. Im vollen Bewusstsein dieser Zwangslage versuchte der Makedonenkönig, der durch Dareios' III. Truppenbewegungen ausmanövriert worden war, mittels einer Energieleistung die Handlungsinitiative zurückzugewinnen. Dies wird an der Entschlossenheit seines Vorgehens sichtbar. Er ließ am Tag der Schlacht seine Truppen lange aufmarschieren und ohne den nächsten Tag abzuwarten, bot er den überraschten Persern den Kampf an.[18]

Vor dem Zusammenstoß mit der Armee des Dareios III. spornte Alexander seine Männer an. Er sprach einzelne direkt an, lobte sie und bedankte sich für bereits erbrachte Leistungen. Er feuerte sämtliche Truppenteile an, indem er ihnen Ruhm und reiche Belohnung in Aussicht stellte.[19] Dann gliederte er seine Mannschaften um und stellte sie in Schlachtordnung auf. Die Agrianer, die Bogenschützen, die thessalischen und makedonischen Reiter postierte er am rechten Flügel, den er selbst kommandierte. In der Mitte stand die Phalanx und rechts davon die Hypaspisten. Am linken Flügel, der bis zum Meeresgestade reichte, formierten sich die kretischen Bogenschützen, die Thraker und die griechischen Reitertruppen unter Parmenion, denen die Aufgabe zufiel, die Wucht der feindlichen Reitereiattacken abzufangen. Die griechischen Söldner bildeten die Reserve, um im Falle feindlicher Durchbrüche an den vorderen Linien oder einer eventuellen Umzingelung der rückwärtigen Linien entsprechend reagieren zu können.[20]

Dareios III. formierte seine Armee um einen Mittelblock aus seinen griechischen Söldnern. Links davon bis zum Gebirge, gegenüber dem rechten Flügel des Gegners, stellte er die Masse der nach griechischem Vorbild bewaffneten iranischen Infanterie, die Kardaken, sowie die Bogenschützen auf. Außerdem ließ er zusätzlich Truppen entlang der Anhöhen ausschwärmen, um die feindliche rechte Flanke zu sprengen. Entlang der Küste an der Flussmündung versammelte er seine wichtigste Angriffswaffe, die Reiterverbände, mit denen er den Gegner überrennen wollte. In den hinteren Reihen standen tief gestaffelt die leicht bewaffneten Fußtruppen aus den verschiedenen Völkern seines Reiches. Im Zentrum der Schlachtreihe zwischen den Hopliten und den Kardaken hielt sich Dareios III. in seinem prachtvollen Streitwagen auf, umgeben von den berittenen Einheiten der königlichen Garde.[21]

Auf die persischen Schlachtdispositionen reagierte Alexander rasch und flexibel. Er verschob, ohne dass dies die Perser bemerkten, die neben dem Block seiner Hetairenkavallerie stehenden thessalischen Reiter von der rechten zur linken Flanke, um die Stoßkraft der dort massierten feindlichen Reiterschwadronen zu entschärfen. Ferner postierte er am äußersten rechten Rand seiner Kampflinie, frontal zu den Anhöhen, Einheiten der Agrianer sowie einige berittene Abteilungen, um eine Überrundung seines rechten Flügels zu verhindern. Nach diesen Vorkehrungen gab er den Befehl zum Angriff.[22]

Wie in Chaironeia und am Granikos eröffnete Alexander die Schlacht bei Issos mit einer Sturmattacke seiner Hetairenreiterei. Vom König angeführt, vermochte sie den linken feindlichen Flügel zurückzudrängen. Parallel dazu marschierte die Phalanx vorwärts, biss sich aber an den griechischen Söldnern fest. Direkt am Meeresufer hatte Parmenion Schwierigkeiten, den Aufprall des persischen Reitervorstoßes aufzuhalten. Den makedonischen Fortschritten in Gebirgsnähe stand das Zurückweichen der bundesgenössischen Einheiten des Parmenion am linken Flügel gegenüber. Im Zentrum des Schlachtgeschehens entstand eine Pattsituation. Die griechischen Kombattanten des Dareios III. neutralisierten die Wirkung der makedonischen Phalanx.

In dieser Lage fasste Alexander einen kühnen Plan.[23] Er ließ seine Reiterschwadronen nach links schwenken und ins Zentrum der feindlichen Frontlinie vorstoßen. An dieser neuralgischen Stelle sollte der entscheidende Durchbruch erzielt werden. Zunächst überrannten die makedonischen Reiter die griechischen Söldner des Dareios, um die bedrängte Phalanx zu entlasten. Dann konzentrierten sie sich auf den persischen Befehlsstand, wo der König und seine Getreuen standen. Alexander unternahm an der Spitze seiner berittenen Kampfgefährten einen verwegenen Sturmangriff Richtung Dareios III. Im Verlauf des heftigen Kampfes, bei dem sich die persische Garde tapfer zur Wehr setzte und dabei große Verluste erlitt, gelang es den makedonischen Reitertruppen, sich einen Korridor bis zum Streitwagen des Perserkönigs zu bahnen. Angesichts der drohenden Gefahr drehte Dareios III. um und ergriff die Flucht.[24] Offenbar gab er die Schlacht allzu frühzeitig verloren, eine krasse Fehleinschätzung, denn noch hielten seine griechischen Elitetruppen und seine Reiterschwadronen die Stellung und waren alles andere als geschlagen. Jedenfalls wirkte der Rückzug des Dareios III. auf die in seiner unmittelbaren Umgebung kämpfenden Verbände wie ein Fanal. Durch die Flucht ihres Befehlshabers demoralisiert, lösten sich die persischen Reihen nacheinander auf.[25] Das makedonische Heer erhielt dadurch einen zusätzlichen Motivationsschub und setzte sich an sämtlichen Frontabschnitten durch. Danach folgte ein Gemetzel, dem zahlreiche Mitglieder der persischen Kriegerelite und der griechischen Söldnertruppen zum Opfer fielen. Zwar blieben einige makedonische Reiterschwadronen Dareios III. und den mit ihm abziehenden Mannschaften geraume Zeit auf den Fersen, doch da es inzwischen Nacht geworden war, wurde die Verfolgung eingestellt.[26]

Das vom Achaimenidenherrscher angeführte Aufgebot musste eine vernichtende Niederlage einstecken.[27] Die Art und Weise, wie sich beide Rivalen auf dem Schlachtfeld begegnet waren, dürfte Alexanders Selbstbewusstsein ungeheuer gesteigert haben. Der aktiv in das Schlachtgeschehen eingreifende König der Makedonen, der aufgrund seiner Entschlossenheit den König der Perser in die Flucht schlug und zu falschen Reaktionen verleitete, erlebte den Höhepunkt seiner an kriegerischen Erfolgen bereits recht beachtlichen Karriere. Endlich hatte er den heiß ersehnten Zweikampf mit Dareios III. glanzvoll bestanden. Seine überaus belastbaren, gut geschulten, kampferprobten und hervorragend geführten Soldaten erwiesen sich in einer äußerst kritischen Situation als überlegen. Der Schlachtverlauf bei Issos hatte den Beweis dafür geliefert.

Nach der Auflösung des geschlagenen Heeres plünderten die Sieger auf der Suche nach Beute das persische Lager, wo sich das aufwändig ausgestattete Zelt des Dareios befand.[28] Hier warteten nach orientalischer Tradition die Mutter, die Frau und die Kinder des Königs den Ausgang der Schlacht ab. Als sie Alexander vorgeführt wurden, behandelte er sie ihrem Rang gemäß mit Taktgefühl und Ehrerbietung.[29] Parmenion wurde nach Damaskus entsandt, um sich des Trosses, des Harems und der Kriegskasse des Dareios III. zu bemächtigen. Die dort aufgefundenen 3000 Silbertalente reichten aus, um alle bisherigen Schulden abzutragen sowie die Finanzierung der nächsten Operationen zu sichern.[30] Der chronische Geldmangel, der Alexander seit seinem Auszug aus Makedonien behindert hatte, gehörte nunmehr der Vergangenheit an.

Ein Streiflicht auf Alexanders Homerbegeisterung wirft eine von Plutarch festgehaltene Episode bezüglich der Verwendung der Besitztümer, die man nach der Schlacht bei Issos erbeutet hatte: *Als ihm ein Kästchen überreicht wurde, das unter dem erbeuteten Gepäck und den Reichtümern des Dareios für das kostbarste Stück erachtet wurde, fragte er seine Freunde, welche Sache von Wert sie ihm hineinzulegen rieten. Der eine nannte dieses, der andere jenes; endlich sagte er selbst: „Ich will die Ilias darin aufbewahren.“*[31]

Ebenso viel Aufmerksamkeit erhielt ein weiteres „Beutestück“: Barsine, die Tochter des persischen Satrapen Artabazos, die nach dem Tod ihres Gatten Memnon einen ehrenvollen Platz im Harem des Dareios III. gefunden hatte. Sie war für Alexander keine Unbekannte. Beide hatten sich vor Jahren in Pella kennen gelernt. Nun nahm sie einen bedeutenden Platz in Alexanders Gefühlsleben ein. Denn aus dieser Verbindung wird Herakles hervorgehen, der einzige Sohn, der zu Lebzeiten Alexanders geboren wurde.[32]

Die Folgen der Schlacht bei Issos waren von ausschlaggebender Bedeutung für den weiteren Verlauf der Expedition. Plötzlich stand Alexander als der faktische Herrscher über die meisten Länder diesseits des Euphrat da. Aber was noch wichtiger war: Die Niederlage des persischen Königs hatte unmittelbare Rückwirkungen auf den westlichen Kriegsschauplatz. Die in der Ägäis und an der Levante operierende Flotte der Perser, die aus Ioniern, Zyprioten und Phönikern bestand, sah keine Veranlassung mehr, sich über Gebühr für die Belange des besiegten Dareios III. einzusetzen. Sie drosselte ihren Kampfeinsatz. Einige Schiffe kehrten in die heimischen Häfen zurück.[33] Bald war auch der Eifer der mit der makedonischen Hegemonie unzufriedenen Griechen so gut wie erloschen. Zwar zeigte sich Sparta unter Agis III. weiterhin unversöhnlich und kriegsbereit und noch immer loderten Revolten im Ägäisraum auf, aber diese hatten lediglich eine regionale Bedeutung.[34] Außerdem vermochte Antigonos, der Satrap Großphrygiens, den in Kleinasien aufkeimenden Widerstand energisch zu unterdrücken. Westlich und südlich des Euphrat stand das Land für Alexander offen. Er musste nun entscheiden, ob er sich mit dem Erreichten zufriedengab oder den Feldzug fortsetzte.

Aus griechisch-makedonischer Perspektive waren die von Alexanders Armee binnen nicht ganz zwei Jahren vollbrachten Leistungen sensationell. Sie übertrafen bei weitem die kühnsten Erwartungen, die man vor Beginn der Unternehmung im Jahre 334 hegen durfte. Niemals zuvor hatten Kontingente aus dem Westen derartig spektakuläre Siege erfochten und gleichzeitig so reiche Beute gemacht. Der Umfang der erworbenen Territorien sprengte alle bisherigen Maßstäbe. Nicht nur, dass dem Oberhaupt des persischen Weltreiches auf unerhörte Weise die Grenzen seiner

Macht aufgezeigt worden waren, die Art und Weise, wie dies geschehen war, spornte die ehrgeizigsten Feldzugsteilnehmer, zu denen Alexander selbst zählte, an, noch weiter zu gehen. Euphorie lag in der Luft. In seiner Umgebung vervielfältigten sich die Diskussionen über die künftige Vorgehensweise. Ein Teil der makedonischen Generalität, der bereits an den territorialen Eroberungen Philipps II. beteiligt gewesen war, warnte, mit Blick auf die labilen Verhältnisse in Griechenland, vor einer Überdehnung der vorhandenen Ressourcen und sprach sich für eine baldige Rückkehr sowie für die Konsolidierung des Erreichten aus. Derartige Bedenken verlangten eine angemessene Berücksichtigung, zumal sich im Vorjahr bereits unter Alexander Lynkestes Opposition gegen die allzu ungestüme Vorgehensweise Alexanders geregt hatte. Aber der Makedonenkönig ließ sich nicht von der eingeschlagenen Linie abbringen, zumal ihm die erzielten Erfolge recht zu geben schienen. Freilich ist anzunehmen, dass er nicht allein damit stand. Es gab sicher genug Offiziere, die ihn darin bestärkten und die ebenso wenig wie ihr König an einen Abbruch der nach Issos in neuem Glanz erstrahlenden Unternehmung dachten.

Als Dareios III. mit den Truppen, welche die Schlacht bei Issos überlebt hatten, den Euphrat erreichte, sandte er ein Schreiben an seinen Rivalen, worin er die Freilassung seiner Familienangehörigen forderte. Ferner regte er den Abschluss eines Bündnisvertrages an. Im Vollgefühl seiner gestärkten Machtposition lehnte Alexander das Anerbieten ab und signalisierte damit, dass er keinen Wert auf einen Verhandlungsfrieden legte, sondern vielmehr einen vollständigen Sieg über den Achaimenidenherrscher anstrebte.[35]

Die Fortsetzung des Feldzugs schien Alexander unvermeidlich. Zwei Optionen standen hinsichtlich der einzuschlagenden Richtung zur Auswahl: entweder Dareios III. bis nach Mesopotamien nachzusetzen und dort möglichst rasch die Entscheidung herbeizuführen oder sich erst des syrisch-phönikischen Raumes einschließlich Ägyptens zu bemächtigen, um so die Kontrolle über sämtliche Mittelmeerhäfen zu erlangen. Die Waage neigte sich zugunsten der zweiten Option. Zwar bedeutete dies, dass der Perserkönig wertvolle Zeit für die Reorganisation seines schwer angeschlagenen Militärpotenzials einschließlich neuer Aushebungen gewann.[36] Doch Alexander nahm dies in Kauf, um ein weiteres wichtiges Ziel zu erreichen: die definitive Beherrschung der kleinasiatischen Küsten.[37] Denn solange die phönikischen und zypriotischen Hafenstädte unbesetzt blieben, bestand die Gefahr eines Aufstandes im Rücken seiner mittlerweile weit in den Osten vorgedrungenen Verbände. Hinzu kam, dass infolge von Dareios' III. Rückzug nach Mesopotamien keine nennenswerte persische Truppenkonzentration mehr westlich des Euphrat vorhanden war, so dass Alexander der Weg nach Syrien, Phönikien und

Ägypten offen stand. Er war nicht der Politiker und Feldherr, der eine solche Gelegenheit ungenützt hätte verstreichen lassen. Gleichzeitig war dieser Schritt von der Erkenntnis geleitet, dass erst die Kontrolle des gesamten östlichen Mittelmeerraumes eine erfolgversprechende Herausforderung des Dareios III. auf seinem eigenen Terrain ermöglichte. Syrien, Phönikien und Ägypten zählten zu den wohlhabendsten Satrapien des Achaimenidenreiches. Auf ihre Potenziale und Ressourcen konnte und wollte Alexander nicht verzichten. Befreit von den bisher als drückend empfundenen äußeren Sachzwängen, bestimmte Alexander zum ersten Mal seit Kriegsbeginn die Regeln der Kriegführung selbst.

Lohn des Sieges

Phönikien, Ägypten, Oase Siwah

Alexander vereinigte seine Truppen mit den Verbänden des Parmenion, der bereits nach Damaskus mit dem Auftrag vorausgeschickt worden war, den Tross des geschlagenen persischen Heeres zu konfiszieren. Danach marschierte die gesamte Streitmacht entlang der syrischen Küste nach Süden. Ihr Ziel waren die phönikischen Seestädte, die zum Abfall von der persischen Herrschaft ermuntert werden sollten. Der Nimbus des Siegers, der Alexander nach Issos umgab, reichte beim Herannahen seiner Armee bereits aus, um Arados, Marathos, Byblos und Sidon zur Kapitulation zu bewegen.[1] Diese überaus wohlhabenden Handelsmetropolen, die sich von einer Zusammenarbeit mit dem neuen starken Mann des östlichen Mittelmeerraumes Vorteile versprachen, übergaben ihm goldene Kränze als Zeichen der Unterwerfung und stellten ihm ihre beträchtlichen finanziellen Ressourcen sowie ihre Flotten zur Verfügung. Auch die zypriotischen und rhodischen Seestädte zogen nach und erkannten die Suprematie des makedonischen Königs an.[2]

Alexanders Anwesenheit in Phönikien wird durch die eindrucksvolle Bilderabfolge reflektiert, die auf einem prachtvollen Sarkophag aus Sidon zu sehen ist, der sich heute in Istanbul befindet. Auf der einen Seite erkennen wir Alexander auf einem sich aufbäumenden Pferd, wie er die Reihen seiner Gegner durchbricht. Er trägt einen Löwenhelm, der auf die herakleische Herkunft der Argeaden verweist. Das Thema der Komposition ist offenkundig die Schlacht bei Issos. Denn danach wurde ein gewisser Abdalonymos[3] wegen seiner treuen Dienste vom makedonischen Feldherrn Hephaistion als Herr über Sidon eingesetzt. Auf der anderen Seite wird eine Repräsentationsveranstaltung anlässlich des Besuchs Alexanders in der Stadt abgebildet. Es handelt sich um eine Löwenjagd im Tierpark von Sidon, an der Alexander wahrscheinlich teilnahm und bei der Abdalonymos von einem Löwen angefallen und von zwei Makedonen gerettet wurde. Wenn diese Deutung zutrifft, so hätten wir einen anschaulichen Beleg vor uns, wie ein von Krieg und Politik ganz beanspruchter Alexander gelegentlich Zeit fand, seiner Lieblingsleidenschaft zu frönen und wie sehr sich örtliche Potentaten – Abdalonymos dürfte das Kunstwerk in Auftrag gegeben haben – im Spiegel seines Ruhmes sonnten.[4]

Anders als Sidon zögerte Tyros, die Mutterstadt Karthagos, sich Alexander anzuschließen.[5] Die mächtigste Stadt Phönikiens schlug – wie einst Milet – einen Neutralitätskurs ein, womit sie sich Alexander verweigerte.

Abb. 18: Alexandersarkophag (Istanbul).

Sie lag auf einer stark befestigten Insel, fast einen Kilometer vom Festland entfernt. Eine leistungsstarke Flotte gewährleistete ihre Versorgung und ihren Schutz. Sie hatte schon manche Belagerung überstanden und fühlte sich vor Angreifern vom Festland sicher. Dies dürfte der Grund für die trotzige Haltung gewesen sein. Alexander gab vor, mit seinem Heer in die Stadt einziehen und am Melkarttempel opfern zu wollen, was die Bewohner von Tyros jedoch ablehnten. Sie wollten Alexander nur ohne militärische Begleitung den Einlass in ihre Stadt gestatten, worauf dieser ebenso wenig einging. Offenbar spekulierten die Tyrier nach den bisherigen Erfahrungen mit der Kriegführung des Makedonenkönigs in Kleinasien darauf, dass er angesichts der unangreifbaren Lage der Inselfestung seine Wege fortsetzen und sich keinesfalls durch eine langwierige Belagerung aufhalten lassen würde. Doch damit verrechneten sie sich gründlich.

Alexanders Bestreben, keine feindlich gesinnte Stadt in seinem Rücken unbezwungen zu lassen, was in diesem Fall durch den Umstand verstärkt wurde, dass Tyros die leistungsfähigste Flotte der Levante besaß, verband sich mit dem Reiz, die schier unlösbare Aufgabe dennoch zu bewältigen. Außerdem galt der Reichtum der Tyrier als sprichwörtlich, was nahe legt, dass sich die siegreiche makedonische Armee kaum eine derartig viel versprechende Beute entgehen lassen wollte. Dies alles zusammengenommen veranlasste Alexander, die Belagerung von Tyros anzuordnen. Anfang des Jahres 332 begann eine der aufwändigsten Operationen der antiken Mili-

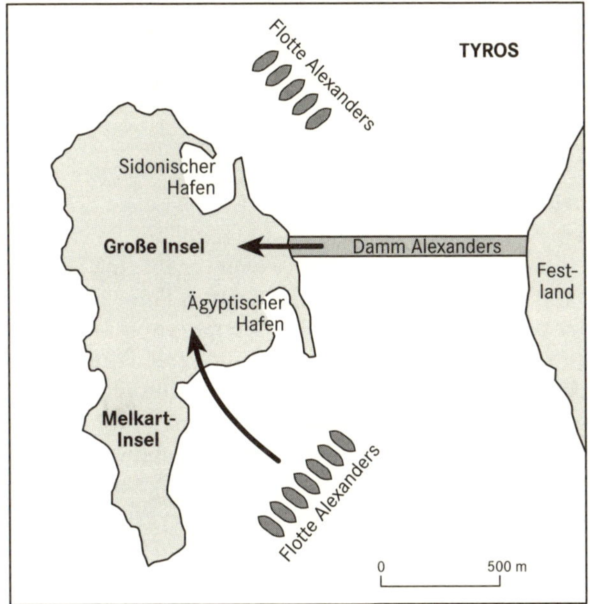

Abb. 19: Die Inselfestung Tyros.

tärgeschichte. Sie sollte die makedonische Armee vor ungeahnte Belastungen stellen und ihre technischen Fähigkeiten in einem bisher nicht gekannten Ausmaß herausfordern. Wie sollte ein Landheer ein Bollwerk einnehmen, das vom Meer umgeben war und zu dessen Verteidigung Schiffe in ausreichender Menge zur Verfügung standen?

Die Erstürmung der Festung begann mit der Ausführung eines für die Maßstäbe der antiken Ingenieurkunst beispiellosen Projekts. Ein gewaltiger Damm aus Steinen und Zedernholz wurde aufgeschichtet, um die etwa 800 Meter lange Strecke zwischen dem Festland und der Insel zu überbrücken. Die Materialen für das Bauwerk lieferten die Ruinen der am Festland liegenden Stadtteile von Tyros. Der Damm sollte als Standort für die Belagerungsmaschinen und gleichzeitig als Korridor für die Sturmtruppen fungieren. Während die mühevollen und gefährlichen Arbeiten voranschritten, zog Alexander gegen die arabischen Stämme der Umgebung, um das strategisch wichtige Aufmarschgebiet zu kontrollieren.[6] Die Fortschritte beim Dammbau forderten jedoch Abwehrmaßnahmen der Tyrier heraus. Sie wehrten sich verbissen und erfindungsreich mit Brandschiffen und Tauchern gegen die aufziehende Bedrohung und waren recht erfolgreich dabei. Ein zweiter noch massiverer Damm, auf dem riesige Belagerungstürme und Katapulte gegen die Stadtmauern aufgestellt werden sollten, wurde in Auftrag gegeben. Dessen Inbetriebnahme kam jedoch nur langsam voran, da die Verteidiger ihn auf Distanz zu den Stadtmauern halten konnten.

Daraufhin stellte Alexander ein Flottengeschwader aus dem Aufgebot seiner neuen phönikischen und zypriotischen Verbündeten zusammen, um die Entscheidung zur See zu erzwingen.[7] Die tyrischen Schiffe verweigerten jedoch die angebotene Seeschlacht. Sie zogen sich in ihre gut geschützten Häfen im Ostteil der Insel zurück, womit erneut eine Pattsituation eintrat. Nun mobilisierte Alexander sein gesamtes Potenzial und setzte eine aufeinander abgestimmte Land- und Seeoperation in Gang, um Tyros in die Knie zu zwingen. Große Frachtschiffe, mit Türmen, Geschützen, Rammböcken und Fallbrücken bestückt, wurden bis dicht an das Inselufer geführt und dort verankert. An mehreren Stellen erfolgte eine energische Offensive mit dem Ziel, die verwundbaren Abschnitte der Stadtmauern sturmreif zu schießen. In ihrer Not starteten die Tyrier einen Entlastungsangriff. Ihre Schiffe bedrängten zunächst das zypriotische Geschwader Alexanders, doch als seine überlegene Flotte zum Gegenschlag ausholte, wurden die aufopferungsvoll kämpfenden tyrischen Einheiten zerrieben. Ohne den Beistand ihrer Flotte war die durch die lange Einschließung Not leidende Stadt nicht lange zu halten. Bald gelang es der Belagerungsarmee, eine Bresche in die Mauer zu schlagen und Teile davon zum Einsturz zu bringen. Als Erste drangen die Hypaspisten in die Festung ein. Ein brutales Massaker begann, in dessen Verlauf Tausende erschlagen wurden. Als Abschreckungsmaßnahme wurde ein Teil der überlebenden männlichen Bevölkerung gekreuzigt, der Rest wanderte in die Sklaverei. Nur wenige vermochten sich zu retten, unter ihnen der König Azemikos[8] und eine zufällig in Tyros weilende karthagische Gesandtschaft.

Die einst stolze Handelsmetropole, die weiten Teilen der Mittelmeerwelt ihren Stempel aufgedrückt hatte, verlor ihre politische Selbstständigkeit, die den anderen phönikischen Städten, die sich rechtzeitig Alexander unterworfen hatten, belassen wurde. Die Stadt war nach einer von Januar bis August 332 dauernden heftigen Belagerung gefallen[9] und eine willkommene Beute Alexanders geworden. Ihre Häfen, Magazine und Schatzkammern standen ihm nun für die Fortsetzung seiner Militäroperationen zur Verfügung. Durch diese Eroberung hatte der makedonische König nicht nur einen potenziellen Hort des Widerstandes beseitigt, sondern zugleich einmal mehr gezeigt, was er zu leisten im Stande war. Nicht nur Siege auf offenem Schlachtfeld, sondern auch die Belagerung und schließlich die Einnahme schier unbezwingbarer Festungen, selbst wenn diese vom Wasser umgeben waren, vermochte er zu vollbringen und dabei ein

Zauberwerk technischer Fertigkeiten zu entfalten, das der Unkonventionalität und Modernität seiner Armee entsprach und ihr großes Leistungsvermögen unterstrich. Wer wollte sich ihm in Zukunft mit Aussichten auf Erfolg entgegenstellen? Nun war der Weg nach Ägypten frei, so schien es jedenfalls.

In der Zwischenzeit traf ein zweites Schreiben des Perserkönigs ein. Es enthielt eine verbesserte Offerte für eine vertragliche Beilegung des Konfliktes. Deren Kernpunkt bildete die Preisgabe der Territorien westlich des Euphrat, verbunden mit der Anerkennung des Makedonenkönigs als gleichberechtigten Herrscher. Für die Freilassung der königlichen Familie wurde ferner die Zahlung von 10000 Talenten in Aussicht gestellt, und schließlich bot Dareios III. Alexander die Hand seiner Tochter an als Pfand für die künftige Verbundenheit beider Dynastien. Bei der Schilderung der Beratungen anlässlich des persischen Angebots wird zum wiederholten Male Parmenion als Antipode Alexanders stilisiert.[10] Die Episode wird von Arrian folgendermaßen beschrieben: *Es wird berichtet, als dies in der Versammlung der Getreuen verkündet wurde, da hätte Parmenion zu Alexander gesagt, er selber würde, wenn er Alexander wäre, unter diesen Voraussetzungen den Krieg gegen Persien aufgeben und nicht noch weiter Gefahren heraufbeschwören. Alexander habe dem Parmenion geantwortet, ja, wenn er Parmenion wäre, würde er so handeln; da er aber Alexander sei, werde er Dareios das antworten, was er auch in Wirklichkeit geantwortet hat. Er ließ ihm nämlich sagen, er brauche von Dareios weder Geld noch von seinem Land anstatt des Ganzen nur einen Teil zu empfangen. Denn es gehörten ihm schon alle Schätze und das ganze Land. Übrigens werde er die Tochter des Dareios heiraten, wenn er Lust dazu hätte; dann würde er sie auch heiraten, ohne dass Dareios sie ihm gebe. Auch müsste Dareios selber zu ihm kommen, wenn er irgendeine Wohltat von ihm erwartete. Wie das Dareios hörte, verzichtete er auf jede Verständigung mit Alexander und rüstete aufs Neue zum Kriege.*[11]

Die überlieferte Fassung des Tauziehens um einen Ausgleich zwischen Invasoren und Verteidigern, insbesondere die Wiedergabe der Stimmungslage in der Umgebung Alexanders, entspricht eher nachträglichen Betrachtungsweisen und nicht der genuinen Version des Sachverhalts. Gewiss steckt in der Korrespondenz zwischen Dareios III. und Alexander ein historischer Kern. Jedenfalls wird daraus sichtbar, dass spätestens seit der Einnahme von Tyros das vordringliche Ziel Alexanders die Beherrschung des gesamten Achaimenidenreiches war. Wahrscheinlich spiegeln Parmenions Äußerungen die Einstellung eines Teils der makedonischen Führungsschicht wider, die sich mit der mittlerweile erreichten Kontrolle des östlichen Mittelmeerraums zufriedengab, was tatsächlich kein geringer Lohn für die bisherigen Siege darstellte.[12] Die Ablehnung einer Verhandlungslösung durch Alexander bedeutete nicht nur die Fortführung des Krieges, sondern implizierte zugleich eine Verschärfung der Kampfhandlungen, denn nun sollte die Auseinandersetzung in den persischen Kernländern ausgetragen werden, was für die Eindringlinge aus dem Westen das Risiko einer Niederlage erhöhte. In Alexanders verwegenem und von Machtgier getränktem Entschluss wird die Unbedingtheit seiner Ziele sichtbar, aber auch der durch keinerlei Vernunftgründe gezähmte Ehrgeiz.

Vor dem endgültigen Zweikampf mit Dareios III. stand zunächst die Eroberung des Landes am Nil auf der Tagesordnung. Es scheint, als ob die Faszination und Magie, die Ägypten seit alters auf die Hellenen ausübte, als Belohnung für das bisher Erreichte und gleichsam als Ansporn zu neuen Taten empfunden wurde.[13] Doch sollte der Einmarsch nach Ägypten alles andere als ein Spaziergang werden. Auf dem Weg dahin traf Alexander in Gaza, ähnlich wie zuvor in Tyros, auf erbitterten Widerstand.[14] Der persische Befehlshaber Batis verweigerte die Übergabe des strategisch wichtigen Ortes und leitete mit Unterstützung der arabischen Nabatäer wirkungsvolle Verteidigungsmaßnahmen ein.[15] Belagerungsmaschinen mussten eigens aus Tyros herbeigeschafft werden, um die Befestigungen von Gaza zu erstürmen. Alexander ließ seine Truppen unentwegt angreifen, bis der Widerstand der tapfer kämpfenden Verteidiger schließlich zusammenbrach. Immerhin dauerte die Belagerung, bei der Alexander verwundet wurde, zwei Monate, bis die Stadt im November 332 fiel. Ähnlich wie in Tyros zeigten sich die Sieger gegenüber den Besiegten unbarmherzig. Bevor er getötet wurde, erlitt Batis grausame Qualen, der Großteil der Bevölkerung geriet in die Sklaverei. Jetzt stand dem Betreten Ägyptens nichts mehr im Wege.

Gegen Ende des Jahres 332 machte sich Alexander zum sagenumwobenen Land am Nil auf.[16] Der Sinn dieser Unternehmung ist immer wieder in Frage gestellt worden. Man gab zu bedenken, dass der Einmarsch in das von persischen Truppen weitgehend entblößte Land keine strategische Notwendigkeit darstellte.[17] Gewiss hätte Alexander unmittelbar nach seinem Einzug in Tyros, unter Umgehung Ägyptens, direkt zum Euphrat ziehen können, um Dareios III. nur eine kürzere Atempause zu gönnen. Aber der makedonische König rechnete anders: Aus seiner Sicht wogen die zu erwartenden Vorteile einer Inbesitznahme Ägyptens die Nachteile, in diesem Falle die den Persern verbleibende Möglichkeit, ihre militärische Schlagkraft wieder zu erhöhen, bei weitem auf. Die Hilfsmittel des Nillandes waren beträchtlich.[18] Ihre Ausbeutung war dazu bestimmt, die logistischen und finanziellen Sorgen der im fremden Land operierenden Invasionsarmee dauerhaft zu beheben. Hinzu kam, dass erst die vollständige Kontrolle des Nillandes die Konsolidierung der bisherigen Eroberungen ermöglichte. Doch die ägyptische Unternehmung machte Alexander keineswegs blind für die militärische Abschirmung seiner Ostflanke. Er hatte in Damaskus einen kampfstarken Truppenverband stationiert, der die Bewegungen der Perser überwachte und sie am Überschreiten des Euphrat hindern sollte.

Es ist denkbar, dass Alexander, wie fast alle Hellenen, eine von Ehrfurcht, Bewunderung und Neugier getragene Haltung gegenüber der Religion, den Sitten, der Wissenschaft, den Monumentalbauten und der Geschichte der Ägypter hegte.[19] Doch bei der Abwägung der Gesichtspunkte, die den Ausschlag für diese Expedition gaben, spielten die strategischen und ökonomischen Anreize die Hauptrolle, wenn auch die persönlichen Motive nicht gänzlich außer Acht gelassen werden dürfen.

Über Pelusion, das die Pforte des Landes zur Außenwelt bildete, zog das Heer in Ägypten ein. Parallel zu den Landtruppen agierte die Flotte und deckte den Marsch des Heeres zur See hin ab.[20] Teile der einheimischen Bevölkerung begrüßten Alexander als Befreier von der Fremdherrschaft.[21] Über Heliopolis begab er sich nach Memphis, wo die Flotte eintraf, die über einen Nilarm in die königliche Residenzstadt gelangt war. Widerstand wurde nicht geleistet.[22] Der persische Satrap Mazakes[23] ergab sich Alexander, der daraufhin ohne Blutvergießen die Regierung übernahm. Die Achaimeniden waren nie populär im Lande gewesen, wie die häufigen Aufstände gegen die persische Herrschaft belegen. Den letzten musste Artaxerxes III. selbst niederschlagen, und die Wunden waren noch nicht verheilt. Dies alles erleichterte das Vorhaben Alexanders, der diese Stimmungslage ausnutzte, um sich als Befreier Ägyptens zu stilisieren.[24] Mit welchem Erfolg er dies tat, ist aber nicht genau auszumachen. Die an den Tag gelegte rücksichtsvolle Ehrfurcht gegenüber den einheimischen Traditionen, insbesondere den religiösen – was ohnehin seinem Naturell entsprach – dürfte seiner Beliebtheit förderlich gewesen sein. Mit großem Aufwand veranstaltete er für den Apis-Stier ein stimmungsvolles Opfer und reihte sich damit in die Tradition der altägyptischen Könige ein.[25] Unter Mitwirkung der mächtigen Priesterschaft, deren Privilegien er bestätigte, ließ er sich zum Pharao krönen.[26] Mit derartigen Maßnahmen knüpfte er an seine bereits in Karien bewährte Integrationspolitik an, um seine Herrschaft auf eine möglichst breite Basis zu stellen. Als Pharao galt Alexander bei den Einheimischen als Sohn des Sonnengottes Ra. Er wurde von seinen neuen Untertanen als Horus, als gegenwärtiger Gott angebetet.[27] Doch gibt es einige Indizien, die eine durchaus kritische Haltung seitens der ägyptischen Bevölkerung gegenüber den fremden Eroberern zu belegen scheinen, so dass von einer ungeteilten Zustimmung zur neuen griechisch-makedonischen Regierung kaum ausgegangen werden kann.[28]

Abb. 20: Alexander der Große als Pharao;
Relief, Amun-Tempel in Luxor, 4. Jahrhundert.

Zu Beginn des Jahres 331 begab Alexander sich zum Nildelta. Dort gründete er zwischen dem westlichen Mündungsarm bei Kanopos und dem mit Süßwasser gefüllten Binnensee Mareotis mit untrüglichem Blick für die hervorragende topographische Lage des Ortes eine neue Stadt, die seinen Namen erhielt.[29] Sie sollte sich zu einem der wichtigsten ökonomischen, politischen und kulturellen Zentren der Mittelmeerwelt entwickeln.[30] Ihr war zugedacht, die Rolle, die bislang Tyros als Drehscheibe für den Ost-West-Handel gespielt hatte, zu übernehmen und mit neuem Leben zu erfüllen. Ferner sollte Alexandria als neue Pforte Ägyptens zur Außenwelt fungieren.[31] Dem riesigen Hafen kam eine besondere Bedeutung zu. Seit den Tagen des attischen Seereiches erschien nun, nach der Auflösung der persischen Flotte, erstmals wieder eine Kontrolle der Küstenregionen des gesamten östlichen Mittelmeerraumes vom Schwarzen Meer über die Ägäis und die Levante bis nach Ägypten und Kyrene in greifbarer Nähe.[32] Alexandria eignete sich hervorragend als Knotenpunkt der neuen griechisch-makedonischen Seeherrschaft.

Alexander selbst entwarf die Baupläne der großräumig angelegten Stadt. Der Architekt Deinokrates von Rhodos[33] sorgte für deren Ausführung im hippodamischen Baustil. Ihre rechtwinkligen Straßenzüge, ihre luxuriösen Paläste, ihre großen Lagerhäuser, ihre weitläufigen Hafenanlagen und ihre prächtigen öffentlichen Amtssitze, Bibliotheken, Theater und Wohnviertel setzten hinsichtlich der Modernität und Funktionalität der Bauten neue Maßstäbe in der Urbanistik der alten Welt.[34]

Die Gründung Alexandrias unterstrich die Weitsicht, aber auch das Sendungsbewusstsein ihres Erbauers. Sie war nicht die erste Stadt, die Alexanders Namen trug, aber sie sollte aufgrund ihrer überragenden nachträglichen Bedeutung und Symbolik am nachhaltigsten die Erinnerung an ihren Schöpfer über die Jahrhunderte hinweg wach halten. Bereits im 6. Jahrhundert hatten Griechen in Herakleion an der Nilmündung einen Stützpunkt für den Handel mit Ägypten angelegt. Nun sollte Alexandria nicht nur diese Funktion wahrnehmen, sondern sich darüber hinaus zum wirkmächtigsten Brennpunkt der hellenischen Zivilisation außerhalb des griechischen Mutterlandes verwandeln. Mit dieser Stadtgründung brachte Alexander aber auch seine Wertschätzung Ägyptens zum Ausdruck. Eine weitere Begebenheit sollte seine Bande zum Nilland noch verstärken: der Besuch der Oase Siwah.

In den wenigen Wochen, in denen Alexander in Ägypten weilte, war es ohne großen Militäreinsatz gelungen, das wertvolle Land seinen bisherigen Besitzungen anzugliedern. Nun folgte eine auf den ersten Blick verwirrende Reise. Alexander machte sich in Begleitung eines Kontingents von Getreuen von der Nilmündung entlang der unwirtlichen Küstenstraße Richtung Kyrenaika auf.[35] In Paraitonion bog er nach Südwesten ab zu einem entbehrungsreichen Marsch durch die libysche Wüste. Nach Überwindung einiger Schwierigkeiten erreichte er endlich das an der Oase Siwah gelegene Orakelheiligtum des Ammon, der von den Griechen mit Zeus gleichgesetzt wurde. Es galt neben Delphi und Dodona als eine der angesehensten sakralen Stätten der damaligen Zeit. Der beschwerliche Weg – bar jeder politischen oder militärischen Notwendigkeit – zu diesem

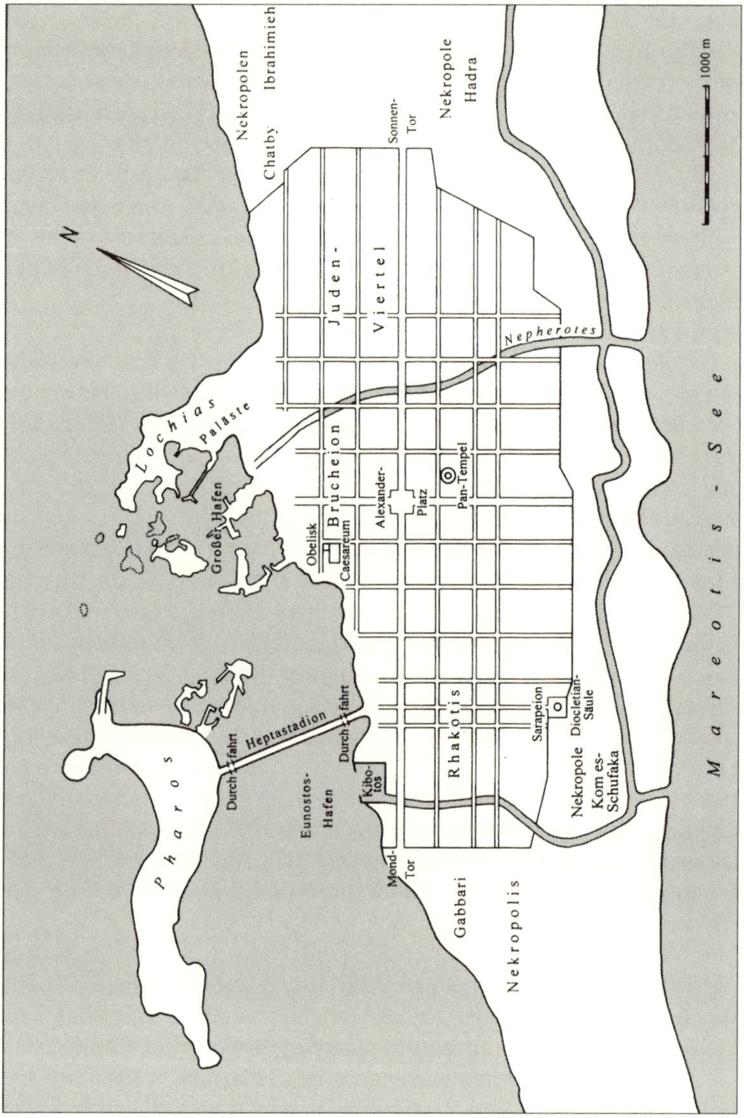

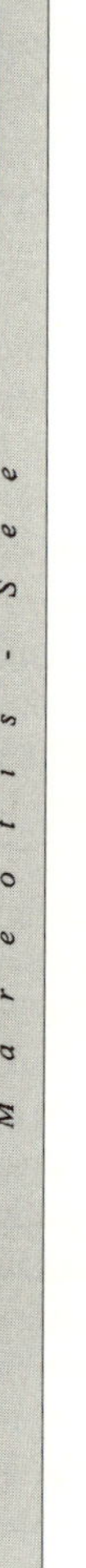

Abb. 21: Stadtplan Alexandrias.

abgelegenen Ort wurde wohl aus persönlichen Motiven eingeschlagen. Aber es gab auch eine tiefere Rationalität in Alexanders Handeln, die sich nur dann erschließt, wenn sie in Zusammenhang mit seiner neuen Stellung als Anwärter auf den Achaimenidenthron gebracht wird: Die Begegnung mit der Gottheit bekräftigte seinen Herrschaftsanspruch.[36]

Die historische Rekonstruktion des Geschehens rund um die Oase Siwah scheint von einem dichten Nebelvorhang verhüllt. Einige schlecht gesicherte Fakten vereinigen sich mit nachträglichen Deutungen zu einer kaum durchschaubaren Gemengelage. Die Reise wirft ein Schlaglicht auf die Persönlichkeitsstruktur Alexanders. Sie diente gleichzeitig der Repräsentation seiner neuen Machtstellung.[37] Denn schon bald wucherten die Spekulationen über den genauen Tathergang und Sinn der Pilgerfahrt, die Alexander in einem Zwiegespräch mit der Gottheit darstellte.[38] Die Episode war angetan, Bilder der Familiarität zwischen dem charismatischen Eroberer und der höchsten Gottheit zu entwerfen.

Aus den überlieferten Einzelheiten lässt sich entnehmen, dass Alexander am Eingang des Ammonion von einem Priester als Sohn Gottes begrüßt wurde.[39] Danach begab er sich in das Innere des Heiligtums und stellte dem Orakel eine Reihe von Fragen, über deren Beantwortung nichts bekannt geworden ist. Alexander soll nachträglich lediglich seine Zufriedenheit mit den erhaltenen Bescheiden bekundet haben. Möglicherweise verstärkten diese Auskünfte seinen vorher bereits genährten Glauben an eine göttliche Abkunft. Allerdings machte Alexander später nur spärlichen Gebrauch von dieser Episode und dies nur in Extremsituationen – etwa, als er seine kampfbereiten Truppen vor der Schlacht bei Gaugamela damit anspornte, dass er als Sohn des Zeus zu ihnen spreche, und einen sicheren Sieg in Aussicht stellte. Auch äußerte er den Wunsch, in der Oase Siwah begraben zu werden, was als ein Beleg für die tief greifenden Eindrücke gelten darf, die Alexander dort erhielt.[40] Jedenfalls verknüpfte sich mit der Erinnerung an diese Episode – was dort tatsächlich geschah, bleibt nebulös –, dass ein anerkanntes Orakel die Gottesnähe des siegreichen Königs suggeriert oder gar bestätigt habe. Der Schleier, der sich bald über die rätselhaften Vorgänge legte, war dazu angetan, die Phantasie der Zeitgenossen und der späteren Generationen anzuregen und damit zur Verbreitung des Alexandermythos beizutragen.[41]

Von der Oase Siwah gelangte Alexander über die Wüstenstraße, die nach Osten führte, zum Niltal. Er suchte zum zweiten Mal Memphis auf. Hier traf er auf seine Armee und leitete die Vorbereitungen für den Abmarsch. Gleichzeitig setzte er ein Bündel von Maßnahmen in Kraft, um die künftige Regierung Ägyptens zu regeln. Denn das Land wurde nicht, wie alle vorhergehenden Eroberungen, als Satrapie eingerichtet, sondern die zivilen Verwaltungsaufgaben wurden in die Hände der einheimischen

Abb. 22:
Alexander mit Ammonshörnern und Heraklesattributen; Tetradrachme, um 300.

Beamtenschaft gelegt, während die Militäraufgaben zwei makedonischen Befehlshabern oblagen. Memphis und Pelusion erhielten Besatzungen. Die Oberaufsicht über das Finanz- und Steuerwesen wurde dem aus Naukratis stammenden Griechen Kleomenes[42] anvertraut, der zusätzlich den Ausbau von Alexandria überwachen sollte. Damit trug Alexander der Sonderstellung Ägyptens Rechnung.[43]

Zwar dauerte der Ägyptenaufenthalt insgesamt nur wenige Monate, doch scheint die kurze Zeitspanne ausgereicht zu haben, um das Land fest in dem Herrschaftsbereich Alexanders zu verankern und gleichzeitig unübersehbare Spuren seiner Anwesenheit zu hinterlassen. Inwiefern die Erfahrungen, die Alexander in Ägypten sammelte, ihn veränderten, lässt sich freilich nicht genau ermitteln, wenn auch zu vermuten ist, dass die Begegnung mit der uralten Kultur und der religiösen Welt des Nillandes ihn für die Wahrnehmung seines eigenen Stellenwerts als mächtigster Potentat der damaligen Zeit besonders sensibilisiert haben.

Schnell wurde er aus seinen ägyptischen Träumen herausgerissen. Auf dem Weg Richtung Norden musste Alexander in Samaria einen Aufstand gegen die makedonische Herrschaft niederschlagen, was er wie gewohnt mit übergroßer Härte tat. Umstritten bleibt, ob er danach Jerusalem aufsuchte. Jedenfalls scheint die verbreitete Vorstellung, dass er dem jüdischen Hohepriester seine Aufwartung machte, unhistorisch zu sein.[44]

Im Frühjahr des Jahres 331 versammelte Alexander sein gesamtes militärisches Potenzial in Tyros, wo er etwa zwei Monate verbrachte, die er zur Ordnung des Nachschubs und zur Beseitigung der Aufstandsgefahr in Griechenland nutzte. Das Heer und die Flotte warteten auf die nächsten Einsatzbefehle. Der entscheidende Zweikampf um die Herrschaft im Perserreich stand unmittelbar bevor.

Entscheidung in Gaugamela

Einzug in Babylon

Im Mai des Jahres 331 marschierte der makedonische König an der Spitze seiner Armee von Tyros nach Norden Richtung Damaskus, um sich mit den dort vorab stationierten Verbänden des Parmenion zu vereinigen und danach die geplante Expedition jenseits des Euphrat fortzusetzen.[1] Unterwegs traten Versorgungsschwierigkeiten auf, die das Vorrücken verzögerten und deswegen zur Absetzung des zuvor ernannten Satrapen dieser Gegend, Arimmas[2], führten, die erste Revision der Personalpolitik Alexanders, von der wir Kenntnis haben.[3]

Parmenion, der Order erhalten hatte, zwei Brücken über den Euphrat zu schlagen, wurde zunächst vom persischen Satrapen Mesopotamiens, Mazaios, daran gehindert.[4] Erst als sich das Hauptheer Thapsakos näherte, räumte der persische Befehlshaber die Stellung kampflos und so gelang es hier im Juli den Euphrat zu überschreiten. Ob Mazaios lediglich den Auftrag erhalten hatte, die Bewegungen der Gegner zu beobachten und möglichst zu behindern, ohne eine riskante militärische Konfrontation mit dem heranrückenden Alexander zu wagen, oder ob er den Befehl hatte, das Überqueren des Flusses zu verhindern, was er aber nicht tat, bleibt unklar.[5]

Anders als bei Issos, als er sich bei seinem Marsch durch das Amanosgebirge zu einer unüberlegten Aktion hatte hinreißen lassen, die verhängnisvolle Folgen nach sich gezogen hatte, wollte Dareios III. nun den entscheidenden Schlag gegen die Eindringlinge mit seinem gesamten Truppenaufgebot auf einem für die Entfaltung seiner Kavallerie eigens ausgewählten Terrain ausführen. Zu diesem Zweck ließ er seine vornehmlich aus kampfstarken Truppen der östlichen Satrapien zusammengesetzte Armee von Babylon, wo sie aufgestellt wurde, nach Norden verlegen. Als Schlachtort wurde die große Ebene von Gaugamela östlich des Tigris ausgesucht.[6] Hier, unweit von Ninive, versammelte Dareios III. ein Heer, das aus den verbliebenen griechischen Söldnern sowie aus den Kerntruppen der Perser, Babylonier und Meder bestand, die durch Aufgebote der Armenier, Kappadokier, Hyrkaner, Parther, Baktrer, Sogder, Saken, Skythen und Inder verstärkt wurden. Sichelwagen und Kriegselefanten standen ebenfalls zur Verfügung.[7]

Inzwischen marschierte Alexander nach Überquerung des Euphrat keineswegs entlang des östlichen Flussufers nach Süden direkt auf Babylon zu, sondern wählte vielmehr den Weg über das südliche Armenien entlang der Karawanenstraße, die über Harran und Nisibis nach Osten führte. Er tat dies, um sein Heer einfacher verpflegen zu können und weil er über die gegnerischen Truppenbewegungen informiert worden war. Ohne Umwege wollte er sich dorthin begeben, wo er Dareios III. vermutete. Jedenfalls konnte in der zweiten Septemberhälfte der Tigris an einer Furt überquert werden. Dann erfuhr Alexander, dass die persische Armee nur einige Tagesmärsche südlich davon Quartier bezogen hatte. Daraufhin ließ er ein befestigtes Lager errichten.[8]

Am 1. Oktober des Jahres 331 wurde die Entscheidungsschlacht bei Gaugamela geschlagen.[9] Ähnlich wie zuvor bei Issos stellte Dareios III. eine imponierende Schlachtreihe um seine persischen Eliteeinheiten auf, die von den griechischen Söldnern umrahmt wurden. Er selber nahm auf seinem prächtigen Kriegswagen in deren Mitte Platz, von seinen Getreuen umgeben und von Schrecken gebietenden Sichelwagen und Kriegselefanten flankiert. Den rechten Flügel, der aus medischen, armenischen, parthischen, sakischen und hyrkanischen Reitern bestand, befehligte Mazaios. Den schlagkräftigen linken Flügel mit baktrischen, sogdischen, skythischen und indischen Reiterformationen kommandierte Bessos[10], ein Verwandter des Königs. Er war der mächtigste Mann der östlichen Satrapien. Die Masse der Fußtruppen, nach den unterschiedlichen Völkern gegliedert, bildete eine zweite Schlachtreihe, die gleichzeitig die rückwärtigen Linien abdeckte.[11] Insgesamt kämpfte für Dareios III. ein zahlenmäßig überlegenes Heer, das ein Übergewicht an Kavallerie aufwies, dafür aber nach wie vor über keine den Gegnern vergleichbar ausgebildete Infanterie verfügte. Die von den antiken Autoren überlieferten Zahlenangaben von über einer Million Kämpfern auf persischer Seite sind völlig unrealistisch.[12] Tatsache ist jedoch, dass es im persischen Lager Schwierigkeiten bei der Aufrechterhaltung der Disziplin gab, wie eine kurz vor Alexanders Erscheinen in Gaugamela ausgebrochene Panik belegt.[13] Überhaupt scheint dort große Aufregung geherrscht zu haben, denn die Truppen mussten sich vor Schlachtbeginn zwei Tage lang gefechtsbereit halten, was ihre Konzentration schwächte und die Nervosität zusätzlich steigerte.[14]

Alexander führte sein zahlenmäßig unterlegenes, dafür aber kampferprobtes und hoch motiviertes Heer in Angriffsformation auf das Schlachtfeld.[15] In die Mitte, leicht schräg gegenüber dem Zentrum der gegnerischen Reihen, stellte er die Phalanx auf, deren rechte Flanke von den Hypaspisten verlängert wurde. Daran schlossen sich die makedonischen Hetairenreiter unter Kleitos und Philotas an, die den rechten Flügel des Angriffskeils bildeten, der von agrianischen und thrakischen Fußtruppen abgeschirmt und von Alexander selbst angeführt wurde. Am linken Flügel standen die griechischen und thrakischen Reitertruppen unter dem Befehl des Parmenion. Um den Nachteil der geringeren Truppenstärke zu kompensieren und um eine mögliche Umzingelung zu verhindern, hielt Alexander eine massive Reservetruppe in Bereitschaft. An deren Ränder stellte er leichtbewaffnete Reiter und eine starke Infanterieformation auf, die je nach Bedarf den Angriff unterstützen oder zusammen mit der Reserve eine Art Verteidigungskarree bilden konnten.[16] So wie bei Issos hatte Alexander von vornherein sein Heer auf eine Offensivstrategie eingeschworen. Auch dieses Mal dürfte Parmenion bei der Planung der Schlacht eine wichtige Rolle gespielt haben.

Bevor die Kampfhandlungen eröffnet wurden, spornte Alexander in Begleitung des Sehers Aristander von Telmessos alle Abteilungen seines Heeres an, indem er die Männer direkt ansprach und ihnen den Sieg verhieß, wobei er sich auf seine Abstammung von Zeus berief.[17] Darunter ließ sich sowohl seine argeadische Herkunft, die sich auf den Zeussohn Herakles zurückführte, als auch die seit dem Besuch in Siwah zur Gewissheit gewordene göttliche Abkunft subsumieren.[18] Erstmals griff Alexander auf solch massive Motivationsmittel zurück, was ein Hinweis auf die als existenziell empfundene Bedrohung ist. Immerhin wurde nicht nur im Orient gekämpft, sondern Antipater stand etwa zeitgleich dem aufständischen spartanischen König Agis III. auf der Peloponnes gegenüber. Vom Ausgang beider Treffen hing das Schicksal Makedoniens ab. Dennoch: Furcht oder Zweifel scheint Alexander vor keiner Schlacht verspürt zu haben. Sein Selbstbewusstsein und seine Siegeszuversicht müssen erdrückend und geradezu ansteckend gewesen sein.[19]

Über das Kampfgeschehen bei Gaugamela liegt ein literarischer Bericht vor, der starke Anklänge an die vorangegangene Schlacht bei Issos aufweist und daher hinsichtlich seiner Glaubwürdigkeit problematisch ist, wobei nicht ganz deutlich wird, welche Schlacht dabei Pate stand: Gab die Beschreibung des Kampfes von Issos die Vorlage für Gaugamela oder war es eher umgekehrt? Die übertriebenen Zahlenangaben, der Protagonismus Alexanders bei gleichzeitiger Betonung von Dareios' III. Versagen; die Vorwürfe Alexanders an die Adresse des Parmenion[20], weil dieser die Verfolgung des geschlagenen persischen Königs vereitelt haben soll, sowie unzählige Einzelheiten – etwa wie die griechisch-makedonischen Truppen mit den Sichelwagen und den Kriegselefanten zurechtkamen oder die Verlustangaben – klingen geschönt und vermitteln eher die nachträgliche Perspektive der Sieger, die nicht unbedingt mit der staubigen und grausigen Wirklichkeit des unübersichtlichen Kampfgeschehens übereinstimmen muss.[21]

Unklar ist auch, wer zunächst die Initiative ergriff und wie die Schlacht eingeleitet wurde. Jedenfalls scheint schon bald eine Ausdünnung und Verlängerung des rechten makedonischen Flügels stattgefunden zu haben, bis dieser den äußersten Rand des Schlachtfeldes erreichte. Dieses Manöver

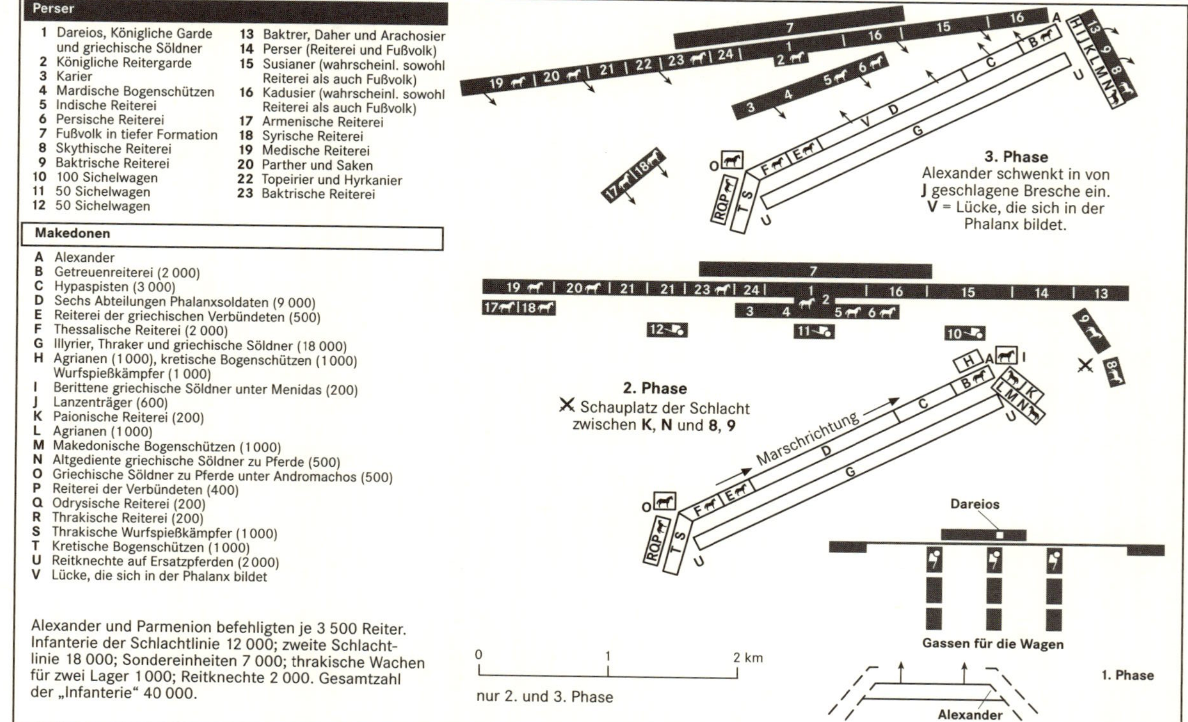

Abb. 23: Die Schlacht von Gaugamela.

erwiderte der linke Flügel der Perser, indem er einen Schwenk ausführte, um die in Bewegung sich befindenden makedonischen Linien zu umfassen. Alexander soll dann alles auf eine Karte gesetzt haben; und während er einerseits seinen Flankenschutz aktivierte, ließ er andererseits das Gros seiner Reiterei gegen die Mitte der feindlichen Reihen vorpreschen, indem er die Lücke ausnützte, die durch die Umgruppierung der persischen Reiter entstanden war. In der Zwischenzeit geriet der rechte Flügel der Perser mit dem linken Flügel Alexanders aneinander. Die Schlacht stand unentschieden. Alles hing davon ab, wo der erste Durchbruch erzielt würde. Nun gleicht vieles von dem, was darauf folgte, einer Dublette von Issos. Danach stürmte Alexander an der Spitze seiner berittenen Gefährten die Kommandostelle des Dareios III. im Zentrum des persischen Heeres, dem wahrscheinlich die Übersicht über den Schlachtverlauf abhanden gekommen war. Angesichts der drohenden Gefahr, die durch die herannahenden makedonischen Reiter entstand, ergriff der persische König die Flucht und entwertete so den erfolgreichen Vormarsch seines rechten Flügels, der mittlerweile die Truppen des Parmenion zurückschlug und das gegnerische Lager erreichen konnte.[22] Durch die Aufgabe des Dareios III. demoralisiert, verloren die benachbarten Frontabschnitte des persischen Heeres die Motivation zum Weiterkämpfen. Berauscht vom eigenen Erfolg hingegen setzte Alexander zunächst dem flüchtigen persischen König nach, der von der Garde, den griechischen Söldnern und der baktrisch-sogdischen Reiterei unter Bessos begleitet wurde. Alexander soll aber dann von der Verfolgung abgelassen haben, als ihn ein Hilfegesuch des Parmenion erreichte, der um Unterstützung bat.[23] Sein Eintreffen auf dem Schlachtfeld stellte jedenfalls das Übergewicht der Makedonen her und trug zur Auflösung der ohne ihren König kämpfenden persischen Armee bei. Alexander konnte bei seinem zweiten Kräftemessen mit dem Oberhaupt des Perserreiches erneut das Feld inmitten des feindlichen Landes behaupten.[24]

Welcher Stellenwert diesem Sieg zukam, wird daran sichtbar, dass sich Alexander noch auf dem Schlachtfeld von seinen Truppen zum König von Asien ausrufen ließ, womit der Anspruch auf die bisher erworbenen Gebiete unter Berufung auf das Recht des Siegers zum Ausdruck gebracht wurde.[25] Dass Dareios III. sich seiner Gewalt zunächst entziehen konnte, war gewiss ein Schönheitsfehler. An der faktischen Kontrolle der ertragreichsten Satrapien des Perserreiches änderte dies aber nichts. Nun stand Alexander der Weg nach Babylon, Susa und Persepolis offen. Ob sich dort noch ein nennenswerter Widerstand regen würde, war zunächst unklar.[26] Erneut musste sich Alexander zwischen der Ergreifung des Dareios III. und der Fortsetzung der Operationen Richtung Südosten entscheiden. Er ließ sich nicht zu einer ungestümen Verfolgung des geschlagenen Achaimeniden hinreißen, der über das Zagrosgebirge nach Ekbatana, der königlichen Residenzstadt Mediens auswich, sondern richtete sein Augenmerk auf die südlich gelegenen Machtzentren des Perserreiches, die zu besetzen er sich nun anschickte.

Den Sieg bei Gaugamela erachtete Alexander auch als Erfolg der griechisch-makedonischen Kriegskoalition. In diesem Sinne beschwor er den panhellenischen Gedanken durch die feierliche Verkündigung der Freiheit der griechischen Staaten und das Ende der Tyrannenherrschaften. Nicht alles hatte nur deklamatorischen Wert, einige konkrete Maßnahmen folgten nach. So ordnete er den Wiederaufbau der Stadt Plataä an, die in den Perserkriegen tapfer zum Hellenenbund gehalten hatte. Auch schickte er einen Teil der Beute ins unteritalische Kroton, weil von dort aus einst Phayllos ein Schiff ausgerüstet hatte, um die griechische Flotte bei Salamis zu unterstützen.[27] Die bewusst inszenierte Erinnerung an die Perserkriege sollte der griechischen Öffentlichkeit die Tragweite seiner Erfolge im Zentrum des Achaimenidenreiches verdeutlichen und sie gleichzeitig geneigt machen, seinen Feldzug weiter zu unterstützen sowie die makedonische Vorherrschaft innerlich zu akzeptieren. Denn noch stand auf der Peloponnes ein Kräftemessen mit Sparta bevor, bei dem es ganz entscheidend auf die Gefolgschaft der griechischen Bundesgenossen Makedoniens ankam.

In den etwa vier Jahren, die seit seinem Auszug aus Pella vergangen waren, hatte der junge Makedonenkönig den König der Könige faktisch entthront, womit er eine Leistung vollbrachte, die kein Hellene vor ihm zu erträumen gewagt hätte. Alexander verstärkte damit seinen Siegernimbus. Keine Aufgabe, so schwer sie auch sein mochte, schien für ihn unlösbar zu sein. Er wurde zunehmend mit göttlichen und heroischen Gestalten des Olymp wie Zeus, Herakles oder Dionysos verglichen oder gleichgesetzt, weil er wie diese in der Lage schien, alle Hindernisse, die sich ihm in den Weg stellten, beiseite zu räumen. Gleichzeitig begründeten derartige Überhöhungen Ansprüche an andere, aber auch an sich selbst. Diese unglaubliche Erfolgsgeschichte, die alle bekannten Erfahrungsparameter sprengte, beflügelte nicht nur die Phantasie der Zeitgenossen, sondern schien auch dazu angetan, die Grenzen zwischen Mythos und Historie zu verwischen: Was war von dem neuen mächtigsten Potentaten der damaligen Welt noch alles zu erwarten? Welche neuen Ziele standen nun auf der Tagesordnung? Welche Grenzen würde er noch überwinden?

Zunächst verlief das weitere Geschehen ganz konventionell. Alexander begab sich entlang des östlichen Tigrisufers in die mesopotamische Ebene. Er machte sich auf den langen Weg nach Babylon, um eines der symbolträchtigsten Machtzentren des Perserreichs in Besitz zu nehmen.[28] Auch strategisch ergab die Unternehmung einen Sinn, denn die legendäre Stadt bildete die Eingangstür zu den persischen Kernländern. Hinzu kam, dass

Abb. 24: Babylon nach einem Schulwandbild (1960).

die Besetzung dieser ehrwürdigen Metropole samt ihres äußerst fruchtbaren Hinterlandes, wo Getreide, Gerste, Hirse und Datteln im Überfluss gediehen und Geflügel, Schafe, Ziegen und Ochsen reichlich vorhanden waren, für die weitere Versorgung seines Heeres unabdingbar war. Kaum eine andere Satrapie des achaimenidischen Vielvölkerstaates war wohlhabender und lieferte größere Tribute als Babylon.

Dort hatten sich nach Gaugamela die flüchtigen Truppen des mesopotamischen Satrapen Mazaios eingefunden. Alexanders Nahen genügte bereits, um ihm die Stadt kampflos zu übergeben. Sein Einzug in Babylon im November des Jahres 331 wurde zum Triumphzug.[29] Es dürfte einer der erregendsten und denkwürdigsten Augenblicke seines Lebens gewesen sein. Unter dem Jubel der Bevölkerung durchzog sein Heer das Ischtartor. Danach marschierte es entlang der Prozessionsstraße zur Königsburg. Die weltberühmte Stadt der sagenumwobenen Semiramis mit ihren „hängenden Gärten“ und den weiteren Prachtbauten lag den Eroberern aus dem Westen zu Füßen.[30] Alexander opferte dem babylonischen Gott Marduk und stellte sich damit in die Nachfolge der altbabylonischen Könige, die als Inhaber der „Herrschaft über die vier Weltteile“ einst den Anspruch auf die Universalherrschaft verkündet hatten. Ähnlich wie in Ägypten war in Babylon die persische Regierung nicht besonders beliebt. Alexander machte sich diesen Umstand zunutze, indem er sich durch den Wiederaufbau des von Xerxes zerstörten Marduktempels gegenüber den einheimischen Sitten und Kulten respektvoll verhielt und die mächtige chaldäische Priesterschaft mit Hochachtung behandelte.[31]

Seine militärischen Operationen hatten bisher unter zwei ideologischen Prämissen gestanden: Rachefeldzug im Namen des Korinthischen Bundes für die Verwüstung Griechenlands während der Perserkriege und Befreiung der Völker, die unter der persischen Herrschaft zu leiden hatten. Vor allem der letztere Gesichtspunkt kam in Babylon besonders zur Geltung. Hier stilisierte sich Alexander, wie zuvor bereits in Ionien, Karien oder in Ägypten, als Fürsprecher der von den Achaimeniden beherrschten Völker. Einen weiteren Beweis seiner integrativen Herrschaftsgesinnung gab Alexander dadurch, dass er Mazaios, der ihn in Gaugamela noch befehdet hatte, als Satrapen von Babylon und Mesopotamien bestätigte, eine Tat, die Maßstäbe setzte, denn damit erging ein unmissverständliches Signal an die Führungsschichten des Achaimenidenreiches, die auf diese Weise zur Zusammenarbeit mit dem neuen Herrscher des Orients aufgefordert wurden. Gleichzeitig wurde eine starke makedonische Garnison in Babylon belassen, um das beträchtliche Steueraufkommen der Satrapie zu sichern. Ferner stellte Alexander einen Landsmann seines Vertrauens an die Spitze der Finanzverwaltung.

Möglicherweise gibt es eine weitere Deutung der Mazaiosepisode. Es kann nicht ausgeschlossen werden, dass der Satrap, der schon seit längerer Zeit auf Tuchfühlung mit Alexanders Armee stand, eine wichtige Vermittlerrolle zwischen den feindlichen Fronten gespielt hatte, wofür er nun nachträglich belohnt wurde. Er war es, der den Euphrat überwachen sollte und die Truppen aus dem Westen den Strom kampflos überschreiten ließ. Danach befehligte er in der Schlacht von Gaugamela den rechten Flügel der persischen Streitmacht. Vielleicht ließ er im Verlauf der Schlacht seine Kooperationsbereitschaft erkennen und sicherte sich und seinen Untergebenen damit die Zukunft an der Seite des neuen Herrschers von Asien.[32]

Der Aufenthalt der griechisch-makedonischen Armee in Babylon bedeutete für die Eroberer aus dem Westen mehr als die bloße Erfüllung politischer, ökonomischer und militärischer Zielsetzungen. Die Stadt umgab eine Aura der Magie und Ehrwürdigkeit. Ihr Alter, ihre weltberühmten Tempelanlagen und ihre wissenschaftlichen Einrichtungen übten eine ungewöhnliche Faszination aus. Alexander und seine Umgebung tauchten darin ein, ließen sich vom Geist und von der Attraktivität der Stadt einfangen.[33] Möglicherweise entstand damals der Gedanke, Babylon zum Mittelpunkt eines künftigen makedonisch-persischen Weltreiches zu machen. Wie bereits in Ägypten wurde der geistige Austausch zwischen den aus dem Westen stammenden Gelehrten, die sich in Alexanders Stab befanden, mit dem Wissen des Orients fortgesetzt. Kallisthenes soll die Aufzeichnungen der babylonischen Astronomen aufgeschrieben und seinem Verwandten Aristoteles geschickt haben, der daraufhin eine neue Theorie über die Beschaffenheit des Himmelsgewölbes entwarf.[34]

Der Ausgang der Schlacht von Gaugamela und der Einzug der Truppen aus dem Westen in Babylon hatte eine entscheidende Konsequenz: Von nun an wurden Alexanders Ansprüche auf den Achaimenidenthron von einem wachsenden Teil der orientalischen Untertanen des Dareios III. anerkannt, notgedrungen zwar, aber immerhin. Der geschlagene König hatte seine Ohnmacht dokumentiert, indem er seinem unerbittlichen Widersacher die Kerngebiete seines Herrschaftsbereiches überlassen musste. Er befand sich auf der Flucht und konnte sich lediglich in einigen Zonen des Reiches behaupten, das er nicht mehr sein eigenes nennen konnte. Er hatte den Machtkampf mit seinem Herausforderer eindeutig verloren. Lediglich seine Gefangennahme fehlte, um den Sieg vollkommen zu machen. Alexander hatte aber Ende des Jahres 331 andere Prioritäten und ließ sich zunächst Zeit mit der Verfolgung des geschlagenen Gegners.

Ende des Rachefeldzuges

Susa, Persepolis, Pasargadai, Ekbatana

Von Babylon aus, wo sich das Heer von den Strapazen der beschwerlichen Kampfhandlungen etwas erholen konnte, wurde die Expedition ostwärts nach Susa, der einst von Dareios I. als Winterresidenz erbauten Machtzentrale des Vielvölkerstaates, fortgesetzt.[1] Mittlerweile war es Winter geworden, doch dies hinderte Alexander keineswegs, seine nächsten Pläne zu verwirklichen. Die Einnahme der im Herzen des Reiches liegenden Königsresidenzen bildete eine unverzichtbare Etappe des Feldzuges, denn erst, wenn der Argeade direkt vom Thron der Achaimeniden in Susa und danach auch noch von Persepolis und Pasargadai Besitz ergriff, würde die Tragweite seiner Eroberungen für alle sichtbar werden. Außerdem bot die Einnahme der prestigeträchtigen Königsresidenzen, die den Glanz der legendären Achaimenidenherrscher Kyros, Dareios I. und Xerxes ausstrahlten, einen willkommenen Ausgleich für die noch nicht erfolgte Gefangennahme des Dareios III. Ganz zu schweigen von der Beute, die in den Schatzkammern der Paläste auf die Eroberer wartete.

Unterwegs veranstaltete man, wie üblich, sportliche Wettkämpfe, um die Laune und die Kampfkraft der Truppe aufrechtzuerhalten. Auch wurde eine Reihe von militärischen Reformen durchgeführt, die neben technischen und organisatorischen Neuerungen eine Auflockerung des landsmannschaftlichen Organisationsprinzips durch verstärkte Leistungsorientierung innerhalb des Offizierskorps bewirkten. Möglicherweise bot das Eintreffen von frisch ausgehobenen Mannschaften aus Makedonien, Griechenland und Thrakien den Anlass dazu. Dank der Verstärkungen – es handelte sich um einen etwa 15000 Mann starken Kampfverband – konnte das Heer die bisherigen Verluste sowie die unterwegs veranlassten Dislokationen zur Sicherung von Garnisonen ausgleichen.[2]

Unmittelbar nach dem siegreichen Ausgang der Schlacht von Gaugamela eilte eine Abteilung unter Philoxenos[3] nach Susa voraus, um die Übergabe der wichtigen elamitischen Residenzstadt, wo der persische Staatsschatz aufbewahrt wurde, zu sichern. Als Zeichen seines guten Willens sandte der persische Satrap Abulites seinen Sohn Oxathres[4] zu Alexander, um durch diese Geste, nach dem Beispiel Babylons, eine kampflose Übergabe der Satrapie anzukündigen.[5] Noch im Dezember des Jahres 331 traf die Armee in Susa ein. Zwar erhielt Abulites als Satrap von Elam die erhoffte Bestätigung, aber er musste einen makedonischen Befehlshaber an seiner Seite dulden.[6]

Zunächst bemächtigte sich Alexander des Palastes der Perserkönige, indem er demonstrativ auf ihrem Thron Platz nahm. Die Berichterstattung dieser Szene offenbart einen Hauch von Pathos[7] und Ironie, die sich bis zur Groteske steigert; indem etwa auf die geringe Körpergröße Alexanders angespielt wird, als dieser den Achaimenidenthron bestieg und keinen Schemel, sondern einen Tisch nehmen musste, um seine Füße abzustellen. Nachdem die Repräsentationspflichten erledigt waren, wurden wie nach jeder glücklich vollendeten Unternehmung die inzwischen eingespielten Rituale abgehalten: Alexander organisierte Wettkämpfe und Spiele, befahl aufwändige Opfer darzubringen und ließ, wie schon nach dem Sieg von Gaugamela, die makedonisch-griechische Bundesgenossenschaft hochleben.[8]

In Susa befand sich die von den Persern 480 aus Athen entwendete bildliche Darstellung der Tyrannentöter Aristogeiton und Harmodios.[9] Diese für das Polisbewusstsein so wichtige Statuengruppe war als Beute nach Susa gelangt und erinnerte an die Einnahme und Verwüstung der Stadt durch die Truppen des Xerxes. Mit der Rückführung dieses symbolträchtigen Monuments konnte sich Alexander als panhellenischer Rächer profilieren und gleichzeitig das Wohlwollen der Griechen gewinnen.[10] Derartige Gesten verstärkten die Legitimation des Rachekrieges, den Alexander im Namen des Korinthischen Bundes gegen das Achaimenidenreich führte und der durch die Einnahme von Susa seinem Abschluss immer näher kam.

Besondere Bedeutung kam der materiellen Kriegsbeute zu, die in den königlichen Schatzkammern lagerte. Die unvorstellbar große Summe von 50000 Talenten Silber, 9000 Golddareiken, 500 Talenten Purpur und andere Kostbarkeiten wanderten in die Hände des Eroberers, der auf einen Schlag zum reichsten Mann der damaligen Welt wurde.[11] Ein Großteil dieses gewaltigen Kapitals wurde für die Herrschaftssicherung benötigt. Alexander schickte beträchtliche Summen nach Makedonien und Griechenland. Damit finanzierte er sowohl seine weitere Kriegführung[12] als auch umfangreiche Strukturmaßnahmen zur Belebung der Wirtschaft und des Handels sowie zur Förderung der Kommunikationswege und des Städtebaus. Niemals zuvor waren derartig große Geldmengen in Umlauf gebracht worden. Das Ausmaß der damit angestoßenen Projekte sollte alle Maßstäbe der Vergangenheit sprengen.

Noch bevor das Jahr 331 zu Ende ging, verließ das Heer Susa, um möglichst rasch nach Persepolis zu gelangen.[13] Es hatte sich nur kurze Zeit dort aufgehalten, aber offenbar lange genug, um die dringendsten Verfügungen zu treffen. Nun änderte sich der Charakter der militärischen Operationen. Denn anders als der Marsch nach Susa, der keine ernsthafte Behinderung mit sich gebracht hatte, war der Weg nach Persepolis, der über

Abb. 25: Harmodios und Aristogeiton, die Tyrannentöter.

die winterlichen Gebirgspässe des iranischen Hochlandes führte, mit beträchtlichen logistischen Schwierigkeiten verbunden. Zu den Unwägbarkeiten der Natur gesellten sich neue politische und militärische Herausforderungen.

Auf dem Weg nach Persepolis musste zunächst das Gebiet der Uxier überquert werden. Der wehrhafte Gebirgsstamm hatte in der Vergangenheit seine faktische Unabhängigkeit vom Achaimenidenreich behauptet und diese Sonderstellung durch das Erheben von Wegzöllen zum Ausdruck gebracht. Alexander weigerte sich beharrlich, diesen Tribut zu entrichten, wodurch es zu Feindseligkeiten kam.[14] Alexander teilte sein Heer, um die Manövrierfähigkeit der Abteilungen im schwierigen Berggelände zu optimieren. Er befahl den einzelnen Heeressäulen, die Siedlungen der Uxier zunächst zu umgehen und sie dann von allen Seiten zu umzingeln. Er selbst führte in der Nacht an der Spitze eines starken Truppenkontingents den Hauptangriff durch, der die überraschten Uxier zur Aufgabe ihres Widerstandes zwang. Die unterworfenen Bergstämme mussten Naturallieferungen zur Verpflegung der durchziehenden Armee leisten, durften aber im Gegenzug ihre Wohnsitze behalten, außerdem verpflichteten sie sich, künftig keine Durchgangszölle mehr zu erheben.[15] Doch mit der Überwindung der Uxier war der Weg nach Persepolis noch keineswegs freigekämpft. Weitaus größere Schwierigkeiten standen noch bevor.

Vor den Gebirgspässen, die den Zugang zur Landschaft Persis abriegelten, hatte sich der Satrap Ariobarzanes[16] mit einer starken Wachmannschaft postiert. Anders als die Uxier, die sich gegen Alexander stellten, weil ihnen der traditionelle Wegezoll verweigert wurde, leisteten die Einwohner der Persis Widerstand gegen die Eindringlinge, weil sie ihren Heimatboden schützen wollten. Die makedonischen Befreiungsparolen, die anderswo ihre Wirkung erzielt haben mochten, griffen hier im Herzen des Perserreiches natürlich nicht.[17]

Alexander sah sich seit Gaugamela erstmals wieder einer ernsten militärischen Herausforderung gegenüber, die angesichts der Lage des Geländes und der winterlichen Jahreszeit keineswegs unterschätzt werden durfte.[18] Wie in der Vergangenheit war er gewillt, jeden Widerstand zu brechen. Er ließ Parmenion mit dem Tross zurück und eilte an der Spitze seiner Eliteeinheiten voraus, um den Gegner niederzuwerfen. Sein Angriff galt dem stark bewachten Hauptpass; er wurde aber zurückgeschlagen und gezwungen, den Rückzug anzutreten. Dabei verzeichnete er starke Verluste. Er musste sich eingestehen, eine bittere Niederlage erlitten zu haben, die erste auf persischem Territorium. Doch der Misserfolg spornte seinen Siegeswillen nur noch mehr an. Er beließ seinen Feldherrn Krateros[19] an der Spitze des Lagers vor dem Pass, während er, vom Feind unbemerkt, seine Resttruppen umgruppierte und mit Hilfe eines ortskundigen Führers auf verschlungenen Bergpfaden die persischen Stellungen umging und günstige Aufmarschpositionen bezog. Danach wurde ein Angriff von mehreren Seiten auf die überraschten Verteidiger der Passhöhen gestartet. Während Krateros entlang der Hauptstraße, die zur feindlichen Stellung führte, vorstieß, setzten die übrigen Abteilungen von den Gipfeln der Umgebung zum Sturm an. Ariobarzanes konnte die Stellung nicht länger halten und sah sich zur Aufgabe gezwungen. Er begab sich mit seinen Reitertruppen nach Medien zu Dareios III.[20] Neben der Einnahme von Tyros gehört die Stürmung der Persischen Tore zu den bemerkenswertesten militärischen Leistungen Alexanders. Der Weg nach Persepolis war endlich frei.

Als sich das Heer der Stadt näherte, stellte der örtliche Befehlshaber Tiridates den Widerstand ein. Dennoch gab Alexander Persepolis seinen Soldaten zur Plünderung frei.[21] Dies war einerseits eine Konsequenz aus der erbitterten Gegenwehr, die man auf dem Weg dahin angetroffen hatte, andererseits wollte Alexander seinen Soldaten auf dem Höhepunkt des Feldzuges für ihre Anstrengungen und Tapferkeit danken und ihnen eine besonders ergiebige Beute gönnen.

Galt das am Ausgang der Königsstraße gelegene Susa in der Außenwahrnehmung als das verwaltungstechnische Zentrum und als Regierungssitz der Achaimenidenmonarchie, wo die auswärtigen Gesandtschaften ein- und ausgingen, so war das im Herzen der persischen Stammlandschaft erbaute Persepolis die eigentliche Königsstadt.[22] Sie behauptete sich als Hort der religiösen Traditionen und der Herrschaftsideologie des Vielvölkerstaates, gewissermaßen als ideeller Mittelpunkt des Reiches. Dareios I. und Xerxes hatten den symbolträchtigen Ort mit zahlreichen Bauten geschmückt, unter denen eine gewaltige Palastanlage herausragte, welche die weltumspannende Geltung ihrer Herrscher zum Ausdruck brachte und gleichzeitig der zeremoniellen Repräsentation der Königsmacht diente.[23] Sie stellte aufgrund ihrer Monumentalität und Prachtentfaltung eine der gewaltigsten Leistungen der antiken Architektur dar.

Die am Achaimenidenhof herrschende Etikette verdeutlichen zahlreiche Reliefs, von denen wir eines aus dem Schatzhaus von Persepolis näher betrachten wollen: Es zeigt den König der Könige, in diesem Falle Dareios I., in feierlicher Haltung steif und unbewegt auf einem reich verzierten Thron, erhaben über seinen Untertanen. Nicht einmal seine Füße, die auf einem Schemel ruhen, berühren den Boden. In seiner rechten Hand hält er ein langes Zepter, eine runde Krone, die Tiara, ziert sein Haupt. Er allein sitzt, während sein Gefolge auf deutlich abgestufter Ebene in Bereitschaft steht. Wächter mit Speeren – offenbar die Leibwache – lassen einen Bittsteller vor, der leicht gebückt mit der Hand vor dem Mund in ehrfurchtsvollem Gestus zur Audienz herantritt. Die Distanz wird deutlich

Abb. 26: Hofszene aus Persepolis.

gewahrt durch zwei Feueraltäre, die beide Figuren räumlich trennen. Abgehoben von den anderen und allen sichtbar, bildet der Herrscher auch inhaltlich das Zentrum der Bildkomposition, was seinem Standort in der persischen Gesellschaft entsprach und gleichzeitig die Stellung von Persepolis als Mitte des Reiches widerspiegelte.[24]

Der Wert der Reichtümer, die sich in den Schatzkammern von Persepolis auftürmten, stellte alles, was man bisher erbeutet hatte, in den Schatten. Mehr als 120000 Talente sollen dort gehortet worden sein. Ganze Karawanen wurden benötigt, um allein den Abtransport der Edelmetalle zu bewältigen.[25] Ähnlich wie in Susa brachte Alexander diese Riesensummen in Umlauf, was einerseits inflationäre Tendenzen auslöste, andererseits aber durch die Verwendung der Edelmetalle als Zahlungsmittel für die Truppe sowie als Fördermittel für den Städtebau, für Meliorationsmaßnahmen, zur Verbesserung der Infrastruktur und vieles mehr der wirtschaftlichen Entwicklung eine gewaltige Schubkraft verlieh.[26]

Zur Verwaltung der immensen Geld- und Sachwerte, die als Beutegut nach Babylon verbracht wurden, wurde die Stelle eines „Schatzmeisters“ geschaffen. Alexander beauftragte seinen Vertrauten Harpalos, der für militärische Aufgaben untauglich war, mit diesem für die Koordination der Finanzpolitik des gewaltigen Herrschaftsgebietes wichtigen Amt. Durch die Aufsicht über die Staatskasse entwickelte er sich zu einer der zentralen Führungspersönlichkeiten. Er kontrollierte die Münzprägung, stellte die benötigten Summen für die Logistik des Feldzuges bereit, gewährleistete den Nachschub und überwachte den Warenaustausch zwischen Ost und West.[27]

Während sich Alexander in der Landschaft Persis aufhielt, trafen günstige Nachrichten aus Griechenland ein. König Agis III.[28] von Sparta hatte versucht, aus der Abwesenheit eines Großteils des makedonischen Heeres Kapital zu schlagen. Er warb griechische Söldner an, die auf persischer Seite bei Issos gefochten hatten. Danach sammelte er die Reste der persischen Flotte in der Ägäis, woraufhin sich ihm einige kretische Städte anschlossen. Auf der Peloponnes gelang es ihm zunächst, einen makedonischen Truppenverband zu schlagen und weitere Bündnispartner auf seine Seite zu ziehen – Elis, Achaia und Teile Arkadiens. Athen hielt sich jedoch auf Anraten des Demosthenes bei dieser Militäraktion heraus. Als Agis III. mit der Belagerung der arkadischen Stadt Megalopolis beschäftigt war, erschien ein ansehnliches makedonisches Heer mit starker Beteiligung der griechischen Bundesgenossen unter Führung von Antipater auf der Peloponnes. Diese energische Machtdemonstration zerschlug endgültig alle spartanischen Großmachtträume.[29] Die antimakedonische Kriegskoalition erlitt eine vernichtende Niederlage, Agis III. fiel auf dem Schlachtfeld. Das niedergeworfene Sparta musste dem Korinthischen Bund beitreten. Als diese Vorgänge Alexander berichtet wurden, soll er die militärischen Operationen im fernen Griechenland als „Mäusekrieg" bezeichnet haben.[30] Wenn dies stimmen sollte, wäre es ein Beleg für die Verschiebung der Ost-West-Relationen im politischen Koordinatensystem Alexanders sowie ein Hinweis auf die zunehmende Bedeutung des Orients in den Plänen des angehenden Welteroberers, der sich den Ländern des Westens zunehmend entfremdete. Ob aber diese abschätzige Bewertung wirklich geäußert wurde, ist fraglich. Das bei der Schlacht von Megalopolis aufgebotene militärische Potenzial war kaum geringer als die Kräfte, die dem Makedonenkönig bei Gaugamela zur Verfügung gestanden hatten. Darüber war Alexander eingehend informiert, ebenso wusste er aus eigener Erfahrung um die geostrategische Bedeutung Griechenlands und der Ägäisregion. Dass er als bewährter Stratege dies verkannt haben sollte, wie das Bonmot suggerieren möchte, ist unwahrscheinlich. Tatsache war, dass die Stabilität der politischen Verhältnisse im Westen eine unverzichtbare Voraussetzung für das ungehinderte Vorgehen der makedonischen Armee in den Kernregionen Asiens darstellte. Jedenfalls beendete die Schlacht bei Megalopolis die Bestrebungen, sich gegen die makedonische Herrschaft in Griechenland aufzulehnen.[31]

Bei der Siegesfeier in Persepolis ereignete sich der letzte Akt des Rachefeldzuges, den Alexander als Hegemon des Korinthischen Bundes so erfolgreich geführt hatte: Die gewaltige Palastanlage der Perserkönige ging in Flammen auf.[32] Alexander hatte die Brandschatzung angeordnet.[33]

Abb. 27: Persepolis: Blick über die Ruinen mit Säulenhalle und Apadana.

Es handelte sich dabei um keine im Affekt begangene spontane Aktion, etwa unter Alkoholeinfluss, wie gelegentlich behauptet wird.[34] Zwar war die Tat gewiss das überstürzte Ergebnis der propagandistischen Verbrämung des Feldzuges, aber sie geschah aus Berechnung.[35] So wie einst Athen verwüstet worden war, sollte im Gegenzug der symbolträchtigste Gebäudekomplex der Achaimenidenherrschaft geschleift werden. Gleichzeitig besaß diese Strafaktion eine orientalische Komponente. Sie dürfte auch als Geste gegenüber den Völkern gedacht worden sein, die sich von der Perserherrschaft unterdrückt fühlten.[36]

Von Persepolis begab sich Alexander nach Pasargadai, der ältesten persischen Königsresidenz, die einst vom legendären Kyros als bevorzugter Aufenthaltsort des Hofes ausersehen worden war. Die Stadt ergab sich Alexander, der auch hier Schätze im Wert von 6000 Talenten erbeuten

Abb. 28: Grab des Kyros II. in Pasargadai.

konnte.[37] In der Umgebung von Pasargadai befand sich das Grabmonument des Reichsgründers. Es war nur folgerichtig, dass Alexander dem Andenken des bewunderten Königs seine Ehrerbietung angedeihen ließ. Der letzte regierende Achaimenide Dareios III. hatte sich seiner als unwürdig erwiesen, indem er das erhaltene Erbe verspielte. Alexander, der voller Bewunderung für die historischen Verdienste des untadeligen Kyros war, wollte sich an dieser Gedenkstätte als der wahre Erbe und Nachfolger des Reichsgründers stilisieren und die ihm ohnehin progressiv zufallende Herrschaft über das Achaimenidenreich als eine vom Schicksal verliehene rechtmäßige Belohnung reklamieren. In diesem Sinne erteilte er dem in seinem technischen Stab wirkenden Aristobulos den Auftrag, das Grabmonument geziemend auszuschmücken.[38]

Alexander verbrachte etwa fünf Monate in der Persis und unternahm trotz der ungünstigen winterlichen Witterung kleinere Feldzüge in dieser wilden Gebirgsgegend, die in der ersten Hälfte des Jahres 330 bis nach Karmanien an die Ostgrenzen der Satrapie führten. Am Ende vermochte er das Stammland der Perser zu unterwerfen und neu zu ordnen. Als Satrap dieser Gegend wurde der Perser Phrasaortes[39] eingesetzt.

Dass Alexander dem angeschlagenen Dareios III. so viel Zeit zur Reorganisation seiner Kräfte gewährte, kann bedeuten, dass er eine letzte Entscheidungsschlacht in Medien erzwingen wollte, womit sich eine langwierige Verfolgung in die abgelegenen Satrapien erübrigt hätte.[40] Doch als er im Juni des Jahres 330 die medische Residenzstadt Ekbatana (Hamadan) erreichte, fand er lediglich einen verängstigten Statthalter vor, der die Übergabe der Sommerresidenz der Perserkönige anbot.[41] Das griechisch-makedonische Heer konnte den strategisch wichtigen Ort, an dem sich die Nachschublinien aus dem Süden und Westen kreuzten, kampflos einnehmen.

Mit der Einäscherung des Palastes von Persepolis war der Rachefeldzug gegen die Perser sichtbar beendet worden und damit die Bündnispflicht der griechischen Kontingente erloschen. In Ekbatana verabschiedete und entlohnte Alexander die griechischen Truppen, die ihm bisher gefolgt waren.[42] Er bot ihnen aber auch die Möglichkeit, sich seiner Armee anzuschließen, was viele taten.[43] Mit dieser Geste war zum Ausdruck gebracht worden, dass die nächsten Aktionen unter der persönlichen Ägide des Makedonenkönigs standen. Wer nicht in die Heimat zurückkehren, sondern ihm weiter zu Diensten stehen wollte, musste mit einem längeren Militäreinsatz rechnen. Das abgelaufene Mandat des Korinthischen Bundes wurde von der Gehorsamspflicht gegenüber Alexander abgelöst.

Aus seiner Sicht waren die militärischen Operationen noch lange nicht abgeschlossen. Ekbatana lag weiter im Westen als Pasargadai. Eine stärkere Westorientierung bei den nächsten Schritten schien durchaus denkbar. Jedenfalls musste hier die grundsätzliche Entscheidung über die künftige Vorgehensweise fallen. Entweder überließ man es einem bewährten Unterfeldherrn, Dareios III. zu ergreifen und die östlichen Satrapien zu erobern, und Alexander selbst behielt sich die Aufgabe vor, die bisher erworbenen Gebiete zu konsolidieren, was keine geringe Herausforderung darstellte. Oder aber Alexander würde dem flüchtigen Dareios III. auf der Spur bleiben und die östlichen Regionen des Perserreiches selbst besetzen. Der Makedonenkönig entschied sich für Letzteres, womit der Westpolitik eine Absage erteilt wurde. Dieser Schritt war mit wichtigen Konsequenzen verbunden, deren Tragweite damals wohl nicht offen zutage trat. Jedenfalls wurde die Reorganisation der bisherigen Eroberungen, die Regelung ihres künftigen politischen Status und ihrer Beziehungen zu den griechisch geprägten Kernregionen des Westens auf unbestimmte Zeit verschoben, womit zahlreiche Fragen ungelöst blieben.

Bislang hatte sich Alexander im Bereich der vorderasiatischen, mediterran geprägten Zivilisation bewegt. Seine kleinasiatischen Feldzüge, die Operationen in der Levante und in Ägypten, ja selbst der Vorstoß zu den mesopotamischen Ländern ließen sich gerade noch darunter subsumieren. Mit dem Entschluss, zu den unzugänglichen ostiranischen Bergregionen aufzubrechen und sich damit sowohl zeitlich wie auch räumlich auf eine schwer begrenzbare Aktion einzulassen, wurden die Dimensionen bisherigen Handelns gesprengt. Die in Ekbatana gefassten Pläne bedeuteten darüber hinaus eine grundlegende Änderung der Kriegführung. Zwar blieb Alexander nach wie vor Stratege des Korinthischen Bundes, doch sein ursprünglicher Auftrag hatte sich erledigt. Nun rief der Anwärter auf die Nachfolge der Achaimeniden zu einer neuen Unternehmung auf. Ihre Zielsetzung blieb diffus, und die Grenzen der neuen Initiative wurden letztlich durch die leidenschaftliche Verbissenheit des charismatischen Anführers gesetzt. Die Losungen: Rache für die Verwüstung der Heimat und Befreiung von der persischen Unterdrückung, hatten endgültig ausgedient. Neue Direktiven wurden nun ausgegeben: Ergreifung des Dareios III., Vermehrung des eigenen Ruhmes, Eroberung des gesamten Achaimenidenreiches, Hoffnung auf noch mehr Beute und unerschütterliches Vertrauen in die Fähigkeiten Alexanders. Darauf musste das reorganisierte Heer eingeschworen werden. Angesichts der erreichten Erfolge war die Suggestionskraft der Unternehmung groß, andererseits gab es Unbehagen, wenn dieses auch nicht laut artikuliert wurde. Darüber setzte sich Alexander rigoros hinweg und bereitete sich auf den Marsch nach Osten vor.

Dareios III. hatte inzwischen Rhagai (bei Teheran) erreicht. Doch die Lage wurde für ihn zunehmend schwieriger. Der Plan, sich Alexander entgegenzustellen, scheiterte am Ausbleiben der erwarteten Hilfskontingente, die der Achaimenide in Ekbatana zu sammeln hoffte[44] – womit sich überdeutlich seine Demontage andeutete. Ein erneutes Treffen mit Alexander schien unter diesen Voraussetzungen aussichtslos; deshalb trat Dareios III. mit den verbleibenden Mannschaftsbeständen den Rückzug an. Obwohl er lediglich fünf Tage Vorsprung hatte, versäumte es Alexander, ihm sofort nachzusetzen. Gewiss waren seine Truppen erschöpft und brauchten Ruhe, aber die gönnte er ihnen auf der halsbrecherischen Jagd durch die Kaspischen Tore später auch nicht. Warum ließ er Dareios III. unbedrängt abziehen? Eine Erklärung könnte sein, dass Alexander einsah, dass ihm ein aufwändiger Kleinkrieg in den östlichen Satrapien drohte und er Zeit benötigte, um sein Heer darauf vorzubereiten. Außerdem musste Ekbatana, das nun als neue Operationsbasis auserkoren worden war, ausreichend ausgebaut und gesichert werden.[45] Zum Schutz der in der Zitadelle verwahrten Kriegskasse[46], die der Aufsicht des Harpalos unterstand, blieb ein starkes Kontingent, etwa 6000 Mann, unter Parmenion zurück. Parmenion, der zweite Mann nach Alexander, wurde damit keineswegs ausgemustert. Er erhielt den Auftrag, die Verbindungswege nach dem Westen zu sichern und von Ekbatana aus den nötigen Nachschub für die bis an die Ostgrenze des Reiches vorstoßenden Truppen Alexanders zu organisieren. Darüber hinaus sollte er sich nach Eintreffen der erwarteten Verstärkungen aus Makedonien zum Hauptheer aufmachen, um dessen Schlagkraft zu erhöhen. Von seiner Tüchtigkeit und Zuverlässigkeit hing das Gelingen der geplanten Operationen ab.[47]

Während Alexander seine Vorbereitungen in Ekbatana traf, spitzte sich die Lage in der Umgebung des Dareios III. zu. Das durch die Niederlage von Issos und Gaugamela ohnehin stark erodierte Vertrauen der persischen Eliten in ihren König sank unter dem Eindruck seiner wachsenden Ohnmacht immer weiter. Der Chiliarch Nabarzanes[48] machte sich zum Sprecher der Unzufriedenen und gab zu bedenken, dass allein Bessos, der Satrap von Baktrien und Sogdien, noch das Vertrauen der ostiranischen und skythischen Truppen besitze. Dareios III. wurde aufgefordert, die Herrschaft so lange an Bessos abzutreten, bis der Gegner besiegt sei. Doch zu diesem Eingeständnis seiner Handlungsunfähigkeit wollte sich Dareios III. nicht bewegen lassen.[49] Der König der Könige, nur noch ein Schatten seiner einstigen Größe, konnte sich selbst in seiner näheren Umgebung nicht mehr sicher fühlen.

Verfolgung und Tod des Dareios III.

Alexander als neuer Achaimenide

Im Sommer des Jahres 330 begann Alexander mit der Verfolgung des Dareios III., indem er sein Heer nach Nordosten Richtung Kaspisches Meer führte. Die Strecke von Ekbatana nach Rhagai wurde in einem mörderischen Tempo zurückgelegt.[1] Dort erfuhr er, dass der flüchtige König die Kaspischen Tore bereits überschritten hatte, aber gezwungen gewesen war, die erschöpften Truppen zu schonen.[2] Da die Höhenzüge von den Persern nicht verteidigt wurden, gelang es, den Pass rasch zu überqueren. Doch kam es aufgrund der rasanten Geschwindigkeit zu Versorgungsschwierigkeiten, die Alexander zwangen, bei Choarene, am Rande der Steppe, einen Aufenthalt einzulegen. Hier wartete das Heer, bis Koinos[3], Parmenions Schwiegersohn, der zum Furagieren ausgeschickt worden war, die dringend benötigten Lebensmittel heranschaffte.

Im Lager Alexanders erschien der vornehme Babylonier Bagistanes[4], der berichtete, was sich in der Umgebung seines Königs zugetragen hatte: In Folge des offensichtlichen Machtverlustes war es Dareios III. nahe gelegt worden, sich unter den Schutz der griechischen Söldner zu begeben; dies war wohl der einzige Heeresteil, der noch loyal zu ihm hielt. Die Gespräche mit ihrem Befehlshaber Patron führte Dareios III. auf Griechisch, was das Misstrauen der baktrischen Eskorte weckte. Nachdem der König den Vorschlag ablehnte, beschloss Bessos zu handeln: Er ließ ihn kurzerhand festnehmen.[5] Die neue Führungsriege, welcher der Chiliarch Nabarzanes, die Satrapen Satibarzanes[6] von Areia, Barsaentes[7] von Arachosien und Drangiane, der sogdische Fürst Oxyartes und der Inder Sisikottos angehörten, wurde von den anderen Heeresteilen bestätigt. Lediglich Artabazos[8], seine Söhne und die griechischen Söldner verweigerten Bessos die Gefolgschaft und gingen daraufhin eigene Wege.[9]

Als Alexander davon erfuhr, beschleunigte er das Tempo der Verfolgung. Tags darauf erreichte er die Ortschaft Thara, wo die Perser zuletzt Quartier bezogen hatten. Die Einheimischen berichteten ihm von einer Abkürzung, die durch ödes Land führte. Mit dem Ziel vor Augen, Dareios III. endlich ergreifen zu können, lud Alexander sich und seinen Gefolgsleuten diese neue Strapaze auf. Er eilte mit einer kleinen Streitmacht voraus, während die zurückbleibenden Truppen später nachrücken sollten. Alexander ritt noch am Abend los und legte in einem gewaltigen Kraftakt eine große Strecke zurück.[10] Am nächsten Morgen sichtete er die feindliche Kolonne. Der anstrengende Nachtmarsch hatte Alexanders Kampfverband stark schrumpfen lassen. Dennoch wandten sich die meisten Perser in panischer Angst zur Flucht, als sie die Vorhut der makedonischen Reiter bemerkten. Einige versuchten Widerstand zu leisten, doch nachdem die ersten Kämpfer gefallen waren, zogen sie den Rückzug einem Gefecht vor. Inmitten des allgemeinen Durcheinanders stachen die Satrapen Satibarzanes und Barsaentes ihren König nieder. Sie ließen den Wagen mit der Leiche des Dareios III. am Wegrand unweit von Hekatompylos liegen und ergriffen daraufhin die Flucht.[11]

Urheberschaft und Motiv des Königsmordes lassen sich nur ansatzweise rekonstruieren. Durch die Niederlagen bei Issos und Gaugamela und die danach manifest gewordene Unfähigkeit, den Invasoren wirksam entgegenzutreten, war Dareios' III. Position als Führer des persischen Heeres heillos beschädigt worden. Die um den Erhalt ihrer Macht besorgten Satrapen dürften Bessos als einen kompetenteren Anführer eingeschätzt haben, zumal dieser Mitglied des regierenden Herrscherhauses war und über eine intakte Hausmacht im Ostiran verfügte. Er sollte die Reste des Achaimenidenreiches vor dem ungestüm vorwärtsstrebenden Eroberer aus dem Westen schützen. Daher trennten sich nach der Mordtat von Hekatompylos die Wege der Verschwörer. Während sich Nabarzanes mit seinem Gefolge nach Norden, Richtung Hyrkanien begab, schlugen Bessos und die anderen Satrapen an der Spitze ihrer verbliebenen Truppen den Weg nach Osten ein, Richtung Baktrien und Sogdien. Dort wollten sie sich Alexander entgegenstellen, falls dieser den Weg hin zu den oberen Satrapien einschlagen sollte.

Die Schilderung von Dareios' III. Tod gerät bei Plutarch zu einer pathetischen Momentaufnahme der letzten Augenblicke des Sterbenden, die mit einer Hommage an Alexander verbunden wird, worunter die historische Zuverlässigkeit der novellistisch komponierten Erzählung erheblich leidet: *Mit Mühe fand man ihn endlich in einem Wagen liegend, von vielen Spießen durchbohrt und dem Tode nahe. Doch bat er noch um etwas zu trinken, bekam kaltes Wasser, und nachdem er getrunken hatte, sagte er zu Polystratos, der es ihm gebracht hatte: „Mensch, dies ist der Gipfel all meines Unglücks, eine Wohltat zu empfangen, ohne sie vergelten zu können. Aber Alexander wird dich belohnen, und den Alexander die Götter für die Menschlichkeit, die er gegen meine Mutter, meine Frau und meine Kinder bewiesen hat. Ihm reiche ich durch dich diese meine Rechte." So sprach er, erfasste die Hand des Polystratos und starb.*[12]

Wie sich das letzte Aufeinandertreffen von Alexander und seinem Kontrahenten tatsächlich abspielte, lässt sich nur erahnen. Jedenfalls scheint Dareios III. nicht mehr am Leben gewesen zu sein, als sich Alexander der persischen Wagenkolonne näherte. Deshalb wird Alexander den Leichnam mit seinem Mantel bedeckt und ihm die gebührende Ehre erwiesen haben. Anschließend sandte er ihn zu seinen Angehörigen nach Persepolis und ordnete an, ihn würdevoll zu bestatten.[13] Mit derartigen Gesten erhob Alexander Ansprüche auf die Nachfolge, denn die Grablegung des Vorgängers eröffnete bei Makedonen und Persern den Amtsantritt des neuen Herrschers. Ferner bemächtigte er sich des Siegelrings des Verstorbenen, eines der Insignien der königlichen Macht. Wie einst beim Tod seines Vaters Philipp II. nahm sich Alexander auch jetzt vor, an den Mördern des Dareios III. Vergeltung zu üben. Dies hatte wenig mit Emotionen zu tun, vielmehr gehörte es ebenso wie die zeremonielle Bestattung des Vorgängers zu den Ritualen der Herrschaftsnachfolge.[14]

Mit Dareios' III. Tod endete im Juli des Jahres 330 die über zweihundertjährige Herrschaft des achaimenidischen Hauses, jener Dynastie, die einst das persische Weltreich begründet und bis dahin regiert hatte.[15] Durch den Verlust der letzten Integrationsfigur, die zumindest ideell eine Verbindung zwischen den von Alexander bereits besetzten Gebieten (Kleinasien, Syrien, Ägypten, Babylon, Persis, Medien) und den oberen Satrapien (Parthien, Areia, Drangiane, Arachosien, Baktrien, Sogdien) aufrechterhalten hatte, riss das dünne einende Band des Vielvölkerstaates. Alexander nahm sich vor, diese Verbindung durch die Eroberung der restlichen Satrapien und die Bestrafung der dorthin entwichenen Opponenten wiederherzustellen. Dies war ein äußerst schwieriges Unterfangen, denn die Region, die nun Bessos als neue Führungspersönlichkeit unterstützte, war allein durch ihre geographische Lage im schwer zugänglichen ostiranischen Hochland für eine Defensivstrategie geradezu prädestiniert.[16] Hinzu kam, dass der Großteil dieser Länder derselben Sprachfamilie angehörte und eine zivilisatorische Einheit bildete, was ein nicht zu unterschätzendes Identifikationspotenzial darstellte.[17]

Für Alexander bedeutete der Tod des Perserkönigs einen folgenschweren Einschnitt. Plötzlich verlor er einen zentralen Bezugspunkt seines bisherigen Handelns. Zweimal hatte er seinen Gegner auf dem Schlachtfeld geschlagen. Beide Male floh Dareios III. und nahm ihm dadurch den vollkommenen Sieg. Nach nicht enden wollenden Strapazen holte Alexander endlich seinen Gegenspieler ein und wurde erneut um das Gefühl, persönlich über den König der Perser zu triumphieren, beraubt. Daraus zog Alexander Konsequenzen: Er fing an, die Gestalt des ermordeten Herrschers zu instrumentalisieren, indem er selbst als neuer Achaimenide auftrat. Es war eine erstaunliche und unerwartete Wandlung, die aus dem Rächer Griechenlands den Rächer der Achaimeniden werden ließ.[18] Keinen Augenblick dachte Alexander daran, sein ererbtes Königtum aufzugeben, das stets Ausgangspunkt und Basis seiner Machtstellung blieb. Aber in der Erkenntnis, dass sich im Verlauf seiner Expedition die Legitimation seiner Handlungen veränderte, passte sich Alexander der neuen Situation an.

Der Achaimenidenthron bot ihm die Gelegenheit, die Anerkennung seiner orientalischen Untertanen zu erlangen. Denn die Fortführung des Feldzuges war nur möglich, wenn die Perser und Iraner sich loyal verhielten, den Nachschub nicht behinderten und ihn aktiv unterstützten.[19] Dieser Aspekt war entscheidend. Unter Beibehaltung seiner makedonischen Wurzeln erweiterte Alexander seine Herrschaftskonzeption, indem er Elemente der königlichen Repräsentation und Ideologie der Achaimeniden übernahm.[20]

Wann sich die einzelnen Schritte dieser Metamorphose vollzogen, lässt sich nicht mehr genau ermitteln, aber sie scheint bald nach Dareios' III. Tod, als sich Alexander auf dem Weg in die oberen Satrapien befand, begonnen zu haben. Die Königsproklamation des Bessos, der sich nunmehr Artaxerxes IV. nannte, dürfte den unmittelbaren Anlass dafür geliefert haben. Indem Alexander so handelte, verkündete er seine Monopolansprüche auf das asiatische Königtum und stempelte Bessos als Usurpator ab.

Das sichtbare Zeichen seines neuen Herrschaftsverständnisses war das Anlegen der orientalischen Tracht.[21] Alexander zog zunehmend das persische Königsornat an, schmückte seinen Kopf mit einer Königsbinde, dem Diadem, das im Gegensatz zur Tiara nicht persischen Ursprungs war, siegelte seine Erlasse mit dem Ring des Dareios III. und führte wesentliche Elemente des Hofzeremoniells der Achaimeniden ein. Auch der Tafelluxus näherte sich den am persischen Königshof üblichen Maßstäben an.[22] An seine Freunde verteilte er goldbestickte Purpurgewänder und forderte sie auf, diese öffentlich zu tragen. Bei offiziellen Anlässen erschien er von persischen Trabanten umgeben und verlangte von seinen Untergebenen eine Ergebenheitsgeste, wie sie im Orient gebräuchlich war. Für die Perser war dies eine Selbstverständlichkeit, für die Makedonen hingegen erregte das Verhalten ihres Königs zunächst Verwunderung. Doch diese Neuerungen dürfen keinesfalls einseitig betrachtet werden, denn Alexander forderte im Gegenzug von den Persern die Akzeptanz makedonischer Gepflogenheiten.[23]

Manche seiner Landsleute reagierten mit Gelassenheit auf diese Orientalisierungstendenzen, sahen sie als unvermeidlich an. Andere waren darüber verärgert und äußerten Kritik, nicht zuletzt, weil sie eine Beeinträchtigung ihrer Vorzugsstellung befürchteten. Alexander versuchte durch das ostentative Betonen seiner kameradschaftlichen Beziehung zu seinen Kampfgefährten sowie durch Geschenke und individuelle Gunstbeweise die aufgeheizte Stimmung zu beschwichtigen. Ein Ende der Irritationen trat damit aber nicht ein.

Bei der Inszenierung seiner Herrschaft ging es Alexander um die Akzeptanz seines Königtums durch die persisch-iranischen Führungskreise. Er dachte nicht daran, sich orientalischen Vorstellungen ohne Gegenleistung zu fügen, sondern rief vielmehr die asiatischen Eliten zur Zusammenarbeit mit seiner Regierung auf. Dies seiner makedonischen Umgebung zu vermitteln, war nicht einfach. Ein Kommunikationsproblem entstand, das während der Restdauer seines Feldzuges anhielt und sich sowohl aus den Zumutungen Alexanders als auch der zögernden Haltung seiner makedonischen Umgebung ergab.

Ohne auf Widerstand zu stoßen, gelangte die Armee durch die westlichen parthischen Gebiete bis nach Hekatompylos. An diesem strategisch wichtigen Ort wurde eine Rast eingelegt, um die zurückgebliebenen Truppen zu sammeln und die nächsten Aufgaben vorzubereiten. Bei einigen Feldzugsteilnehmern hatte sich Erschöpfung breitgemacht, außerdem glaubten sie, dass nach dem Tod des Dareios III. der Krieg beendet sein müsse. Doch Alexander ließ keinen Zweifel an der Fortführung seiner Mission aufkommen.[24] Sein nächstes Ziel war die Eroberung Hyrkaniens, wohin sich Nabarzanes und die griechischen Söldner im persischen Dienst zurückgezogen hatten. Erst wenn diese Aufgabe erledigt war, konnte an die Bekämpfung des Bessos gedacht werden.

Der hyrkanische Feldzug begann im Sommer des Jahres 330 mit der Sicherung des Korridors zwischen dem Kaspischen Meer und der großen Salzwüste im Zentraliran (Dasht-e-Kavir). Obwohl die Straße für den weiteren Vormarsch frei war, barg die Nordflanke mit den unbezwungenen Bergstämmen und den Resten der im Elbrusgebirge verschanzten Armee des Phrataphernes[25], des Satrapen von Hyrkanien und Parthien, ein Bedrohungspotenzial, das in der Lage gewesen wäre, die Verbindung nach Medien abzuschneiden. Die „Wespentaille" des Perserreiches, durch welche die große Heeresstraße[26] von Rhagai nach Hekatompylos führte, wurde auf der einen Seite durch das Elbrusgebirge, das vom Kaspischen Meer nur von einer schmalen, fruchtbaren Ebene getrennt wurde, auf der anderen Seite von der weiten zentraliranischen Salzwüste gebildet.

In Hekatompylos teilte Alexander seine Armee in zwei Kampfverbände auf, den einen befehligte Krateros, während der andere ihm unterstand. Erigyios schickte er mit den verbleibenden Truppen und dem Tross über die in einem nördlichen Bogen durch die Berge verlaufende Passstraße, die zwar länger, für die mitgeführten Wagen jedoch leichter passierbar war. Dann ließ er die leichtbewaffneten Truppen ins Elbrusgebirge einschwenken und wandte sich gegen die im westlichen Hochland beheimateten Tapurer. Die schmalen Bergpfade nötigten ihn, Mannschaften zum Schutz der Engpässe zurückzulassen, um die nachrückenden Einheiten vor Überfällen zu schützen.[27] Er selbst zog mit seiner Hauptmacht weiter und schlug jenseits der Berge in einer Ebene, nahe eines kleinen Flusses, sein Lager auf. Es dauerte vier Tage, bis sich die in langen Kolonnen über die Gebirgspfade verteilten Kontingente wieder vereinten. Aufgeschreckt von dieser Machtdemonstration ergaben sich die versprengten feindlichen Truppen, die in den Bergen Zuflucht gesucht hatten. Alexander behandelte sie ehrenvoll.[28] Autophradates[29], der Satrap von Tapurien, wurde in seiner Funktion bestätigt, während Phrataphernes, der Satrap von Parthien und Hyrkanien, durch den Perser Amminapes[30] ersetzt wurde. Auch Nabarzanes wurde geschont. Mit ihm gelangte der Eunuch Bagoas in Alexanders Gefolge, der eine enge Beziehung zum makedonischen König aufbauen konnte.[31]

Die unter Patron[32] stehenden griechischen Söldner, die im Heer des Dareios III. gedient hatten, boten ebenfalls die Kapitulation an. Diejenigen, die vor der Gründung des Korinthischen Bundes in die Dienste der Achaimeniden getreten waren und daher nicht als Verräter an der panhellenischen Idee angesehen wurden[33], durften unbehelligt abziehen. Den Rest gliederte Alexander, da er jeden kampferfahrenen Mann gebrauchen konnte, seinem Heer ein.[34]

Nachdem die Armee so verstärkt worden war, zog sie weiter nach Zadrakarta, der Hauptstadt Hyrkaniens, das in einer kleinen Ebene am Südostufer des Kaspischen Meeres lag. Hier schlug Alexander sein Hauptlager auf und wartete auf die Abteilungen des Krateros und Erigyios. Die Lebensbedingungen in diesem schmalen Küstenstreifen unterscheiden sich von denen des iranischen Hochlands grundlegend. Die feuchten Luftmassen vom Kaspischen Meer, die auf das Elbrusgebirge treffen, sorgen für ein fast subtropisch-mediterranes Klima. Das Kaspische Meer wurde von einigen als ein Golf des weltumspannenden Ozeans angesehen.[35] Herodot hingegen vertrat die Meinung, es handle sich um ein Binnengewässer.[36] Alexander scheint indes der ersten Hypothese zugestimmt zu haben. Einige Jahre später wird er eine Expedition zur Erforschung des Kaspischen Meeres aussenden, was ein Indiz dafür ist, dass er an seiner ursprünglichen Meinung zu zweifeln begann.[37]

Trotz der ständigen Märsche und Kampfhandlungen, die Alexanders Heer zu überstehen hatte, gab es Ruhezeiten, die mit Vergnügungen, Schauspielen, Banketten, Agonen und Jagden ausgefüllt wurden. Der makedonische Kriegeradel, der mittlerweile gewaltige Reichtümer aus der Siegesbeute angehäuft hatte, gewöhnte sich immer mehr an eine, gemessen an heimischen Vorbildern, luxuriöse Lebensführung.[38] Zahlreiche Schauspieler, Hetären und Glücksritter begleiteten die Armee. Die Kampftruppe wurde von einem gewaltigen Tross versorgt. Darunter befanden sich Händler und Kaufleute, die Rohstoffe aus den eroberten Gebieten erwarben oder Beute ankauften. Eine besondere Gruppe bildeten die Geiseln und Kriegsgefangenen, die mitgenommen wurden, um den Vormarsch des Heeres abzusichern. Unter ihnen gab es hoch stehende Persönlichkeiten, die eine Vorzugsbehandlung erhielten. So geriet in Zadrakarta Oxyathres[39], ein Bruder des Dareios III., in Gefangenschaft. Alexander erwies ihm den höchsten Respekt und verlieh ihm einen Ehrenplatz in seinem Gefolge. Zuvor hatte Alexander den vornehmen Perser Artabazos, der stets treu zu Dareios III. gestanden hatte, ebenfalls freundlich aufgenommen. Beide sollten eine wichtige Rolle bei den künftigen Vorhaben des Makedoniers spielen.

Auf dem Weg nach Osten

Parthien, Areia, Drangiane, Arachosien

Das Asienbild der Griechen wurde hauptsächlich durch Aristoteles bestimmt.[1] Demnach dachte man, dass dieser Erdteil durch einen zusammenhängenden Gebirgszug – ausgehend im Westen vom Taurus über den Kaukasus bis hin zum Hindukusch (Paropamisos) im Osten – in einen nördlichen und einen südlichen Abschnitt geteilt sei.[2] Offenbar plante Alexander, die ostiranische Ländermasse in zwei Phasen zu erobern, wobei er zunächst durch den südlichen Teil bis zum Kamm des Hindukusch vorrücken wollte und dann weiter nach Norden zu ziehen beabsichtigte, wo man den weltumspannenden Ozean vermutete.

Mit seinem Einmarsch in die östlichen Satrapien des Perserreiches stieß Alexanders Heer in eine unwirtliche Gebirgsregion vor, das heutige Afghanistan. Diese raue Landschaft wird von den Ausläufern des Hindukusch, dem Indusgebiet und der Senke des Oxus (Amu Darya) umschlossen. Das kontinentale Klima mit seinen von Westwinden verursachten Niederschlägen, die eine nur kurze Regenzeit im Frühjahr und Winter bringen, bewirkt, dass in dieser Gegend chronische Wasserknappheit herrscht. Über Jahrtausende hin konnten die Einwohner aber mit Hilfe der zur Perfektion gesteigerten künstlichen Bewässerung eine recht ertragreiche Landwirtschaft betreiben. Die Wasseradern des Landes, der Oxus, der Hilmand und Harrut tragen das kostbare Nass in den Aralsee und den Hilman-Salzsee.[3]

Trotz der Abgeschiedenheit des Landes verfügte Alexander über eine ungefähre Vorstellung von dessen Beschaffenheit aus der Lektüre Herodots. Nach den damals herrschenden Ansichten galten Baktrien und Sogdien als Randzonen der Oikumene, deren Ausmaße nur vage bekannt waren. So wusste man etwa aufgrund der spärlichen Informationen, die nach Griechenland gedrungen waren, nichts von der Existenz des Aralsees. Und wegen der notorisch unterschätzten Distanzen der Erdteile hielt man den Hindukusch für einen Ausläufer des Kaukasus. Des Weiteren sah man im Jaxartes (Syr Darya) eigentlich den Oberlauf des Tanais (Don), der nach der antiken Vorstellung die Grenze zwischen Europa und Asien bildete. An der Schwelle dieses Landes, wo geographische Vorstellungen und deren Wirklichkeit oft weit auseinanderdrifteten, gönnte Alexander nach der Kräfte raubenden Verfolgung des Dareios III. sich und seinen Truppen nun eine längere Pause. Er ließ traditionelle makedonische Wettkämpfe veranstalten und ergänzte in den etwas weiter nörd-

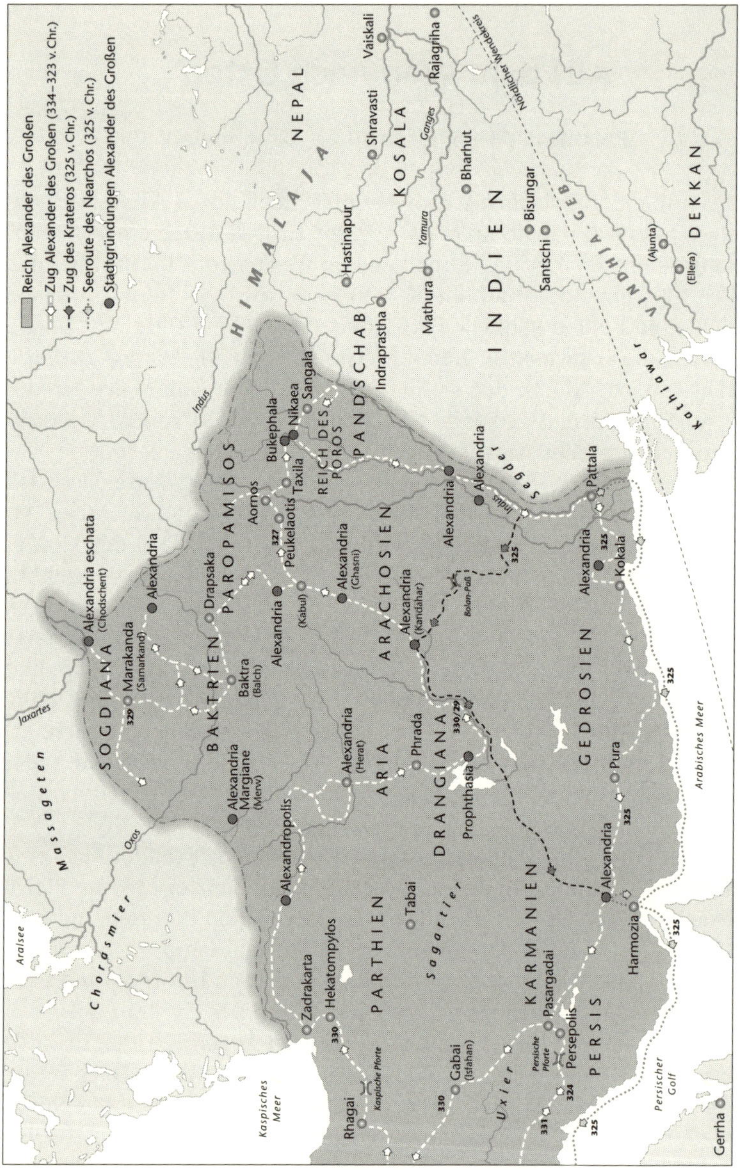

Abb. 29: Ostiran und Indien.

lich gelegenen Ebenen Hyrkaniens, im heutigen Turkmenien, seinen Bestand an Pferden.

Dann rückte er entlang der Südküste des Kaspischen Meeres gegen die Marder vor, ein kriegerisches Bergvolk, das von den Persern nie bezwungen werden konnte und eine latente Bedrohung für den wichtigen Verbindungskorridor zwischen den beiden Reichsteilen darstellte. Die Marder wurden überrascht.[4] Sie dachten, Alexander würde sich nicht so weit vorwagen, zumal das Gelände äußerst schwierig war, und so suchten viele in den Bergen Zuflucht. Als er sie jedoch auch dort aufspürte, kapitulierten sie.[5] Alexander nahm ihre Unterwerfung an und übergab das Land an Autophradates, den er bereits als Satrapen von Tapurien eingesetzt hatte.

Danach kehrte Alexander nach Zadrakarta zurück, wo er sein weiteres Vorgehen plante. Es war ihm bewusst, dass er mit dem bisher eroberten Territorium – dessen Grenze sich im Osten entlang zweier großer Wüsten, der Dasht-e-Kavir im Norden und der Lut im Süden, sowie eines schwer passierbaren Hauptkorridors nördlich davon, des bereits gesicherten Hyrkanien, erstreckte – ein gut zu verteidigendes Gebiet besaß, das in sich gefestigt war. Der Osten hingegen war den Griechen und Makedonen eher unbekannt und nur der persischen Umgebung Alexanders vertraut. Die Entscheidung, den Feldzug fortzusetzen, hatte er bereits in Hekatompylos getroffen, als er die Elite der Makedonen überredete, weiter mit ihm zu ziehen.[6]

Dennoch sollte man sich vor Augen führen, welche Gründe ihn dazu veranlassten, diesen gefährlichen Weg einzuschlagen. Den Ausschlag gab zweifellos das militärische Potenzial, das sich unter der Führung des Bessos in Baktrien, Sogdien und den umliegenden Satrapien zusammenballte und langfristig eine ernstzunehmende Bedrohung darstellen konnte, wenn man seine Entfaltung nicht im Ansatz verhinderte.[7] Zudem war es nicht Alexanders Art, sich mit halben Sachen abzugeben, wenn das Ganze zu haben war.[8] Außerdem war Bessos ein fähiger Befehlshaber, der mit dem Gelände besser vertraut war als die Mannschaften aus dem Westen, die Alexanders Armee bildeten, und einen Gefahrenherd darstellte, da er jederzeit unerwartet zurückschlagen konnte. Bessos zog in Baktrien ein großes Heer zusammen, dessen Kern baktrische und sogdische Reiterverbände bildeten, die von skythischen Kontingenten ergänzt wurden. Ein weiterer ebenso wichtiger Grund für die Fortführung der ostiranischen Expedition lag in der Natur der neuen Herrschaftsideologie Alexanders begründet: Wollte er sich bei seinen iranischen Untertanen als legitimer Nachfolger der Achaimeniden durchsetzen, musste er schon aus Prestigegründen das gesamte Reichsterritorium beherrschen.[9]

Alexander brach im Herbst 330 von Zadrakarta nach Baktra auf, wohin sich Bessos zurückgezogen hatte, um sein Heer zu reorganisieren. Er folgte der Königsstraße nach Osten, die durch fruchtbares Gebiet führte, so dass keine Versorgungsprobleme auftraten.[10] Bei seinem Vormarsch durch Parthien nach Areia stieß er zunächst auf keinerlei Widerstand. Der dortige Satrap Satibarzanes kam ihm in Susia, nahe dem heutigen Meshed, am westlichsten Rand des Landes, entgegen und erkannte ihn als Herrscher an. Alexander bestätigte ihn als Satrapen und ließ eine kleinere Garnison zurück. Anschließend setzte das Heer den Marsch nach Baktra fort. Dass Alexander diesen Verschwörer gegen Dareios III. nicht entmachtete, deutet darauf hin, dass er zu diesem Zeitpunkt nichts von dessen Täterschaft wusste. Mehrmals hatte Alexander ihm wohlgesinnte lokale Fürsten bestätigt, doch hier sollte sich diese Vorgehensweise als fataler Fehler erweisen. Denn kaum hatte Alexander die Gegend verlassen – er dürfte wohl schon den Margos[11] überschritten haben –, erhielt er Nachricht vom Seitenwechsel des Satibarzanes, der die makedonische Garnison überfiel und die Areier zur Unterstützung des Bessos aufrief. Daraufhin begab er sich nach Artakoana, der Hauptstadt von Areia, wo er neue Truppen anwarb.[12]

Alexander sah sich zum sofortigen Handeln veranlasst, da sonst die Gefahr drohte, von seiner Nachschubbasis in Ekbatana abgeschnitten zu werden. Er bog von der Straße nach Baktra ab und wandte sich nach Süden, Richtung areisches Kernland. Dann teilte er sein Heer auf, eilte mit einem starken Kampfverband nach Artakoana, wobei er die mehr als hundert Kilometer in knapp zwei Tagen bewältigte. Die Zurückgebliebenen folgten unter Krateros in einem etwas gemächlicheren Tempo nach. Ziel dieses Vorstoßes war es, die Ausbreitung der Rebellion einzudämmen, denn nicht nur sämtliche Nachschublinien waren gefährdet, sondern auch die bisher eroberten Gebiete.

Der Abfall des Satibarzanes war der erste dieser Art seit Beginn des Feldzuges, denn obwohl Alexander bei seinem Vormarsch auf teils heftigen Widerstand stieß, kehrte in der Regel nach der Eroberung der Satrapien Ruhe ein. Da sich seit Dareios' III. Tod die persische Führungsschicht weitgehend Alexander anschloss, ebbte der Protest bald ab. Hinzu kam, dass sich einige Satrapien wie Ägypten oder Babylon[13] der neuen Oberherrschaft, die sich bereit gezeigt hatte, die lokale Eigenständigkeit weitgehend zu tolerieren, stärker verbunden fühlten als der alten persischen Reichsidee. Dagegen waren die ostiranischen Satrapien unbezwungen und auf ihre Unabhängigkeit erpicht. Außerdem verfügten sie nun in Bessos über eine anerkannte Identifikationsfigur.

Satibarzanes, der seine Mannschaften noch nicht vollständig gesammelt hatte, wurde von der Geschwindigkeit des makedonischen Heeres überrascht. Sobald er vom Herannahen der Truppen erfuhr, floh er mit zweitausend Reitern über die Berge zu Bessos. Indes durchkämmte Alexander einen Monat lang das umliegende Gebiet, ließ sämtliche Rädelsführer, derer er habhaft werden konnte, hinrichten und schickte ihre Gefolgsleute in die Sklaverei. Danach wandte er sich nach Artakoana. Als die Areier die Belagerungstürme auf ihre Mauern zurollen sahen, ergaben sie sich. Sie wurden verschont.[14] Zum neuen Satrapen wurde der Perser Arsakes[15] auserkoren. Anschließend gründete Alexander unweit von Artakoana die Stadt Alexandria Areion (Herat), in der er eine gemischte Bevölkerung aus Makedonen, Griechen und Areiern ansiedelte, um in der Region weitere Aufstände zu verhindern.[16]

Areia besaß aufgrund seiner Verkehrsverbindungen eine zentrale Bedeutung, denn von hier aus verliefen viele Straßen strahlenförmig nach Baktrien, Indien und Drangiane. Alexander, der erkannte, dass eine breiträumige Sicherung der bisherigen Eroberungen nötig war, stieß nun südwärts nach Drangiane vor, wohin sich Barsaentes, ein weiterer Mörder des Dareios III., geflüchtet hatte. Dieser begab sich, nachdem er vom Anmarsch des makedonischen Heeres hörte, nach Indien. Doch das nützte ihm wenig, denn die Inder lieferten ihn Alexander aus, der ihn daraufhin hinrichten ließ.[17] Im Zuge der Gebietskonsolidierung führte Alexander weitere Operationen in Arachosien durch, über die kaum etwas bekannt ist. Fest steht, dass er nahe des Daryacheh-ye Seistan[18] auf eine der alten Karawanenstraßen einschwenkte und dieser in nördlicher Richtung entlang des Helmand flussaufwärts folgte. Auf der Höhe des heutigen Lashka-Gar wich er vom Flusslauf ab und wandte sich ostwärts. Zur Festigung seiner Herrschaft in diesem Territorium gründete er zwei weitere Städte, Alexandria Arachonton, das heutige Kandahar[19], und Alexandropolis beim heutigen Kalat-i-Ghilzai.[20]

In der älteren Forschung wurde die Zahl der Städtegründungen Alexanders zu hoch eingeschätzt, von über 50 ist die Rede, und auch bezüglich ihrer Rolle betonte man, wohl zu Unrecht, ihre zivilisatorische Ausstrahlung über Gebühr.[21] Tatsächlich waren es kaum mehr als ein Dutzend Orte, die ihren Ursprung auf Alexander zurückführen konnten. Abgesehen von Alexandria am Nil und Alexandria in der Susiana lagen die restlichen Gründungen im ostiranischen und indischen Raum. In den nächsten Jahren werden noch Alexandria am Kaukasus (Bagram), Alexandria Eschate (Chodschent), Nikaia am Kophen (Kabul), Alexandria Boukephala (Jalapur), Nikaia am Hydaspes (Jehlum) und Alexandria bei den Oreiten (Rambakia) hinzukommen.[22] Damit wird die Funktion dieser an den neuralgischen Randzonen des Reiches errichteten Bollwerke verständlich. Die Neugründungen dienten der Sicherung und Abschirmung der hart umkämpften Grenzgebiete. Daher wurden hier altgediente Soldaten und Einheimische bevorzugt angesiedelt. Daneben kommandierte Alexander etliche griechische Kontingente, nicht immer mit Zustimmung der Beteiligten, als Besatzung ab. Den meisten Neugründungen sollte nur eine kurze Lebensdauer vergönnt sein. Denn auf die Nachricht vom Tod Alexanders haben die aus dem Westen stammenden Kolonisten die recht abgelegenen Siedlungen verlassen und sich Richtung Heimat aufgemacht. Nur wenige verharrten als westliche Vorhut im Herzen Asiens.

Im Herbst des Jahres 330 bedrohte eine zweite Rebellion in Areia die bisher für sicher erachteten Verbindungswege. Denn der zu Bessos geflüchtete Satibarzanes kehrte an der Spitze eines Reiterverbandes zurück. Alexander schickte eine Abteilung unter Artabazos, Erigyios und Karanos gegen ihn, und auch der Satrap von Parthien wurde angewiesen, mit seinen Truppen in Areia einzurücken. Die heftigen Kämpfe fanden erst ein Ende, als Satibarzanes im Zweikampf von Erigyios getötet wurde.[23] Erigyios, ein Jugendfreund, der Alexander nach dem Zerwürfnis mit Philipp II. ins Exil begleitet hatte, erlebte in Areia den Höhepunkt seiner militärischen Laufbahn. Er sollte in Afghanistan oder in Indien fallen.[24]

Das denkwürdigste Ereignis des Jahres 330 war jedoch eine Konspiration, welche das makedonische Lager erschütterte.[25] Einige Gefährten aus der unmittelbaren Umgebung des Königs planten dessen Beseitigung. Bis in die höchsten Dienstgrade schien sich das Netz der Verschwörung erstreckt zu haben. So wurde auch Philotas[26], Parmenions Sohn, der Kommandeur der Hetairenreiterei, der Mittäterschaft beschuldigt. Alexander berief eine Heeresversammlung in Phrada ein, die über das Schicksal der Verschwörer entscheiden sollte.[27] Auf der Stelle wurden die Urteile vollstreckt. Philotas, einer der fähigsten und vornehmsten Repräsentanten der makedonischen Militärelite, wurde hingerichtet. Was war geschehen? Wieso wandten sich Alexanders Männer gegen ihn?

Es gab objektive Gründe für die Unzufriedenheit mit dem eigenwilligen Alexander. Vielen dauerten die militärischen Operationen zu lange, und mit zunehmender Entfernung von der Heimat schwand die Hoffnung auf eine baldige Rückkehr. Auch nahmen die Anforderungen trotz der vielen Siege keinesfalls ab, sondern reichten oft bis zur Grenze des Erträglichen. Stets größere Entfernungen galt es unter widrigen klimatischen Bedingungen zu überwinden, immer neue Gegner stellten sich ihnen in den Weg. Die Mühen und Entbehrungen schienen kein Ende nehmen zu wollen. Hinzu kam ein Bündel subjektiver Motive wie persönliche Kränkungen sowie der Ärger angesichts erlittener Zurücksetzungen oder nicht gewährter Belohnungen. Ebenfalls dürfte die ostentativ betonte Perserfreundlichkeit Alexanders manchem seiner makedonischen Kampfgefährten ein Dorn im Auge gewesen sein.

Der Kopf der Verschwörung war Dimnos[28] aus dem makedonischen Chalastra. Er plante einen Anschlag und suchte in seiner Umgebung nach geeigneter Hilfe, die er in seinem Freund Nikomachos gefunden zu haben glaubte, was sich aber als Irrtum herausstellte. Denn Nikomachos enthüllte den Plan seinem königstreuen Bruder Kebalinos.[29] Eiligst weihte dieser Philotas, der Zugang zu Alexander hatte, in die Verschwörungspläne ein. Doch der Befehlshaber der Hetairenreiterei blieb untätig. Daher wandte sich Kebalinos über einen Pagen direkt an Alexander. Kurz darauf wurden die Verdächtigen verhaftet.[30] Während sich Dimnos durch Selbstmord einem Prozess entzog, musste sich Philotas dem Urteil des Heeres beugen. Bei seiner Verteidigung beharrte er darauf, die Botschaft des Kebalinos nicht ernst genommen und sie deshalb für sich behalten zu haben. Ob Philotas irgendwie an der Konspiration beteiligt war, lässt sich aufgrund der vorhandenen Quellenlage nicht klären, denn die antiken Autoren weichen in ihren Darstellungen erheblich voneinander ab.[31] Fest steht, dass Philotas durch sein Nichtstun seinen Feinden in die Hände spielte: Sie deuteten seine Passivität zumindest als stillschweigende Zustimmung.

Mit der Beseitigung des Philotas sowie einer Reihe von tatsächlich oder vermeintlich an der Meuterei Beteiligten war eine schwierige Situation entstanden.[32] Philotas' Vater Parmenion, dem die in Ekbatana einquartierten Einheiten des Heeres unterstanden und der großes Ansehen in der Armee genoss, wurde plötzlich zum Risikofaktor.[33] Wie würde der stets treue und zuverlässige Parmenion reagieren?[34] Ähnlich wie bei seiner Thronbesteigung, als es galt, seine Herrschaft zu sichern, handelte Alexander schnell und skrupellos. Er gab Polydamas den Befehl, die bewährten Offiziere Kleandros, Sitalkes und Menidas mit der Beseitigung des Parmenion zu beauftragen.[35] Im Gegensatz zu seinem Sohn, der sich durch sein Pflichtversäumnis kompromittiert hatte, konnte Parmenion im Grunde nichts vorgeworfen werden. Noch bevor die Nachricht von der Hinrichtung seines Sohnes zu ihm dringen konnte, wurde der nichts ahnende langjährige Gefährte, dem Alexander so viel verdankte, ermordet.[36]

Nach dieser „Säuberungsaktion", welcher auch der seit geraumer Zeit in Gefangenschaft gehaltene Alexander Lynkestes zum Opfer fiel[37], musste die einflussreiche Position des Philotas an der Spitze der Hetairen neu besetzt werden. Alexander beschloss, diese prestigeträchtige und oft die Schlacht entscheidende Abteilung nie wieder einem Einzelnen zu überantworten, denn in der Befehlsgewalt eines Verschwörers könnte sie sich in eine äußerst bedrohliche Waffe verwandeln. Deshalb unterstellte er die Hetairenreiterei dem Kommando zwei seiner engsten Vertrauten: den bewährten Freunden Hephaistion und Kleitos, seinem Retter in der Schlacht am Granikos.[38] Auch Koinos, Kleandros und Ptolemaios, die das Vertrauen Alexanders genossen, wurden befördert.[39]

Diese Vorkommnisse offenbarten eine tief wurzelnde Krise innerhalb der makedonischen Führung. Die namentlich bekannten Opfer – es gab auch weitere weniger prominente – des Machtkampfes: Parmenion, Philotas, Dimnos, Nikomachos oder Alexander Lynkestes, zählten zu den Stützen des asiatischen Feldzuges. Ihre gewaltsame Beseitigung hinterließ eine empfindliche Personallücke. Die militärische Kompetenz der Betroffenen hatte zu dem bisherigen Erfolg entscheidend beigetragen. Daher schwächte die Affäre den Zusammenhalt des Heeres. Der gewaltsam ausgetragene Konflikt zwischen dem König und dem Parmenion-Clan vertiefte die Gräben innerhalb der makedonischen Aristokratie – zumal eine Reihe von Befehlshabern, die mit Parmenion verwandtschaftlich verbunden waren, wie etwa sein Schwiegersohn Koinos, nach wie vor führende Stellungen bekleideten. Alexanders Charisma als Feldherr erlitt erheblichen Schaden.[40] Um von diesen Schwierigkeiten abzulenken, stürzte er sich mit Besessenheit auf die Verfolgung des Bessos. Mittels einer erfolgreichen militärischen Unternehmung hoffte er, die innere Verfassung seines Heeres zu stabilisieren. Doch waren die wenig Ruhm und Beute verheißenden Operationen in der Gebirgswelt des Hindukusch wirklich geeignet, Abhilfe gegen die getrübte Stimmungslage zu schaffen?

Abrechnung mit Bessos

Hindukusch, Baktrien, Sogdien

Nachdem die Verschwörung niedergeschlagen war, wandte sich die gesamte Streitmacht nach Norden gegen den Südhang des Hindukusch. Sie erreichte gegen Ende des Jahres 330 ein Gebiet, das überwiegend aus waldlosen Ebenen und dünn besiedelten Einöden bestand. Große Teile des Landes waren das ganze Jahr von Schnee bedeckt.[1] Es umfasste den Oberlauf des Helmand und den in einer Höhe zwischen 1500 bis 2000 Metern gelegenen Großraum um das heutige Kabul. Am Zusammenfluss von Ghorband und Panjsher gründete Alexander eine Stadt, Alexandria am Kaukasus (Bagram), die er zur Basis seines weiteren Vormarschs und zur Sicherung der Pässe ausbaute.[2] Hier schlug er das Winterlager auf.

Derweil versuchte Bessos jenseits des Hindukusch den feindlichen Vormarsch aufzuhalten, indem er das Hinterland verwüstete, um den Nachschub und die Versorgung der Gegner zu erschweren. Zudem riegelte er die westlichen Gebirgshöhen ab. Damit standen dem makedonischen Heer drei Gebirgspässe[3] zur Überwindung des gewaltigen Hindernisses offen. Lediglich Aornos (Taschkurgan), eine der größten Städte Baktriens, welche die mittlere der drei Passagen sicherte, wurde von Bessos besetzt. Seine baktrischen Truppen wurden durch Kontingente aus dem Norden und Nordwesten, vornehmlich Massageten und Daher verstärkt.[4]

Alexander begann im Frühjahr des Jahres 329 mit der Überquerung des Hindukusch, wobei er den weitaus längeren Weg über den östlich gelegenen Khawak-Pass (3548 m) wählte, der durch das Panjsher-Tal führt und etwa die Hälfte des Jahres zugeschneit ist. Bessos dachte nicht, dass ausgerechnet hier die Passage erfolgen würde, zumindest nicht, solange der Weg durch Schnee und Eis gesperrt blieb. Vielmehr hoffte er, Alexander zur Untätigkeit zu verurteilen und damit wertvolle Zeit zum Ausbau seiner Verteidigungsstellung zu gewinnen. Die Strecke war unwirtlich. Geröllmassen und steile Bergmassive säumten den Pfad durch das Tal. An eine Versorgung vor Ort war kaum zu denken, zumal die Bergbewohner ihre spärlichen Vorräte vergraben hatten, um sie vor dem Zugriff der Fremden zu schützen. Doch die Logistikprobleme des Feldzuges hatten sich bisher immer bewältigen lassen, und so hoffte man auch jetzt auf eine improvisierte Lösung.

Die kämpfende Truppe musste ihre Ausrüstung – bei Hopliten immerhin über dreißig Kilogramm – mitnehmen. Zudem konnten sich die Pack- und Reittiere in dieser kargen Landschaft nicht selbst versorgen, sie waren

Abb. 30: Afghanistan: Gipfel des Hindukusch.

wie die Soldaten auf mitgeführte Vorräte angewiesen. Bei einer Armee von 30000 bis 40000 Mann war ein solches Unternehmen eine gewaltige logistische Herausforderung. Allein das Bereitstellen der erforderlichen Nahrungsmittel für Mensch und Tier für die Dauer von zwei Wochen, zumal bei winterlichen Witterungsverhältnissen, barg gewaltige Risiken. Man muss wohl davon ausgehen, dass die Passhöhen in Etappen bezwungen wurden[5] und dass der Hauptteil des Heeres samt Tross erst mit dem Aufstieg begann, als die Kammlagen bereits schneefrei waren.

Alexander begab sich in den Hindukusch mit einer leicht bewaffneten Vorausabteilung, die ihren Proviant selbst mitführte. Ungenügend gegen Kälte geschützt, quälte sie sich durch knietiefen Schnee. Viele Soldaten erfroren in ihren Zelten oder erblindeten aufgrund der grellen Lichtverhältnisse.[6] Zu allem Übel gingen ihnen in der zweiten Woche die Getreidevorräte aus, was sie zwang, die Lasttiere zu schlachten. Da man in dieser

Höhe, jenseits der Baumgrenze, kein Holz fand, träufelten sie, um das rohe Fleisch einigermaßen genießbar zu machen, den Saft der Arzneipflanze Silphium[7] darüber. Durch den Ausfall der Packtiere waren die Soldaten gezwungen, die Lasten auf ihre eigenen Schultern zu verteilen. So zog sich die Überquerung in die Länge. Sie dauerte etwa sechzehn Tage.[8]

Dass Bessos die günstige Situation nicht nutzte, um über die erschöpften feindlichen Truppen herzufallen, kann nur bedeuten, dass er von deren plötzlichem Erscheinen überrascht wurde. Seine eigenen Mannschaften waren noch in den Winterquartieren und daher nicht gefechtsbereit. Zudem besaß er keine genauen Informationen über die Kampfstärke der Gegner, die den Khawak-Pass bezwungen hatten. Daher ist seine panische Reaktion angesichts des Herannahens der makedonischen Truppen nachvollziehbar. Curtius Rufus legt dem Rückzug des Bessos taktische Überlegungen zugrunde, denn Sogdien wies nicht nur zahlreiche Flussläufe auf, die sämtliche Bewegungen der Eindringlinge erschwerten, sondern bot durch seine vielen Berge unzählige natürliche Schanzen, von denen man dem Gegner jederzeit zusetzen konnte. Offenbar dachte Bessos daran, den Oxus so lange als natürlichen Wall gegen Alexander zu benutzen, bis die angeforderte Verstärkung von den Nachbarstämmen eintraf.[9] Deshalb floh er über den Oxus, während sich seine in ihrer Bewegungsfreiheit eingeschränkten und führerlos gewordenen Reiterverbände zerstreuten.[10] Wäre Alexanders Übergang über den Hindukusch zu einem späteren Zeitpunkt erfolgt, hätten sich die Kräfteverhältnisse ganz anders gestaltet, und Bessos hätte einen deutlichen Vorteil verbuchen können. So aber lag die Initiative bei Alexander, der Ort und Zeitpunkt des bevorstehenden Kampfes bestimmen konnte. Er stieß bis nach Drapsaka (Kunduz) vor und blieb dort bis zum Beginn der guten Jahreszeit. Hier frischte er seine Vorräte auf und wartete auf die nachrückenden Truppen. Nachdem das Heer wieder vereinigt war, griff er die größten Städte Baktriens, Aornos und Baktra an und nahm sie im ersten Ansturm.[11]

Artabazos, der sich seit Zadrakarta in der Umgebung Alexanders aufhielt, genoss unter allen Persern das besondere Vertrauen des Königs. Dieser rechnete ihm seine loyale Haltung gegenüber Dareios III. hoch an. Außerdem hatte er sich im Kampf gegen Satibarzanes verdient gemacht. Seine Berufung zum Satrapen von Baktrien macht deutlich, welche Bedeutung Alexander dieser Region beimaß. Denn alle wichtigen Nachschub- und Versorgungswege kreuzten sich hier. Daher musste das weitläufige Gebiet gesichert werden, wollte man weiter nach Nordosten vorstoßen. Genau dies beabsichtigte Alexander, denn Bessos hatte sich mit den verbündeten Massageten, Dakern und Sogdiern über den Oxus nach Nautaka (Kauschi) abgesetzt und sämtliche Boote, die er zur Überquerung des Stromes benutzt hatte, verbrennen lassen.

Durch seine Flucht nach Sogdien gab Bessos das Gebiet zwischen Oxus und dem Hindukusch preis, das nun von Alexanders Truppen ohne Widerstand besetzt werden konnte. Im Sommer des Jahres 329 stieß das makedonische Heer bis zum Oxus vor.[12] Hier entließ Alexander eine Abteilung thessalischer Kavalleristen sowie ältere und nicht mehr einsatzfähige Soldaten in die Heimat.[13] Zudem sandte er Stasanor[14], einen seiner Vertrauensleute, nach Areia, um den kürzlich als Satrapen eingesetzten Arsakes zu verhaften. Stasanor sollte seine Funktion übernehmen. Denn bei der Niederschlagung des zweiten areischen Aufstandes und der Verfolgung der Flüchtigen hatte Arsakes sich äußerst unentschlossen gezeigt, was ihn in den Verdacht der Kollaboration mit Bessos brachte. Alexander hatte aus seinen Fehlern gelernt. Er wollte keine weitere Verzögerung bei der Verfolgung des Bessos riskieren, wie er sie im vergangenen Jahr durch den Seitenwechsel des Satibarzanes hatte in Kauf nehmen müssen.

Nun konnte die Überquerung des Oxus beginnen. Neben seiner Breite[15] und seiner ungewöhnlichen Tiefe war der Fluss schnell fließend, so dass Stützpfähle keinen Halt fanden. Zudem wurde der Bau einer Brücke durch die herrschende Holzknappheit beeinträchtigt.[16] Daher griff man auf eine Methode zurück, die sich bereits zu Beginn der militärischen Laufbahn Alexanders bewährt hatte. Wie an der Donau stellte man auch hier mit Spreu gefüllte Zeltplanen her, auf denen Ausrüstung und Proviant ans andere Ufer verfrachtet werden konnten. Dabei nutzten die Soldaten die Pontons als Schwimmhilfen.[17] Nachdem das nördliche Ufer besetzt war, zog das restliche Heer nach. Dann rückte es weiter nach Nautaka vor, wo Bessos sich zuletzt aufgehalten hatte. Nach einigen Tagen Marsch kamen zwei Reiter mit einer Nachricht von Spitamenes, der die Auslieferung des Bessos anbot.[18] Was sich bei den Baktrern und ihren Verbündeten ereignete, kann man nur erahnen, aber mit großer Wahrscheinlichkeit gab es ähnliche Beweggründe wie jene, die ein Jahr zuvor zur Absetzung des Dareios III. geführt hatten. Auch Bessos musste, nachdem Alexander den Hindukusch bezwungen hatte, Baktrien kampflos den fremden Truppen überlassen, wodurch er die in ihn gesetzten Erwartungen enttäuschte. Daher hofften die ostiranischen Adligen, seine Auslieferung an Alexander könnte den weiteren Vormarsch verhindern und ihre Autonomie retten.

Als Alexander von der Stimmung im feindlichen Lager erfuhr, stoppte er den Vormarsch und schickte eine Vorausabteilung[19] unter Ptolemaios los mit dem Auftrag, Bessos zu ergreifen. Kurz darauf geriet der ehemals mächtige Gegenspieler in die Hände seines Verfolgers. Wollte Alexander seine Legitimation als Nachfolger des Dareios III. bekräftigen, musste Bessos beseitigt werden.[20] Immerhin konnte dieser als Argument für seinen rechtmäßigen Anspruch auf den Thron die familiären Beziehungen zum Achaimenidenhaus vorweisen. Alexander hingegen hatte dem wenig entgegenzusetzen. Auch wenn er dafür Sorge getragen hatte, dass Dareios III. ehrenvoll bestattet wurde, sich im Besitz seines Siegelrings befand, das Grab des Kyros ehrte und sich in der Tracht der Perserkönige zeigte, konnte er keinerlei verwandtschaftlichen Verbindungen zu der Vorgängerdynastie vorweisen. Erst im Jahr 324 sollte durch die Hochzeit Alexanders mit der Tochter des Dareios III., Stateira, das familiäre Band mit dem persischen Herrscherhaus fest geknüpft werden. Doch bis dahin war es noch ein langer Weg.[21] Im Sommer des Jahres 329 hingegen war Bessos ein Konkurrent, den es, um der eigenen Legitimation willen, unter allen Umständen auszuschalten galt. Nackt und in Ketten brachte man den geschlagenen Bessos ins Lager Alexanders. Dieser ließ ihn verhören, foltern und schließlich zur Hinrichtung nach Baktra abführen.[22]

Wieder einmal gelangte Alexander an einen Punkt, an dem ein Weitermarschieren problematisch erschien. Als neuer Achaimenide hatte er seinen Widersacher herausgefordert. Mit dessen Beseitigung erlosch die Notwendigkeit weiterer Militäraktionen. Dennoch zog Alexander weiter, und das Heer folgte ihm bis an den Rand des Achaimenidenreiches. Beabsichtigt war, das gesamte Gebiet bis zur Grenze der damaligen Zivilisation zu erkunden und in Besitz zu nehmen. Währenddessen wurden die durch die strapaziösen Berg- und Wüstenstrecken stark dezimierten Bestände an Pferden und Lasttieren ergänzt sowie die aufgebrauchten Proviantvorräte ersetzt. Anlässlich eines eher unbedeutenden Gefechts wurde Alexander von einheimischen Kriegern durch einen Pfeil am Schienbein schwer verletzt.[23] Bei der vorherrschenden großen Sommerhitze war die Gefahr einer Wundbrandinfektion hoch. Doch Alexander ließ den Marsch fortsetzen und sich auf einer Bahre befördern.

Im Verlauf der letzten Feldzüge verwandelte sich Alexanders Feldlager in die permanent improvisierende Regierungszentrale eines sich stets vergrößernden Herrschaftsgebietes. Angesichts der beeindruckenden Entfernungen stellte allein die Aufrechterhaltung des Kommunikationssystems zwischen dem Königshof und den untergeordneten Instanzen eine logistische Meisterleistung dar. Über Tausende von Kilometern in teils schwer zugängliche Regionen galt es, den Nachschub zu organisieren. Selbst in den abgelegensten Winkeln seines Machtbereiches empfing Alexander Informationen seiner Untergebenen und erließ Direktiven. Er war über die Situation in Griechenland, in Makedonien und in den Satrapien auf dem Laufenden und reagierte auf plötzlich auftretende Entwicklungen mit einer erstaunlichen Schnelligkeit, was durch die planmäßige Nutzung des gut ausgebauten Straßennetzes des Achaimenidenreiches – das alle Regionen miteinander verband – und ferner durch den Ausbau eines leistungsfähigen Meldewesens gelang. Nicht zu Unrecht hat Lane Fox daraus geschlossen: *Es wäre richtiger zu behaupten, dass Alexander die Hauptstraßen*

Asiens erobert hat, nicht Asien selbst.[24] Bemerkenswert ist, dass Alexander trotz seiner Beanspruchung immer wieder Zeit fand, sich um die Privatangelegenheiten seiner Gefährten zu kümmern. Davon zeugt die umfangreiche Korrespondenz, in der selbst verhältnismäßig unwichtige Vorfälle eingehend erörtert werden.[25]

Weil Alexander angesichts der riesigen Entfernungen und der eingeschränkten Transportmöglichkeiten seine Präsenz dosieren musste, verstärkte sich sein Charisma als abwesender Monarch. Seine trotz großer Ferne anerkannte Autorität wurde das Merkmal seiner Herrschaft. Dies hatte im Perserreich eine lange Tradition, da die Achaimeniden ähnlich regiert hatten.[26] Aber nicht alles verlief nach Wunsch. Nicht nur mit seiner makedonischen Umgebung, sondern auch zwischen den persischen Eliten und ihrem „westlichen" König gab es Reibereien zur Genüge. Acht wichtige Personalentscheidungen, die zwischen der Schlacht bei Gaugamela und dem Beginn des indischen Feldzugs getroffen wurden, mussten revidiert werden. Ab dem Jahr 327 wird Alexander keinen Perser mehr zum Satrapen ernennen.[27]

Entscheidend für den Fortbestand seiner Herrschaft waren letztlich die Loyalität der persischen Untertanen und die Gefolgschaft seiner makedonischen Truppen. Die Philotasaffäre erwies sich als schwere Belastungsprobe, die mit der Beseitigung des Parmenion eine Verschärfung erfuhr. Die sichtbar werdenden orientalisierenden Tendenzen Alexanders sorgten für weitere Irritationen. In den Augen seiner Kampfgefährten gerierte sich ihr König zu sehr als persischer Herrscher. Sie sahen darin eine Entfremdung von seinen makedonischen Wurzeln. Die Spannungen zwischen Alexander und seinen Gefährten blieben bestehen. Ob sie zu einer Entschärfung oder Eskalation führen würden, mussten die nächsten Monate erweisen.

Am Rande der bekannten Welt

Ein Feldzug ohne Ende?

Nach seiner Genesung begab sich Alexander nach Marakanda am Polytimetos, der wichtigsten Stadt Sogdiens.[1] Von hier aus zog er im Spätsommer des Jahres 329 entlang der über die oxischen Berge führenden Heeresstraße bis zum Jaxartes.[2] Er wollte die nordöstlichste Region seines Herrschaftsbereichs in Besitz nehmen und durch Truppenstationierungen absichern. Gewiss ahnte er damals nicht, dass sein Aufenthalt in dieser randständigen Zone sich über zwei Jahre ausdehnen und schwerste Belastungen mit sich bringen würde. Denn nach der Beseitigung des Bessos schien zunächst Ruhe eingekehrt zu sein. Diese war aber trügerisch. Bald sollte eine von Spitamenes angeführte Revolte alles bisher Erreichte in Frage stellen. Gleichzeitig gärte es in der makedonischen Armee weiter. Niemals zuvor sah sich Alexander mit so viel Widerstand konfrontiert.

Sogdien war lose an das Achaimenidenreich angegliedert. Dessen verwaltungstechnische Anbindung erfolgte über Baktrien, eine eigenständige Satrapie bildete es aber nicht. Auch wenn die Sogdier den Perserkönig anerkannten, blieb die lokale Herrschaft bei den einzelnen Stammesfürsten. Die zivilisatorischen Übergänge zu den benachbarten Nomadenstämmen Innerasiens waren fließend. Lange vor Alexander hatten sowohl Kyros als auch Dareios I. gegen die Skythen mit mäßigem Erfolg gefochten. Der Jaxartes markierte die nördlichste Linie einer Pufferzone zwischen dem persischen Reich und den immer wieder einfallenden Völkern der endlosen Steppe. Alexander stand vor der Aufgabe, Sogdien gegen die Übergriffe der Skythen zu schützen und die eigene Herrschaft über die Region dauerhaft zu konsolidieren. Er fing mit dem Ausbau der von Kyros zwischen Oxus und Jaxartes angelegten Grenzanlagen an, deren bekannteste Kyropolis (Ura Tube) war, eine von insgesamt sieben Festungen, die Sogdien gegen Einfälle der Reitervölker abschirmen sollten.[3]

Alexander lud die regionalen Machthaber zu einer Versammlung nach Baktra ein.[4] Offenbar war diese Einberufung zwar nicht die Ursache, diese lag tiefer, wohl aber der Auslöser einer Revolte, die sich zu einem unüberschaubaren Kleinkrieg ausweiten sollte. Denn als die Grenzstädte makedonische Besatzungen erhielten und Alexander die Vornehmen des Landes zum Rapport befahl, verfestigte sich in den Augen der Einheimischen das Bild einer neuen Fremdherrschaft. Die durch die Auslieferung des Bessos erhoffte Autonomie der sogdischen Stammesfürsten schien Makulatur geworden zu sein. Als Anführer dieses Aufstandes avancierte Spitamenes, wie zuvor Dareios III. und Bessos (Artaxerxes IV.), zum Gegenspieler Alexanders.[5] Der als Verfechter der Unabhängigkeit Baktriens und Sogdiens auftretende Kriegsherr erwies sich als charismatische Führungspersönlichkeit. Er dürfte der militärisch begabteste Gegner gewesen sein, mit dem sich Alexander auseinanderzusetzen hatte. Wie zuvor bei Satibarzanes musste Alexander erneut die Illoyalität eines früheren Verbündeten erleben. Dadurch wurde zunehmend fragwürdig, ob es sinnvoll war, ehemals feindlich eingestellte Dynasten, die sich angesichts der makedonischen Übermacht ergaben und Kooperationsbereitschaft signalisierten, in ihren angestammten Funktionen zu belassen.

Die Rebellion, die mit dem Abfallen der sieben Bollwerke entlang des Jaxartes und der Ermordung der dort stationierten makedonischen Besatzungen im Herbst des Jahres 329 begann[6], blieb keinesfalls auf Sogdien begrenzt, sondern griff rasch auch auf Baktrien über, das durch Stasanor als befriedet galt. Abgeschnitten von jeglicher Versorgung, zwischen zwei schwer passierbaren Strömen eingeklemmt, drohte die Vernichtung der makedonischen Armee, die sich nun zusätzlich von den Skythen bedroht sah. Alexander reagierte umgehend. Er sandte Krateros nach Kyropolis, wo sich die größte Zahl der Aufständischen verschanzt hielt. Er selbst wandte sich der nächstgelegenen Stadt Gaza zu, die im ersten Ansturm bezwungen wurde. Alle waffenfähigen Männer wurden getötet, Frauen und Kinder versklavt, die Stadt dem Erdboden gleichgemacht. Wie eine unaufhaltsame Lawine breiteten sich Alexanders Truppen jetzt über das aufrührerische Sogdien aus. Dem Gegner wurde keine Atempause gegönnt. Drei weitere Städte mussten unter der Rache der Sieger leiden.[7] Anschließend richtete Alexander sein Augenmerk auf Kyropolis, das inzwischen von Krateros umzingelt werden konnte. Mit Belagerungsmaschinen und Rammböcken wurden die mächtigen Mauern bestürmt. Alexander befahl einen Angriff auf eine der Breschen und drang an der Spitze einer kleinen Abteilung durch eben jene Lücke in die Stadt ein. Dabei wurde er von einem Stein am Hals und Kopf getroffen, der ihn ohnmächtig zu Boden warf.[8] Die Verteidiger zogen sich in die befestigte Burg zurück. Schließlich mussten die eingeschlossenen Truppen aufgrund von Wassermangel kapitulieren.[9]

Nach der mit äußerster Brutalität erzwungenen Befriedung des Aufstandsgebietes kehrte Alexander zum Jaxartes zurück, denn an dessen nördlichem Ufer hatte ein größeres Aufgebot der Skythen Stellung bezogen. Zeitgleich erhielt er die Nachricht, dass Spitamenes Marakanda erobert hatte und die Makedonen in der Zitadelle belagerte.[10] Mittlerweile war Alexanders Heer durch zahlreiche Truppenstationierungen so sehr geschrumpft, dass er sich gezwungen sah, sich auf einen Gegner zu konzentrieren. Daher konnte nur ein kleiner Verband für den Entsatz Marakandas erübrigt werden. Zur Absicherung des Grenzflusses ließ Alexander am Südufer des Jaxartes, wo er sein Heerlager aufgeschlagen hatte, eine neue Stadt erbauen, der er seinen Namen gab: Alexandria Eschate (Chodschent/Leninabad). „Alexandria die Äußerste" lag strategisch günstig in einem Bogen des Flusses und war sowohl als Ausgangspunkt einer Invasion, wie auch als Bastion gegen Angriffe der Reitervölker aus der Steppe gedacht.[11] Unter dem Druck eines möglichen Überfalls wurde die etwa zehn Kilometer lange Stadtmauer in zwanzig Tagen hochgezogen, wobei die Truppen in mehreren Kolonnen abschnittsweise arbeiteten. Auch die übrigen Bauwerke wurden nach Fertigstellung der Mauer innerhalb kurzer Zeit errichtet.[12]

Nun beschloss Alexander gegen die Skythen vorzugehen.[13] Doch da die Orakel ungünstig ausfielen, wurden die Operationen zunächst verschoben. Obwohl ein zweites Opfer die bisherigen Vorzeichen bestätigte, wagte Alexander, entgegen seiner üblichen Gewohnheit – auf den göttlichen Willen hatte er immer großen Wert gelegt –, dennoch den Übergang. Er ließ Katapulte am Ufer auffahren und beschoss die auf der anderen Seite postierten Steppenvölker. Durch die große Reichweite der Geschosse in Angst versetzt, flohen die Uferbesatzungen, wodurch der Übergang gelang. Zuerst setzten die Bogenschützen über. Sie sollten den Brückenkopf verteidigen. Ihnen folgten die Phalanx und die Leichtbewaffneten. Mit dem Eintreffen der schwer bewaffneten Reiterei gelang es dann, die Skythen einzukesseln und ihren Bewegungsspielraum drastisch einzuschränken, womit der Kampf entschieden wurde. Die Fliehenden wurden bis weit ins Landesinnere verfolgt, wobei Alexander, noch immer geschwächt von jener Verletzung, die er bei der Einnahme von Kyropolis davongetragen hatte, zusammenbrach und ins Lager getragen werden musste.[14]

Zur selben Zeit erlitten die makedonischen Truppen unweit von Marakanda am Polytimetos eine schmerzliche Niederlage. Heftige Kämpfe tobten um die von Spitamenes eroberte Zitadelle, als schließlich die erschöpften makedonischen Entsatztruppen des Pharnuches auf die Stadt zumarschierten. Um nicht eingeschlossen zu werden, beschloss Spitamenes, sich abzusetzen.[15] Vorschnell machten sich die Makedonen daran, ihn zu verfolgen. Dabei drangen sie in das Gebiet der mit Spitamenes verbündeten Nomadenstämme vor. Zusammen mit einer Schwadron skythischer Reiter erwartete er den makedonischen Angriff jenseits des Polytimetos, am Rande der skythischen Steppe. Mittels der Taktik des fliehenden Gefechts, bei dem der Gegner aus der Distanz mit Pfeilen beschossen wurde, die Reiterverbände sich aber stets nach erfolgter Attacke rasch zerstreuten, so dass sie kein klares Ziel abgaben, wurden die makedonischen Verfolger eingekreist. Ihre Gegenangriffe liefen ins Leere und gaben zudem die Flanken ihrer Infanterie preis, die dem Ansturm der Skythen nichts entgegenzusetzen vermochte. Der Rückzug über den Polytimetos wurde zu einem Desaster, da Spitamenes mit einem Teil seiner Truppen am Oberlauf übergesetzt hatte und die Makedonen auf einer Sandbank im Fluss festhielt. Vom Ufer aus wurden sie mit einem Pfeilhagel beschossen, bei dem zahlreiche Reiter, einschließlich ihrer Kommandeure, den Tod fanden. Nur wenige vermochten zu entkommen.[16]

Als Ursache für diese Niederlage wird die Zögerlichkeit der makedonischen Offiziere beim Flussübergang kolportiert, bei dem sich die Kavallerie zu früh von den Fußtruppen abgesetzt und eine Panik verursacht habe.[17] Alexander hatte die Lage und die Fähigkeiten des Spitamenes falsch eingeschätzt. Die Mission, das eingekesselte Marakanda zu entsetzen, hätte einen größeren Truppenverband erfordert und eines fähigeren Kommandeurs bedurft. So trug Alexander in erster Linie die Verantwortung für den herben Rückschlag. Sobald er die Nachricht von der Niederlage erhielt, brach er umgehend auf.[18] Er nahm die Hälfte seiner Hetairen, die Agrianer, Bogenschützen sowie leichtbewaffnete Phalangisten mit und zog in Eilmärschen gegen Marakanda, das von Spitamenes erneut bedrängt wurde. Die etwa zweihundertsiebzig Kilometer legte er in knapp vier Tagen zurück, was eine unglaubliche Marschleistung darstellt. Derweil hatte Krateros die Order erhalten, den verbleibenden Teil des Heeres heranzuführen. Spitamenes zog sich auf die Nachricht der herannahenden Makedonen rasch zurück[19], und Alexander vermied es, in die Steppe einzudringen, wohl wissend um die Gefahren, die ein weiterer Vormarsch in sich bergen konnte. Er kehrte zum Polytimetos zurück, um die Gefallenen zu bestatten. Danach verwüstete er das umliegende Land und tötete alle Aufständischen, derer er habhaft werden konnte.[20] Anschließend schlug er in Baktra sein Winterlager auf, wo schließlich die dringend benötigten Verstärkungen eintrafen.[21]

Im Frühjahr 328 begann von Baktra aus die Offensive gegen die sogdischen Stämme, die sich in den Bergen verschanzt hielten. Alexander hatte aus der Niederlage des vergangenen Jahres gelernt. Er gliederte nun seine gesamte Streitmacht in fünf Kolonnen um.[22] Dadurch konnte er mit größerer Flexibilität in dem weitläufigen Gebiet operieren und auf mehrere Unruheherde zeitgleich reagieren. Die einzelnen Abteilungen durchstreiften die Seitenarme des Oxus sowie das Hissargebirge bis Marakanda.[23] In Baktra wurde eine Einheit unter dem Befehl des Polyperchon, Attalos, Gorgias und Meleager zurückgelassen. Hephaistion erhielt den Auftrag, in Sogdien befestigte Lager anzulegen, womit ein System von Kontroll- und Stützpunkten entstand, das sämtliche feindliche Aktivitäten überwachen und einschränken konnte. Gleiches entstand unter der Aufsicht von Koinos und Artabazos gegenüber den Siedlungsgebieten der Skythen.[24]

Inzwischen war Spitamenes an der Spitze eines Truppenverbandes aus dem Stamm der Massageten in Baktrien eingefallen, wo er eine Grenzfestung erobern konnte. Dadurch ermutigt und ohne auf Widerstand zu stoßen, erreichten seine Schwadronen Baktra, vermieden jedoch einen Angriff auf die Stadt und beschränkten sich vielmehr aufs Plündern. Die makedonische Garnison unternahm einen Ausfall, wobei die Einheiten des Spitamenes zerstreut werden konnten. Als aber die ausgezogenen makedonischen Kolonnen den Rückmarsch nach Baktra antraten, fügte ihnen Spitamenes schwere Verluste zu. Damit bestand wieder die Gefahr, dass Alexanders Sicherheitsnetz, welches er aus den verteilten Besatzungen, Städtegründungen und den mobilen Truppenverbänden gesponnen hatte, durchlässig wurde. Um der gefährdeten Stadt Baktra zu helfen, zog Krateros umgehend gegen die Massageten, die sich in Richtung Steppe zurückzogen. Noch bevor sie diese erreichten, konnte Krateros sie stellen und in einen schweren Kampf verwickeln, in welchem die Makedonen die Oberhand behielten. Den Massageten und Spitamenes gelang trotz vieler Verluste erneut die Flucht.[25]

Zu dieser Zeit wurde der Satrap von Baktrien Artabazos auf eigenen Wunsch mit Rücksicht auf sein Alter von Alexander seines Amtes enthoben. Seine Stelle sollte Kleitos, einer der beiden Anführer der Hetairenreiterei, übernehmen.[26] Doch bevor dieser sein neues Amt antreten konnte, kam es im Sommer des Jahres 328 in Marakanda zu einem dramatischen Zwischenfall.[27] Im Verlauf eines Gelages anlässlich eines Kultfestes wurden die Gespräche aggressiver und mündeten in einen gefährlichen Streit. Die Hauptakteure waren Alexander und Kleitos, wobei sich nicht mehr rekonstruieren lässt, wer der Verursacher des Zwistes war. Unter Alkoholeinfluss beleidigten sie sich gegenseitig. Alexanders Gereiztheit stieg. Kleitos hielt seinem Oberbefehlshaber Undankbarkeit vor. Außerdem würde er seinen Vater Philipp II. verleugnen und sich stattdessen als Sohn Ammons ausgeben. Als er schließlich mittels eines Euripideszitats Alexander als Tyrannen brandmarkte, geriet der König außer sich. Durch Kleitos' verbale Angriffe aufs Stärkste verletzt, stieß er einen Speer in den Leib seines Kampfgefährten, der auf der Stelle starb.[28] Unmittelbar danach soll Alexander seine Tat so bedauert haben, dass er versuchte, sich selbst in die Lanze zu stürzen. Doch seine Leibwächter verhinderten dies. Daraufhin zog er sich für mehrere Tage zurück und wollte niemanden sehen.[29]

War wirklich allein die ungezügelte Stimmung des Gelages, gepaart mit den Ehrverletzungen die Ursache für diese tragische Episode? Wohl kaum. Sie waren eher das letzte ausschlaggebende Moment. Bedenken wir

Kleitos' Lage: Er galt als einer der prominentesten Feldherren, lebte im unmittelbaren Umfeld des Königs und focht bei jeder Schlacht an vorderster Front mit. Ihm unterstand die wirkungsvollste Waffengattung, die Hetairenreiterei. Und nun erhielt er den Befehl, am Rande der bekannten Welt die Verwaltung eines Steppenlandes am Fuße des Hindukusch zu übernehmen. Bisher hatte Alexander keinen Gefährten aus seinem engeren Bekanntenkreis als Satrapen eingesetzt. Für den über fünfzigjährigen Kleitos, der bei der Schlacht am Granikos seinem König das Leben gerettet hatte, dürfte diese Aufgabe einer militärischen Kaltstellung gleichgekommen sein. Dieser Unmut und die vom Weingenuss aufgeheizte Stimmung bildeten eine gefährliche Mischung, die zur Eruption führte.

Der Kleitosepisode sollten im nächsten Jahr zwei weitere Affären folgen, die als Proskynese-Streit und als Pagenverschwörung Berühmtheit erlangten. Beide drohten den Zusammenhalt des makedonischen Heeres zu sprengen. Bei diesen Ereignissen handelte es sich, ähnlich wie im Falle des Philotas, um oppositionelle, gegen Alexander gerichtete Tendenzen. Was den Kleitos-Zwischenfall betrifft, gibt es jedoch kein Indiz für eine Konspiration[30], und Alexanders nachträgliches Verhalten scheint dies zu bekräftigen. Wenn er eine Verschwörung in seinen Reihen gewittert hätte, wäre ihm daran gelegen gewesen, diese mit Stumpf und Stiel auszurotten und keinesfalls sich tagelang zurückzuziehen und seinen Gefühlen hinzugeben. Trotzdem offenbarte die gewiss ungeplante Tötung des Kleitos einen weiteren Riss in den Beziehungen Alexanders zu seiner Generalität. Zumal der Feldzug in eine Sackgasse zu geraten drohte, wenn es nicht bald gelang, Baktrien und Sogdien definitiv zu befrieden.

Mit der ihm eigenen Verbissenheit wandte sich Alexander der Kriegführung zu, denn die Gefahr eines massagetischen Einfalls unter Spitamenes war keineswegs gebannt. Er versuchte, dem mit dem Bau von Grenzfestungen und Garnisonen am Rand der Steppe entgegenzuwirken und sich den Rücken für den entscheidenden Schlag in Sogdien freizuhalten. Im Spätsommer des Jahres 328 wagte Spitamenes einen neuen Vorstoß. Als Koinos die herannahenden Reiterverbände entdeckte, stellte er sich ihnen in den Weg. Dabei kam es zu einem Gefecht, das dieser für sich entscheiden konnte und die Aufständischen zum Rückzug zwang. Wie vielfach zuvor, flüchtete Spitamenes in die Steppe, in der Hoffnung, dass der Feind ihm dahin nicht folgen würde. Doch damit besiegelte er sein Schicksal, das sich von dem des Dareios III. oder Bessos kaum unterscheiden sollte. Denn seine Anhänger begannen an seiner Führungskraft zu zweifeln. Als Erste ergaben sich die baktrischen Truppenkontingente dem Koinos. Als dann die Massageten vom makedonischen Vormarsch in Richtung Steppe erfuhren, ließen sie Spitamenes fallen, schlugen ihm den Kopf ab und sandten ihn zum feindlichen Lager.[31]

Die letzte Phase im Kampf gegen die sogdischen Widerstandsnester begann im Frühjahr 327 mit dem Angriff auf die Sogdischen Felsen, wo sich der Fürst Oxyartes[32] zurückgezogen hatte.[33] Alexander, der die Schwierigkeit, die Felsenburg einzunehmen, richtig einschätzte, lud Gesandte der Aufständischen zu sich, um ihnen freien Abzug anzubieten, was sie jedoch ablehnten. Außerdem gaben sie ihm den Rat, bei der Erstürmung ihrer Burg auf die Hilfe von Soldaten mit Flügeln zu warten[34], wodurch sich Alexander, der bisher keiner Schwierigkeit aus dem Wege gegangen war, herausgefordert sah. Er schickte dreihundert im Bergsteigen geübte Makedonen mit Steigeisen und Haken aus, um den Aufstieg am unwegsamsten Abschnitt zu versuchen. Etwa dreißig Mann sollen abgestürzt sein, der Rest erreichte den Gipfel in den frühen Morgenstunden.[35] Die Sogdier ergaben sich daraufhin.

Unter den Gefangenen befand sich die Tochter des Oxyartes, Roxane, in die sich Alexander beim ersten Anblick verliebt haben soll. Er nahm sie nach iranischem Ritus offiziell zur Frau.[36] Auch wenn, wie die antiken Autoren erwähnen, tief empfundene Zuneigung im Spiel gewesen war, darf man den Aspekt einer politisch kalkulierten Zweckheirat keineswegs unterschätzen. Denn die Verbindung mit der Fürstentochter Roxane[37] stellte einen wirksamen Integrationsakt gegenüber den Sogdiern dar und stärkte Alexander zugleich den Rücken, da er nun auf Grund dieses Ehebündnisses mit der Loyalität der Ostiraner rechnen konnte.[38]

Danach wandte sich Alexander der zweiten großen Bergfestung zu, dem Felsen von Chorienes, benannt nach dem gleichnamigen Fürsten[39], der sich dort verschanzt hatte. Alexander ließ aus den bewaldeten Höhen Pinienbäume schlagen, um daraus Leitern zu fertigen, mit deren Hilfe seine Leute in die Schlucht gelangen konnten. Dort begannen sie aus Holzstämmen das Fundament einer Brücke zu bauen, die Pfähle in der Erde zu verankern und sie oben zusammenzubinden, so dass sie stark genug waren, um große Lasten zu tragen. Darauf entstand eine Decke aus Balken und Erde, die dem Niveau der gegenüberliegenden Plattform angeglichen wurde. Von den Fortschritten der Belagerer beunruhigt, versuchte Chorienes zu verhandeln.[40] Schließlich streckte er die Waffen und übergab seine Burg, woraufhin er von Alexander in seiner Stellung bestätigt wurde.[41] Mit dem Fall des Felsens von Chorienes im Frühjahr 327 erlosch der Widerstand weitgehend. Sogdien war nun gewaltsam befriedet und seine Fürsten, nicht zuletzt durch die eheliche Verbindung mit Roxane, dem neuen Herrscher treu ergeben. Alexander beließ sie, wie es seit jeher seine Politik war, in Amt und Würden und gestand ihnen dadurch ihre hart erkämpfte Autonomie weitgehend zu.

Der Treue der Makedonen hingegen konnte sich ihr König jedoch nicht mehr so sicher sein. Anlässlich eines Festgelages in Marakanda plante

Alexander für alle verbindlich die Einführung der Proskynese.[42] Wie sie genau vonstatten ging, das heißt, ob sie das Zuwerfen einer Kusshand mit anschließender Verbeugung oder gar einen Kniefall bedeutete, lässt sich nicht genau ausmachen.[43] Für die Perser gehörte dieser Ritus zum Alltag im Umgang mit ihrem Herrscher. Keinesfalls entsprach er einer religiösen Kulthandlung, noch wurde der Betroffene dadurch vergöttlicht. Überhaupt sahen die Perser in ihrem König keinen Gott und verehrten ihn auch nicht als einen solchen. Vielmehr regierte der König als Stellvertreter des höchsten Gottes Ahuramazda und mit dessen Gunst.[44] Für Griechen und Makedonen hingegen trug die Proskynese die Konnotation der Unterwürfigkeit und Unfreiheit. Ihrer Überzeugung nach gebührte diese Form der Ehrerbietung sowie die Unberührbarkeit des Begrüßten nur den Göttern. Die Ablehnung der Proskynese durch die Makedonen wurzelte aber auch in dem persischen Ursprung einer Handlung, die als sklavisch erachtet wurde. Der Widerspruch fand in Kallisthenes einen vehementen Wortführer: Anlässlich eines Gelages, nach dem einige Höflinge Alexander mittels der Proskynese aufgewartet hatten, kam Kallisthenes an die Reihe und verweigerte die in seinen Augen für Makedonen und Griechen unwürdige Huldigung. Sein Verhalten fand Nachahmer. Zähneknirschend nahm Alexander diese offen zur Schau getragene Befehlsverweigerung seiner eigenen Männer hin.

Über die Beweggründe Alexanders ist lange diskutiert worden, ohne dass sich eindeutige Klarheit erzielen ließ. Mit Sicherheit wusste er um die dichotome Bedeutung dieser Begrüßungsformel, und doch beharrte er auf ihrer Durchführung, weil er sich davon eine Vereinheitlichung des Hofzeremoniells erhoffte und damit seine Legitimation als Herrscher Asiens zu stärken glaubte.[45] War der Vollzug der Proskynese nur ein weiterer Schritt im Prozess der Verschmelzung beider Kulturen, oder versuchte er sich somit als Gottheit zu stilisieren? Wohl kaum, vielmehr standen politische Aspekte im Vordergrund.

Bislang waren Alexanders Selbstinszenierungen als orientalischer Herrscher eine kalkulierte Demonstration, um die Gefolgschaft der persischen Untertanen zu gewinnen. Auch wenn seine Gefährten die Transformation ihres Königs mit Skepsis verfolgten, bot sie keinesfalls einen Grund für eine massive Ablehnung. Nun aber verlangte ihr König von ihnen selbst die Übernahme fremder Bräuche, die konträr zu ihren eigenen Überzeugungen standen, darüber hinaus Anlass zu Missverständnissen boten, und überschritt damit die Toleranzschwelle. Ihre Antwort war glatter Ungehorsam. Noch ein weiteres Mal werden ihm seine Truppen am Hyphasis die Gefolgschaft verweigern, und erneut wird sich Alexander fügen müssen. Denn das Ende seines Feldzuges sollte nicht er, sondern dies sollten seine Kampfgefährten bestimmen. Zwischen dem sich als König der Könige gerierenden Alexander und seiner makedonischen Gefolgschaft vergrößerte sich die Distanz. Eine weitere Reaktion darauf ließ nicht lange auf sich warten.

Nach den anstrengenden Kampagnen in Baktrien und in Sogdien frönte Alexander seiner Jagdleidenschaft. Er ritt mit seinen engsten Vertrauten in Begleitung einiger Pagen aus. Darunter befand sich Hermolaos. Beim Verfolgen eines Ebers kam er seinem König zuvor und erlegte das Tier mit einem gekonnten Speerwurf. Alexander ließ aus Ärger über eine derartige Anmaßung Hermolaos vor allen anderen bestrafen.[46] In seiner Ehre tief verletzt, fasste dieser mit einigen anderen Pagen den Plan, den Beleidiger zu ermorden.[47] Es sollte nachts geschehen, wenn der König, sich in trügerischer Sicherheit wiegend, schlief. Denn als Pagen gehörte es zu ihren Pflichten, an seinem Zelt Wache zu halten. Doch Alexander ging nicht zu Bett, sondern zechte bis in die Morgenstunden.[48]

Es dauerte nicht lange, bis die Konspiration aufgedeckt wurde. So wie bei der Philotasaffäre waren es die engsten Vertrauten der Verschwörer, die sie verrieten. Hermolaos wurde mit sieben anderen Pagen zu Tode gesteinigt. Zuvor sollen sie unter der Folter eine Mittäterschaft des Kallisthenes gestanden haben, der daraufhin in Ketten gelegt wurde. Hinsichtlich Kallisthenes' Verbindungen zur Gruppe der Verschwörer kann man lediglich seine Freundschaft mit Hermolaos anführen.[49] Vermutlich war sie für Alexander Grund genug, seinem Chronisten zu misstrauen, oder sie diente lediglich als Vorwand, um ihn aus dem Weg zu räumen. Denn seit Kallisthenes als Wortführer gegen die Proskynese aufgetreten war, hatte der König eine offene Rechung mit ihm. Sein Ende hingegen bleibt ungewiss. Angeblich soll er einer Krankheit erlegen sein, andere berichten wiederum von seiner Tötung durch Erhängen.[50]

Betrachtet man die Umstände der Pagenverschwörung genauer, so zeichnet sich ein von persönlichen Motiven geprägtes Bild der Ereignisse, denn die Verletzung des Hermolaos ging tiefer, als auf den ersten Blick sichtbar wird. Sein Vater Sopolis gehörte zu den Befehlshabern der Reiterei, die Alexander seit Beginn seines Zuges treu folgten. Erfolgreich kämpfte er mit ihm Seite an Seite an der Donau und dann bei Gaugamela.[51] Dann wurde Sopolis nach Makedonien zurückgeschickt, um die Nachschublieferungen zu organisieren.[52] Diese wenig prestigeträchtige Aufgabe musste einem solch verdienten und erfahrenen Soldaten, wie er es zweifelsohne war, als Hohn vorkommen. Zu der Verletzung der Ehre des Vaters kam die Demütigung des Sohnes hinzu. Offensichtlich war der Attentatsplan dadurch inspiriert.

Der beispiellose Eroberungszug mit den vielfältigen, schier unglaublichen Belastungen, atemberaubenden Erfolgen und bitteren Rückschlägen hinterließ tiefe Spuren in der Persönlichkeitsstruktur Alexanders. Sein

Verhalten, seine eigene Einschätzung und deren Fremdwahrnehmung sind davon maßgeblich betroffen worden. Er hatte sich daran gewöhnt, dass seinen Weisungen unwidersprochen Folge geleistet wurde, selbst dann, wenn sie die Grenzen des Erträglichen überschritten. Es war für Alexander selbstverständlich geworden, dass ihm eine gewaltige Militärmaschinerie stets zur Verfügung stand, dass immer mehr Länder notgedrungen seine Herrschaft anerkannten und dass hochgesteckte Ziele, die bisher als unerreichbar galten, auf seinen Wunsch hin verwirklicht werden konnten. Dies alles ließ sein Selbstbewusstsein immens anwachsen. Damit stieg der Glaube an die Richtigkeit der eigenen Entscheidungen. Auf Kritik reagierte er zunehmend unwirsch. Widerspruch behandelte er als Hochverrat. Zahlreiche feindlich eingestellte Städte, Landschaften oder Individuen hatten mit Entsetzen erfahren müssen, was es bedeutete, sich seinen Anordnungen zu widersetzen. Theben, die griechischen Söldner in persischen Diensten, Tyros, Gaza und andere Regionen des Achaimenidenreiches hatten seine Unbarmherzigkeit und Brutalität hautnah erlebt. Seine gnadenlose Härte konnte aber auch vermeintliche oder tatsächliche Kritiker in den eigenen Reihen treffen. Philotas und Parmenion sind nur die prominentesten Opfer. Ihre Beseitigung erfolgte aus einem übertriebenen Sicherheitsbedürfnis sowie aus Gründen der Abschreckung. Je mehr Alexander von einer Aura der Allmacht umgeben wurde, desto autokratischer wurden seine Strategien der Herrschaftssicherung. In der blutigen Affäre von Marakanda, die Kleitos' Tod zur Folge hatte, in der von Alexander an seine makedonische Umgebung erhobenen Forderung, die Proskynese zu vollziehen, und in der Pagenverschwörung erreichte der Spannungsbogen zwischen Despotie und Verweigerung einen Höhepunkt.

Die Bilanz der Feldzüge im Ostiran bleibt daher zwiespältig. Zwar konnten mit Bessos und Spitamenes gefährliche Konkurrenten ausgeschaltet und die oberen Satrapien erobert werden, aber gemessen am Glanz der Leistungen zuvor waren die erzielten Erträge schwer erkauft. Nicht alle militärischen Operationen der letzten drei Jahre waren glatt verlaufen. In Zusammenhang damit stand die Erosion des makedonischen Militäradels, die Alexanders Autorität zu untergraben drohte. Mit Hilfe einer neuen, spektakulären und erfolgreichen Unternehmung sollten nun die zutage tretenden Diskrepanzen zwischen dem König und seinen wichtigsten Helfern überwunden werden. Die längst geplante Indienexpedition schien Alexander dafür geeignet.

Plus ultra

Die indische Expedition

Den Einmarsch ins westliche Kleinasien rechtfertigte Alexander als Befreiung der Griechen vom persischen Joch. Bis zur Eroberung von Persepolis und Ekbatana hatte er sein Vorgehen als Rachefeldzug deklariert. Danach galt die Bestrafung des Bessos, die in den ostiranischen Raum führte, als Vergeltungsaktion für den ermordeten Dareios III. Für die groß angelegte Invasion Indiens wurde offensichtlich keine legitimierende Begründung gebraucht und geliefert. Sie galt als Erkundungs- und Eroberungszug, der ganz und gar dem Willen seines Initiators entsprang.

Zweifellos existierte ein Bündel von Motiven für diese Unternehmung, die weniger von objektiven Gegebenheiten oder gar Sachzwängen, sondern vielmehr von persönlichen Neigungen des Königs geleitet wurde. Bereits Dareios I. hatte den Einflussbereich der Achaimeniden bis zum Indus ausgedehnt. Dies dürfte für Alexander Grund genug gewesen sein, in dessen Fußstapfen zu treten und ihn nach Möglichkeit zu übertreffen, zumal mittlerweile die Bande zwischen der persischen Zentralregierung und den indischen Fürstentümern größtenteils abgerissen waren. Außerdem übte Indien schon damals eine große Faszination auf Menschen aus dem Westen aus, galt es doch als eine Art Wunderland, geheimnisumwittert und märchenhaft reich zugleich.[1]

Für Alexanders Entschluss spielte nicht zuletzt die geopolitische Lage des Landes eine zentrale Rolle. Die Zeitgenossen vermuteten jenseits von Indien den Okeanos, also das Ende der bekannten Welt.[2] Alexander war von der Idee geradezu besessen, wie einst Herakles und Dionysos bis an die begehbaren Grenzen der Oikumene zu gelangen und sie zu überschreiten (Pothos). Er wollte hier den Wendepunkt seines stets weiter nach Osten führenden Marsches setzen, um danach entlang des Weltmeeres den Rückmarsch anzutreten. Durch das Beschreiten von Neuland wäre damit das spektakuläre Eroberungswerk gekrönt und der Anspruch auf die Universalherrschaft wirkungsvoll unterstrichen worden. Dennoch darf nicht außer Acht gelassen werden, dass der indische Feldzug auch von den nicht optimal verlaufenen Operationen im Ostiran mitbestimmt wurde. Durch glanzvolle Siege und reiche Beute – beides hatte man in Baktrien und Sogdien vermisst – hoffte Alexander, den Zusammenhalt der makedonischen Militäraristokratie zu festigen und seine beschädigte Autorität wiederherzustellen.

Widerspruch gegen das weit gespannte, diffuse und überaus riskante

Projekt scheint nicht artikuliert worden zu sein. Sorgfältige und umfangreiche Vorbereitungen gingen dem Zug voraus. Die Armee wurde durch Neuanwerbungen aufgefrischt und ergänzt. Alexander mobilisierte gezielt die Machtmittel seines gesamten Herrschaftsbereiches, indem er eine beeindruckende Logistik sowie eine nach den damaligen Maßstäben äußerst fortschrittliche Kriegstechnik aufbot: Belagerungstürme, Katapulte, Geschütze, selbst zerlegbare Schiffe gehörten dazu. Hinzu kamen spezialisierte Brigaden von Pionieren und Ingenieure für den Damm- und Brückenbau, die Miniertechnik und die Belagerungskunst. Phönikische Seeleute, Söldner aus Thrakien und Griechenland, makedonische Verbände sowie ostiranische und indische Truppen wurden seinem Heer einverleibt.[3] Niemals zuvor hatte er über eine zahlenmäßig so starke Armee von etwa 50000 Mann verfügt, die sich überdies durch einen hohen Grad an Professionalität auszeichnete. Wichtige leitende Stellen wurden neu besetzt. Die Tötung des Kleitos hatte die berittenen Kampfgefährten führerlos gemacht.[4] Der König selbst übernahm dessen Funktion. Die übrigen neu aufgestellten Reiterschwadronen, die Hipparchien, unterstellte er Hephaistion, Krateros, Perdikkas, Koinos und anderen Befehlshabern seines Vertrauens. Das Kommando über die Hypaspisten, die nun silberne Beschläge an ihren Schilden erhielten, wurde Seleukos[5] und Nearchos, der inzwischen seine lykische Satrapie verlassen hatte und zum Heer Alexanders gestoßen war, übertragen.[6]

Durch die letzten Rekrutierungen hatte sich die Zusammensetzung des Heeres deutlich geändert. Die bislang dominierenden makedonischen Truppenteile waren nun mit einer wachsenden Anzahl orientalischer Einheiten konfrontiert. Vor allem die in den östlichen Satrapien ausgehobenen berittenen Bogenschützen gaben der Indienarmee ein neues Gesicht. Zudem wurde der Gebrauch der langen, sperrigen Sarissen eingeschränkt. Die Wendigkeit und Flexibilität der Kampfverbände, die im Gebirge, in den öden Steppen oder in den von üppiger Vegetation überwucherten Zonen der Fünf-Flüsse-Region (Punjab) operieren mussten, sollte dadurch gesteigert werden.

Zusätzlich wurde der militärische Vorstoß diplomatisch flankiert. In dem indischen Lokalherrscher Taxiles[7] verfügte Alexander über einen wertvollen, landeskundigen Verbündeten, der als Bindeglied zu den benachbarten Fürsten fungieren sollte. Denn die politischen Verhältnisse der Region waren von starken Rivalitäten bestimmt. Wechselnde Allianzen zwischen den Regierenden zogen zahlreiche Grenzkriege und Machtkämpfe nach sich. Daher kam es Alexander sehr gelegen, in Taxiles einen Kenner der komplexen politischen Szenerie dieses für Makedonen so fremden Raumes an der Seite zu haben, der bei Bedarf als Vermittler eingesetzt werden konnte.[8]

Im Frühsommer des Jahres 327 erging in Baktra der Marschbefehl. Das Heer setzte sich in Richtung Hindukusch in Bewegung. Nach dem Überschreiten der majestätischen, Furcht erregenden Gebirgskette erreichte es die zwei Jahre zuvor gegründete Stadt Alexandria am Kaukasos, wo altgediente und kampfunfähige Soldaten zur Verstärkung der dortigen Garnison zurückgelassen wurden. Der Perser Tyriespis erhielt die Aufsicht über das weitläufige Gebiet des Hindukusch.[9] Ferner ließ Alexander ein weiteres Bollwerk zur Sicherung der Region erbauen und befestigen, Nikaia.[10] Anschließend zog das Heer entlang des Kabultales weiter. Unterwegs traf Taxiles mit anderen indischen Fürsten bei Alexander ein. Sie boten ihre Unterwerfung an und schenkten ihm 25 Elefanten, die der König freudig annahm, schätzte er doch die exotischen Tiere als wirkungsvolle Angriffswaffe und als Mittel einer beeindruckenden Herrschaftsdemonstration außerordentlich.[11]

Danach wurden die gesamten Streitkräfte in zwei etwa gleich starke Heeresgruppen aufgeteilt, die von nun an getrennt operieren sollten. Angeführt von Hephaistion und Perdikkas begab sich eine Heeresabteilung in Begleitung des Taxiles entlang des Kabultales abwärts Richtung Indus. Ihr Auftrag lautete, den Weg nach Osten abzusichern und am Zusammenfluss beider Ströme eine Brücke zu errichten. Nach Überschreiten des Khaiberpasses schlugen sie Astes, den indischen Fürsten der Landschaft Peukelaotis.[12] Bei Ohind unweit von Attock wurde mit dem Brückenbau begonnen, er sollte bis zum Eintreffen Alexanders vollendet sein.

Inzwischen zog die Heeressäule Alexanders nach Nordosten gegen die kriegerischen Bergstämme der Aspasier, der Guraier und der Assakener, die ihre Siedlungsgebiete in den nördlichen Regionen des heutigen Afghanistan und Pakistan hatten.[13] Ob ihre Unterwerfung militärisch wirklich notwendig war, um die Verbindungslinien nach Westen aufrechtzuerhalten, darf angesichts der Tatsache, dass Alexander eigentlich weiter nach Süden einzudringen beabsichtigte, bezweifelt werden. Denn alle nach Indien einmarschierenden Heeresteile traten auf anderen Wegen den Rückzug an, und das muss von vornherein geplant gewesen sein. Um die Nachschublinien zu sichern, hätte folglich eine Verstärkung der Kontrolle über die bereits erworbenen Gebiete genügt. Somit drängt sich der Eindruck auf, dass Alexander mit der bald darauf entfalteten Schockwirkung, welche die Anfangsphase seines Indienzuges charakterisierte, die Völker des Punjab einschüchtern wollte und rücksichtslos auf Beute aus war.

Als Erste waren die Aspasier an der Reihe.[14] Bei der Belagerung der ersten Stadt, deren Name nicht überliefert ist, erlitt Alexander eine Verwundung, was die Verbitterung seiner Truppen steigerte. Nach ihrer Einnahme wurden die Gefangenen erschlagen und die Stadt dem Erdboden gleichgemacht. Alexanders Truppen gingen äußerst gewaltsam vor. Wer sich nicht unterwarf, wurde gnadenlos niedergemacht. Bald darauf gelang es, nach erbittertem Ringen den Hauptort der Aspasier, Arigaion, einzunehmen. Bei diesen Gefechten zeichnete sich der zu den königlichen Leibwächtern gehörende Ptolemaios[15] aus, der im Zweikampf einen gegnerischen Anführer bezwang. Zur Beute gehörten große Rinderherden. Alexander war von der Qualität der Tiere so begeistert, dass er ausgewählte Exemplare nach Makedonien zwecks Veredelung der dortigen Rassen schicken ließ. Anschließend begab sich das Heer durch das Gebiet der Guraier zum Hochland von Swat, wo sich der Widerstand der Assakener konzentrierte.[16] Die von einer indischen Söldnertruppe verteidigte Stadt Massaga konnte trotz vehementen Anrennens zunächst nicht bezwungen werden. Erst als der Befehlshaber der Festung fiel, ergab sich die demoralisierte Besatzung. Alexander, der bei den Gefechten eine erneute Verwundung davontrug, wollte die gefangenen indischen Söldner seiner Armee eingliedern, doch als diese zu fliehen versuchten, metzelte man sie nieder. Bald darauf wurden die Orte Bazira und Ora, die ebenfalls Widerstand leisteten, erobert. Insgesamt zeichneten sich diese Kampfhandlungen durch die übergroße Härte der Eroberer aus, die planmäßig jeden Widerstand der Einheimischen im Keim erstickten.[17]

Ein wesentlich entspannteres Bild vermitteln die Vorgänge in Nysa. Als das Heer an diesem im Gebiet der Kafiri bei Tschitral liegenden Ort ankam, bemerkte man in dessen Umgebung große Mengen wild wachsenden Efeus. Dieses Phänomen assoziierten die Truppen mit dem griechisch klingenden Namen der Siedlung, der an die Amme des Dionysos erinnerte. Bekanntlich spielte Efeu eine bedeutende Rolle bei den dionysischen Kulthandlungen. Man glaubte in einer Stadt angekommen zu sein, die einst von dem Gott selbst gegründet worden sei, was deren Bewohner gewiss bekräftigten. Alexander opferte hier seinem bis an die Grenzen der Oikumene gewanderten göttlichen Vorbild und gewährte der Truppe eine Ruhepause. Wieder einmal wähnte Alexander einem seiner göttlichen Leitbilder nähergekommen zu sein.[18]

Danach erfolgte die spektakulärste Operation des Feldzuges: die Belagerung und Eroberung der als unüberwindlich geltenden Bergfestung Aornos.[19] Ihre Einnahme schien unmöglich. Selbst Herakles war, wie es hieß, daran gescheitert, was für Alexander einen zusätzlichen Reiz ausgeübt haben mag, die Aufgabe dennoch zu meistern. Nach Aornos hatten sich die nicht unterworfenen Assakener in der Hoffnung geflüchtet, der Armee Alexanders zu entrinnen. Die Bergfestung lag im Zentrum einer etwa 200 Meter tiefen und fast 500 Meter breiten Schlucht, die von hoch aufragenden Bergkegeln umschlossen wurde. Da eine direkte Bestürmung aussichtslos erschien, verlegte Alexander seine Operationsbasis in die unweit gelegene Stadt Embolima. Von hier aus gelang es, die Hügelkette von

Una-Sar zu erklimmen und dort ein Lager aufzuschlagen, um so dem belagerten Ort möglichst nahe zu kommen. Dazwischen lag freilich die bedrohlich tiefe Schlucht. Die überaus große Herausforderung erinnerte an die beträchtlichen technischen Schwierigkeiten, die man an den sogdischen Bergfestungen oder gar in Tyros zu bewältigen hatte. Wie bereits dort geschehen, schichtete man auch jetzt einen Damm auf, um darauf die Belagerungsmaschinen und Katapulte zu verankern. Mit ihnen wurden die Festungsmauern sturmreif geschossen. Nach unsäglichen Mühen gelang es schließlich, eine Bresche zu schlagen und das Bollwerk zu erstürmen. Alexander hatte dabei an vorderster Front mitgekämpft, war mit Hilfe eines Seils an der mächtigen Felswand hochgezogen worden und betrat als einer der Ersten die durch die Entfaltung einer wirksamen Belagerungstechnik eingeschüchterte Stadt.[20] Mit dem Fall Aornos' wurde der Widerstand der Bergvölker dieser Region gebrochen. Fast ein halbes Jahr hatte Alexander mit der Durchführung der militärischen Operationen verbracht. Hocherfreut über den Abschluss dieser ersten Phase seines Indienfeldzuges, ließ er Athene einen Altar weihen. Die Aufsicht über Aornos wurde dem Inder Sisikottos übertragen, der inzwischen das Vertrauen Alexanders gewonnen hatte.[21] Nun konnte der Marsch nach Süden angetreten werden.

Über Dyrta, wo eine Elefantenherde erbeutet wurde, zog das Heer bis zum Indus.[22] Mit den großen Dickhäutern gewann Alexander ein wertvolles Instrument für seine weitere Kriegführung. Diese Kolosse erfüllten auf mehrfache Weise einen strategischen Zweck. Zum einen dienten sie als psychologisches Moment der Einschüchterung, wenn die etwa drei Meter großen und bis zu fünf Tonnen schweren Körper auf die gegnerischen Truppenverbände zurasten. Zum anderen konnten sie Reiterverbände aufhalten, da die Pferde beim ungewohnten Geruch der Dickhäuter scheuten, und Infanterieeinheiten niedertrampeln. Trotz dieser Vielseitigkeit und Mächtigkeit bestand jedoch die Gefahr, dass sie im Eifer des Gefechts außer Kontrolle geraten konnten und dabei in gleicher Weise für Freund und Feind zur tödlichen Waffe wurden.

Am Indus traf Alexander auf die Verbände des Hephaistion und Perdikkas. Diese hatten mittlerweile die technisch aufwendige Schiffsbrücke über den Fluss fertiggestellt, und so konnte hier im Frühjahr 326 die nun wieder vereinigte Armee eine Rast einlegen und den Strom überqueren.[23]

An der Spitze seiner gesamten Streitmacht betrat Alexander nun das Gebiet des verbündeten indischen Fürsten Taxiles[24], der ihm seine Hauptstadt Taxila (nahe bei Rawalpindi) übergab, wo zahlreiche ausgediente Soldaten eine neue Heimat fanden. Hier begegneten die aus dem Westen stammenden Eroberer der indischen Stadtkultur mit ihren fremdartigen religiösen Gebräuchen, ihrer in Kasten gegliederten Gesellschaft, den Asketen, Fakiren und Brahmanen sowie den zahllosen Kuriositäten des Landes. Besonderes Interesse zeigte Alexander für die Gymnosophisten, die eine ähnliche Lebensweise wie die Kyniker zu pflegen schienen, und so lud er sie zu seiner Tafel.[25] Einen von ihnen, Kalanos, nahm er in sein Gefolge auf.[26] Das Zusammentreffen beider Welten bewirkte Erstaunen auf beiden Seiten, schuf Missverständnisse zuhauf und wurde bald zu einem Thema, das sich in einem Gestrüpp von Legenden verfing.

Die an das Fürstentum des Taxiles grenzenden Machtbereiche der mit ihm verfeindeten indischen Fürsten Abisares[27], der im Kaschmir zu Hause war, und Poros, der das südöstliche Punjab kontrollierte, waren die nächsten Ziele des Feldzuges. Abisares schickte als Zeichen seiner Kooperationsbereitschaft Gesandte und Geschenke nach Taxila, während Poros jegliches Entgegenkommen verweigerte. Dies nahm Alexander zum Anlass, seine Armee weiter nach Osten bis zum Fluss Hydaspes, der die Grenze des Fürstentums des Poros bildete, marschieren zu lassen.[28] Gleichzeitig wurde Koinos zum Indus abkommandiert mit dem Auftrag, die dort stationierten Schiffe zu zerlegen und zum Hydaspes zu transportieren. Anschließend fand eine weitere Umgruppierung des Heeres statt: Die königliche Garde bildete nun eine selbstständig kämpfende Einheit, die Hipparchien wurden durch iranische Reiter verstärkt, und Taxiles erhielt das Kommando über eine indische Abteilung einschließlich der Kriegselefanten.

Die Überquerung des Hydaspes im Juni 326 erwies sich als problematisch. Der wasserreiche Strom maß etwa einen Kilometer in der Breite. Alle möglichen Übergänge waren von feindlichen Truppen besetzt. Um sein Land zu verteidigen, hatte Poros sein Heer am Ostufer in Stellung gebracht. Angesichts der wenig Erfolg versprechenden Überwindung des gewaltigen Hindernisses eröffnete Alexander einen Nervenkrieg, indem er an verschiedenen Punkten Angriffe vortäuschte, um die gegnerischen Truppen zu zermürben. Wochenlang versuchte er, den passenden Augenblick und den geeigneten Ort für eine Verlegung seines Heeres auf das andere Ufer zu finden. Dies gelang etwa 30 Kilometer flussaufwärts, als nach mehreren Versuchen einige Vorausabteilungen das östliche Ufer des Hydaspes betreten konnten. Nun stand Alexander mit seinen Eliteeinheiten auf feindlichem Terrain. Das Manöver wurde bemerkt und bald eilte Poros mit seinem Hauptheer heran. Er musste aber genügend Reserven in seinem Lager belassen, denn Krateros hielt am gegenüberliegenden Ufer Wache und wartete nur darauf, mit der Nachhut ins Kampfgeschehen einzugreifen.[29]

Die sich nun anbahnende Auseinandersetzung, übrigens die letzte große Schlacht, die Alexander schlug, zählt zu den bemerkenswertesten militärischen Operationen der antiken Kriegsgeschichte. Erstmalig wurden große Kontingente von Kriegselefanten eingesetzt. Auch hinsichtlich der taktischen Verwendung der auf beiden Seiten beteiligten Verbände unterschieden sich diese Kampfhandlungen merklich von allen bisher gelieferten Schlachten.[30]

Alexander hatte sich einen strategischen Vorteil verschafft, indem er seinen Gegner von zwei Seiten bedrängte und in die Zange nehmen konnte, falls dieser sein gesamtes Aufgebot vereinigte. Außerdem lag die Initiative bei ihm. Poros hingegen sah sich gezwungen, auf die neue Situation, die durch Alexanders Flussübergang entstanden war, umgehend zu reagieren. Zeit zum Planen blieb ihm kaum. Der indische Fürst gliederte seine an Reitern unterlegene, dafür aber an Fußtruppen überlegene Armee in zwei dicht gestaffelte Reihen. In der vorderen Linie positionierte er seine wirksamste Waffe, die Kriegselefanten, die aufgrund der abschreckenden Wirkung, die sie auf Pferde ausübten, einen Angriff der feindlichen Kavallerie vereiteln sollten. Dahinter postierte er den Hauptteil der Fußtruppen, die auf beiden Seiten Flankenschutz seitens der Reiterschwadronen und der Streitwagen erhielten.

Alexander, dessen Elefanten nicht zur Verfügung standen, weil sie nicht über den Fluss verfrachtet werden konnten, ordnete seine Abteilungen nach dem bisher bewährten Schema. Die Hypaspisten, Agrianer und die sonstigen Fußtruppen nahmen die Mitte der Schlachtreihe ein. Links und rechts davon stellten sich die makedonischen Reiter auf, die von iranischen Bogenschützen verstärkt wurden. Alles hing davon ab, ob es gelingen würde, die Furcht einflößenden Kriegselefanten des Poros in ihrer Wirkung zu behindern und unschädlich zu machen.

Auch dieses Mal verlief die Schlacht zunächst wie gewohnt. Ein Teil der Hetairien griff unter Alexanders Führung den linken Flügel der indischen Schlachtordnung an und zwang Poros dazu, seine gesamten Reiter dort zu konzentrieren. Inzwischen stieß Koinos mit dem Rest der makedonischen Kavallerie gegen den von gegnerischen Reitern entblößten rechten Flügel vor und durchbrach die indischen Linien. Plötzlich umzingelten die makedonischen und iranischen Reiter das Heer des Poros. Sie rollten seine Reihen von hinten auf und schoben die feindlichen Kavalleristen und Infanteristen in die Mitte, wo sie sich gegenseitig behinderten. Hier entspann sich eine unübersichtliche Kampfsequenz, die erst nach hartem Ringen, Mann gegen Mann, zugunsten der Makedonen entschieden wurde. Gleichzeitig machten sich die Hypaspisten und Agrianer daran, die Elefanten gezielt anzugreifen. Mit Pfeilschüssen auf die Elefantenführer und mit Hilfe ihrer Äxte, mit denen sie die Sehnen und Rüssel der Tiere durchschnitten, richteten sie ein Blutbad an. Fünfzig Elefanten sollen getötet, viele andere verwundet und in die Flucht getrieben worden sein. In ihrer Bedrängnis zertrampelten die Tiere Freund und Feind, am meisten litten die indischen Fußtruppen darunter. Inzwischen griffen die frischen Truppen des Krateros, welche die bisherigen Vorgänge nur beobachtet hatten, in das Kampfgeschehen ein. Sie setzten auf das gegenüberliegende Flussufer über und erschlugen die Flüchtigen. Tausende von Leichen bedeckten das Schlachtfeld. Es war ein äußerst mühevoller und unter starken Verlusten erkämpfter Sieg.[31]

Der auf einem Kriegselefanten tapfer kämpfende Poros erlitt eine schwere Verletzung und musste sich bald darauf ergeben. Alexander, der den Mut des Gegners bewunderte, beließ ihm nicht nur sein Territorium, sondern auch den Anspruch auf einige weitere Städte. Im Gegenzug musste Poros die Oberherrschaft Alexanders anerkennen. Bitter für den Sieger der bemerkenswerten Schlacht am Hydaspes war: Bukephalos, der ihn seit Beginn des Feldzuges begleitet hatte, starb, woraufhin Alexander eine Stadt gründete, die den Namen seines geliebten Pferdes in Erinnerung hielt.[32] Auch eine weitere Stadt Namens Nikaia wurde zur Erinnerung an den Sieg an der Stelle gegründet, wo die Schlacht geschlagen worden war.[33]

Alexander ließ Krateros am Hydaspes zurück und erteilte ihm den Auftrag, die umliegenden Städte zu erobern sowie die Flotte zu vergrößern und dann Richtung Indus zu segeln. Er selbst stieß mit der Mehrheit seiner Truppen weiter nach Osten vor.[34] Sollte er die Überzeugung gewonnen haben, dass nach seinem Sieg über Poros die wesentlichen Teile Indiens erobert worden seien, so wurde er bald eines Besseren belehrt. Je tiefer er in das Fünf-Flüsse-Gebiet eindrang, desto deutlicher wurde ihm bewusst, dass alle bisherigen Vorstellungen über Lage, Beschaffenheit und Ausdehnung des Landes, wie sie sein Erzieher Aristoteles lehrte, auf Irrtümern beruhten. Dass der Indus eine Verbindung zum Nil aufweise, wie man bisher dachte, musste ebenso revidiert werden wie die bisher angenommene Größe des Landes, das sich als deutlich weiträumiger erwies.

Die Überquerung des nächsten großen Flusses, des Akesines, wurde mit großer Mühe bewältigt. Danach vervielfältigten sich die Strapazen. Die Truppe wurde sowohl durch den Dauerregen infolge des Monsuns als auch durch die schwer begehbaren bewaldeten Gebiete mit ihren giftigen Schlangen aufs Äußerste belastet.[35] Außerdem musste man vor Angriffen der Einheimischen ständig auf der Hut sein. Gleichzeitig galt es, auf dem Marschweg befestigte Stationen anzulegen, um den Nachschub sowie die Geländegewinne abzusichern. Die Lage verschärfte sich, nachdem der nächste große Fluss, der Hydraotes, überschritten war. Die Bewohner dieser Region, die Kathaier, wollten sich auf keinen Fall unterwerfen. Sie sammelten sich in einer Wagenburg vor ihrer Hauptstadt Sangala. Alexander ließ dieses Bollwerk stürmen. Dabei kam es zu äußerst blutigen Gemetzeln, bei denen mehr als tausend Makedonen verwundet oder getötet wurden. Dies waren mit die höchsten Verluste seit dem Auszug aus der

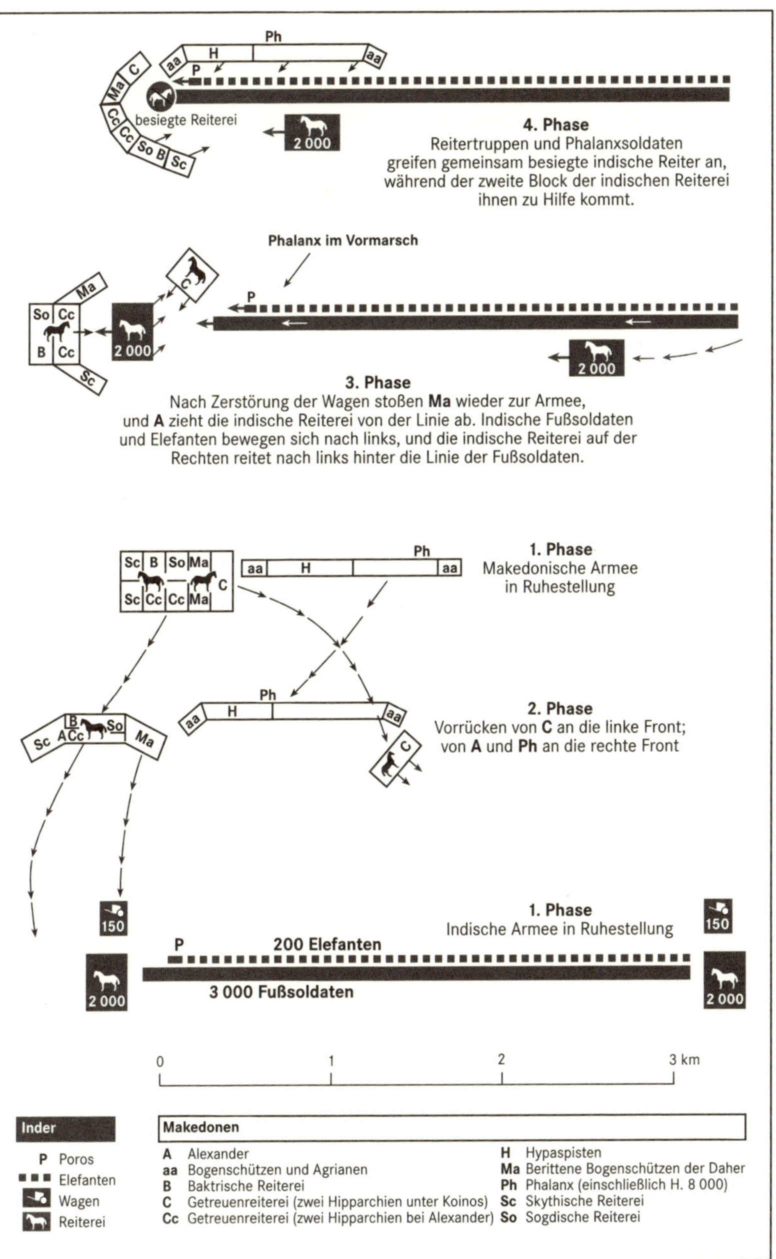

Abb. 31: Die Schlacht am Hydaspes.

Heimat vor fast zehn Jahren. Zwar gelang es, das Stammesgebiet der Kathaier unter Kontrolle zu bringen, doch die Truppe war ratlos, weil die Zumutungen sich ständig mehrten und das ersehnte Ende der Unternehmung nicht absehbar war. Als schließlich nach mehr als zwei Monaten beschwerlichen Marsches unweit von Amritsar der nächste große Fluss, der Hyphasis, in Sichtnähe kam und sich die Kunde verbreitete, dass der Ganges, der wasserreichste Strom Indiens, noch weitere zwölf Tagesmärsche durch größtenteils beschwerliches Wüstengebiet entfernt sei und dass dort die volkreichen Stämme der Gangariden und Prasier beheimatet seien, die über beträchtliche militärische Machtmittel verfügten, griff die Demoralisierung in der Truppe um sich.[36]

Die schiere Unendlichkeit des indischen Raumes, die zahllosen Städte, der übergroße Bevölkerungsreichtum, die Widrigkeiten des feuchttropischen Klimas (Monsunregen) und der Natur (Tierwelt, Epidemien) sowie der hartnäckige Widerstand der Einheimischen bedeuteten für Alexander gewiss Reiz und Ansporn zugleich, andererseits nährten diese vielen ungünstigen Faktoren in ihm die Zweifel, ob das gesteckte Ziel der vollständigen Beherrschung des Landes überhaupt erreichbar war. Da Alexander sich dies aber nicht einzugestehen vermochte, wurde er von seiner Umgebung dazu gezwungen. Es waren seine folgsamen Truppen, die vor Erschöpfung und Entmutigung am Hyphasis erstmals die Gefolgschaft verweigerten und ihm damit die Grenzen seiner Motivationsfähigkeit aufzeigten. Die späteren Autoren haben die Dramatik der Situation mit Hilfe zweier einprägsamer Reden wiedergegeben, die der König und Koinos, einer seiner treuesten Helfer, vor dem versammelten Heer gehalten haben sollen. Unter anderem soll Koinos ausgeführt haben: *Unzählige und größte Taten sind von dir und denjenigen vollbracht worden, die unter deiner Führung von zu Hause aufbrachen, doch umso mehr scheint es mir nun aber geboten, diesen Anstrengungen und Gefahren ein Ende zu setzen [...]. Du darfst sie (die Truppen) jetzt nicht gegen ihren Willen weiterführen. In künftigen Gefahren wirst du sie nämlich nicht geradeso wie bisher haben, da ihnen die Begeisterung aus eigenem Antrieb in den Kämpfen fehlen wird.*[37]

Auf diese für den erfolgverwöhnten Herrscher unübliche Befehlsverweigerung reagierte Alexander trotzig und ungehalten. Drei Tage lang entzog er sich den Blicken seiner Umgebung, wohl in der Hoffnung, die Truppen nochmals umzustimmen, bis er sich schließlich dem Unvermeidlichem fügen musste: Alexander verzichtete auf ein weiteres Vordringen Richtung Osten.[38]

Nachdem Altäre für die griechischen Götter geweiht worden waren und die Erweiterung und Befestigung des Militärlagers abgeschlossen war – wohl als Machtdemonstration gegenüber den Bewohnern der Gegend gedacht –, machte sich das Heer zunächst zum Hydraotes und anschließend zum Akesines auf. Hier starb Koinos infolge einer Krankheit. In der von Hephaistion gegründeten Stadt Iomusa wurde ein Teil der von den Strapazen des Feldzuges gezeichneten makedonischen Soldaten zusammen mit indischen Truppen angesiedelt.[39] Sie sollten die Vorhut des Alexanderreiches an dessen Ostgrenze bilden. Auch wurden große Mengen an Schiffsbauholz für den Ausbau der Indusflotte geschlagen.

Als das Heer am Hydaspes ankam, trafen Verstärkungen aus Makedonien und Thrakien sowie große Mengen an Kriegsgerät und Medikamenten ein. Nachdem die Städte Bukephala und Nikaia, die unter dem Monsunregen stark gelitten hatten, wieder aufgebaut und mit Besatzungen versehen worden waren[40], begannen Hunderte von Schiffen, auf denen sich neben der Verpflegung und den Kriegsmaschinen das Gepäck sowie die Eliteeinheiten der Hetairen, Hypaspisten und Bogenschützen befanden, den Hydaspes in südlicher Richtung hinabzubfahren. Die gesamte Flotte befehligte Nearchos, einer der engsten Vertrauten Alexanders.[41] Der König fuhr ebenfalls auf einem Schiff mit, das von Onesikritos[42] gesteuert wurde. Von Hephaistion und Krateros angeführt, marschierten im November 326 die restlichen Verbände entlang der beiden Ufer des Stromes, parallel zur Flotte, ebenfalls nach Süden.

An der Stelle, wo der Hydaspes in den Akesines mündet, gibt es zahlreiche Stromschnellen, von denen nicht wenige Schiffe mitgerissen wurden. In dieser Gegend befanden sich die Stammesgebiete der Maller, die sich bis jenseits des Hydraotes ausdehnten. Südlich lagen die Wohnsitze der Oxydraker. Beide galten als die kriegerischsten Völker Indiens. Da diese wehrhaften Stämme die Unterwerfung verweigerten, überzog sie Alexander mit Krieg. Er teilte sein Heer in getrennt operierende Verbände unter Hephaistion und Ptolemaios auf. Diese sollten die Maller umzingeln, während er mit dem Gros seiner Kavallerie einen überraschenden Angriff startete, um zu verhindern, dass die eingeschüchterten Maller sich mit den Oxydrakern vereinigen konnten.[43] Nach anfänglichen Geländegewinnen, bei denen einige Städte, einschließlich des Hauptortes des Stammes eingenommen werden konnten, kam es am Hydraotes zu einer größeren Schlacht. Sie verlief zunächst ungünstig für Alexander, der mit seinen Reitern zwar den Übergang über den Fluss erzwingen konnte, dann aber von den Mallern, die seiner wuchtigen Kavallerieattacke widerstanden, in arge Bedrängnis gebracht wurde. Erst als das Gros seiner Fußtruppen nachgerückt war, konnte ein Gegenangriff eingeleitet werden. Die Maller sahen sich veranlasst, in die nächstgelegene Stadt zu flüchten. Bald darauf wurde diese eingenommen. Lediglich die Burgbesatzung leistete Widerstand.

Die folgenden Kampfhandlungen gehören zu den dramatischsten des gesamten Feldzuges. Wie so oft stürmte der König als einer der Ersten die feindlichen Festungsmauern. Als er in der Hitze des Gefechtes oben auf die Zinnen gelangte, zerbrach die Leiter unter dem Gewicht der nachrückenden Soldaten. Für einen Augenblick befand sich Alexander allein, ohne Unterstützung seiner Gefolgschaft auf dem Burghof und war dadurch den Angriffen der Belagerten besonders ausgesetzt. Bei dieser tollkühnen Aktion wurde er von einem Pfeil in die Brust getroffen. Er brach bewusstlos zusammen. Nur dem Umstand, dass gleich darauf seine Leibwächter Peukestas[44] und Leonnatos[45] auftauchten und ihm Schutz und Deckung gewährten, verdankte er seine Rettung. Zwar wurde die Burg eingenommen, aber das Leben Alexanders hing an einem seidenen Faden, denn als der Pfeil entfernt wurde, erlitt er einen hohen Blutverlust und verlor erneut die Besinnung.[46]

Tagelang wehrte sich sein erschöpfter Körper gegen die Folgen der schweren Verwundung. Das Gerücht von seinem Tod breitete sich in Windeseile aus und verursachte einige überstürzte Reaktionen. Erst als er auf dem Deck seines Schiffes erschien und die um sein Leben bangenden Gefährten begrüßte, legte sich die Aufregung.[47] Nach der Bekanntgabe seiner Genesung boten die Maller und die Oxydraker die Unterwerfung an.[48] Der Weiterfahrt auf dem Hydraotes Richtung Akesines stand damit nichts mehr im Wege.

Als dann der Indus im Frühjahr des Jahres 325 erreicht wurde, legte man eine längere Erholungspause ein. Sie diente dazu, den Nachschub zu regeln sowie die beschädigten Schiffe zu reparieren und wieder seetüchtig zu machen. Dieser Aufenthalt wurde durch eine weitere Stadtgründung bedeutsam.[49] Die wiederum nach Alexander benannte Stadt bildete durch ihren Hafen und ihre Werften einen weiteren wichtigen Stützpunkt im Osten des Reiches. Ferner wurde Philippos[50] mit der Aufsicht über die neu geschaffene Satrapie beauftragt und Alexanders Schwiegervater Oxyartes, der sich von Baktrien kommend im Feldlager Alexanders einfand, bekam die Satrapie über die weitläufige Region übertragen, die sich zwischen Hindukusch und Indus erstreckte.[51] Möglicherweise stand sein Aufenthalt am Hofe Alexanders in Zusammenhang mit der Niederkunft seiner Tochter Roxane, die dem König einen Sohn geboren hatte, der aber bald starb.

Den reibungslosen Fortgang der Indusfahrt sowie den Marsch des Heeres nach Süden behinderten die benachbarten Stämme nach Kräften.[52] Es ging langsam vorwärts, denn ständig mussten Gefechte gegen die Sambaster, Sodrer, Massaner und Musikaner ausgetragen werden, um ihre Unterwerfung zu erzwingen. Spektakulär gestaltete sich die Eroberung von Sindimana (Sehwan). Alexanders Truppen gruben einen Tunnel, der ins Innere des Ortes führte, womit sie die hart umkämpfte Stadt einnahmen.

Noch bevor das Indusdelta in Sichtweite kam, etwa auf halbem Weg zwischen der neu gegründeten Stadt Alexandria und Pattala (unweit von Haiderabad), übergab Alexander einen beträchtlichen Teil seiner Truppen, die Elefanten, den Tross und die Verwundeten der Obhut des Krateros. Dieser erhielt den Auftrag, über Arachosien und Drangiane nach Westen zu ziehen, unterwegs einige Aufstände niederzuschlagen und sich dann in Karmanien mit den von Süden her kommenden Verbänden Alexanders zu vereinigen.[53]

Danach segelte die Flotte Richtung Okeanos weiter. Im Sommer des Jahres 325 erreichten die Landtruppen und die Schiffe südlich von Pattala die Mündung des Indus. Damit fand die etwa achtmonatige, überaus beschwerliche Expedition auf dem Fluss- und Landweg einen vorläufigen Abschluss. Den strategisch wichtigen Knotenpunkt versah man mit neuen Hafenanlagen und einer Garnison. Der Makedone Peithon wurde als Satrap der unteren Indusregion eingesetzt.[54] Alexander ließ es sich nicht nehmen, entlang der Mündungsarme des Indus bis zum Okeanos zu segeln. Mit einigen Schiffen fuhr er zu einer vorgelagerten Insel, um von hier aus in die Weite des Meeres vorzustoßen, bis kein Land mehr in Sicht war. Wie bereits bei der Überquerung des Hellespont, so brachte er auch dieses Mal Poseidon ein Opfer dar und warf goldene Schalen ins Meer.[55] Er wähnte sich am Ende der Welt.[56]

Die Fahrt hinaus auf den Indischen Ozean war kein isoliertes Ereignis, sondern stand in Verbindung mit bereits vollzogenen Akten der Grenzüberschreitung. Sie bildete deren vorläufigen Abschluss. So wie Alexander in seinem ersten Regierungsjahr an die Donau gelangt war und als erster Hellene den legendären Strom überwinden konnte oder so wie er nach der Eroberung Sogdiens die Stadt Alexandria Eschate an der Peripherie der zivilisierten Welt gründete und in die unendliche Weite Innerasiens blickte, erwarb er durch das Befahren des Okeanos die Gewissheit, eine weitere weltumspannende Grenze überschritten und damit eine dem Herakles würdige Leistung vollbracht zu haben. Vielleicht versöhnte ihn dies ein wenig mit der Tatsache, dass er am Hyphasis auf Druck seiner Kampfgefährten den Indienfeldzug hatte abbrechen müssen.

Alexanders Aufenthalt in Indien lässt sich rückblickend in drei unterschiedliche Etappen gliedern: Die erste, die mehr den herakleisch-dionysischen Travestien Alexanders als der militärischen Absicherung der späteren Vorstöße zu dienen schien und als Beutezug konzipiert worden war, führte zu einer Reihe äußerst erbittert geführter Kampfhandlungen gegen die Gebirgsvölker des nördlichen Afghanistan und Pakistan. Sie gipfelte in der Einnahme der Bergfestung von Aornos. Der zweite Abschnitt des Feldzuges spielte sich hauptsächlich im Punjab ab; er war gekennzeichnet durch größere und äußerst verlustreiche militärische Auseinandersetzungen wie die Porosschlacht sowie durch Alexanders Bestreben, möglichst weit nach Osten vorzudringen. Er endete mit dem gegen Alexanders Willen vom Heer erzwungenen Abbruch der militärischen Operationen, was einem Eingeständnis der verfehlten Zielsetzung gleichkam. Die letzte Phase, auch diese nicht frei von Krieg und Gewalt, stand im Zeichen des Abmarsches der Landtruppen und der Seestreitkräfte entlang des Indus. Sie konnte mit dem Erreichen des Okeanos und der Abfahrt der Flotte sowie der Rückkehr des Heeres nach Westen abgeschlossen werden.

Wie sind die Ergebnisse des Indienfeldzugs zu bewerten? Der Ertrag der gesamten Unternehmung stand in keinem rechten Verhältnis zum betriebenen Aufwand. Um sich einen Begriff davon zu machen, genügt es, sich einige Glanzleistungen der Logistik zu vergegenwärtigen: Als etwa 25000 Rüstungen von Makedonien nach Indien verfrachtet wurden; als die Schiffe der Indusflotte zerlegt und über zweihundert Kilometer auf dem Landweg zum Hydaspes befördert wurden, um für die Porosschlacht verfügbar zu sein; oder als es gelang, eine Uferstraße entlang des Indus für den Marsch des Heeres nach Süden in kürzester Zeit zu vollenden. Zwar gelangten einige Grenzregionen östlich des Indus unter die Herrschaft Alexanders, aber es blieb unklar, ob diese Gebietserwerbungen auf Dauer zu halten waren: Die vollständige Eroberung Indiens scheiterte. Man tröstete sich mit den äußerst teuer erkauften Teilerfolgen darüber hinweg, dass das hochgesteckte Ziel unerreichbar blieb. Ferner zeichnete sich der gesamte Feldzug durch die Unerbittlichkeit der Kriegführung aus. Alexanders Weg durch Indien markierte eine blutige Spur, die von sinnlosen Massakern und Gemetzeln begleitet wurde. Am Ende der langwierigen und verlustreichen Kämpfe mit Poros wurde lediglich der Status quo bestätigt. Hatte sich der Aufwand wirklich gelohnt? Wohl kaum.[57] Es ist überdies fraglich, ob die von Alexander veranlassten Städtegründungen – so wie dies gelegentlich angenommen wird – tatsächlich eine groß angelegte Zukunftsprojektion darstellen. Der Transfer griechisch-makedonischer Bevölkerungsteile geschah nicht immer mit Zustimmung der Betroffenen. Die Motivation der Kolonisten, als Kulturvermittler zu wirken, dürfte eher gering gewesen sein. Viele von ihnen verließen auf die Nachricht von Alexanders Tod ihre Wohnsitze und gingen zurück in den Westen. Wenn sich Spuren hellenistischer Kultur und westlicher Lebensformen am Indus vorfinden, so sind dies Ergebnisse der Seleukidenzeit.[58]

Misslungener Rückzug

Von Gedrosien nach Susa

Für die Rückführung der Indienarmee wurden mehrere Routen in Angriff genommen.[1] Um die Versorgungsprobleme gering zu halten und den optimalen Abtransport der Verwundeten und Kranken sowie des umfangreichen Kriegsgeräts und der Beute zu bewerkstelligen, wurde die Armee in drei große Abteilungen aufgeteilt, die jede für sich den Weg nach Westen antrat. Bereits vor Alexanders Aufbruch in Richtung Indusdelta war Krateros mit einem Teil des Heeres in westlicher Richtung nach Arachosien und Drangiane abgebogen. Er hatte den Auftrag erhalten, in Karmanien mit den von Alexander selbst angeführten Truppen, welche von Süden aufrücken sollten, wieder zusammenzustoßen und dabei die Befriedung der auf seinem Weg liegenden Regionen zu vollenden.[2] Diese Unternehmung galt als leichter zu bewältigen als etwa die Wegstrecke, die Alexander einschlagen wollte.

Das Hauptheer unter Alexander marschierte zunächst von der Flotte flankiert den Indus abwärts Richtung Ozean. An dessen Mündung trennten sich die Wege der Landtruppen und der Schiffe. Während Nearchos, der das Kommando über die Flotte erhielt, auf die günstigen Monsunwinde hoffte – wobei er fast drei Monate warten musste, bis er schließlich seine abenteuerliche Küstenfahrt bis zur Mündung des Euphrat beginnen konnte[3] –, trat Alexander im September 325 entlang der Küste Gedrosiens die Rückkehr nach Westen an.[4] Gedacht war an eine kombinierte See- und Landoperation, wie sie bereits an der Donau, in Phönikien, in Ägypten und am Indus stattgefunden hatte. Im Unterschied zu diesen Unternehmungen galt sie jedoch als weitaus gefährlicher. Die Kenntnisse der Seefahrtsrouten im Indischen Ozean waren mangelhaft, und der Landweg durch die Gedrosische Wüste barg unkalkulierbare Risiken in sich. Doch möglicherweise sah Alexander genau dies als besondere Herausforderung an. Überdies kursierte die Legende, dass sowohl die babylonische Königin Semiramis als auch Kyros an dieser Aufgabe gescheitert wären.[5] Jedenfalls ging es bei der Wahl dieser schwierigen Strecken primär darum, bisher unberührte Regionen der eigenen Herrschaft einzugliedern beziehungsweise einen neuen Seeweg vom Euphrat nach Indien zu erkunden und zu eröffnen. Alles deutet darauf hin, dass Alexander die gewaltigen Probleme ahnte, die auf ihn zukommen sollten und sie dennoch in Kauf nahm, weil er sich von deren Lösung eine Erhöhung seines angeschlagenen Prestiges erhoffte.[6]

Gedrosien, die Region, die zunächst durchquert werden musste, galt als eine der unwirtlichsten Gegenden der Welt. Berüchtigt war die Wüste von Makran – eine menschenleere Einöde bar jeder Zivilisation. Die logistischen Anforderungen hinsichtlich der Versorgung der großen Truppeneinheiten mit Nahrungsmitteln und Wasser waren beträchtlich. Doch bevor der Gang durch die Wüste angetreten werden konnte, beabsichtigte Alexander, die westlichen indischen Stämme der Oreiten und Arabiten zu unterwerfen. Seine Streitkräfte[7] visierten zunächst den Fluss Arabios an. Die restlichen Einheiten kamen unter Hephaistion nach und deckten den Vormarsch des Hauptheeres. Unweit der Küste ließ Alexander zunächst Brunnen graben, um die Wasserversorgung für die Flottenbesatzungen, die demnächst hier ankern würden, zu sichern. Dann griff er die Oreiten an und nahm sie in die Zange. Gleiches hatten anschließend die Arabiten zu erleiden. Bis in die Nähe der Stadt Rhambakia ließ Alexander die in die Wüste fliehenden Gegner verfolgen. Hier vereinigten sich seine Verbände mit den nachrückenden Truppen des Hephaistion.[8]

Nun drang der gesamte Heereszug in die Wüste ein.[9] Es dauerte nicht lange, bis die am Weg gelagerten oder von den Mannschaften mitgeführten Vorräte verbraucht waren. Dann folgten wochenlange Märsche unter schwierigsten klimatischen Bedingungen, welche die Moral der Truppe zersetzten. Hinzu kam der akute Wassermangel. Menschen und Tiere kämpften ums nackte Überleben. In Unkenntnis des Geländes wurde mancher Umweg eingeschlagen. Der gerade Weg entlang der Küste erwies sich als unbegehbar und so musste man notgedrungen landeinwärts einbiegen. Dabei riss die Verbindung mit der im Indischen Ozean nach Westen segelnden Flotte gänzlich ab. Beide Heeresformationen wussten nun nichts mehr voneinander, verloren jeden Kontakt und irrten jede für sich ziellos umher: Nearchos mit seinen Schiffen im Indischen Ozean und Alexander mit seinem Heer in der Wüste von Makran. Die Verlustquote stieg täglich weiter an. Über die Hälfte des Heeres soll bei diesem höllischen Wüstenmarsch auf der Strecke geblieben sein. Der Rest quälte sich, von Alexander angetrieben, im Treibsand der Dünen voran. Das Schicksal der Überlebenden hing an einem seidenen Faden.[10]

Es war die größte Strapaze des gesamten Feldzuges. Keine andere Aktion forderte so viele Menschenleben wie dieser katastrophal verlaufende Marsch durch die Wüste. Alexander hatte nicht nur die Wirkung der Natur auf Mensch und Tier falsch eingeschätzt, sondern unübersehbar die Versorgung seiner Truppen unzureichend geplant. Koordination und Logistik, die bisher ein Gütezeichen seiner Expeditionen bis in die äußersten Winkel der Welt gewesen waren, versagten in der Gedrosischen Wüste völlig. Alexander wurde von ihr besiegt, beinahe. Denn schließlich überlebte er, und mit ihm ein Teil seiner Begleitung, diesen traumatischen Marschweg.[11]

Als etwa zwei Monate nach dem Abmarsch aus Ora Ende 325 die gedrosische Hauptstadt Pura erreicht wurde, war Alexanders Heer ein Schatten seiner selbst.[12] Völlig entkräftete und kranke Soldaten bedurften der Pflege und Rekonvaleszenz. Die gewaltige physische Überbeanspruchung hatte bei allen Teilnehmern sichtbare Spuren hinterlassen. Die Mühen waren jedoch keineswegs beendet, denn noch lag ein beträchtliches Stück Weg vor ihnen. Da die Verbindung zur Flotte längst abgebrochen war, schrieb Alexander sie ab. Er rechnete nicht mehr damit, sie wiederzusehen.

Belehrt durch die Erfahrungen des unseligen gedrosischen Wüstenmarsches traf Alexander die Vorbereitungen für die Bewältigung der nächstliegenden Wegstrecke Richtung Karmanien mit besonderer Sorgfalt. Boten suchten die umliegenden Satrapien auf, um alles Nötige bereitzustellen. Tatsächlich erschienen Stasanor, der Satrap von Areia und Drangiane, und Phradasmanes, der Sohn des Satrapen von Parthien und Hyrkanien, am vereinbarten Ort mit Hilfslieferungen. Auch der vor Monaten bereits abgereiste Krateros traf mit seinem Heeresverband, nachdem er Arachosien und Drangiane durchstreift und eine Reihe von Aufständen niedergeschlagen hatte, in Karmanien ein. Dort konnte endlich die Vereinigung beider Heeressäulen erfolgen. Zudem erhielten die erschöpften Truppen die dringend benötigte Erholung.[13]

Erheblich verbessert wurde die verheerende Bilanz der letzten Monate durch das plötzliche Auftauchen der verloren geglaubten Flotte des Nearchos in der Straße von Hormuz unweit von Kap Maketa. Ähnlich wie das Landheer mussten auch die Flottenbesatzungen erhebliche Strapazen erdulden. Von akutem Wasser- und Nahrungsmittelmangel, von Verzweiflung und Orientierungslosigkeit geplagt, driftete die mit so viel Erwartung angetretene Seefahrt oft genug am Rande des Abgrunds. Nur der Beharrlichkeit des Nearchos, der gegen den Rat des Onesikritos handelte[14], Arabien zu umsegeln, war es zu verdanken, dass die Schiffe Kurs auf den Persischen Golf hielten, bis sie schließlich dort eintrafen. Schier zufällig vernahmen einige an Land gegangene Seeleute, dass sich Alexanders Landheer nur wenige Tagesmärsche entfernt befand. An der Spitze eines Suchtrupps gelangte Nearchos zum Lager des Königs, der sich über die Rettung der Flotte angeblich mehr als über die Eroberung Asiens gefreut haben soll. Jedenfalls wurde das Wiedersehen ausgiebig mit Dankopfern und Festspielen gefeiert.[15] Allmählich begann man damit, das stark dezimierte Heer neu zu formieren. Die allgemeine Stimmung besserte sich zusehends. Die Landtruppen traten von Karmanien aus eine, verglichen mit den Strapazen der Vergangenheit, eher gemächliche Wegstrecke in Richtung Persis an.

Unterwegs hielt Alexander Strafgericht gegen einige von ihm eingesetzte Satrapen und Militärbefehlshaber, die sich seiner Meinung nach als illoyal oder als unfähig erwiesen hatten. Möglicherweise waren die Vorwürfe berechtigt, bedenkt man, dass die lange Abwesenheit des Königs, dazu die Nachrichten über seinen Tod beim Feldzug gegen die Maller, den einen oder anderen örtlichen Befehlshaber zu einem, aus der Sicht Alexanders, allzu selbstherrlichen Verhalten angestiftet haben mögen.[16] Allerdings besteht der Verdacht, dass diese Aktionen auch als Ablenkung dienten, um den eigenen Anteil an den erlittenen Katastrophen zu überspielen. Immerhin war er der uneingeschränkte Befehlshaber seiner Truppen. Auf seinen Schultern lastete die gesamte Verantwortung für die Rückschläge der letzten Jahre, die im Kontrast zu den glanzvollen Siegen aus der Anfangsphase des Feldzuges standen.[17]

Mit sorgsam dosierten Strafaktionen wollte der König der Makedonen und Perser seine ramponierte Autorität wiederherstellen. Er forderte Rechenschaft, indem er als strenger Richter auftrat. Seine Verdikte ermöglichten eine systematische Überprüfung seiner bisherigen Personalpolitik. Illoyale Statthalter wurden beseitigt und durch neue Amtsträger ersetzt. Ferner erging an die Satrapen ein Verbot, Söldner anzuwerben, womit künftig die Begehrlichkeiten und Eigenmächtigkeiten der Militärbefehlshaber unterbunden werden sollten.

Den Reigen eröffnete Astaspes[18], der Satrap von Karmanien, den man beschuldigte, den indischen Feldzug sowie den Rückmarsch über Gedrosien unzureichend unterstützt zu haben. Nach dessen Hinrichtung übernahm der Makedone Tlepolemos[19] an seiner Statt das vakant gewordene Amt.[20] Gleiches unterstellte man Abulites, dem in Susa residierenden Satrapen und dessen Sohn Oxathres. Auch sie bekamen die Wut Alexanders zu spüren; beide verurteilte er zum Tode.[21] Dem verstorbenen Satrapen von Gedrosien, Apollophanes, folgte Sibyrtios im Amt[22], während das am Indus liegende Gebiet des durch Söldner ermordeten Satrapen Philippos dem Taxiles unterstellt wurde.[23] Auch die Militärbefehlshaber von Ekbatana, die an der Spitze ihrer Truppen zu Alexander nach Karmanien zogen, wurden wegen erwiesener Übergriffe gegen die Bevölkerung und eklatanter Misswirtschaft zur Rechenschaft gezogen und mit ihren Helfern zum Tode verurteilt.[24]

Kleomenes, der Statthalter von Ägypten, wurde wegen seiner Finanzpolitik angeklagt, vermochte jedoch, wenn auch mit Mühe, seinen Kopf aus der Schlinge zu ziehen.[25] Am spektakulärsten war aber die Flucht des Harpalos, des Jugendfreundes Alexanders, dem die Finanzverwaltung oblag und der in Babylon ein wahrhaft ausschweifendes Leben geführt hatte. Als er von Alexanders Rückkehr erfuhr, eilte er mit seinem stattlichen Gefolge und unter Mitnahme von 5000 Talenten nach Westen, um der Bestrafung zu entgehen. Im kilikischen Tarsos endete vorerst seine Reise. Als Alexander dann immer näher rückte, setzte Harpalos seine Flucht – nicht ohne seinen Schatz – bis nach Athen fort.[26]

Dass die Armee diese Strafaktionen ohne jegliche Auflehnung hinnahm, darf als Hinweis für die Haltbarkeit der erhobenen Vorwürfe gelten. Neben Bestrafungen gab es auch Ehrungen. Die höchste wurde dem treuen Weggefährten Hephaistion zuteil, der nun als Chiliarch mit der Stellvertretung Alexanders betraut wurde, womit er zum zweitmächtigsten Mann im Reich avancierte.[27] Einige bewährte Kampfgefährten bekamen goldene Ehrenkränze, so Peukestas und Leonnatos, jene Leibgardisten, die Alexanders Leben an der Mallerburg gerettet hatten. Auch Nearchos und Onesikritos sowie weitere bewährte Männer aus der Umgebung des Königs wurden wegen ihrer Verdienste überschwänglich gelobt und belohnt.[28]

Der neue Chiliarch Hephaistion erhielt von Alexander den Befehl, die Hauptmacht des Heeres nach Susa zu führen. Alexander selbst marschierte, von wenigen Abteilungen begleitet, nach Persepolis und Pasargadai. Die Maßnahmen für eine personale Reorganisation seines Reiches setzten sich in der Persis fort. Hier hatte sich der mit dem Achaimenidenhaus verwandte Orxines[29] zum Satrapen erhoben, nachdem Phrasaortes, der diese Stelle versehen hatte, verstorben war. Als Alexander nach Pasargadai kam und das einige Jahre zuvor restaurierte Grab des Kyros beschädigt vorfand, steigerte sich seine Wut gegenüber Orxines, zumal dieser auch von den Bewohnern der Persis mit Vorwürfen überhäuft wurde. Alexander nahm sie ernst und ließ den selbsternannten Satrapen umbringen.[30] Seine Stelle übertrug er dem Makedonen Peukestas, einem Mitglied seiner Leibwache. Diese Ernennung war ganz nach dem Geschmack des Königs. Peukestas zog nun persische Kleidung an, erlernte die Sprache des Landes und bemühte sich, ähnlich wie sein Vorbild Alexander, nach Kräften um eine intensive Kooperation zwischen Persern und Makedonen.[31] Alexander befahl, die Begräbnisstätte des Kyros instand zu setzen, und brachte eine griechische Übersetzung unter der persischen Grabinschrift an, welche von den Taten des Reichsgründers kündete. Auch ließ er verlautbaren, dass er seine vor Jahren getroffene Entscheidung, den Palast von Persepolis niederzubrennen, zutiefst bedauere.[32]

Am Pasitigris vereinigte sich die Flotte des Nearchos mit dem Landheer. Die Zusammenkunft wurde festlich begangen.[33] Als bald darauf die Landschaft Susiane erreicht wurde, trug sich eine eigentümliche Begebenheit zu, die Alexander zu denken gab. Der indische Gymnosophist Kalanos, der seit dem Indienaufenthalt zum Gefolge des Königs gehörte, erkrankte schwer. Er weigerte sich beharrlich gegen jegliche ärztliche Behandlung. Auch schlug er alle diesbezüglichen Ratschläge in den Wind. Bevor er sich auf einem Scheiterhaufen verbrennen ließ, soll er ein Wiedersehen mit Alexander in Babylon angekündigt haben.[34]

Im Frühjahr 324 traf Alexander endlich in Susa ein.[35] Dort fielen wichtige programmatische Entscheidungen hinsichtlich der künftigen Ausgestaltung des Reiches. Sie standen unter dem Vorzeichen der makedonisch-persischen Zusammenarbeit. Nach fast zehnjähriger Abwesenheit von der Heimat war Alexander dem Orient näher gerückt. Die Übernahme persischer Hofsitten, die Hochzeit mit Roxane, das enttäuschende Verhalten einiger Landsleute hatten ihn möglicherweise seiner Herkunft entfremdet. Zwar fühlte er sich stets als makedonischer König, aber seine asiatische Königswürde empfand er nicht weniger bindend als Verpflichtung gegenüber den verschiedenen Völkern seines Reiches. Daher war die Freude verständlich, die er hinsichtlich der Amtsführung des Peukestas empfand.

Der publikumswirksamste Aspekt seines Aufenthaltes in Susa bildete eine sorgfältig geplante Massenhochzeit, bei der führende Vertreter der makedonischen Aristokratie vornehme persische Frauen heirateten. Den Anfang machte Alexander selbst, der Strateira[36], die älteste Tochter des Dareios III., und gleichzeitig Parysatis[37], die jüngste Tochter des Artaxerxes III., ehelichte, ohne deswegen seine Verbindung mit Roxane aufzulösen. Die vornehmen persischen Damen waren in den letzten Jahren äußerst zuvorkommend behandelt worden. Sie hatten die griechische Sprache erlernt. Nun sollten diese Verbindungen nicht nur die dynastischen Bande zwischen den Häusern der Argeaden und Achaimeniden stärken, sondern auch als Vorbild für die künftigen Führungsschichten des Reiches dienen. Unter dieser Maxime heiratete Hephaistion Drypetis, eine weitere Tochter des Dareios III. Krateros verband sich mit einer Tochter des Oxyathres. Seleukos erhielt eine Tochter des Spitamenes zur Frau, Nearchos versprach man eine Tochter Memnons und der Barsine, Ptolemaios und Eumenes ehelichten jeweils die Töchter des Artabazos, Perdikkas eine Tochter des Atropates, des Satrapen von Medien. Etwa achtzig solcher hochrangiger Ehen wurden damals geschlossen. Die Truppe zog nach: Sämtliche Konkubinate der makedonischen Soldaten mit orientalischen Frauen wurden legalisiert.[38]

Fünf Tage lang feierte man ausgelassen in Susa die nach persischem Ritual vorgenommenen Trauungen. Bankette, musikalische und athletische Darbietungen umrahmten die Zeremonie. Üppige Geldgeschenke wurden unter die Brautpaare verteilt. Alexander ließ sich seine groß angelegte Inszenierung, die das Zusammenwachsen der makedonisch-persischen Eliten dokumentieren sollte, ein Vermögen kosten. Doch der unglaubliche Aufwand und äußere Glanz der Veranstaltung vermochten nicht die tief greifenden Divergenzen zwischen dem orientalischen Lebensgewohnheiten zuneigenden König und den demgegenüber eher skeptisch eingestellten Makedonen zu überdecken. Bei der Aufstellung einer aus persischen Soldaten bestehenden Einheit von 30000 Mann, die nach makedonischer Kampfweise ausgerüstet wurde, den sogenannten Epigonen, traten diese Antagonismen am deutlichsten zutage.[39] Die makedonischen Veteranen fühlten sich gekränkt und gaben dies ihrem König deutlich zu verstehen.

Den Aufenthalt in Susa nutzte Alexander auch, um in die politischen Verhältnisse Griechenlands einzugreifen. Angesichts der Wirren der Vergangenheit gab es eine große Anzahl Verbannter, die ein bedrohliches Unruhepotenzial in zahlreichen Städten darstellten. Alexander beschloss, diese explosive Situation für seine machtpolitischen Ziele zu nutzen, und ermöglichte in seiner Eigenschaft als Hegemon des Korinthischen Bundes den Exilierten die Rückkehr in ihre jeweilige Heimat. Er ließ zu diesem Zweck durch Nikanor[40] im Sommer des Jahres 324 eine feierliche Proklamation in Olympia verlesen, in der er zur Aufnahme der Verbannten aufforderte und darum ersuchte, dass diese in ihre früheren Rechte wieder eingesetzt werden sollten. Begreiflicherweise löste diese Aktion bei den Betroffenen, ihre Zahl soll mehr als 20000 betragen haben, Freude aus.[41] Doch die Zustimmung blieb durchaus geteilt. Mancherorts wehrten sich die betroffenen Städte, indem sie das Inkrafttreten der Rückführungsmaßnahmen verzögerten. Besonders Athen, das sich der Insel Samos bemächtigt hatte, tat sich äußerst schwer damit. Es sollte Jahre dauern, bis die vertriebenen Samier wieder von ihrer Heimat Besitz ergreifen konnten. Neben den politischen, ökonomischen und sozialen Konvulsionen erzeugte diese Aktion eine Fülle sozialer Spannungen und rechtlicher Probleme, da die Städte bei der Klärung der verworrenen Eigentumsfragen und Entschädigungsansprüche völlig überfordert waren.[42]

Kaum eine andere Maßnahme Alexanders rief so viel Diskussionen, Zustimmung und Widerspruch zugleich hervor. Er reizte dabei seine Rolle als Hegemon aus, indem er, ohne seine Bundesgenossen anzuhören, eine Verfügung erließ, die massiv in deren Befugnisse eingriff. Rücksichtslos handelte er als der mächtigste Potentat der Welt, dessen Wunsch Gesetz war.[43] Aber dieser Aspekt war nicht entscheidend. Als wichtiger erwies sich das Kalkül, das sich hinter der gesamten Rückführungsaktion verbarg. Offenbar beabsichtigte Alexander eine Destabilisierung der Makedonien feindlich gesinnten griechischen Poleis, um damit die eigene Vorherrschaft zu festigen. Vermutlich sah er in der Masse der Heimkehrer eine potenzielle fünfte Kolonne, von der er sich in Zukunft treue Dienste versprach, wenn es eines Tages darum gehen sollte, die politische Landkarte Griechenlands umzugestalten.[44]

In Zusammenhang mit dem Verbanntendekret, das die griechische Öffentlichkeit zutiefst aufwühlte, wird eine eigens von Alexander an die griechischen Städte gerichtete Aufforderung, wonach er göttliche Ehren verlangt habe, kolportiert.[45] Doch es ist fraglich, ob diese Initiative von Alexander selbst ausging.[46] Sollte er in dieser Angelegenheit tätig geworden sein, dann sicher nicht offiziell, sondern eher diplomatisch und im Stillen. Leider lässt sich die Dynamik dieses Prozesses anhand der vorhandenen Quellen nicht mehr rekonstruieren. Zwar respektierte Alexander während der verschiedenen Stationen seines Eroberungszuges demonstrativ die religiöse Welt der betroffenen Regionen, doch wurde er nirgendwo als Gott öffentlich verehrt, und er hat, jenseits aller Stilisierungen als neuer Dionysos, Herakles oder als Abkömmling des Zeus, dies auch nirgendwo verlangt. Stets passte er sich den örtlichen Gepflogenheiten an und ließ sich gemäß der dort geltenden Formen der Ehrerbietung huldigen.[47] Im Gegensatz zum Orient gab es im griechischen Kulturraum vielfache Formen kultischer Verehrung lebender Menschen. Philipp II. und Alexander waren gelegentlich von solchen Praktiken vereinnahmt worden, so etwa in Ionien. Es handelte sich dabei um Stadtkulte, die in der Errichtung von Altären, Tempeln, Statuen und dem Einsetzen einer Priesterschaft mit einem eigens dafür entwickelten Ritual bestanden. Auf diese Weise wollte man den so überschwänglich Geehrten für sich einnehmen. Mit der öffentlich bekundeten Devotion verbanden sich die Dankbarkeit der Betroffenen für erhaltene Gunsterweise sowie der Wunsch der Dedikanten nach weiteren Wohltaten. Etwas Ähnliches scheint sich damals in der aufgeregten politischen Landschaft Griechenlands abgespielt zu haben. Natürlich wussten die Griechen, wie empfänglich gerade Alexander für Kultangelegenheiten war.

Aus diesen Gründen fingen die Athener, Spartaner und weitere Poleis an, Alexander durch Opfer, Tempel und Altäre zu huldigen. Sie taten dies nicht auf Anordnung, sondern ergriffen selbst die Initiative. Solche Vorstöße blieben aber innerhalb der einzelnen Poleis umstritten, wie die hitzigen Diskussionen zeigen, die man in Athen und anderswo darüber führte.[48] Die Anlässe für die Vergöttlichung Alexanders waren begreiflicherweise primär eigennützig. Auf diese Weise hoffte man, den übermächtigen Herrscher für sich einzunehmen, ihn künftig milder zu stimmen. Das Erweisen göttlicher Ehren an lebende Individuen war ein politischer Akt. Durch prachtvolle Huldigungsrituale erhofften die griechischen Städte, die Megalomanie eines Autokraten, mit dem man in Zukunft auskommen musste, halbwegs zu bändigen. Kalkül und Opportunität und nicht etwa eine religiöse Stimmungslage gaben den Ausschlag dafür. Es mag aus heutiger Sicht verwundern, dass man den eher ungeliebten, vor allem aber gefürchteten Alexander, der durch sein autokratisches Verhalten die Verbanntenaffäre ins Rollen gebracht und damit eine Krise in Griechenland ausgelöst hatte, durch kultische Überhöhung gewissermaßen in die Pflicht nehmen wollte. Wenn es eines Beweises für die Ohnmacht der griechischen Poleis bedurfte, dann lieferte ihn gerade diese überaus umstrittene und rabulistische Inszenierung.

Alexander wiederum bot die öffentlich proklamierte Vergöttlichung die Gelegenheit, die Beziehungen zu den aus seiner Sicht notorisch unzuverlässigen Griechen neu zu regeln. Erkannten sie ihn als gottgleiche Herrscherpersönlichkeit an, so konnte er nun hoffen, seiner Autorität besser als in der Vergangenheit Geltung zu verschaffen: Für eine bewusste politische Instrumentalisierung seiner Göttlichkeit gibt es in der Tat einige Indizien.[49]

Noch in Karmanien, als er unterwegs zu den Königsresidenzen des Achaimenidenreiches war, hatte sich Alexander fieberhaft mit weiteren Eroberungsplänen beschäftigt. Im Verlauf der nächsten Monate nahmen einige Projekte deutliche Gestalt an. Arabien kam dabei eine besondere Priorität zu. Nach der Fahrt des Nearchos war klar geworden, dass dieses – trotz seiner geographischen Nähe zur Persis – relativ unbekannte Land eine Halbinsel von beträchtlichem Ausmaß darstellte. Erkundungsfahrten von Ägypten und Babylonien aus hatten bereits zu einigen Küstenabschnitten geführt, doch eine Umrundung und Durchquerung der gesamten Landmasse Arabiens war bislang unterblieben. Alexander plante eine Eroberung des Subkontinents.[50] Was in Indien und Gedrosien misslungen war, musste hier gelingen: Seine Truppen sollten zu Wasser und zu Lande reibungslos operieren. In Babylon wurde eigens mit dem Ausbau eines Hafens begonnen, der die Invasionsflotte aufnehmen sollte. Seeleute aus Zypern und Phönikien wurden mobilisiert. Als Beweggrund für den Arabienfeldzug wurde neben der günstigen strategischen Lage für die Seewege nach Indien vor allem der Reichtum des Landes an Gewürzen angeführt.[51]

Letztlich bildete Arabien nur den Ausgangspunkt einer weit gespannten Expansionspolitik, anvisiert wurde bereits die gesamte Mittelmeerwelt. Denn nach der Beherrschung der Landmasse, die sich vom Indus bis nach Arabien und Kleinasien erstreckte, wären ohnehin die Regionen des westlichen Mittelmeers in den Blickpunkt der Begehrlichkeiten Alexanders geraten. Aus den Aufzeichnungen, die erst nach seinem Tod bekannt wurden, ging hervor, dass er eine gewaltige Flotte ausrüsten wollte, um Karthago und das Gebiet bis zur Meerenge von Gibraltar zu erobern. Es gibt keinen Grund, am einschlägigen Bericht Diodors, unserer einzigen Quelle dafür, zu zweifeln.[52]

Dass Alexander, nachdem er zunächst an der Donau die Nordgrenze seines Königtums überquert, danach in Indien die Ostgrenze seines Reiches abgesteckt hatte und mit der bevorstehenden Expedition nach Arabien sich anschickte, die Südgrenze seines Machtbereiches zu erweitern, schließlich auch noch die Westgrenze der bekannten Welt zu überschreiten beabsichtigte, lag durchaus im Trend seines bisherigen Verhaltens (Pothos). Nun, je näher er dem Gravitationszentrum seines Reiches kam, sich von den Strapazen seiner Rückkehr aus Indien erholte, dabei seinen Herrschaftsbereich neu ordnete und sich dessen gewaltiger Machtmittel versicherte, schien die Verwirklichung dieser außenpolitischen Herausforderungen nur noch eine Frage der Zeit.

Alexanders Tod

Opis, Ekbatana, Babylon

Von Susa aus fuhr Alexander an der Spitze seiner Gardetruppen, den Hypaspisten und einem Teil seiner Hetairenreiterei, mit seiner Flotte in Richtung des Mündungsgebietes von Tigris und Euphrat.[1] Hier ließ er einen nach ihm benannten Hafen anlegen, der für regelmäßige Schifffahrtsverbindungen nach Arabien und Indien gedacht war.[2] Danach fuhr er den Tigris hinauf bis in die Nähe des nördlich von Babylon gelegenen, wichtigen Verkehrsknotenpunktes von Opis, wo sich mehrere Straßen kreuzten. Hier traf Alexander im Sommer 324 auf Hephaistion und den Großteil des Heeres.[3]

Bevor er nach der Gewohnheit der Achaimeniden nach Medien weiterzog, um die Sommermonate in der Königsresidenz von Ekbatana zu verbringen, ließ er das Heer in Opis versammeln, um die Entlassung der Veteranen und Kriegsinvaliden zu verkünden, die nun nach langjähriger Abwesenheit endlich nach Hause zurückkehren durften und dabei eine angemessene Abfindung erhalten sollten. Wenn Alexander überzeugt gewesen war, den Betroffenen damit eine Wohltat zu erweisen, so erzeugte sein Vorhaben genau das Gegenteil: Erbitterung und Wut keimten auf, als die Truppen die Absichten ihres Befehlshabers vernahmen. Viele sahen darin ein abgefeimtes Manöver, um die ohnehin schon stark orientalisierte Armee noch weiter mit Asiaten aufzufüllen, und empfanden die Rückführung in die Heimat als Affront.[4] Offenbar hatte Alexander nicht mit einer derartigen Reaktion seiner Veteranen gerechnet. Zum Aufruhr der betroffenen Heeresteile kam eine Solidarisierungswelle weiterer makedonischer Einheiten, die den lautstarken Protest der Entlassenen unterstützten. Es kam zum Tumult und zu offenen Feindseligkeiten gegen den König.[5] Als einige Soldaten im Verlauf der hitzigen Wortgefechte ihm zuriefen, er möge künftig mit seinem Vater Ammon in den Krieg ziehen, verlor Alexander die Beherrschung und befahl der Garde, die Rädelsführer zu ergreifen und zur Hinrichtung abzuführen.[6] Die restlichen Einheiten, die jahrelang mit ihm gefochten und die halbe Welt erobert hatten, soll er mit dem für sie verletzenden, lapidaren Satz entlassen haben: „Nun, also, zieht ab!“[7]

Die Vorgänge von Opis stellten die größte Belastungsprobe im Verhältnis zwischen dem König und seinen Landsleuten während seiner gesamten Regierungszeit dar. Die Eskalation dieses Konfliktes wird aber nur vor dem Hintergrund des schon lange schwelenden Misstrauens bei den makedonischen Kampfgefährten begreiflich. Viele von ihnen fürchteten eine

Entfremdung von ihrem König und damit den Verlust ihrer privilegierten Stellung. Reibereien, Kritik und Dissonanzen hatte es in der Vergangenheit zuhauf gegeben; eine derartig massive Konfrontation zwischen dem Befehlshaber und seiner Armee, die einer Insubordination gleichkam, war jedoch ein Novum. Alexander war sich der Gefährlichkeit der Situation bewusst und entschied sich für eine unnachgiebige Gangart, die Salz in die Wunden seiner aufrührerischen Soldaten rieb. Er blieb unmittelbar nach dem Streit für seine makedonische Umgebung unnahbar, berief aber seine persischen Vertrauensleute zu sich, überhäufte sie mit Ehren, nannte sie seine Getreuen und gab den persischen Kampfeinheiten die Namen der makedonischen Verbände.[8]

Offenbar hatte Alexander die Wirkung seiner unkonzilianten Haltung richtig berechnet, denn in den nächsten Tagen machte sich beim verdutzten Heer Ernüchterung breit. Eine Delegation unter Leitung des Kallines suchte ihn auf, bat um Verzeihung und Aussöhnung.[9] Alexander gewährte sie bereitwillig. Er hatte wohl mit einem Meinungsumschwung der Makedonen gerechnet und war darauf vorbereitet,weil er sich sofort zu freundlichen Gesten und Konzessionen bereit zeigte. Gerade die makedonischen Truppen waren für die Verwirklichung seiner Zukunftspläne unersetzlich. Auf Nachschub aus der Heimat konnte er nicht verzichten. Um die wiedererlangte Gunst seiner erprobten Kampfgefährten zu festigen, ließ er von nun an alle Makedonen als seine Verwandten ansprechen und lud ferner zu einem Versöhnungsmahl ein.[10]

Unmittelbar darauf fand ein gewaltiges Festbankett für mehr als 9000 Teilnehmer statt. Rings um Alexander saßen die Makedonen, die alle Plätze in seiner Umgebung belegten, dann kamen die Perser und am weitesten vom König entfernt wurden schließlich den Angehörigen anderer Ethnien Plätze zugewiesen. Ein gemeinsames Trankopfer und die Abhaltung makedonischer und persischer Rituale standen im Mittelpunkt dieser politischen Veranstaltung, in deren Verlauf Alexander sich als König der Makedonen und Perser inszenierte und zugleich die wiederhergestellte Eintracht zwischen den Stützpfeilern seiner Macht sichtbar betonte.[11] Es war kein bewusst verkündetes Vermächtnis Alexanders oder gar eine Botschaft der Universalität, die von Opis ausging, vielmehr handelte es sich um eine spontan arrangierte Feier als Ausweg aus einer Krise, welche die gefährdete Zusammenarbeit zwischen den Kernvölkern seines Reiches wieder ins Lot bringen sollte.[12]

Auffällig dabei bleibt, dass Alexander, der mütterlicherseits Hellene war, die Griechen bei seinen künftigen Planungen kaum mehr berücksichtigte. Dies hatte sich allerdings schon lange vor Opis abgezeichnet. Wem seine Präferenzen eindeutig galten, verdeutlicht eine mehrfach kolportierte Anekdote: Der von Alexander geschätzte athenische Ringkämpfer Dioxippos[13], Teilnehmer der asiatischen Expedition, wurde von einem Makedonen zum Kampf herausgefordert. Dioxippos überwand mit List und Geschick seinen militärisch ausgebildeten Kontrahenten, der vom König in letzter Sekunde gerettet wurde. Während die Griechen auf Seiten ihres Landsmannes standen, hielt Alexander zum Makedonen. Bald darauf wurde der siegreiche Grieche unter nichtigen Vorwänden angeklagt und in den Selbstmord getrieben.[14] Die Episode verweist auf die unüberbrückbaren Differenzen zwischen den benachbarten Kulturkreisen, die nicht einmal der im Geist der griechischen Kulturtradition ausgebildete makedonische König zu überwinden vermochte.[15] Zweifellos hatte die von Philipp II. errichtete und von Alexander gefestigte makedonische Vorherrschaft über Griechenland Misstrauen, Animositäten und Rivalität auf beiden Seiten erzeugt. Zugleich konnten die auf ihre Bildungstradition und Geschichte stolzen Griechen das Gefühl nicht ganz loswerden, dass sie von ungehobelten Barbaren dominiert wurden, und dies gaben sie immer wieder unmissverständlich zu erkennen. Die Makedonen wiederum rächten sich, indem sie die Griechen benachteiligten und sie mit Herablassung behandelten. Im Unterschied zu den Persern, die Alexander als König huldigten und sich bereitwillig in seinen Dienst stellten, waren die Griechen weit davon entfernt, den in fernen Ländern weilenden Alexander als ihren Herrscher anzuerkennen. Während die Perser Alexander mit Ehrfurcht behandelten, waren die Beziehungen des makedonischen Hegemons zu den Griechen von Distanz geprägt. Daher zog Alexander zwar einzelne Hellenen zur Mitarbeit an seinen Plänen heran oder gab ihnen wichtige Posten, als Stützen seiner Herrschaft sah er die Griechen aber anscheinend nicht an.

Nach dem Festgelage von Opis durften etwa 11000 makedonische Veteranen den Gang in die Heimat antreten.[16] Alexander erwies sich als äußerst großzügig, indem er sie finanziell reich entschädigte. Ferner erhielt Antipater, Alexanders Stellvertreter in Makedonien, den Auftrag, die Heimkehrer ehrenvoll zu behandeln und ihnen eine Reihe von Vergünstigungen zu gewähren. Die Leitung der Rückführungsaktion wurde dem bewährten Krateros anvertraut, dem Polyperchon[17] als Stellvertreter beigeordnet wurde. Politisch brisant war jedoch sein Auftrag, an Antipaters Stelle die Regentschaft in Makedonien zu übernehmen.[18] Im Gegenzug sollte der abgelöste Antipater frisch ausgehobene Truppen nach Asien führen. Ein Grund für diese weit reichende Personalentscheidung scheint die Feindseligkeit zwischen der ehrgeizigen Königsmutter Olympias und dem alten makedonischen Aristokraten gewesen zu sein, die Alexander dadurch zu entschärfen versuchte, dass er den bewährten makedonischen Regenten zu sich rief.[19] Jedoch sollte diese Entscheidung verhängnisvolle Folgen für das Argeadenhaus zeitigen. Denn durch die intendierte Abberufung zog sich Alexander den unbändigen Zorn des angesehenen Antipater und seines Sohnes Kassander[20] zu. Letzterer ging nach Asien und erklärte dem König, dass sein Vater in Makedonien unabkömmlich sei; sein Verhältnis zum König blieb daraufhin äußerst spannungsgeladen. Nach Alexanders Tod wird Kassander dessen Nachkommen und Verwandte beseitigen, um den eigenen Anspruch auf den makedonischen Thron durchzusetzen: Mit der Absetzung Antipaters aktivierte Alexander, ohne es zu ahnen, die Totengräber seiner eigenen Dynastie.

Nach den ereignisreichen Tagen von Opis brach Alexander nach Ekbatana auf.[21] Er beabsichtigte, die Sommermonate in der angenehmen Bergluft Mediens zu verbringen und dabei die administrative und politische Reorganisation dieser bisher vernachlässigten Region voranzutreiben. Auch die Erforschung des Kaspischen Meeres nahm er sich vor, indem er Herakleides beauftragte, aus dem Holz der Wälder Hyrkaniens eine Flotte zu bauen. Er wollte Klarheit darüber erlangen, ob es sich um ein Binnengewässer oder um einen Teil des nördlichen Ozeans handelte.[22]

Als Alexander in Ekbatana ankam, ließ er zahlreiche Dankopfer darbringen und ein groß angelegtes Fest veranstalten. Bankette, Trinkgelage, athletische Wettbewerbe, Theaterstücke und Schauspiele standen im Mittelpunkt der Feierlichkeiten. Allein zu diesem Zweck sollen Tausende von Künstlern aus Griechenland nach Medien angereist sein. Unter den aufgeführten Bühnenstücken befand sich eine Burleske des aus Katane stammenden Dichters Python, in welcher der mit der Staatskasse durchgebrannte Harpalos parodiert wurde.[23]

Inmitten der ausgelassenen Stimmung erreichte Alexander im Herbst 324 die Nachricht von der plötzlichen Erkrankung seines Freundes und Stellvertreters Hephaistion. Es handelte sich offenbar um einen Fieberanfall, der dadurch verschlimmert wurde, dass der Patient die Weisungen seines Arztes missachtete. Als sich sein Zustand verschlechterte, eilte Alexander aus dem Theater, um den Freund zu besuchen, kam aber zu spät.[24] Der Tod des Hephaistion traf ihn hart. In seiner Trauer vergaß er jedoch jegliches Maß. Zuerst ließ er den Arzt Glaukias töten, der seiner Meinung nach für den Tod des Freundes verantwortlich war. Dann fragte er beim Orakel von Siwah an, ob Hephaistion göttliche Ehren zuerkannt werden sollten.[25] Für seine Bestattung und die anschließenden Ehrungen wurde ein gewaltiges Vermögen, das aus Tributen und Spenden stammte, bereitgestellt. Mehr als 12000 Talente wurden für die Trauerfeierlichkeiten des Hephaistion aufgewendet. Eine derartige Summe, welche die Steuereinnahmen der einträglichsten Satrapien des Reiches weit überstieg, war für einen vergleichbaren Anlass noch nie ausgegeben worden. Perdikkas führte den Trauerzug mit dem Leichnam des Hephaistion an, der dann in Babylon seine Ruhestätte finden sollte.[26]

Möglicherweise als Ablenkung, um sich über den Verlust des geliebten Freundes hinwegzutrösten, führte Alexander einen Winterfeldzug im Zagrosgebirge gegen die nomadischen Kossaier durch, welche die Verbindung zwischen Medien und dem Zweistromland stören konnten. Ähnlich wie Jahre zuvor gegen die im persischen Bergland ansässigen Uxier, die ebenfalls Tribute für das Passieren ihrer Siedlungsgebiete erhoben hatten, wollte Alexander mit der Unterwerfung und Umsiedlung der Kossaier dieses Ärgernis definitiv beseitigen und seine Hoheitsrechte über die unzugängliche Region bekräftigen. Zahlreiche Gefangene dieses blutigen Feldzuges sollen nach dem Willen Alexanders als Totenopfer für Hephaistion niedergemetzelt worden sein.[27]

Im Frühjahr des Jahres 323 machte sich Alexander Richtung Mesopotamien auf. Unterwegs trafen Gesandtschaften aus allen westlichen Ländern ein. Afrikaner, Iberer, Italiker, Kelten, Karthager, Skythen, Illyrer und Griechen sollen den König aufgesucht und freundschaftliche Beziehungen zu dem mächtigsten Mann der damaligen Welt geknüpft haben.[28] Als Alexander im Begriff stand, in Babylon einzuziehen, erhielt er seitens der chaldäischen Sterndeuter die eindringliche Warnung, die Stadt zu meiden.[29] Wegen weiterer ungünstiger Vorzeichen verzögerte sich der Einzug in die Stadt. Er schlug sein Lager am westlichen Euphratufer auf und wartete vorerst einmal ab.[30] Erst als der zu seinem Gefolge gehörende Philosoph Anaxarchos seine Bedenken zerstreute, entschloss sich Alexander, die mesopotamische Metropole zu betreten.[31] Hier warteten zahlreiche Delegationen aus Griechenland, die beim König vorstellig werden wollten. Alexander empfing zuerst die Abgesandten der griechischen Heiligtümer wie Delphi, Epidauros oder Olympia und sodann all diejenigen, die in kultischen Angelegenheiten zu ihm kamen. Danach wurden die restlichen Gesandtschaften vorgelassen. Das Hauptanliegen der meisten Städte waren Beschwerden wegen der von Alexander verfügten Aufhebung des Verbanntendekretes. Der König bemühte sich nach Kräften um praktikable Lösungen. Darüber hinaus versuchte er das Wohlwollen der Delegationen und ihrer Auftraggeber zu gewinnen, indem er ihnen das einst von Xerxes aus Griechenland verschleppte Beutegut wieder zurückerstattete.

Einige griechische Gesandte erschienen bekränzt vor Alexander, überbrachten goldene Ehrenkränze und erwiesen ihm damit eine Huldigung, wie sie sonst nur den Göttern zukam.[32] Dieser Auftritt stand in Einklang mit den jüngst gefassten Beschlüssen einiger Poleis, Alexander gottgleiche Ehren zu gewähren. Die kultische Überhöhung von Menschen zu Lebzeiten war in Griechenland zwar ungewöhnlich, aber nicht neu. Wenn also Alexander von den Griechen derartig geehrt wurde, konnte er dies als politische Aufwertung verstehen und sich gleichzeitig darüber freuen, dass seine Person auf eine Ebene mit den Göttern gestellt wurde, denen er so sichtbar nacheiferte. Wie sehr es ihn reizte, in die göttliche Sphäre aufgenommen zu werden, hatte sein Verhalten nach dem Tod des Hephaistion veranschaulicht. Hephaistion wurden Opfer dargebracht, wie sie kein Makedone zuvor erhalten hatte. Ihm wurden die Ehren eines Heros zuteil, wie sie das Ammonorakel von Siwah auf Anfrage bestätigt hatte. Groß angelegte Agone und aufwändige Rituale begleiteten seine Beerdigung. Im ganzen Reich erloschen die heiligen Feuer, was sonst nur beim Tod des Königs zu geschehen pflegte. In Babylon sollte ein monumentales, überaus kostspieliges fünfstöckiges Grabmal entstehen, und in Alexandria an der Nilmündung wurden ebenfalls zwei Tempel für den Verstorbenen in Auftrag gegeben. Indem Alexander für den ihm nachgeordneten Freund gottgleiche Ehrenbezeugungen verlangte und den Kult des Hephaistion nach Kräften förderte, gab er unmissverständlich zu verstehen, welche Form der Behandlung er selbst erwartete.

Mit besonderer Energie betrieb Alexander die Vorbereitungen seiner Arabienexpedition. Bezeichnenderweise waren keine arabischen Gesandten in Babylon erschienen, was nahelegt, dass die Eröffnung der Feindseligkeiten kurz bevorstand. Die Flotte für die geplante Landungsaktion sammelte sich in Babylon; hier wurden auch ihre Mannschaften und Besatzungen auf die Operationen vorbereitet.[33] Dennoch vermag die emsige Vorbereitung dieses Eroberungsprojekts nicht über die Defizite der politischen Konzepte hinwegzutäuschen. Wieder einmal wurde eine Lösung der Probleme, die den Zusammenhalt des Reiches erschwerten, vertagt. Anstatt die Spannungspotenziale im Innern abzubauen, lenkte Alexander seine ganze Energie auf außenpolitische Problemfelder beziehungsweise auf die Ausführung groß angelegter Baumaßnahmen. Spektakuläre Siege gegen auswärtige Völker oder gewaltige technische Großprojekte sollten die innere Schwäche des Reiches vergessen machen und seine Herrschaft in neuem Glanz erstrahlen lassen.

Deshalb nutzte Alexander den Aufenthalt in Babylon, um sich wie die alten babylonischen Könige um die Verbesserung des mesopotamischen Kanalsystems zu kümmern.[34] Er inspizierte selbst die wichtigsten Mündungsarme, fuhr durch das weit verzweigte Kanalnetz, ließ schadhafte Stellen reparieren und neue Wasserwege anlegen, um die Effizienz des gesamten Systems zu erhöhen. Seine Bautätigkeit setzte er im Zentrum der Stadt Babylon fort. Dort förderte er die Restaurierung des einst von Xerxes zerstörten Marduktempels ganz entschieden, indem er einen Teil seiner Armee für die Reparaturarbeiten abstellte.[35] Der ungeheure Aufwand, der damals betrieben wurde, legt nahe, dass Alexander die ursprünglichen Ausmaße des Heiligtums weit zu übertreffen beabsichtigte, um Babylon ein neues, glänzendes Wahrzeichen zu geben, das sich mit seinem Namen verbinden würde.

Alexanders nächste Tätigkeiten betrafen die Reorganisation des Heeres im Hinblick auf die bevorstehenden Unternehmungen. In Babylon trafen fast täglich Verstärkungen aus allen Reichsteilen ein. Besonders erfreut zeigte sich der König über die von Peukestas, dem Satrapen der Persis, beigesteuerten persischen Truppen.[36] Nun ging es darum, die bisher nebeneinander stehenden persisch-makedonischen Mannschaften zu einem schlagkräftigen Kampfverband zu vereinigen. Die kleinste Einheit, die Dekade, stand unter Leitung eines Makedonen und bestand aus jeweils vier Makedonen und zwölf Persern, die mit ihrer traditionellen Bewaffnung ausgerüstet wurden. Diese gemischte Truppe sollte jene Funktion übernehmen, welche bislang die Phalanx innegehabt hatte. Mitten in einer Besprechung über die Truppeneingliederung soll sich ein Unglück verheißender Zwischenfall ereignet haben: Ein Fremder machte sich die momentane Abwesenheit des Königs, der Durst hatte und deswegen den Saal vorübergehend verließ, zunutze, um den Thron zu besteigen und das Königsornat anzulegen. Als dieser ergriffen und gefoltert wurde, ergab seine Befragung nichts. Auf Empfehlung der Chaldäer und Sterndeuter ließ Alexander den Mann hinrichten, um jede Form von Unheil abzuwenden.[37]

Kurz darauf gab Alexander ein Festmahl für Nearchos, an dem weitere vertraute Gefährten des Königs teilnahmen. Bei dem anschließenden Trinkgelage, das vom Thessaler Medios veranstaltet wurde, brach Alexander unter Schmerzen zusammen.[38] Er musste weggetragen und ärztlicher Obhut übergeben werden. In der darauf folgenden Nacht stieg das Fieber an. Weitere Ärzte wurden hinzugezogen, da sich die Krankheitssymptome nicht eindeutig bestimmen ließen. Tags darauf ging es Alexander besser. Er badete, aß mit Appetit und empfing Besuch von Freunden. Die letzten Vorbereitungen für den Zug nach Arabien wurden besprochen und ein konkretes Datum für den Beginn des Feldzuges vereinbart. Aber die Linderung, die Alexander zu verspüren glaubte, war nur von kurzer Dauer. Erneut stellte sich das Fieber ein, dieses Mal heftiger als zuvor. Trotzdem versuchte Alexander, seinen Regierungsgeschäften nachzukommen, indem er Besprechungen mit seinen Vertrauten abhielt. Beim Opfern musste er allerdings getragen werden. Der Gesundheitszustand verschlechterte sich zusehends. Seine engste Umgebung hielt im Palast Wache. Am nächsten Morgen verschlimmerte sich sein Befinden dramatisch. Er konnte sich kaum bewegen, und auch das Sprechen verursachte ihm große Mühe. Es dauerte nicht lange, bis die Nachricht über die schwere Erkrankung des Königs in der Stadt bekannt wurde. Als sich dann die Kunde verbreitete, dass er tot sei, erzwangen sich seine Soldaten Zugang zu ihm. Sie fanden ihn völlig entkräftet auf dem Sterbelager vor. Am Abend des 10. Juni des Jahres 323 starb der 32-jährige Alexander nach einer Regierungszeit von fast 13 Jahren.[39]

Es mangelte nicht an Gerüchten, die von einem Anschlag auf sein Leben sprachen. Angeblich soll Antipaters Sohn Kassander seinen Bruder Jollas, der Mundschenk bei Alexander war, dazu angestiftet haben, ihn zu vergiften.[40] Zwar gab es zwischen beiden Familien erhebliche Differenzen, und auch Kassander machte sich anlässlich seines Aufenthaltes in Babylon bei Alexander unbeliebt[41], doch ob solche Reibereien für die Konstruktion eines Mordkomplotts ausreichen, bleibt fraglich. Immerhin erstreckte sich Alexanders Todeskampf über eine Woche, was bereits als ein Hinweis gegen eine mögliche Vergiftung verstanden werden kann, denn Gift hätte wohl rascher gewirkt. Über die genaue Todesursache kann man deshalb nur spekulieren. Ob der durch Überbeanspruchung seiner physischen Kräfte und durch mehrfache Verwundungen extrem belastete Kriegsveteran an einem Fieberanfall, an Malaria oder durch eine sonst unbekannte Krankheit aus dem Leben schied, wird sich wohl nie mehr klären lassen.

Alexanders Leiche wurde zuerst im Palast von Babylon aufgebahrt.[42] Anschließend ließ man den Leichnam durch Ägypter und Chaldäer einbalsamieren und in einen goldenen Sarg betten. Über zwei Jahre sollte es dauern, bis man auf Alexanders Wunsch einging, ihn zum Ammonheiligtum in der Oase Siwah zu überführen.[43] Von Philipp Arrhidaios angeführt und in Begleitung seiner Soldaten begann die Reise des von 64 Maultieren gezogenen, mit Alexanders Waffen, Purpurdecken und einem säulengestütztem Baldachin geschmückten Leichenwagens von Babylon nach Damaskus. Dort übernahm Ptolemaios den Leichenzug und geleitete ihn nach Ägypten.[44] Doch er verwehrte seinem König und Heerführer die Bestattung im Ammonheiligtum von Siwah. Stattdessen fand Alexander seine Ruhestätte erst in Memphis, später in Alexandria am Nil.[45] Als in den Diadochenkämpfen die Nachfolger Alexanders einen erbitterten Wettstreit um sein Erbe entfachten, nutzte Ptolemaios die Ruhestätte des zur Legende gewordenen Makedonenkönigs propagandistisch, um seinen eigenen Thronanspruch zu legitimieren. Daher schuf er Alexander zu Ehren einen Kult mit eigener Priesterschaft und ließ einen Tempel errichten, in dem der Sarkophag beigesetzt wurde. Alexander lebte dadurch in einem nach ihm benannten Kult weiter. Sein Grab wurde zur Wallfahrtsstätte für spätere Generationen mächtiger Herrscher eines großen Imperiums – die römischen Kaiser.[46]

215 n. Chr., als Kaiser Caracalla regierte, finden wir ein letztes Mal eine literarische Erwähnung des Alexandergrabes.[47] Danach verschwindet es aus dem Blickwinkel der antiken Autoren. Noch heute sind Archäologen und Historiker auf der Suche danach – bisher erfolglos. So bleibt neben den Ursachen seines Todes auch der Ort der letzten Ruhestätte für uns verborgen.

Zwischen Mythos und Historie

Alexanders Odyssee hat etwa elf Jahre gedauert. Alles Wesentliche, was er tat und was wir in ihn projizieren, bezieht sich auf diese knapp bemessene Zeitspanne. Daher zeigt das Fundament für seine Beurteilung eine auffällige Disproportion zwischen Raum, Zeit und Wirkung als Rahmenbedingungen einer politischen Biographie, die sich durch ungewöhnliche Gedrängtheit und Dichte auszeichnet. Kaum ein Jahr verging ohne bemerkenswerte Taten, dramatische Brüche oder Aufsehen erregende Wendungen. Angesichts seiner spektakulären Auftritte auf den unterschiedlichsten Bühnen der damaligen Welt birgt die retrospektive Analyse seiner Aktionen die Gefahr, die Bilanz dieser Jahre zu verabsolutieren, zu überschätzen oder gar zu gering zu veranschlagen. Ohne seine Energie und Besessenheit wäre das Achaimenidenreich nicht untergegangen. Er war allerdings auch unmittelbar verantwortlich für den indischen Feldzug, die Rückschläge und Auflösungserscheinungen, die darauf folgten. Als direktes Ergebnis seines Sendungsbewußtseins lassen sich die Stadtgründungen anführen, die seinen Namen bis heute verewigt haben. Dass er als titanische Persönlichkeit in Erinnerung blieb, unterstreicht die Außergewöhnlichkeit eines Lebenswegs, um den sich schon früh Mythen rankten.

Es begann mit dem Feldzug gegen das Achaimenidenreich, den er als König der Makedonen und als Hegemon des Korinthischen Bundes zugleich eröffnete. Aus dieser Doppelfunktion resultierte sein Bemühen, die sich daraus ergebenden divergierenden Anforderungen auszugleichen. Je tiefer er in den Orient vorstieß, umso stärker wandelten sich sein Auftreten und sein Erscheinungsbild. Nach den Anfangserfolgen überwucherten die ersten Legenden die historisch nachvollziehbaren Stationen seiner asiatischen Expedition. Schon nach der Landung am östlichen Ufer des Hellespont, bei der er im Gewand des Achilleus zur Befreiung der ionischen Griechen vom persischen Joch aufrief, zerstreute er jedweden Verdacht, dass er nur einen gewöhnlichen Beutefeldzug im Sinne hatte, und unterstrich damit die Tragweite seiner Ziele. Zahlreiche Inszenierungen wie der Speerwurf in den asiatischen Boden, das Opfer in Aulis, der Besuch in Troia oder die Ehrungen am Grab des Achilleus knüpften an mythologisch konnotierte Episoden an, mit denen er die Schirmherrschaft der vor Troia kämpfenden griechischen Heerführer für seine Aktionen reklamierte. Seine mit vielen Fragezeichen versehene Unternehmung sollte an die homerischen Helden erinnern und damit den Mythos einer glorreichen Vergangenheit in den Dienst einer ungewissen Zukunft stellen.

Die erste überaus riskante Feldzugsphase, die – anders als es die nachträglich geglätteten Quellenzeugnisse nahelegen – den jugendlichen König an den Rand des Scheiterns brachte[1], stand unter der Ägide einer panhellenischen Ideologie, als deren Vollstrecker Alexander sich vor der griechischen Öffentlichkeit wirkungsvoll in Szene setzte. Doch nachdem die westlichen Satrapien des Achaimenidenreiches besetzt werden konnten, integrierte Alexander persische Elemente und Persönlichkeiten in sein Herrschaftssystem. Er änderte an den bestehenden Verhältnissen so wenig wie nötig und übertrug seinen Vertrauten – in erster Linie Makedonen – Schlüsselstellungen. Auch Griechen erhielten wichtige Posten. Daneben bekleideten sorgsam ausgewählte Mitglieder der persischen Oberschicht Leitungsfunktionen in einem sich stets vergrößernden Führungsstab. Schon hier offenbarte sich Alexanders unerschütterlicher Pragmatismus – der den panhellenischen Geist seines Feldzuges konterkarierte – als Konstante seiner künftigen Strategie der Machterhaltung.

Als Alexander Karien betrat, wird eine Facette seines Regierungsstils sichtbar, die danach in gleicher Weise in Ägypten und Babylon aufscheint: die Regeneration der im Verlauf der persischen Herrschaft verschütteten Traditionen der betroffenen Gebiete. Zunächst ließ er sich von der karischen Fürstin Ada adoptieren, um von der einheimischen Bevölkerung als rechtmäßiger Nachfolger akzeptiert zu werden. Der Drang nach Absicherung seiner keineswegs gefestigten Herrschaft führte schon bald in der offiziellen Kriegspropaganda zu einem diffusen Ideologiekonglomerat, das jederzeit den sich verändernden Gegebenheiten angepasst werden konnte.

Nach dem Sieg bei Issos weigerte sich Alexander, auf Dareios' III. Vorschlag einer Reichsteilung einzugehen. Mit der selbstbewussten Ablehnung eines Verständigungsfriedens unterstrich er seine Ambitionen auf den gesamten asiatischen Kontinent. Ein nach dem Vorbild seines Vaters Philipp II. gestaltetes Großmakedonien kam für ihn nicht in Frage.[2] Alexanders Ziele waren ehrgeiziger. Der bereits bestehenden Dominanz über Makedonien, Griechenland und Kleinasien sollte sich die Herrschaft über das gesamte Achaimenidenreich anschließen. Die Umrisse einer Universalherrschaft, die Orient und Okzident zugleich umfassen würde, erschienen erstmals am Horizont. Um das hochgesteckte Ziel zu verwirklichen, setzte er seine hervorragend ausgebildete Armee und damit Makedoniens Schicksal immer wieder aufs Spiel.

Mit der Eroberung Ägyptens und der anschließenden Krönung zum Pharao war Alexander seiner makedonischen Heimat weit entrückt. Von Bedeutung war sein Besuch im Heiligtum des Zeus/Ammon in der Oase Siwah, wo er eine Bestätigung seiner göttlichen Abstammung erhalten haben soll – oder dies zumindest seiner Umgebung suggerieren konnte.

Hervorzuheben ist die fortwährende propagandistische Absicherung seiner vielfältigen Herrschaftsansprüche durch sakrale Handlungen und religiöse Motive: göttliche Vorzeichen in Sardes bei der Grundsteinlegung für den Zeustempel sowie später in Xanthos[3], die Episode mit dem Gordischen Knoten, Träume, welche die bevorstehende Einnahme von Tyros[4] und Gaza verkündeten. Diese Kette von Prophetien und Prodigien sollte die Konformität des göttlichen Willens mit seinen diversen Vorhaben zum Ausdruck bringen und zugleich seine Gefolgschaft anspornen. Einen besonderen Stellenwert im Rahmen seiner Eroberungsideologie nahm Zeus/Ammon ein. Die Adaptierung durch Alexander führte zu einer zunehmenden Verschmelzung mit dem Gott: Alexander, der sich als Abkömmling des Zeus/Ammon stilisierte, wurde immer mehr auch so wahrgenommen. Seine Versuche, bis ans Ende der Welt zu gelangen und dabei selbst Herakles oder Dionysos zu übertreffen, belegen diese Identifizierungstendenzen.[5]

Alexanders unstillbares Verlangen nach Ruhm, Ehre und Macht erhielt unmittelbar nach der definitiven Niederlage seines Gegners Dareios III. im Jahre 331 die ersehnte Bestätigung, als er noch auf dem Schlachtfeld von Gaugamela vom siegreichen Heer zum König von Asien proklamiert wurde. Einen solchen Titel, der einen kontinentalen Herrschaftsanspruch verkündete, hatte noch niemand geführt.[6] Nach seinem triumphalen Einzug in Babylon setzte er sich in Besitz der Königsresidenzen und erfüllte sich einen Lebenstraum, als er in Susa auf dem Thron der Achaimeniden Platz nahm.

Die Brandschatzung des Palastes von Persepolis war der Höhepunkt des Feldzugs und zugleich ein bewusst gesetztes Zeichen, welches das Ende des Rachefeldzuges signalisierte. Denn unmittelbar darauf beeilte er sich, das Grab des Dynastiegründers Kyros in Pasargadai zu restaurieren, um dem Schöpfer des Perserreiches seine Ehrerbietung zu erweisen. Die Bewunderung für Kyros in der griechischen Welt war groß. Xenophon hatte ihm in seiner *Kyropädie*, einem Werk, das Alexander sicherlich kannte, ein Denkmal gesetzt. Die ostentativ bekundete Wertschätzung für Kyros hatte eine politische Komponente.[7] So wie bei der karischen Herrscherin Ada oder den Pharaonen beanspruchte Alexander, als dessen Nachfolger anerkannt zu werden. Kyros wurde damit zum Vorgänger des jugendlichen Welteroberers. Wenn wir die Reihe der glorreichen „Vorfahren“ näher betrachten, die Alexander im Verlauf seiner Expeditionen für sich reklamierte, so fällt auf, dass er sowohl menschliche als auch göttliche Akteure in einer Genealogie des Erfolges vereinte: Philipp II., Achilleus, Ada, die ägyptischen Pharaonen, Zeus/Ammon, Herakles, Dionysos und jetzt auch Kyros, der die Idealtugenden des Achaimenidenhauses verkörperte. Der Rekurs gerade auf diese Gründerikone verkündete eine unmissverständliche Botschaft: Dareios III. war nicht wert, in die Fußstapfen des Kyros zu treten. Nur Alexander erwies sich kraft seiner Persönlichkeit und seiner Leistungen als der würdige Nachfolger des Reichsgründers.

Nach der Beseitigung Dareios' III. 330 übernahm Alexander die Hofhaltung der Achaimeniden. Er kleidete sich persisch, verwendete das Königssiegel des Dareios III. und ließ sich mittels der Proskynese begrüßen. Die Opposition der Makedonen war unüberhörbar, und so kam es zu heftigen Loyalitätskrisen.[8] Alexander reagierte daraufhin erbarmungslos, indem er zunächst Philotas und seinen Vater Parmenion beseitigen ließ. Die Missstimmung aber blieb. Sie brach sich in Marakanda Bahn, als Alexander seinen Gefährten Kleitos eigenhändig tötete, was eine persönliche Krise auslöste. Kurz darauf weigerte sich ein Teil seines makedonischen Gefolges, von Kallisthenes angestiftet, die Proskynese zu vollziehen. Der König hat dies nicht vergessen und anlässlich der Pagenverschwörung sich seiner entledigt. Die Opposition gegen Alexander richtete sich nicht nur gegen sein zunehmend autokratisches Gebaren, sie war zugleich eine Reaktion auf die Fehlplanungen und Unzulänglichkeiten des Feldzuges von 330 bis 327, der im ostiranischen Raum in eine Sackgasse zu geraten drohte. Eine Reihe von Rückschlägen unterminierte die Autorität des Königs, der darauf mit Aktionismus und Brutalität reagierte. Die Unzufriedenheit des makedonischen Kriegeradels blieb bestehen und äußerte sich wiederholt anlässlich der kritischen Etappen des Feldzuges. Am heftigsten geschah dies 326 bei der erzwungenen Rückkehr am Hyphasis und 324 bei der Meuterei in Opis.

Die Widerstände aus den eigenen Reihen hingen auch mit der Frage der künftigen politischen Gestalt der eroberten asiatischen Gebiete zusammen. Hätten die Perser Griechenland besetzt, was zu Beginn des 5. Jahrhunderts durchaus denkbar schien, wäre es einfach als weitere Satrapie dem Achaimenidenreich einverleibt worden. Dies hätte keinen Umbau der bestehenden Machtverhältnisse erfordert, sondern lediglich eine Erweiterung des Herrschaftsbereiches bedeutet. Die imperiale Tradition orientalischer Großmächte wie Sumer, Akkad, Assyrien oder Babylon, deren Erbe die Perser und Iraner antraten, erleichterten ihnen diese Aufgabe. Demgegenüber stand dem Makedonenkönig kein vergleichbares Modell der territorialen Integration zur Verfügung, welches die nötigen Erfahrungen und die passenden Mechanismen bereithielt, um eine derart komplexe Aufgabe zu bewältigen. Während die riesige Landmasse des Achaimenidenreiches verhältnismäßig leicht Gebietserwerbungen verkraften konnte, vermochte die makedonische Monarchie damit kaum Schritt zu halten: Nicht nur weil die Größe der Erwerbungen die Machtzentrale erdrückt hätte, sondern auch, weil sie aufgrund ihrer Struktur und Geschichte damit überfordert gewesen wäre. Dass Alexander auf diese drängende Herausforderung keine Antwort fand, hängt gewiss mit der unerwarteten Erfolgssequenz zusammen, durch die er, schneller als gedacht, vollendete Tatsachen schuf. Doch offenbart der Wechsel seiner Parolen und Ziele, die sich dem Verlauf des Feldzuges anpassten – Befreiung der Griechen von der persischen Herrschaft; Eroberung Kleinasiens und Bestrafung der Perser für die Verwüstung Griechenlands; Eroberung Mesopotamiens und Irans sowie Rache für den Tod des Dareios III.; Eroberung Ostirans und Integration der persischen Führungsschicht; Massenhochzeit von Susa –, weniger die Verlegenheit des Eroberers, als vielmehr die Strukturschwäche seiner Ausgangsposition.

Dagegen blieb die Methode seiner Herrschaftssicherung stabil. Alexander setzte von Anfang an auf die Übernahme der persischen Verwaltungspraktiken und verwandelte sich immer mehr in einen westlichen Herrscher auf dem orientalischen Thron. Babylon statt Pella lautete das Motto der sich immer deutlicher abzeichnenden politischen Neuorientierung.

Alexanders Erfolge schufen einen Präzedenzfall. Indem sie die Veränderbarkeit der vorherrschenden politischen Verhältnisse schonungslos aufdeckten, eröffneten sie die Möglichkeit zur Bildung neuer Synthesen. Als eines der folgenreichsten Ergebnisse sollte sich die Entstehung eines gewandelten Raumhorizonts erweisen. Die Kleingliedrigkeit der griechischen Poleis, die Regionalität der makedonischen Stammesherrschaft, die Abgeschlossenheit der asiatischen Landmasse des Achaimenidenreiches wurden plötzlich aufgebrochen, zum Teil überwunden. Daraus gingen eine globalisierte Welt, präzisere Raumvorstellungen und -wahrnehmungen sowie ein tieferes Verständnis für das Zusammenspiel zwischen Land und Meer hervor. Die größere Durchlässigkeit zwischen Ost und West, die deutlich verbesserten Kommunikationsformen und ein bisher unbekannter Sinn für Territorialität trugen dazu bei, neuartige Kulturzonen zu schaffen, welche die geltenden geistigen Maßstäbe sowie die tradierten geopolitischen Dimensionen sprengten.

Seit Alexander der Heimat den Rücken gekehrt hatte, war er zum mächtigsten Potentaten der Welt aufgestiegen. Die Basis seiner Ausnahmestellung bildete nicht mehr allein das argeadische Königtum, sondern die Vielfalt der aus seinen Eroberungen resultierenden Herrschaftsrechte. Er war König von Makedonien und Asien, Hegemon des Korinthischen Bundes, ägyptischer Pharao, Herr zahlloser Städte und Völker, die ihm einen Treueid geschworen hatten. Diese beeindruckende Anhäufung von Ämtern, Befugnissen und Funktionen verlieh ihm eine jenseits jeglicher Diskussion stehende Autorität. Er konnte nach Belieben über Truppen, Ressourcen, Menschen, Ländereien, Geldmittel, Flotten, Städte und Versorgungsgüter verfügen. Die an manche Beschränkung gebundene Machtausübung des makedonischen Königs geriet zunehmend in den Hintergrund, während sich sein Regierungsstil immer stärker dem der Achaimeniden anglich. Die persischen Könige waren uneingeschränkte Gebieter über Land und Leute. Obwohl sie über einen Stab von Beratern verfügten, trafen sie die Entscheidungen in letzter Instanz.[9] Sie waren schließlich die Erben der altorientalischen Monarchien mit ihrem universalen Herrschaftsanspruch. Ihre religiöse Doktrin war der Zoroastrismus, was sie nicht daran hinderte, andere Kulte zu dulden und zu fördern.[10] Ähnlich verfuhr Alexander, der als Protektor aller Religionen seines Herrschaftsgebietes auftrat. Eine seiner wichtigsten politischen Maximen war die Verwirklichung einer Integrationspolitik, die allerdings in seiner makedonischen Umgebung auf Skepsis stieß. Doch bis auf wenige Ausnahmen gehorchten die Landsleute immer, wenn ihr König dies verlangte.

Bereits während der ersten Phase des kleinasiatischen Feldzuges, die mit der Einnahme der ionischen Städte abgeschlossen wurde, zeichneten sich die späteren Verhaltensmuster ab. Anstatt die „befreiten" Gemeinwesen in den Korinthischen Bund aufzunehmen, blieben sie unter Alexanders direkter Befehlsgewalt, so wie sie in der Vergangenheit der Souveränität des Achaimenidenkönigs unterstellt waren. Alexander dachte nicht daran, das makedonische Staatsgebiet durch gezielte territoriale Eroberungen zu vergrößern. Allein der Machtbereich des Königs wurde dadurch erweitert. Sein persönliches Regiment trat im Verlauf der siegreichen Expeditionen noch deutlicher hervor. Die Rückkehr des Truppenaufgebotes des Korinthischen Bundes, das er in Ekbatana entließ, markierte die Wende. Ab diesem Zeitpunkt eroberte er auf eigene Rechnung den Ostteil des Perserreiches. Getrieben von unersättlichem Ehrgeiz und beispiellosem Streben nach Ruhm wurden die Grenzen seines Handelns nur noch von der Natur gezogen. Niemand forderte Rechenschaft von ihm. Wir erleben, wie die Macht eines Individuums in einem Maße anwächst, wie dies die Welt noch nicht gesehen hatte. Ihre Grundlagen waren der gewaltige militärische Erfolg, die daraus resultierenden Ressourcen, die notgedrungene Akzeptanz seiner Herrschaft durch die Besiegten und nicht zuletzt die überaus komplexe Persönlichkeit Alexanders, die Furcht und Bewunderung zugleich hervorrief. Seine Vitalität und Energie, seine schier unbegrenzte Belastbarkeit sowie seine genialische Improvisationsfähigkeit und Siegeszuversicht wirkten auf seine Umgebung ansteckend.

Bei aller Hochachtung vor seinen Erfolgen darf jedoch nicht verdrängt werden, dass sie eine unübersehbare Blutspur hinterließen. Unzählige Menschenleben wurden Opfer seiner unbezähmbaren Ambitionen. Zwar kündeten glanzvolle Siege, prächtige Bauten und ein Kranz neu entstandener Städte von seiner Wanderung bis zu den Grenzen der damaligen Welt, aber der Preis, der dafür entrichtet werden musste, war hoch. Gewalt, Zerstörung und vielerlei Zumutungen gegenüber seinen Zeitgenossen sind die Schattenseiten seiner Eroberungen und Feldzüge. Angesichts dieser komplexen Persönlichkeitsstruktur wäre es allerdings einseitig, in ihm lediglich einen rohen Kriegsmann zu sehen.[11] Er zeigte sich stets für die Wissenschaften und für technische Neuerungen interessiert, gab sich gegenüber fremden Lebenswelten überaus aufgeschlossen. Daneben war er ein überaus religiöser Mensch, der sämtliche Heiligtümer, die auf seinem Weg lagen, aufsuchte und ehrte. Auch ließ er regelmäßig aufwändige athletische, künstlerische und literarische Wettbewerbe veranstalten, bei denen sich sein Heerlager zeitweilig in eine „Kulturwerkstatt" verwandelte.[12] Alexander lässt sich nicht unter einem einzigen Etikett subsumieren.

Für einige verkörperte er die militärischen Tugenden schlechthin. Andere verehrten ihn gar als gottähnliche Herrscherpersönlichkeit.[13] Es gab aber auch solche, die in ihm einen blutrünstigen Autokraten erblickten, unberechenbar, despotisch und selbstverliebt. Gerade seine brutale Kriegführung in Baktrien und Sogdien, die in Indien noch eine Steigerung erfuhr, bestätigten diese von Unerbittlichkeit und Terror durchtränkte dunkle Seite seines Wesens.[14] Darüber darf die nachträglich geschönte Charakteristik nicht hinwegtäuschen, wie sie uns etwa bei Plutarch begegnet und stets allgemeine Zustimmung gefunden hat.[15] Gewiss lassen sich manche noblen Züge, welche die Apologeten wie etwa Arrian dem bewunderten Idol zuschreiben, nicht in Abrede stellen. Doch daneben brachen sich immer wieder Rachsucht, Egoismus und Grausamkeit Bahn sowie eine stark ausgeprägte Egomanie, die ihn gelegentlich blind machte für die Stimmung in seiner Umgebung.[16] Alexander ließ niemanden gleichgültig. Die Palette der Wahrnehmungen und Reaktionen, die er hervorrief, ist unüberschaubar.[17]

Unbestreitbar ist, dass niemals zuvor ein Machtmensch so rasch eine derartige weltumspannende Geltung erlangen konnte. Sein Herrschaftsanspruch war universal, weil er einerseits an die Tradition des Orients anknüpfte, wo solche Gedanken zu Hause waren, und andererseits, weil er einen unbändigen Willen zur Macht erkennen ließ.[18] Letzterer manifestierte sich in seiner Beharrlichkeit und seiner Ausstrahlung, die sogar selbstverschuldete Rückschläge, wie etwa die Katastrophe in der Gedrosischen Wüste, überdauerte. Dennoch konnte sein Charisma nicht verhindern, dass der institutionelle Rahmen seiner Herrschaft labil blieb. Ohne ihn erwies sich das Konzept der universalen Monarchie als bloße Makulatur. Die Zukunft wird vielfältige Formen der Vergegenwärtigung Alexanders erleben. Aber nicht seine politischen Projekte, sondern vielmehr seine Taten wurden zum Maßstab der Imitatio. Er entfaltete eine starke Wirkung in seiner unverwechselbaren Individualität, weniger als Staatsmann. Für seine unmittelbaren Nachfolger, die Diadochen, aber auch für

Potentaten wie Pyrrhos, Hannibal, Pompeius, Caesar, Antonius, Julian und viele andere war er das Vorbild schlechthin.[19] Es ist kein Zufall, dass diejenigen, die ihm am deutlichsten nacheiferten, sich jeweils in einem Konflikt mit ihrer Umgebung befanden. Weil diese ihnen zu eng wurde, versuchten sie, wie einst Alexander, auszubrechen. Einige seiner Epigonen werden die universalhistorische Komponente seiner Herrschaft propagandistisch ausschlachten, um von ihren maßlosen eigenen Ambitionen abzulenken.

Bereits zu Lebzeiten und erst recht nach seinem frühen Tod war Alexander zu einem Mythos geworden. Alles, was sich auf ihn bezog, wurde mit dem Etikett des Außergewöhnlichen versehen. Sein Wirken erschien so exzeptionell wie irreal: War alles nur ein Traum? Sein Gang durch die Geschichte wirkte unerhört, unerreichbar, unglaublich. Ohne Ende blieb auch die Diskussion über seine göttliche Natur, was ein Indiz dafür ist, wie sehr gerade seine Taten die Vorstellungskraft der Zeitgenossen und Späteren beschäftigten. Wer sich in seine Fußstapfen begab, musste es ihm gleichtun; es genügte nicht, sich in den Besitz seiner Titel und Funktionen zu bringen. Alexanders Erbe war sein unnachahmliches Verhalten, kein System; denn nur jenes unbedingte Wollen konnte Systeme ändern oder aufbauen, wie seine antiken Nachahmer wussten. Möglicherweise hätte Augustus, der Begründer der römischen Monarchie, dies am besten erklären können – wenn jemand auf die Idee gekommen wäre, ihn danach zu fragen.[20]

Wagemut, der oft genug in Tollkühnheit umschlug, penetrante Verbissenheit, die sich zur Rastlosigkeit steigerte, unkonventionelle Pläne, die in Megalomanie ausarten konnten, sowie all die Siege, welche die gewöhnlichen Parameter von Erfolg sprengten, markierten sein Grenzgängertum. Alexander wurde zum Synonym für Sieghaftigkeit und Gelingen.

Die Objekte seiner Eroberungen – Städte, Menschen, Territorien – waren Lohn und Aufgabe zugleich. Der darin wurzelnde Widerspruch, der den Spannungsbogen zwischen der egoistischen Verfolgung selbst gestellter Ziele und einer sachgemäßen Verwaltung der erworbenen Länder umreißt, konnte zeitweise zwar überspielt, aber nie völlig überwunden werden. Alexanders Tod verschärfte die Situation zusätzlich. Danach trat der Charakter der Fremdherrschaft im Orient immer deutlicher zum Vorschein. Primär wurde das gewaltsam akquirierte Reich durch die Armee sowie durch die nicht unproblematische Kooperation einer dazu genötigten persisch-makedonischen Elite zusammengehalten, die ihren politischen und gesellschaftlichen Standort durch ihre Nähe zum König definierte. Nicht ein gewachsenes Zusammengehörigkeitsgefühl oder eine von den meisten Teilvölkern getragene Idee, keine tiefe Überzeugung oder ein politisches Programm bildeten die Klammer zwischen den verschiedenen

Ethnien und den divergierenden Interessen der Regionen, sondern der gemeinsame Bezugspunkt war und blieb Alexander, genauer: die in seiner Person sich verdichtende Machtfülle. Deshalb bildeten nicht Freiwilligkeit oder Einsicht, vielmehr Zwang und Einschüchterung die Grundlagen des heterogenen Staatsgebildes. Es war dies von Anfang an keine langfristig tragfähige, sondern eine durchaus brüchige Basis. Ihre Konsistenz verdankte sie dem Verhalten der Führungsschichten, in letzter Instanz dem Geschick Alexanders. Alles hing von ihm ab. Nur eine ständige Präsenz vor Ort, die Aktualisierung seiner Machtstellung durch neue Erfolge und das Verhindern von Erosionen an den Rändern des Vielvölkerstaates sicherten die – trotz allem äußerlichen Glanz – doch fragile, personale Herrschaft.

Eine Rückkehr in die Heimat und zu den von Philipp II. vorgezeichneten Regeln königlicher Machtausübung, die Makedonien einst groß gemacht hatten, war für Alexander mittlerweile schwer vorstellbar geworden.[21] Sie wurde auch nicht ernstlich erwogen. Nur von den asiatischen Gravitationszentren Babylon, Susa und Ekbatana aus, die in Äquidistanz zu den weit gespannten Grenzen des Reiches lagen, schien dessen künftige Organisation und Verwaltung überhaupt möglich zu sein. Wenn von den letzten Plänen Alexanders die Rede ist, so werden als Ziele Arabien und die Länder des westlichen Mittelmeerraumes genannt. Dass er seiner Jagdleidenschaft in den makedonischen Wäldern wieder frönen könnte, schien hingegen ganz unwahrscheinlich. Makedonien, Ausgangspunkt und Machtbasis der politischen Existenz Alexanders, erlebte den schleichenden Verlust der einstigen Sonderstellung. Es spielte zunehmend die Rolle einer ferngesteuerten regionalen Ordnungsmacht, die sich zum Reservoir für Soldaten und Führungspersonal für den Hofstaat des weit entfernt weilenden Königs verwandelte. Das einstige Zentrum verrutschte allmählich an die Peripherie des Geschehens. Stammland und König, Makedonien und Alexander strebten immer weiter auseinander. Die makedonische Generalität der Vielvölkerarmee Alexanders empfand instinktiv diesen Dualismus als Gefährdung. Wenn von dieser Seite Kritik am Herrscher vernehmbar wurde, so geschah dies meist, um ihn daran zu erinnern, dass er sich zunehmend von seinen heimatlichen Wurzeln entfernte und dabei Gefahr lief, seine Hausmacht einzubüßen. Makedonien schien mehr und mehr ein Modell der Vergangenheit zu werden, dessen Anziehungskraft sehr dramatisch zu schwinden drohte.

Die letzten Entwürfe Alexanders, die ohnehin disparaten Dimensionen seines Reiches durch zusätzliche Erwerbungen noch zu vergrößern, mögen als unerlässliche Bausteine auf dem Weg zur Universalmonarchie oder als Kompensationsstrategien einer zunehmend brüchigen Herrschaft gedeutet werden: Politisch gesehen waren sie kontraproduktiv. Die adligen

Weggenossen Alexanders, die Philipps II. Handeln klaglos mitgetragen hatten – der Politik stets als realitätsnahe Kunst des Möglichen begriff und betrieb –, hielten seinem Nachfolger mit wachsender Ungeduld mahnend den Spiegel vor. Für Alexander aber bedeutete Politik etwas anderes. Nicht die Anpassung der vorhandenen Möglichkeiten an erreichbare Ziele, sondern scheinbar unerreichbare Ziele mit den vorhandenen Möglichkeiten angehen und bewältigen, das war sein Leitsatz. Darin erwies er sich im Sinne des klassischen Begriffsverständnisses als unpolitischer Mensch. Ihm ging es vielmehr um Verwirklichungen und weniger um Wirklichkeiten, er strebte hauptsächlich nach Eroberungen und weniger nach deren Dauerhaftigkeit, er war primär besorgt um unsterblichen Ruhm und weniger um langfristige Lösungen.

Dass ihn, wie bei seinem Vorbild Achilleus, der Tod auf dem Höhepunkt der Lebenslinie einholte, überrascht kaum. Ein alter, gebrechlicher Alexander erscheint unvorstellbar. Er passt nicht in das Portrait des ewig jugendlichen Grenzgängers, welches der Mythos bereits zu seinen Lebzeiten von ihm entwarf. Historie und Legende: Das Ergebnis dieser wechselseitigen Durchdringung führt zur fortwährenden Erneuerung seines Bildes, das bis in die jüngste Gegenwart seine eigentümliche Lebendigkeit bewahrt. Wie bei kaum einer anderen Gestalt der Weltgeschichte schuf gerade sein abruptes Verschwinden das Bedürfnis nach Vergegenwärtigung. Dass die Welt nach Alexander das auf keine einfache Formel zu bringende Phänomen des zwischen Triumph und Scheitern pendelnden Welteroberers als Orientierungsinstanz und als Ausgangspunkt ihrer Zukunftsvisionen gebrauchte – um sich an ihm zu messen, zu reiben oder zu beweisen –, bleibt einer der untrüglichen Beweise für die Aktualität seiner Biographie.

Anmerkungen

Einführung

[1] Über die genaue Anzahl der Steine herrscht Unklarheit. Andreae (1977) 9 spricht von ca. 4 Millionen Tessellae, Stähler (1999) 12 hingegen von 3 Millionen Mosaiksteinen. Wahrscheinlich bezieht sich Ersterer auf die Anzahl des gesamten Werkes, während Letzterer die Anzahl der Steinchen des erhaltenen Mosaiks meint.

[2] Zu den Maßen des Mosaiks vgl. Donderer (1990) 23–30.

[3] Das „Alexandermosaik" dürfte die Wiedergabe eines Gemäldes sein, das von Philoxenes aus Eretreia wohl noch zu Lebzeiten Alexanders oder unmittelbar nach seinem Tod im Auftrag des Diadochen Kassander geschaffen wurde. Zum Bildprogramm vgl. Charbonneaux, Martin, Villard (1971) Abb. 115–117; Cohen (1997). In der Vierfarbentechnik, die beim Mosaik Verwendung fand, sieht Stähler (1999) 12f. die Annäherung an die Vierfarbentechnik des Originals aus dem 4. Jahrhundert. Nach Donderer (1990) 20ff. wurde es nicht in der Casa del Fauno gefertigt, sondern wahrscheinlich im hellenistischen Osten. Beim Transport nach Pompeji zerlegte man es in mehrere Teile und setzte es an einigen Stellen falsch wieder zusammen.

[4] Briant (2003) 226ff.

[5] Allein die Parallelität des Schlachtverlaufs von Issos und Gaugamela bei Arrian II 8–11; III 9 erschwert eine eindeutige Zuordnung des Mosaiks. Die Deutungen hierzu lassen sogar den Schluss zu, dass es sich bei dem Mosaik aus der Casa del Fauno lediglich um eine idealtypische Konfrontation zweier Feldherren handelt. Hierzu sei auf Pfrommers (1998) 161–173 Untersuchungen zur Chronologie und Komposition des Alexandermosaiks auf antiquarischer Grundlage verwiesen.

[6] Diodor XVII 6,3.

[7] Konzise Übersicht über die Quellenlage bei Seibert (1990) 3–63; Wiemer (2005) 16–46; Engels (2006) 8–19. Ausführlicher Überblick bei Levi (1977). Vgl. auch die quellenkritischen Studien zu Arrian bei Bosworth I (1988).

[8] Seit Droysens Monumentalwerk über Alexander und die hellenistische Zeit hat der Stoff zahlreiche Behandlungen erfahren. Dabei wurde eine Vielzahl von Alexanderbildern entwickelt. Der subjektive Zugriff der Autoren spiegelt sich häufig in ihren Argumenten wider und ist ausschlaggebend für die Vielfalt an Meinungen zu bestimmten Einzelfragen. Neben den älteren Darstellungen von Tarn, Wilcken, Andreotti oder Schachermeyr steuern etwa Lauffer, Wirth oder Gehrke Anregungen zu einer Versachlichung des Themas bei. Die Arbeiten von Green, Hammond oder Lane Fox liefern eigenwillige Ansätze, trotz teilweise geringem kritischen Abstand gegenüber dem Quellenmaterial. Auch Will, der auffällig darum bemüht ist, die negative Seite Alexanders zu betonen, bietet anregende Gedanken. Unverzichtbar sind auch die kartographisch und prosopographisch ausgerichteten Studien von Seibert und Berve. Eine neuere Übersicht über das Alexanderbild der

modernen Historiker findet sich bei Müller (2003) 7–10 und Wiemer (2005) 201–211.

Die Verwandlung der Welt nach Alexander

[1] Curtius Rufus X 5,4; Diodor XVII 117,3; XVIII 2,4; Justin XII 15,12. Dazu Bengtson (1987) 18–21; Heinen (2003) 32ff.

[2] Curtius Rufus X 6,9; Plutarch, Alexander LXXVII 6; Justin XIII 2,5–6. Generell dazu Schachermeyr (1970) 81ff.; Lane Fox (2004) 628ff.

[3] Curtius Rufus X 7,1–3; 12–15; Diodor XVIII 2,2; Justin XIII 2,8.

[4] Curtius Rufus X 8,22–23; Diodor XVIII 2,4; Justin XII 4,1–4. Bis zu dieser einvernehmlichen Lösung drohten die Streitigkeiten um die Nachfolge Alexanders das gesamte makedonische Heer zu spalten. Kurzzeitig trennten sich die Reiterei unter der Führung des Perdikkas und die Fußtruppen unter der Leitung des Meleagros; vgl. dazu Curtius Rufus X 7,8–8,13; Diodor XVIII 2,2–4; Justin XIII 3,2–10.

[5] Diodor XVIII 2; Plutarch, Eumenes III; Justin XIII 1–4. Zu den Machtkämpfen nach Alexanders Tod vgl. Will (1979) 19ff.; Bengtson (1987) 23ff.; Gehrke (1995) 30ff.

[6] Berve (1999) Bd. 2, 156ff., Nr. 317.

[7] Diodor XVIII 55ff.; Plutarch, Eumenes III ff.

[8] Diodor XVIII 23,25,39ff.; XIX 56; Justin XIII 6,4ff., 8,10. Zu Antigonos vgl. Heuss (1938) 146ff.

[9] Diodor XVIII 25; XIX 56f.; 105; Justin XV 15ff., 72; Appian, Syrische Geschichte 55ff.

[10] Polybios XVIII 51; Justin XIII 2,1. Zu den hellenistischen Staaten nach Kurupedion vgl. Will (1979) 135ff.; Bengtson (1987) 107ff.

[11] Hellenismus ist ein neuzeitlicher Begriff, der die von Alexander eingeleitete Ära bezeichnet und auf Johann Gustav Droysen zurückgeht. Er charakterisiert die in der Diadochenzeit einsetzende starke Durchdringung des Ostens mit Elementen der griechischen Lebensweise und Wertvorstellungen und umgekehrt das Einsickern zivilisatorischer Einflüsse aus dem Orient in die Mittelmeerwelt sowie deren gegenseitige Durchdringung und Befruchtung. Er wird ferner zur Kennzeichnung der politischen Landkarte nach Alexanders Tod verwendet. Dazu Ranowitsch (1958) 1–28; Gehrke (1995) 1ff., 129ff. Vgl. vor allem Funck (1996); Lane Fox (2004) 641ff.

[12] Schachermeyr (1973) 574ff.

[13] Die Gründer der neuen hellenistischen Monarchien nahmen den Königstitel an (zwischen 306 und 305 taten dies Antigonos, Demetrios, Ptolemaios, Kassander, Lysimachos und Seleukos) und brachten damit ihren jeweiligen Herrschaftsanspruch zum Ausdruck, womit die Zerstückelung des Alexanderreiches weiter voranschritt. Neue Teilmonarchien entstanden auf dessen Territorium. Dazu Heuss (1954) 66ff.; Ranowitsch (1958) 67–97; Bengtson (1987) 59ff.; Gehrke (1995) 40ff.

[14] Curtius Rufus X 10,20; Diodor XVIII 28,3–6; Strabo XVII 1,8. Dazu Clauss (2004) 43f.

[15] Diodor XX 47–53; Plutarch, Demosthenes XVIII.

[16] Zur Genese des göttlichen Herrschers im Hellenismus vgl. Völker-Janssen (1993) 137–154; 165–179.

[17] Diodor XIX 85; Bengtson (1987) 88 ff.

[18] Scholz (1998) 234 ff.

[19] Unter den hellenistischen Königsresidenzen ragte Alexandria heraus, vgl. Strabo XVII 1,7–8; Schneider (1967) 528–555; Clauss (2004) 56 ff. Zum Kulturbetrieb am Hof der Ptolemäer vgl. Weber (1993).

[20] Gehrke (1995) 61 ff.

[21] Zur hellenistischen Kultur vgl. Ranowitsch (1958) 260–306; grundlegend Schneider, Bd. 1 (1967), Bd. 2 (1969).

[22] Heinen (2003) 42–55.

[23] Ranowitsch (1958) 209–259.

[24] Zu den letzten Lebensjahren Roxanes vgl. Carney (2000) 146 ff.

[25] Zum Schicksal Barsines und Herakles' nach Alexanders Tod vgl. Carney (2000) 148 ff. Zum Ende der Argeadendynastie vgl. Carney (1994) 357–380.

[26] Zu den Antigoniden vgl. Welles (1970) 53 ff., 69 ff.; Will (1979) 208 ff.; Buraselis (1982); Heinen (2003) 56 ff.

[27] Buraselis (1982) 38 ff.

[28] Diogenes Laertios II 141 f., IV 39, IX 110; Pausanias I 2,3. Dazu Schneider (1967) 315–318.

[29] Meloni (1953); Will (1984) 270–285.

[30] Polybios V 55 f.; Appian, Syrische Geschichte 62; Strabo XIII 4,14–17.

[31] Zu den Seleukiden vgl. Ranowitsch (1958) 98–148; Welles (1970) 68 f.; 86 ff.; Bouché-Leclercq (1978); Will (1979) 135 ff.; Heinen (2003) 75–81.

[32] Appian, Syrische Geschichte 57; Schneider (1967) 605 ff.

[33] Will (1979) 262–313.

[34] Will (1979) 234–261.

[35] Bouché-Leclercq (1978) 262 ff.; Will (1984) 326–344.

[36] Wie das erstarkte Rom nach dem Sieg über Karthago im östlichen Mittelmeerraum auftrat und mit den hellenistischen Monarchen umging, zeigt das Verhalten des Gaius Popilius Laenas im Jahr 168, der sich ohne Truppen nach Ägypten begab und den Seleukidenkönig zum Abzug aus dem Nilland aufforderte: „Als Antiochos IV. gegen Ptolemaios VIII. heranzog, um Pelusion zu besetzen, trat ihm der römische Gesandte Gaius Popilius Laenas in den Weg. Der König begrüßte ihn schon von weitem durch lauten Zuruf und streckte ihm die Hand entgegen. Popilius aber reichte ihm die Schreibtafel, die er bereithielt und auf der der Senatsbeschluss geschrieben stand, und hieß ihn zuerst das Schriftstück lesen, wie mir scheint, weil er ihm den Gruß als Zeichen der Freundschaft nicht eher zu bieten gedachte, als er sich von der Gesinnung des anderen überzeugt hatte, ob er Freund oder Feind sei. Als der König gelesen hatte, erklärte er, seinen Freunden das Schreiben mitzuteilen und sich mit ihnen über die neue Lage beraten zu wollen. Darauf tat Popilius etwas, was man nicht anders als hart und im höchsten Grade demütigend bezeichnen kann: Er zog mit einem Rebenstab, der ihm gerade zur Hand war, einen Kreis um Antiochos und hieß ihn in diesem Kreis seine Antwort auf den Senatsbeschluss erteilen. Der König, obwohl befremdet über dieses Ansinnen und die Anmaßung des römischen Gesandten, zögerte doch nur kurze Zeit und erwiderte dann, er

werde alles tun, was die Römer von ihm verlangten. Jetzt ergriff Popilius seine Hand, und er und seine Mitgesandten begrüßten Antiochos herzlich" (Polybios XXIX 27).

[37] Bouché-Leclercq (1978) 444–456; Will (1984) 505–517.

[38] Zum Ptolemäerreich vgl. Ranowitsch (1958) 149–208; Welles (1970) 82ff.; Bouché-Leclercq, 4 Bde. (1978); Will (1979) 153–208.

[39] Zur Bedeutung Alexandrias für das Ptolemäerreich vgl. Clauss (2004) 41ff.

[40] Strabo XVII 801f.

[41] Will (1984) 517–553.

[42] Strabo XVII 1, 10–12; Sueton, Augustus XVIII 2; Cassius Dio 51,17.

[43] Zu Dichtung und Literatur im Hellenismus vgl. Schneider (1969) 225–339; Gehrke (1995) 88ff.

[44] Schneider (1969) 439–468.

[45] Welles (1970) 89ff.; 217–224.

[46] Schneider (1969) 643–764; Welles (1970) 209ff.

[47] Schneider (1969) 339–438; Welles (1970) 185ff.; Gehrke (1995) 93ff.

[48] Scholz (1998) 315–357.

[49] Schneider (1969) 548–622; Welles (1970) 179ff.; Gehrke (1995) 82–88; Scholz (1998) 251–314.

[50] Schneider (1969) 765–959; Bengtson (1987) 177–186; Gehrke (1995) 75–82; Heinen (2003) 91–104.

[51] Welles (1970) 189–200.

Der schlummernde Riese erwacht

[1] Thukydides II 99, 2 liefert das ausführlichste Bild des makedonischen Staatsgebietes: „Zu den Makedonen gehörten auch die Lynkesten, Elimioten und andere Bergstämme [...]. Das jetzige Makedonien [...] hatten die aus Argos stammenden Temeniden begründet [...], indem sie als Sieger aus Pierien die Pieren austrieben, die später unterm Pangaion, jenseits des Strymon, Phagres und andere Orte anlegten [...], ferner aus der sogenannten Bottia die Bottier, die jetzt in der Nachbarschaft der Chalkidier wohnen. Von Paionien eroberten sie den Axios entlang einen schmalen Streifen, der vom Meer bis hinauf nach Pella reichte, und jenseits des Axios gehört ihnen das sogenannte Mygdonien, aus dem sie die Edoner verjagt haben. Auch aus dem Land, das jetzt Eordien heißt, trieben sie die Eorden aus, von denen die meisten umkamen, ein Rest von ihnen hat sich um Physka niedergelassen, und aus Almopien die Almopen. Auch die anderen Stämme unterwarfen die Makedonen, die sie jetzt noch beherrschen, Anthemus, die Grestonen, Bisalten und die meisten Makedonen selbst."

[2] Zur frühen makedonischen Expansion unter den Argeaden vgl. Ellis (1976) 35f.

[3] Zu den stark voneinander abweichenden Auffassungen hinsichtlich der sozialen Stellung der makedonischen Bauernschaft vgl. Schachermeyr (1973) 33, 40; Bengtson (1985) 15; Berve (1999) Bd. 1, 224; Lane Fox (2004) 24ff.

[4] Diodor XVI 3,4. Zur Ökonomie Makedoniens vgl. Ellis (1976) 32ff. Einen

Überblick über die natürlichen Ressourcen Makedoniens und ihre Bedeutung für das aufstrebende Gemeinwesen liefert Borza (1982) 1–22; (1990) 50–57.

5 Schulz (2003) 26f. betont zu Recht die Wichtigkeit dieser Orte für Athen, weil sie die Kornzufuhr und den Import der für die Flottenpolitik benötigten Ressourcen sicherten.

6 Schachermeyr (1973) 24–27.

7 Belege für die Rekonstruktion der makedonischen Sprache erhalten wir in erster Linie aus Inschriften. Lauffer (2005) 25 verweist auf die Verwandtschaft der griechischen mit der makedonischen Sprache, schränkt aber ein, dass sie im 4. Jahrhundert eine eigenständige Entwicklung durchgemacht hatte. Für Hammond (1997) 39ff. steht fest, dass am makedonischen Hof vorwiegend Griechisch gesprochen wurde.

8 Überblick über den Forschungsstand zur Rolle der Heeresversammlung bei Müller (2003) 17–21.

9 IG I3 89 = StV II 186.

10 Errington (1986) 23. Zu den Kompetenzen der Könige vgl. Ellis (1976) 21–32; Bengtson (1985) 19ff.; Hammond (1997) 382–392; derselbe (2004) 28.

11 Aristoteles, Politik V 1310b, 32–40.

12 Über die Herkunft der Argeaden vgl. Herodot VIII 137,1. Dazu Hammond (1997) 26ff.

13 Ob die Argeaden „gute Trinker" sein mussten, wie Gehrke (1996) 13 meint, ist fragwürdig. Jedenfalls wird von Alexander das Gegenteil bezeugt. Überdies entspringt das Bild des dem Alkohol zugeneigten Alexander der Barbaren- und Tyrannentopik. Ausdrücklich vermerkt Plutarch, Alexander XXIII 1: „Die Neigung zum Weine war bei ihm (Alexander) gar nicht so groß, als man allgemein glaubt; sie schien es nur wegen der Länge der Zeit, die er nicht mit Trinken, sondern mehr mit Plaudern verbrachte, da er immer bei jedem Becher eine lange Unterhaltung anfing, zumal wenn er eben viel Muße hatte." Vgl. auch Wiemer (2005) 76.

14 Errington (1986) 196–222.

15 Belege bei Rosen (1988) 28ff.

16 Fredricksmeyer (1982) 85–98.

17 Arrian VII 9,2.

18 Bengtson (1985) 75ff.

19 Zahrnt (1984), 325–368; Fernández Nieto (1989) 9–19.

20 Berve (1999) Bd. 2, 19ff., Nr. 38.

21 Demosthenes, Philippika VI 16. Zu Alexanders I. diplomatischem Geschick vgl. Hammond (1997) 103f.; zur panhellenischen Programmatik vgl. Borza (1990) 112f., 130f.

22 Errington (1986) 18ff.; Rosen (1988) 42ff.

23 Herodot I 44.

24 Franke (1972) Taf. 169. Zur Münzpropaganda und Münzpolitik Alexanders I. vgl. Borza (1990) 126ff.; Hammond (1997) 104–110.

25 Thukydides II 100,2; Bengtson (1985) 36f.

26 Stroheker (1953/1954) 406f.

27 Goossens (1962) 660–763.

28 Stroheker (1953/1954) 406–408; Hammond (1997) 137.

[29] Berve (1999) Bd. 2, 30f., Nr. 61.

[30] Zu den Machtkämpfen am makedonischen Königshof vgl. Justin VII 4,5–8; 5,1–10. Dazu Bengtson (1985) 49–53; Hammond (1997) 699–701.

[31] Zu Philipps II. Aufenthalt in Theben vgl. Justin VI 9,7; VII 5,1–5; XI 4,5; Griffith (1997) 205f.

[32] Zu Philipps II. Beziehungen zu Athen, vgl. Ellis (1976) 48ff.; Sealey (1978); Mossé (1979) 77ff.; Hammond (1994) 29ff.

[33] Zu den frühen Erfolgen Philipps II. vgl. Diodor XVI 3,3–6; 4,1–7; 8,1–3; Justin VII 6,4–7. Dazu Bengtson (1985) 53ff.; Engels (2006) 22f.

[34] Zum Konflikt zwischen Athen und Makedonien vgl. Mossé (1979) 77–89; Brulé (2004) 61–64; zu Demosthenes vgl. Berve (1999) Bd. 2, 136ff., Nr. 263.

[35] Diodor XVI 8,4–5.

[36] Ellis (1971) 15–24; Le Rider (1977) 386f.; Bengtson (1985) 58ff.; Griffith (1997) 208. Zur Herrscherpropaganda Philipps II. vgl. Schuhmacher (1990) 433.

[37] Als Ausrüstung der berittenen Kampfgefährten gibt Lauffer (2005) 52 Lanze, Kurzschwert, Helm, Panzer sowie einen kleinen Schild an. Ausführlich dazu Lane Fox (2004) 86f.

[38] Die Angaben zur Länge der Sarisse schwanken in der Regel zwischen diesen Werten. Sie hing wohl von der Stellung des Trägers innerhalb der Phalanx ab. Hampl (1992) 16f. bekräftigt diese Annahme zumindest für die Zeit Alexanders III.

[39] Zur Neuorganisation des Heeres vgl. Diodor XVI 3,1–2. Zu den einzelnen Heeresabteilungen der Hetairoi, der Pezhetairoi, der Hypaspisten, der leichten Kavallerie und der leichten Infanterie vgl. Kienast (1973) 37–55; Bengtson (1985) 93–98; Borza (1990) 202–206; Griffith (1997) 408ff., 414–418, 705–713; Hammond (2004) 28–31; Brulé (2004) 220–227; Lane Fox (2004) 83–93; Engels (2006) 23f.

[40] Diodor XVI 8,6.

[41] Philipp II. benannte Krenides in Philippoi um, dazu Arrian VII 9,3; Diodor XVI 8,6. Zur Bedeutung der Stadt vgl. Borza (1990) 214 f; Engels (2006) 26ff.

[42] Diodor XVI 40–52. Dazu Briant (1996) 701–707. Artaxerxes' III. Einigungspolitik manifestierte sich nicht nur in seinem Bestreben, verloren gegangene Gebiete wiederzuerobern, sondern auch im Ausbau der königlichen Residenzstadt Persepolis zum wirkungsvollen Zentrum der Monarchie, vgl. hierzu Wiesehöfer (1998) 46.

[43] Briant (1996) 803ff. hält die von den antiken und modernen Autoren behauptete Dominanz der griechischen Söldner in den persischen Heeren für eine *interpretatio Graeca.*

[44] Borza (1990) 250f. spricht in dem Zusammenhang auch von einer Erweiterung des makedonischen Königtums und grenzt es deutlich von der Herrschaft Alexanders Philhellen oder Archelaos' ab. Vgl. auch Lane Fox (2004) 50f.

[45] Briant (1996) 700f.; Berve (1999) Bd. 2, 82ff., Nr. 152.

[46] Diodor XVI 52,3.

[47] Berve (1999) Bd. 2, 102ff., Nr. 206; Carney (2000) 101–105.

[48] Berve (1999) Bd. 2, 168, Nr. 353.

Kindheit und Jugend

1 Zur Genese des Beinamens „der Große“ vgl. Cagnazzi (2005) 132–143.

2 Plutarch, Alexander III 5: „Am sechsten des Monats Hekatombaion, den die Makedonen Loos nennen.“ Das Geburtsjahr ergibt sich aus den Angaben zu Alexanders Regierungsantritt 336, bei dem er 20 Jahre alt gewesen sein soll. Dazu Arrian VII 28, 1; Plutarch, Alexander XI 1; Justin XI 1. Zu Pella als Geburtsort vgl. Solinus XL 4. Die von Gehrke (1996) 13 gebrauchte Wendung „legitimer Sohn“ ist problematisch, weil sich kein Unterscheidungskriterium zwischen legitimer und illegitimer Geburt festmachen lässt.

3 Plutarch, Alexander III 8–9; Justin XII 16,6. Vgl. ferner Feis (1965) 260–277.

4 Zu Olympias vgl. Carney (1987) 35–62; (2000) 62–67; Berve (1999) Bd. 2, 283–288, Nr. 581; Seibert (1990) 70f.; Lane Fox (2004) 53ff.

5 Hammond (2004) 17.

6 Curtius Rufus VIII 1,26; Plutarch, Alexander II 1–2; Justin VII 6, 9–13. Zu den politischen Beweggründen Philipps II. für die Heirat mit Olympias vgl. Ellis (1976) 61; Griffith (1997) 215.

7 Plutarch, Alexander IX 5–6.

8 Zu Philina vgl. Carney (2000) 61f.

9 Zu Eurydike Kleopatra vgl. Carney (2000) 72–75.

10 Satyros FHG III 161 fr. 5 = Athen. 13,557d.; Theopomp fr. XXVII. Dazu Berve (1999) Bd. 1,7f.; Carney (2000) 57–61; 68–72. Zur Polygamie am makedonischen Hof unter Philipp II. vgl. Kienast (1973) 30ff.; Carney (1992) 169–189; Wirth (2000) 28f.; Hammond (2004) 33ff.

11 In diesem Sinne Gehrke (1996) 19. Vgl. auch Carney (1987) 35ff.

12 Petsas (1978) 11–30.

13 Plutarch, Alexander V 7–8.

14 Hammond (2004) 18, 22.

15 Zu Lysimachos und Leonidas vgl. Plutarch, Alexander V 7–8, XXII 9–10. XXIV 10–11; Plutarch, Moralia CLXXIX e–f. Dazu Berve (1999) Bd. 2, 235f., Nr. 469, 241, Nr. 481; Lane Fox (2004) 46. Zweifel an den Fähigkeiten des Lysimachos äußert Plutarch, Alexander V 8.

16 Als Lysimachos, der mit nach Asien gezogen war, in Syrien erkrankte, kümmerte sich Alexander selbst um sein Wohlergehen. Dem Leonidas, der ihn einst wegen der Verschwendung von Räucherwerk getadelt hatte, schenkte er nach der Eroberung von Tyros eine Schiffsladung Weihrauch, vgl. Plutarch, Alexander V 7–8; XXII 9–10; XXIV 10–11.

17 Andronicos (1997) 97ff.

18 Plutarch, Demosthenes XXIII 2. Dazu Lane Fox (2004) 46f.

19 Wiemer (2005) 75f.

20 Der Korinther Demaratos hatte Bukephalos von einem thessalischen Züchter für die gewaltige Summe von dreizehn Talenten erworben und den prachtvollen Rappen vor seiner Abreise nach Sizilien, wo er jahrelang die Karthager bekämpfte, seinem Gastfreund Philipp II. überlassen. Dieser schenkte das Pferd seinem Sohn Alexander nach bestandener Bewährungsprobe: Plutarch, Alexander VI 1–8; Plinius, Naturkunde VIII 154. Dazu Lane Fox (2004) 48f.

[21] Plutarch, Alexander IV 8 – V 6.

[22] Hammond (2004) 281f.; Lane Fox (2004) 62f.

[23] In Krisenzeiten konnten auch die Fürsten der einst unabhängigen Territorien (Lynkestis, Orestis etc.) Ansprüche auf den makedonischen Thron erheben, da sie wie die Argeaden königlichem Geblüt entstammten. Dazu Lane Fox (2004) 29.

[24] Wilcken (1931) 29.

[25] Diodor XVII 4,1; Justin XI 3,2.

[26] Diodor XVI 20,2–4; XVI 35,1–3; Justin VIII 2–3. Zur Bedeutung des Hafens von Pagasai vgl. Xenophon, Hellenika V 4, 56; Plutarch, Moralia CXCII e.

[27] Zum Kampf bei den Thermopylen vgl. Justin VIII 28; Aischines II 192. Wirth (2000) 50 hebt die Truppenstärke der antimakedonischen Koalition (darunter 5000 Athener, 1000 Spartaner, 2000 Achaier) als spektakulär für die Zeit hervor.

[28] Diodor XVI 52,9;53; Justin VIII 3,10–11. Dazu Brulé (2004) 67–71.

[29] Justin VIII 4,1. Dazu Brulé (2004) 71–75.

[30] Zur Umgestaltung des makedonischen Hofstaates unter Philipp II. vgl. Kienast (1973) 19–29.

[31] Auch wenn keine direkten Zeugnisse dafür vorliegen, ist davon auszugehen, dass auch Alexander seinen Dienst als Page versah. Dazu Hammond (2004) 18f.

[32] Schachermeyr (1973) 71f.; Müller (2003) 155 mit Anm. 884.

[33] Diodor XVI 59,2–60,1.

[34] Mossé (1979) 85f.

[35] Zur Sicherung der eroberten Gebiete Thrakiens durch Stützpunkte und Militäroperationen vgl. Diodor XVI 71,1–4; Justin VIII 5,7; Strabo VII 6,2; Plinius, Naturkunde IV 18–22. Zur Vertreibung des Kersebleptes und der Einverleibung Thrakiens vgl. Arrian I 1,6; I 25,2. Zur Einsetzung des Schwagers vgl. Justin VII 6,4–6; Wirth (2000) 122 schränkt dennoch ein, dass es bis zum endgültigen Sieg zu gelegentlichen Niederlagen kam und längere Zeit ein Partisanenkrieg tobte.

[36] Zur Berufung von Aristoteles als Erzieher Alexanders vgl. Plutarch, Alexander VII 2; Justin XII 16,8. Quellenbelege zu Aristoteles und seiner Arbeit als Alexanders Pädagoge bei Berve (1999) Bd. 2,70ff. Nr. 135. Vgl. auch Seibert (1990) 72f.

[37] Zur Datierung des Unterrichtsbeginns siehe Diogenes Laertius V 10. Zu den Lehrjahren in Mieza siehe Plutarch, Alexander VII–VIII. Vgl. auch Bosworth II (1988) 20f.

[38] Homer, Ilias VI 208. Dazu Heuss (1977) 41.

[39] Zur Bedeutung Homers für Alexander vgl. Plutarch, Alexander VIII 2f.; XXVI 1–3; Plutarch, Moralia CCCXXVIIf. Strabo XIII 1,27 verweist auf eine eigens von Alexander verfasste Neuedition der homerischen Gedichte; siehe ferner Ameling (1988) 657ff.

[40] Aus Verehrung für Pindar bewahrte Alexander, als er Theben eroberte, dessen Haus vor der Zerstörung. Dazu Arrian I 9,10; Plutarch, Alexander XI 12; Plinius, Naturkunde VII 29.

[41] Schachermeyr (1973) 84ff.; Berve (1999) Bd. 2,70f., Nr. 135; Lane Fox (2004) 50.

[42] Zum Unterrichtsstoff in Mieza vgl. Curtius Rufus III; Plutarch, Alexander VIII; Moralia CCCXXIX b; Plinius, Naturkunde VIII 44. Dazu Wilcken (1931) 49f.;

Instinsky (1949) 61–67; Schachermeyr (1973) 84ff., 87ff.; Hammond (2004) 20; Lane Fox (2004) 57–77. Zu Alexander als Forscher und Gelehrter vgl. Alvar (2000) 83ff.

43 Daher wendet sich die Mehrzahl der Forscher gegen die Authentizität der Korrespondenz zwischen Alexander und Aristoteles. Allerdings hat Goukowsky (1978) 49–55 das berühmte Schreiben „Über die Politik in Hinblick auf die Städte" für echt erklärt und damit eine erneute Diskussion entfacht. Vgl. auch Faraguna (2003) 116f.

44 Dazu grundlegend Scholz (1998) 123–181.

45 Diem (1957) 8ff. verweist auf Aristoteles' Einfluss auf Alexanders körperliches Training, das er in der Erziehung des Jungen nicht vernachlässigte. Aristoteles selbst soll bei den Pythischen und Isthmischen Spielen Siege davongetragen haben. Dass Alexander ein guter Läufer war, bezeugt Plutarch, Alexander IV 9–11.

46 Plutarch, Alexander IX 1.

47 Philipp II. belagerte zunächst Perinth und dann Byzanz ergebnislos, eroberte aber einige Städte auf der Chersones. Danach bekriegte er die Skythen. Doch als er nach Makedonien zurückkehrte, wurde er von den Triballern überfallen, die ihm einen Großteil der Beute abnahmen. Vgl. dazu Justin IX 1–3.

48 Zu den unterschiedlich beurteilten Leistungen Alexanders anlässlich seines ersten Feldzuges vgl. Gehrke (1996) 22; Lauffer (2005) 31. Lane Fox (2004) 40 spricht gar von einem beachtlichen Feldzug.

49 Fraser (1996) 26,29.

50 Plutarch, Alexander V 4–5. Allerdings muss komplementär dazu eine weitere Stelle aus der Alexandervita des Plutarch (Alexander IX 4) herangezogen werden, in der es heißt: „In Folge dessen steigerte sich begreiflicherweise Philipps Liebe zu seinem Sohn aufs Höchste, so dass er sich sogar freute, wenn die Makedonen Alexander den König und Philipp den Feldherrn nannten."

Rachefeldzug gegen Persien

1 Ein Überblick über die politische Lage Griechenlands vor der Begründung der makedonischen Vorherrschaft bei Schulz (2003) 128–166; Welwei (2004) 268–323; Brulé (2004) 18–59; Engels (2006) 70–104.

2 Heuss (1954) 72f.; Eder (1995) 153–173.

3 Herodot I 71–94.

4 Mossé (1979) 89–100.

5 Xenophon, Hellenika III 4, 3f.; Plutarch, Agesilaos VI; Plutarch, Pelopidas XXI; Plutarch, Pausanias III 9, 3–4. Dazu Briant (1996) 656–664; Brulé (2004) 19–22.

6 Welwei (2004) 278ff.

7 Polybios III 6.

8 Mit diesem aus dem 19. Jahrhundert stammenden Begriff wird in der Forschung die gegen das Perserreich gerichtete Koalition aus Griechen und Makedonen bezeichnet.

9 Berve (1999) Bd. 2, 185f., Nr. 391.

10 Isokrates, Panegyrikos CLX.

11 Isokrates, Philippos CXXf.; CLIV; vgl. auch Platon, Staat V 469b–c, 470a–c.

[12] Brulé (2004) 16–18.

[13] Hierbei sei auf Demosthenes' „Philippika" von 349–341 und Isokrates' „Philippos" von 346 verwiesen. Während Ersterer Philipp II. immer wieder als Barbaren angriff und sein Vorgehen als Einfall in eine Welt der Kultur und Zivilisation beschrieb (Demosthenes III 16; IV 10; VI 9; IX 70), sah Letzterer in dem Makedonenkönig die letzte Chance für die Einigung aller Griechen und forderte ihn auf, sich dieser Aufgabe zu verschreiben (Isokrates, Brief an Philipp II 2). Mitunter vertrat Demosthenes panhellenische Ideale, doch bewertete er sie anders als Isokrates. Für ihn galt die Abwehr Philipps II. sowie die Bewahrung der herrschenden politischen Verhältnisse als die Hauptaufgabe zur Verwirklichung seiner panhellenischen Ziele, vgl. hierzu Dunkel (1938) 291–305; Mossé (1979) 84–89; Lauffer (2005) 30f.

[14] Arrian II 14,5; Diodor XVI 74,2–76,4; Justin IX 1,1–6; Demosthenes XII 16; XVIII 87–89.

[15] Jehne (1994) 140.

[16] Bengtson (1985) 100ff.; Engels (2006) 36f.

[17] Mossé (1979) 100–106; Brulé (2004) 83–88.

[18] Plutarch, Alexander IX 2.

[19] Diodor XVI 85,5–6 erwähnt für die makedonische Seite einschließlich der Bundesgenossen mehr als 30000 Mann Infanterie und 2000 Reiter, demgegenüber soll das Heer der Griechen numerisch unterlegen gewesen sein. Justin IX 3,9 spricht dagegen von einer „an Zahl der Soldaten weit überlegen[en]" Truppe der Hellenen. Moderne Darstellungen gehen von einer gleich großen Stärke von jeweils etwa 30000 Mann aus. Vgl. Bengtson (1996) 324; Wirth (2000) 133; Hammond (2004) 39; Lauffer (2005) 32.

[20] Zu den Friedensklauseln für Athen vgl. Diodor XVIII 8,1–4; Justin IX 4,1–2; IG II2 1632. Demosthenes hatte man während der Dauer der Friedensverhandlungen aus Athen entfernt, um Interferenzen zu vermeiden, vgl. Demosthenes XVIII 248. Dazu Mossé (1979) 107–110.

[21] Philipp II. zeigte keinerlei Ambitionen, Sparta ausschalten zu wollen, vgl. Plutarch, Moralia CCXIXf; Strabo VIII 5,5. Dazu Welwei (2004) 325.

[22] Zum Schicksal Thebens vgl. Justin IX 4, 5–8; Bosworth (1980) 79f.

[23] Heuss (1977) 53f.

[24] Diodor XVI 95,1–4. Eine weitere Eloge auf die Leistungen Philipps II. bei Arrian VII 9,2–6.

[25] Justin IX 4,5. Nach Lane Fox (2004) 79 soll dies erst im Jahr 336, als Alexander bereits König von Makedonien war, stattgefunden haben.

[26] Die ehemaligen Hegemonialmächte Theben, Sparta und Athen empfanden die makedonische Dominanz als besonders drückend, vgl. Will (1983) 20ff.

[27] Diodor XVI 89,1–3; Justin IX 5,1–4. Dazu Hammond (2004) 39ff.

[28] Kritische Anmerkungen zum Rachebegriff bei Seibert (1998) 22–26.

[29] Sealey (1978) 298ff.

[30] Judeich (1892) 253ff.

[31] Diodor XVI 52,5.

[32] Diodor XVI 54,1. Zu Memnons Lebenslauf vgl. Berve (1999) Bd. 2,250ff., Nr. 497.

[33] Plutarch, Alexander IX 4 belegt ein gutes Einvernehmen zwischen Philipp II. und Alexander vor dem Zerwürfnis.

[34] Berve (1999) Bd. 2,320, Nr. 640.

[35] Plutarch, Alexander X 1–4. Dazu Kienast (1973) 34f.; Carney (1992) 179ff.; Berve (1999) Bd. 2,320f., Nr. 460; Müller (2003) 29–31; Worthington (2003) 92f.; Lane Fox (2004) 30.

[36] Berve (1999) Bd. 2, 160, Nr. 326.

[37] Mit dieser Hochzeit verschlechterte sich das Verhältnis Philipps II. zu Olympias entscheidend. Philipp II. nannte seine neue Frau nach seiner in hohen Ehren stehenden, mittlerweile verstorbenen Mutter Eurydike. Mit der Namensnennung wurde offenbar ihr Vorrang betont, was Olympias und Alexander als politischen Akt deuteten. Dazu Hammond (2004) 42–46.

[38] Plutarch, Alexander IX 6–10; Justin IX 5,9; 7,3–4. Dazu Berve (1999) Bd. 2, 213f. Nr. 434.

[39] Eurydike, die Mutter Philipps II., stammte aus Lynkestis und hatte illyrische Vorfahren, dazu Strabo VII 7,8; Carney (2000) 40–46. Bei dem Streit zwischen Attalos und Alexander ging es vor allem um Klientelpolitik und weniger um Abstammungsfragen, die nur als Vorwand dienten.

[40] Plutarch, Alexander IX 11; Justin IX 7,5; Satyros FHG III 161 fr. 5 = Athenaios XIII, 557e. Vgl. dazu die ausführliche Personenkunde bei Heckel (1992) sowie die Darstellung der einzelnen Macht- und Aufgabenbereiche von Alexander und seinen Weggefährten bei Heckel (2003) 197–225.

[41] Plutarch, Alexander IX 12; Justin IX 7,5.

[42] Bamm (1965) 66; Berve (1999) Bd. 1,6.

[43] Berve (1999) Bd. 2,133, Nr. 253.

[44] Wenn wir Justin IX 7,6–7 trauen dürfen, hatte Philipp II. einige Mühe, um Alexander zu einer Rückkehr nach Pella zu bewegen.

[45] Müller (2003) 32ff.

[46] Diodor XVI 91,4; Justin IX 6,1–8.

[47] Arrian II 14, 3; Diodor XVI 91, 2; Justin IX 5, 5–8. Zu Parmenion vgl. Berve (1999) Bd. 2, 298ff. Nr. 606.

[48] Berve (1999) Bd. 1, 81; Bd. 2, 46, Nr. 94.

Makedonische Kabalen

[1] Philipp II. gab damals den Auftrag, prachtvolle Standbilder seiner Eltern, seiner selbst wie auch von Olympias und Alexander in Olympia öffentlich aufzustellen. Dazu Carney (2000) 77; Hammond (2004) 47.

[2] Justin IX 6,1–2.

[3] Diodor XVI 92,1–94,4; Plutarch, Alexander X 5; Justin IX 6,1–8; Aristoteles, Politik V 1311b,1–3. Zu Pausanias vgl. Berve (1999) Bd. 2,308f., Nr. 614.

[4] Diodor XVI 93,3–94,1; Justin IX 6,5–8.

[5] Symptomatisch dafür ist Plutarch, Alexander X 5.

[6] Philipps Sohn Karanos ist nach Green (1974) 66, 71 von Kleopatra geboren worden. Lauffer (2005) 39 dagegen bezeichnet ihn lediglich als Stiefbruder Alexan-

ders aus einer früheren Ehe Philipps, und Berve (1999) Bd. 2, 199f., Nr. 411 schließt die Mutterschaft Kleopatras mit Hinweis auf Satyros FHG III, 161 fr. 5 = Athenaios XII, 557b gänzlich aus. Berve führt allerdings die Möglichkeit an, dass Philia die Mutter von Karanos war, eine Annahme, die Will (1986) 31 als gegeben ansieht. Skepsis gegenüber der Historizität des Karanos äußert Müller (2003) 37f.

7 In diesem Sinne Wiemer (2005) 81f.

8 Justin XI 5,1–2.

9 Vgl. die eingehende Diskussion über Philipps II. Ermordung bei Kraft (1971) 11–42, der Alexander von jeder Schuld freispricht. Fadinger (1997) 101–145 geht von einer Einzeltat des Pausanias aus. Lane Fox (2004) 11–13 sieht in Olympias die Urheberin des Attentats; ähnlich sieht es Carney (1992) 183f.; dieselbe (2000) 80f.

10 Ps.-Kallisthenes I 26. Dazu Schachermeyr (1973) 102; Gehrke (1995) 9.

11 Diodor XVII 2,1–2; Justin XI 1,7–10. Dazu Lauffer (2005) 38.

12 Arrian I 25,1–2; Diodor XVII 2,1; Plutarch, Alexander X; Justin XI 2,1–2. Dazu Berve (1999) Bd. 1,223; Bd. 2,80, Nr. 144; 169, Nr. 355; Badian (2000) 54ff.; Müller (2003) 34–37.

13 Diodor XVII 2,3; Justin XI 2,3 (Karanos); XII 6,14 (Amyntas und Attalos); XI 5,1–2 (Kleopatra). Dazu Müller (2003) 37–40.

14 Einen Rückhalt Amyntas' im makedonischen Adel betonen Fuller (1961) 63; Lauffer (2005) 39. Anders Green (1974) 71; Bengtson (1985) 125.

15 Lauffer (2005) 39 führt eine Verschwörung an, in die Amyntas IV. verwickelt gewesen sein soll und in deren Folge er wegen Verrats hingerichtet wurde. Einen Zusammenhang zwischen Amyntas IV. und den wegen Verbindungen mit Philipps II. Attentäter zum Tode verurteilten Lynkesten nimmt Lane Fox (2004) 33 an. Uneinigkeit besteht auch über den Zeitpunkt der Hinrichtung. Während Green (1974) 81f. und Gehrke (1996) 30 nur allgemein auf einen kurzen Aufschub für Amyntas verweisen, nimmt Lane Fox (2004) 33 ein späteres Datum für seine Hinrichtung an. Lediglich Berve (1999) Bd. 2,30f., Nr. 61 tritt für eine Beseitigung unmittelbar nach der Thronbesteigung Alexanders ein.

16 Schachermeyr (1973) 104. Bedenken gegen Attalos' Verratsabsichten äußern Bengtson (1985) 127 und Will (1986) 32. Anders Lane Fox (2004) 36, der das überlieferte Pausanias-Motiv in Abrede stellt. Demnach wäre die Schuld an Pausanias' Verbrechen dem in der Ferne weilenden Attalos untergeschoben worden.

17 Curtius Rufus VII 1,3; Diodor II 3–6; 5,2. Ob Parmenions Stellung damals so übermächtig war wie Müller (2003) 40–43 annimmt, sei dahingestellt.

18 Seibert (1990) 74; Berve (1999) Bd. 1,3.

19 Arrian I 17,9; 20,10; II 6,3; 13, 23; Curtius Rufus IV 1,27–33; Diodor XVII 25,5; 48,2.

20 Berve (1999) Bd. 2,28f., Nr. 58.

21 Seibert (1990) 74; Berve (1999) Bd. 1,3; Lauffer (2005) 40. Um zu verhindern, dass eine Adelsgruppierung während Alexanders Abwesenheit ihn auf den makedonischen Thron brachte, nahm ihn Alexander auf seinen Zug nach Asien mit. Erst nach dem Tod Alexanders wird er kurzfristig auf den makedonischen Thron gelangen.

22 Diodor XVII 2,3–6; XVII 5,1–2; Justin IX 7,12.

[23] Zur Stimmung im makedonischen Heer nach der Ermordung Philipps II. vgl. Justin XI 1,1–4.

[24] Zu Alexanders Einstellung zum Korinthischen Bund vgl. Seibert (1990) 74–77.

[25] Diodor XVII 2,2.

[26] Diodor XVII 3,2. Dazu Fuller (1961) 63; Green (1974) 71; Lauffer (2005) 40.

[27] Diodor XVII 3,3–5.

[28] Will (1986) 34.

[29] Plutarch, Demosthenes XXIII 2.

[30] Diodor XVII 3–4.

[31] Die dramatische Episode von Alexanders Vorrücken nach Süden unter Umgehung des besetzten Tempepasses und der Überwindung des Ossagebirges durch in den Stein gehauene Stufen, wie sie von Fuller (1961) 64; Green (1974) 72 oder Lane Fox (2004) 78f. berichtet wird, findet in den glaubwürdigen Quellen keinen Niederschlag.

[32] Diodor XVII 4,3.

[33] Wirth (1989) 4 mit Anm. 18: „Die Art, wie Alexander sie (die Hegemonie über den Korinthischen Bund) gewann, hat den Charakter eines Handstreichs, dessen vollendete Tatsache auch der inneren Sicherung in Makedonien zu dienen hatte. Sie bedeutete zugleich freilich eine Zuspitzung für die eigene Lage, die sich nur durch möglichst baldigen Kriegsbeginn kompensieren ließ."

[34] Arrian I 1,1; Diodor XVII 4; Plutarch, Alexander XIV 1. Während einige Forscher wie Schachermeyr (1973) 110; Bengtson (1985) 133 oder Lane Fox (2004) 79 von einem Erbrecht des makedonischen Königs auf die Leitung des Korinthischen Bundes ausgehen, stellen dies Will (1986) 35; Seibert (1990) 74f. und Lauffer (2005) 42 zu Recht in Frage.

[35] Plutarch, Alexander XIV 4–5.

[36] Berve (1999) Bd. 2, 417f., Nr. 22.

[37] Arrian VII 2,1; Plutarch, Alexander XIV 1–5. Dazu Lozano (2000) 153ff.

Herrschaftssicherung und Strafgericht

[1] Arrian I 1,4 berichtet lediglich über Rüstungen der Triballer und Illyrer, was nahe legt, dass Alexander dies als Vorwand benutzte, um eine Strafexpedition durchzuführen. Plutarch, Alexander XI 5–6 gibt eine knappe Notiz über die Donauexpedition.

[2] Im Jahr 337 hatten die Triballer Philipps II. Rückzug aus dem Siedlungsgebiet der Skythen verhindert und von den Makedonen einen Anteil der Kriegsbeute gefordert. Als Philipp II. sich weigerte, griffen die Triballer das makedonische Heer an. Dabei erlitt der Makedonenkönig eine schwere Verwundung. Vgl. Justin IX 3,1–2.

[3] Zum Itinerar des Feldzuges und seiner geographischen Ausdehnung vgl. die von Seibert (1985) beigefügte Karte 1.

[4] Arrian I 1,10.

[5] Arrian I 3,4.

[6] Arrian I 4,6. Ferner erwähnt Arrian Alexanders Sehnsucht (póthos) als Ursache für den Donauübergang. Zur Bedeutung dieses Motivs vgl. Lauffer (2005) 46. Bereits bei diesem ersten Feldzug zeigte sich die später verstärkt auftretende Neigung Alexanders, sich als Erkunder der Randzonen der damaligen Welt zu betätigen.

[7] Zu Alexanders Expedition gegen die Triballer vgl. Bosworth (1980) 52ff.; Seibert (1990) 78; Hammond (2004) 59–64.

[8] Zum Stellenwert der agrianischen Speerwerfer in der Armee Alexanders vgl. Schwarz (1982) 115–120.

[9] Berve (1999) Bd. 2, 205f., Nr. 426; 111f., Nr. 227.

[10] Als Belohnung für Lingaros winkte die Hochzeit mit Alexanders Halbschwester Kyna, Arrian I 5,4. Zu Lingaros vgl. Berve (1999) Bd. 2,230f., Nr. 460.

[11] Arrian I 6,1–11. Kleitos floh erst nach Pelion, das er niederbrennen ließ, und schließlich zu Glaukias ins taulantische Gebiet. Plutarch, Moralia CCCXXVII a berichtet im Zusammenhang mit der Schlacht von einer Verletzung, die sich Alexander zugezogen haben soll. Zum Illyrienfeldzug vgl. Bosworth (1980) 65–73; Hammond (2004) 64–69.

[12] Noch bevor die Operationen in Illyrien abgeschlossen werden konnten, eilte Alexander nach Böotien, vgl. Arrian I 7,4.

[13] Justin XI 2,6–10.

[14] Diodor XVII 8,3–7; Plutarch, Demosthenes, XXIII 1; Justin XI 2,7–9.

[15] Arrian I 7,1–2.

[16] Arrian I 7,8.

[17] Zu den Kampfhandlungen in Theben vgl. den Makedonien-freundlichen Bericht Arrians I 8,8 sowie die Makedonien-feindlichen Ausführungen Diodors XVII 13. Dazu Levi (1977) 116ff.; Bosworth (1980) 84–96; Müller (2003) 46ff.; Hammond (2004) 75–79; Lauffer (2005) 48–50.

[18] Damit konnte die prekäre Lage der makedonischen Finanzen abgemildert werden, da die Vorbereitungen für den asiatischen Feldzug den Rest des makedonischen Staatsschatzes aufgezehrt hatten. Vgl. Diodor XVII 14,4; Plutarch, Alexander XV 1–2; Arrian VII 9,6; Justin IX 8,6–7.

[19] Plutarch, Alexander XI 10–11; Justin XI 3,8–10; 4,1–11.

[20] Arrian I 9,6.

[21] Plutarch, Alexander XI 5; Polybios XXXVIII 2,13–14.

[22] Arrian I 9, 9; Diodor XVII 9,5; 9,14. Dazu Jehne (1994) 203.

[23] Diodor XVII 8,6. Dazu Jehne (1994) 200ff.

[24] Alexander begnügte sich nach längeren Verhandlungen letztlich mit der Ausweisung des Charidemos aus Athen, der danach ins persische Exil ging, dazu Arrian I 10,6. Vgl. auch Mossé (1979) 117ff.

[25] Zu Alexanders Vorgehen gegenüber Athen vgl. Arrian I 10,5–6; Will (1983) 134; Hammond (2004) 81ff.

[26] Faraguna (2003) 107ff.

[27] Plutarch, Demosthenes XXIII 2. Über die Bedeutung von „margites" im homerischen Kontext als Kontrapunkt zu Achilleus als Einfallspinsel vgl. Lane Fox (2004) 66. Meines Erachtens enthält der Begriff noch andere Konnotationen, etwa die des Muttersöhnchens.

[28] Zum äußeren Erscheinungsbild Alexanders vgl. Plutarch, Alexander IV 1–8. Dazu Lane Fox (2004) 37–41.

Das Achaimenidenreich

[1] Konziser Überblick über die achaimenidische Weltreichsbildung bei Heuss (1981) 277–291; Seibert (1990) 80ff.; Wiemer (2005) 47–57; ausführlicher Briant (1996) 41ff.; Wiesehöfer (1998) 25–149. Zu den Aufgabenbereichen der Satrapen vgl. Bosworth (1988) 229–241; Brosius (2003) 188ff.

[2] Zu Herodots Mederlogos vgl. Sancisi-Weerdenburg (1994) 39–55.

[3] Aristoteles, Politik VII 1327b, 22–33. Siehe auch Hall (1989) 164f.; Wirth (1989) 31ff. Zum Topos der persischen Despotie als Kontrapunkt griechischer Gesetzesherrschaft vgl. Müller (2003) 22ff.

[4] Momigliano (1979) 146–176; Wirth (1989) 52ff.

[5] Hofstetter (1978) 1–190.

[6] Bereits eine flüchtige Lektüre der ersten Abschnitte der „Hellenika" des Xenophon, wo über die Endphase des Peloponnesischen Krieges berichtet wird, liefert unzählige Beispiele für eine intensive Kooperation zwischen den griechischen Gegnern Athens und den persischen Machthabern Kleinasiens.

[7] Allgemein zu den griechisch-persischen Beziehungen Walser (1984); Briant (1995).

[8] Arrian II 14,2; Briant (1996) 707–709.

[9] Arrian II 14,5; Diodor XVI 70,1–2; Demosthenes, Philippika XI 5–6; Pausanias I 29,10.

[10] Arrian II 14,5, 6; Diodor XVII 9,3; 14,2; Plutarch, Demosthenes XX 4–5; Jehne (1994) 201.

[11] Möglicherweise spielte Philipp II. die in Teilen der griechischen Öffentlichkeit stets virulenten Ängste eines persischen Ausgreifens nach Westen hoch, um damit sein aggressives Vorgehen in der Meerengenregion zu rechtfertigen, vgl. Wirth (1989) 36f.

[12] Diodor XVII 5,3–4. Dazu Briant (1996) 789f.

[13] Diodor XVI 5,4; 6,2; Justin X 3,4–5. Zu Dareios' Regierungsantritt: Briant (1996) 790–800; Badian (2000) 53. Vgl. die eingehende Studie zu Dareios III. von Briant (2003).

[14] Wirth (1989) 5. Zur Unterstützung des Dareios III. durch die persische Aristokratie vgl. Briant (1996) 800–803.

[15] Polyaenus V 44,4–5; Briant (1996) 837f.

[16] Diodor XVII 16,2.

[17] Berve (1999) Bd. 2,188, Nr. 397.

[18] Vgl. etwa Bengtson (1996) 337. Die Grundidee geht auf Droysen (1966) 18–20 zurück, der das Bild eines morschen, dekadenten Vielvölkerstaates entwarf, das man nur allzu gern aufgegriffen hat.

[19] Wiesehöfer (1994) 12ff.; Briant (1996) 782ff.

[20] Vogelsang (1992) 5.

[21] Zum Straßennetz des Achaimenidenreiches vgl. Seibert (1985) 15–27, einschließlich Karte 2; Graf (1994) 167–189. Zu den Königsresidenzen vgl. Brosius

(2003) 181–187. Dareios I. hatte eine westliche Königsstraße angelegt, die über eine Länge von 2400 km von Sardes nach Susa führte, und eine östliche, die von Babylon und Susa über Ekbatana und Rhagai durch das Kaspische Tor nach Maschhad verlief. Sie entstanden aus den alten Karawanenstraßen, die zum Zweck der raschen Truppenverschiebung innerhalb des Perserreiches weiter ausgebaut wurden. Herodot V 52–53 führt darüber aus: „Auf der ganzen Strecke befinden sich königliche Raststätten und vortreffliche Herbergen, und die Straße führt durchweg durch bewohntes, sicheres Land. [...] Hinter Phrygien trifft sie auf den Halys, dessen Übergang durch ein Tor verschlossen ist, durch das man unbedingt hindurch muss, wenn man den Fluss überqueren will. Das Tor wird durch ein starkes Kastell geschützt. Die ganze Straße von Sardes bis Susa ist also hundertelf Tagesmärsche lang, ebenso viele Raststätten und Herbergen findet man. Ist die Zahl der Parasangen richtig angegeben und beträgt eine Parasange dreißig Stadien – was in der Tat der Fall ist –, so ist die königliche Straße von Sardes bis nach der Königsburg in Susa dreizehntausendfünfhundert Stadien lang."

[22] Ehrenberg (1965) 422ff., 458ff.

[23] Zu Alexanders Maßnahmen zur Sicherung Makedoniens während der Dauer seiner Asienexpedition vgl. Hammond (2004) 85ff., 97f. Zur Amtsführung Antipaters vgl. Baynham (1994) 331ff.

[24] Zur Route des Alexanderheeres von Pella bis zum Hellespont vgl. Seibert (1985) 29f. einschließlich Karte 18. Ob Olympias ihren Sohn bis zum Hellespont wirklich begleitet hatte, wie Plutarch, Alexander III 3 berichtet, ist fragwürdig.

[25] Lauffer (2005) 56.

[26] Zur finanziellen Lage Makedoniens vgl. Arrian VII 9,6; Curtius Rufus X 2,24; Plutarch, Alexander XV 1. Will (1986) 47f. unterstellt dem Makedonenkönig zwar die Plünderung und Eroberung des kleinasiatischen Raumes, doch weit gespannte Pläne, wie mit dem gesamten Perserreich zu verfahren sei, soll Alexander nicht gehabt haben. Green (1974) 86 weist zudem auf Alexanders und Philipps II. Mitverschulden an der desolaten finanziellen Lage Makedoniens hin. Ersterer hatte die direkte Besteuerung aufgehoben, Letzterer war bei der Besoldung seiner Truppen deutlich im Rückstand gewesen. Dazu Hammond (2004) 88–95.

[27] Übersicht über die Armee Alexanders bei Green (1974) 89; Schwarz (1982) 11–129; Strauss (2003) 142ff.; Lane Fox (2004) 78–93; Lauffer (2005) 51–55; Wiemer (2005) 89f. Zur Organisation der Heeresversorgung vgl. Schwarz (1982) 137–142.

[28] Bei der Betrachtung des asiatischen Vortrupps ist zu bedenken, dass seine ursprüngliche Kampfstärke durch Abordnungen nach Makedonien im Laufe der Zeit beträchtlich verringert worden sein dürfte.

[29] Lauffer (2005) 55.

[30] Berve (1999) Bd. 2,62f., Nr. 117.

[31] Levi (1977) 19–28; Berve (1999) Bd. 2,191ff., Nr. 408.

[32] Berve (1999) Bd. 2,33, Nr. 70.

[33] Müller (2003) 135–140.

[34] Brulé (2004) 93ff.

[35] Zum Einsatz der griechisch-makedonischen Flotte während des ersten Kriegsjahres vgl. Seibert (1985) 41–43.

Inszenierter Auftakt eines Überfalls

1 Zutreffende Darstellung von Philipps II. Leistungen als Vorbedingung für Alexanders Asienprojekt bei Andreotti (1957) 122–124.

2 Polybios VIII 10,9–10.

3 Prosopographische Skizzen zu Alexanders Feldherren bei Heckel (1992).

4 Zu den Landungsoperationen des griechisch-makedonischen Heeres vgl. Schachermeyr (1973) 162f.

5 So etwa Lauffer (2005) 60. Green (1974) 91 wertet es als Glücksfall für Alexander und sieht im Nichtagieren der Perser fehlende Koordination. Dass die persische Flotte erst in Folge der Niederlage am Granikos, als Memnon den Oberbefehl erhielt, zum Einsatz kam, wie Seibert (1985) 43 vermutet, ist unwahrscheinlich.

6 Lane Fox (2004) 133. Etwas vorsichtiger Briant (1996) 840.

7 Arrian I 11,5; vgl. Instinsky (1949) 17–28. Zu Protesilaos vgl. Homer, Ilias II 702.

8 Herodot IX 116.

9 Zum Übergang Alexanders nach Asien vgl. Diodor XVII 17,2; Justin XI 5,6–12; dazu Bosworth (1980) 99–104; Seibert (1990) 81f.; Zahrnt (1996) 129ff.; Lane Fox (2004) 131–139; Lauffer (2005) 58–61; Wiemer (2005) 91–93. Bei Arrian fehlt der Speerwurf, er berichtet aber vom Sprung Alexanders aufs Festland in voller Rüstung (Arrian I 11,7).

10 Diese Tradition war in Griechenland seit archaischer Zeit lebendig. Vgl. dazu Stahl (1987) 211ff.

11 Es ist unklar, ob diese Szene auf einer retrospektiven Rekonstruktion beruht, oder ob Alexander und Hephaistion von Anfang an die damit angedeutete Nahbeziehung pflegten. Dass beide Kindheitsfreunde waren und zusammen erzogen wurden, steht außer Zweifel. Belege bei Müller (2003) 221f. Zu Hephaistion vgl. Berve (1999) Bd. 2, 169ff., Nr. 357.

12 Plutarch, Alexander XV. Der Schild rettete Alexander später bei der Erstürmung der Mallerburg angeblich das Leben, vgl. Arrian VI 10,2.

13 Die Szene fand nicht unter Ausschluss der Öffentlichkeit statt. Wie Arrian I 12, 1 berichtet, stifteten der Steuermann Menoitios, der Athener Chares sowie nicht näher genannte Griechen und Nichtgriechen Alexander goldene Kränze wohl als Zeichen der Unterwerfung. Dazu Bosworth (1980) 102f.

14 Vgl. etwa Instinsky (1949) 63; Gehrke (2005) 35f. Zutreffende Korrektur dieser Sichtweise bei Zahrnt (1996) 147.

15 Justin XI 6,1–2. Nach Strabo XIII 1,26 besuchte Alexander die Stadt erst nach seinem Sieg am Granikos und gab ihr erst danach die Freiheit.

16 So etwa Schachermeyr (1973) 166; Lane Fox (2004) 138.

17 Zur erfolgreichen persischen Kriegführung unter Memnon gegen die makedonische Vorhut vgl. Schachermeyr (1973) 133–135.

18 Zur Marschroute Alexanders vgl. Seibert (1985) 30–32.

19 Plutarch, Alexander XV 2.

20 Arrian I 12,9–10; Diodor XVII 18,2–4. Gegen Memnons Pläne opponierte vor allem der Satrap der betroffenen Region, Arsites, der wohl von den anderen persischen Statthaltern Unterstützung erhielt. Indes hielt Alexander in Ilion eine Heer-

schau ab, vgl. dazu Diodor XVII 17,3; Hammond (2004) 104f. Zur persischen Kriegsstrategie vgl. Schachermeyr (1973) 166–170; Bosworth (1980) 111ff.; Seibert (1985) 32f.; Briant (1996) 840ff.; Lane Fox (2004) 142–144; Lauffer (2005) 60f.; Wiemer (2005) 87f., 93. Zum Heerwesen der Perser vgl. Wiesehöfer (1998) 132–139.

[21] Briant (1996) 810ff.; Hammond (2004) 111f.

Sieg am Granikos

[1] Arrian I 13; Diodor XVII 19. Dazu Levi (1977) 122f., 292f.; Bosworth (1980) 107ff.

[2] Zur Schlacht am Granikos vgl. Bosworth (1980) 114–127; Seibert (1990) 83–85; Hammond (2004) 104–110; Lane Fox (2004) 140–150; Lauffer (2005) 61f.; Wiemer (2005) 93f.

[3] Plutarch, Alexander XVI 11–12. Zu Kleitos vgl. Berve (1999) Bd. 2,206, Nr. 427.

[4] Zum historischen Hintergrund der Spannungen zwischen Parmenion und Alexander vgl. Müller (2003) 56–59. Zur Topik der Streitgespräche zwischen König und Feldherr vgl. ebenda 59–64.

[5] Überbewertung der Wirkung der ersten militärischen Konfrontation bei Schachermeyr (1973) 174: „Die Schlacht am Granikos brachte am vierten Tage des Vormarsches eine Klarstellung von weltgeschichtlicher Bedeutung." Sachgerechtere Einschätzung der Lage bei Briant (1996) 843f.; Lauffer (2005) 62f.; Wiemer (2005) 94f.

[6] Arrian I 16,2–3;6–7. Dazu Lane Fox (2004) 149.

[7] Übersicht über die Gefallenen bei Arrian I 16, 3. Dazu Briant (1996) 843f.

[8] Schachermeyr (1973) 173; Wiemer (2005) 94.

[9] Arrian I 15, 5 vermerkt, dass die aus Kornelkirschholz gefertigten Lanzen der Makedonen den leichten Wurfspießen der Perser haushoch überlegen waren. Dazu Lane Fox (2004) 145.

[10] Briant (1996) 816ff.

[11] Berve (1999) Bd. 2,406f., Nr. 823.

[12] Bis zum Tod Memnons im Sommer des Jahres 333 dürfte die Anwerbung von Söldnern aus Griechenland ununterbrochen funktioniert haben.

[13] Plutarch, Alexander XVI 18–19.

[14] Briant (1996) 718–720.

[15] Zur Marschroute Alexanders vom Granikos nach Sardes vgl. Seibert (1985) 35f. Zum lydischen Satrapensitz Sardes vgl. Briant (1996) 721–725.

[16] Briant (1996) 862f.; Berve (1999) Bd. 2,262, Nr. 524.

[17] Hornblower (1982) 262.

[18] Berve (1999) Bd. 2,87, Nr. 165; Hammond (2004) 112f.

[19] Arrian I 17,5–8. Vgl. Bosworth (1980) 128ff.

[20] Hammond (2004) 113f.

[21] Bammer (1984) 81; Elliger, (1992) 46f., vgl. auch Strabo XIV 1,22.

[22] Seibert (1985) 38f.

[23] Zum Alexanderkult in den griechischen Städten Kleinasiens vgl. Lane Fox (2004) 158f.

[24] Zur Belagerung und Einnahme Milets durch die Truppen Alexanders vgl. Bosworth (1980) 133–141; Seibert (1985) 43ff.; Hammond (2004) 115f.

[25] Arrian I 20; Diodor XVII 22, 5–23,1. Vgl. Bosworth (1980) 141ff.; Wiemer (2005) 97.

[26] Bei der Belagerung von Halikarnassos leisteten die athenischen Schiffe einen wichtigen Beitrag. Dazu Hammond (2004) 117. Später wurden sie mit der Überwachung des sowohl für Athen als auch für die in Asien operierende Armee strategisch wichtigen Hellespont betraut.

[27] Als die Flotte vor Milet erschien und bevor sie ihre zahlenmäßige Überlegenheit ausspielen konnte, riet Parmenion dazu, sie mit den vorhandenen Schiffen anzugreifen; vgl. dazu Arrian I 18,4–9.

[28] Zu den möglichen Beweggründen der Flottenauflösung vgl. Wirth (1989) 9f.,27.

[29] Schachermeyr (1973) 174ff.

[30] Zu den Spannungen zwischen den kleinasiatischen Griechenstädten und Alexander vgl. Wirth (1989) 76ff.; Briant (1996) 875f. Zu den Auswirkungen der „Befreiung" der griechischen Städte durch Alexander vgl. Nawotka (2003) 15ff.

[31] Schachermeyr (1973) 183.

[32] Berve (1999) Bd. 2,11f., Nr. 20.

[33] Arrian I 20–23; Diodor XVII 23–27; Plutarch, Alexander XVII 2. Dazu Bosworth (1980) 143–151; Hammond (2004) 116–119.

[34] Diodor XVII 27,5.

[35] Berve (1999) Bd. 2,295, Nr. 594.

[36] Arrian I 23,8; Diodor XVII 24,2; Plutarch, Alexander XXII 7.

[37] Zu Alexander und Ada vgl. Berve (1999) Bd. 2,11ff. Nr. 20; dazu Bosworth (1980) 152ff.; Lauffer (2005) 67f. Möglicherweise spielte die Erinnerung an die karische Königin Artemisia (vgl. Herodot VIII 87f.), die während der Perserkriege auf Xerxes' Seite stand und als äußerst energische Herrscherin galt, beim Verhalten Alexanders eine Rolle.

[38] Zur Situation Kariens am Vorabend der makedonischen Invasion vgl. Briant (1996) 686ff., 727ff.

Größer als Agesilaos und Achilleus

[1] Wirth (1989) 30f.

[2] Zum lykischen Feldzug vgl. Seibert (1985) 50–54; Hammond (2004) 120f.

[3] Arrian I 24,1–3.

[4] Durch die öffentlich bekundete Verehrung des aus Phaeselis stammenden Schriftstellers Theodektas versuchte Alexander, die Sympathien der Bewohner zu gewinnen, vgl. dazu Plutarch, Alexander XVII.

[5] Lane Fox (2004) 174f.; Lauffer (2005) 69.

[6] Briant (1996) 844ff.

[7] Arrian I 25,1.

[8] Lane Fox (2004) 176–180 datiert mit Diodor den Vorfall ein Jahr später. Er sieht in Olympias die treibende Kraft, die zur Entmachtung des Alexander Lynkestes führte, und außerdem erhebt er Einwände gegen die überlieferte Version der

Ereignisse. Zur überaus undurchsichtigen Lynkestesaffäre vgl. Bosworth (1980) 159ff.; Wirth (1989) 44f. Heckel (1983) 139–142 verweist auf die Parallelität zwischen der Lynkesteshandlung bei Arrian und der Orontasaffäre bei Xenophon, Anabasis I 6, und sieht darin lediglich eine literarische Widerspiegelung.

[9] Justin XI 7,1–3.

[10] Arrian I 26,1. Dazu Schachermeyr (1973) 184ff.; Lane Fox (2004) 181 spricht dabei von „göttlicher Fügung" und zeigt sich gegenüber dem Vorgang zu unkritisch. Nüchterne Berichterstattung des Vorfalls bei Plutarch, Alexander XVII 7. Vgl. auch Strabo XIV 3,9.

[11] Wirth (1989) 98f. deutet die Propagierung des religiösen Alexanderbildes als Kompensationsstrategie gegenüber den Griechen, um den Mangel an durchschlagenden militärischen Erfolgen zu kaschieren.

[12] Zu Aspendos vgl. Arrian I 26,2; 5; 27,1–4.

[13] Die Kontrolle dieses Küstenabschnitts durch Alexanders Truppen scheint allerdings nicht von Dauer gewesen zu sein. Sobald diese wieder nach Norden abzogen, tauchten die persischen Schiffe auf und konnten in der Region nach Belieben operieren.

[14] Zu den Kampfhandlungen in Pisidien vgl. Seibert (1985) 54–56; Lauffer (2005) 69f.

[15] Wirth (1985) 55ff.

[16] Briant (1996) 726; Lane Fox (2004) 181.

[17] Zu Antigonos vgl. Berve (1999) Bd. 2,42ff., Nr. 87.

[18] Arrian I 29,4. Dazu Bosworth (1980) 175.

[19] Arrian I 29,6. Erst nach der Eroberung Ägyptens 332 sollte die Freilassung erfolgen, vgl. Arrian III 6,2f. Alexander hoffte, damit Athen auf seine Seite in den bevorstehenden Krieg gegen Agis III. von Sparta zu ziehen. Dazu Hammond (2004) 151.

[20] Zu den Kampfhandlungen in der Ägäis vgl. Seibert (1985) 58–62; Wirth (1989) 103; Hammond (2004) 130ff.

[21] Arrian II 15,2–4; Curtius Rufus III 13,5; Briant (1996) 846. Als Motor des Widerstandes gegen Alexander in Griechenland profilierte sich der spartanische König Agis III. Vgl. dazu Badian (1994) 258ff.

[22] Briant (1996) 847f.

[23] Berve (1999) Bd. 2,164f., Nr. 341; Seibert (1985) 60ff.

[24] Lauffer (2005) 71f.

[25] Arrian II 3; Plutarch, Alexander XVIII 4; Justin XI 7,12–17. Zum Gordionmythos vgl. Mederer (1936) 9ff.; Schachermeyr (1973) 189–193; Bosworth (1980) 184ff.; Zahrnt (2001) 203ff.; Lauffer (2005) 71; Wiemer (2005) 99.

[26] Arrian II 3,7–8.

[27] Zur propagandistischen Ausschlachtung der Gordionepisode vgl. Lane Fox (2004) 183f.

[28] Zur Marschroute Alexanders vgl. Seibert (1985) 62ff.

[29] Berve (1999) Bd. 2,59f., Nr. 113.

[30] Berve (1999) Bd. 2,348, Nr. 690.

[31] Lane Fox (2004) 188f.

[32] Berve (1999) Bd. 2,81f., Nr. 149.

[33] Über den Ausbruch der Krankheit gibt es unterschiedliche Versionen: Arrian II 4,7–11; Plutarch, Alexander XIX 2; Justin XI 8,2–8. Vgl. dazu Berve (1999) Bd. 2,388f., Nr. 788; Müller (2003) 64f.

[34] Lane Fox (2004) 197f.

[35] Arrian II 5,1. Dazu Seibert (1985) 64f.

[36] Berve (1999) Bd. 2,100f., Nr. 200.

[37] Arrian II 1,1–3; Diodor XVII 29,4–7; 30,1–4; 31,4; Plutarch, Alexander XVIII 5.

[38] Wirth (1985) 129.

[39] Berve (1999) Bd. 2,379f., Nr. 766.

[40] Zu den militärischen Unternehmungen Alexanders in Kilikien vgl. Seibert (1985) 65–67.

[41] Hammond (2004) 132f.

[42] Arrian II 5,1–4.

[43] Arrian II 5,4–8.

[44] Arrian II 5,9.

Zweikampf zwischen Alexander und Dareios III.

[1] Plutarch, Alexander XXXIX 11–15. Zum gespannten Verhältnis zwischen Olympias und Antipater in Makedonien während Alexanders Abwesenheit vgl. Blackwell (1999) 81ff.; 94–105. Zur Rolle Antipaters vgl. Baynham (1994) 331ff.

[2] Arrian II 1,3; Briant (1996) 845ff.

[3] Zu Recht sieht Wirth (1985) 130f. im offensiven Vorgehen des Dareios III. eine Reaktion auf den Tod Memnons und die damit einhergehende Schwächung der persischen Westfront.

[4] Arrian II 6,1–7; Curtius Rufus III 8,2–12; Diodor XVII 32,2–3; Plutarch, Alexander XX 1–3.

[5] Zu der persischen Kriegsstrategie vgl. Schachermeyr (1973) 194ff.; Seibert (1985) 67–69.

[6] Arrian II 8,6; Curtius Rufus III 9,1; Diodor XVI 30,3.

[7] Schachermeyr (1973) 199.

[8] Arrian II 8,8; Diodor XVII 31,2; Plutarch, Alexander XVIII 6; Justin XI 9,1. Zur persischen Armee bei Issos vgl. Vogelsang (1992) 219ff. Wirth (1985) 139f. bleibt skeptisch gegenüber der Heeresstärke und Kampfkraft der Perser vor Issos.

[9] Arrian II 6,1–3.

[10] Plutarch, Alexander XX 2. Zu Alexanders Strategie vor Issos vgl. Schachermeyr (1973) 200–206.

[11] Arrian II 6,1–2; Diodor XVII 32,2.

[12] Arrian II 7,1.

[13] Zur oft überschätzten Bedeutung der Feindaufklärung für die Expedition Alexanders vgl. die grundsätzlichen Bemerkungen von Seibert (2003) 21ff.

[14] Arrian II 6,2; II 7,2; Diodor XVII 32,3–4; Plutarch, Alexander XX 4.

[15] Wirth (1985) 124f.

[16] Arrian II 7,2.

[17] Zur Forschungsdiskussion über die Lage des Schlachtfelds vgl. Wirth (1985) 114ff.; Lane Fox (2004) 206ff.

[18] Wirth (1985) 117f. sieht wohl zu Recht im Überraschungsmoment einen entscheidenden Baustein von Alexanders Strategie. Er führt die nachträglichen Schwierigkeiten der makedonischen Phalanx mit den auf persischer Seite kämpfenden griechischen Hopliten auf Übermüdung zurück.

[19] Justin XI 9,4–6.

[20] Arrian II 8,1–4; 9,1–10; Curtius Rufus III 9,7–12; Diodor XVII 33,1–2.

[21] Arrian II 8,5–11; Curtius Rufus III 9,1–6.

[22] Zum Verlauf der Schlacht bei Issos vgl. Bosworth (1980) 198–219; Wirth (1985) 117ff.; Lane Fox (2004) 211–215; Hammond (2004) 135–139; Lauffer (2005) 76–79; Wiemer (2005) 101f.

[23] Hammond (1992) 395–406.

[24] Zum Negativbild des Dareios III. in den westlichen Quellen vgl. Briant (2003) 161.

[25] Zum Rückzug des persischen Heeres vgl. Seibert (1985) 69ff.

[26] Arrian II 10,1–11; Curtius Rufus III 10,1–11; Diodor XVII 33,3–35, 2; Plutarch, Alexander XX 7–13; Justin XI 9,9–11.

[27] Nach Wirth (1985) 128f. war die Schwächung des persischen Militärpotenzials durch die Niederlage von Issos so beträchtlich, dass sich Dareios III. nie wieder davon erholen konnte, womit er bei der zweiten Konfrontation in Gaugamela auf verlorenem Posten stand.

[28] Zu den topischen Kontrastierungen von griechischem Kampfgeist und orientalischem Luxus in den westlichen Quellen vgl. Briant (2003) 347ff.

[29] Arrian II 12,3–8; Plutarch, Alexander XXI 1–11; Justin XI 9,12–16. Vgl. dazu Briant (2003) 395ff.

[30] Arrian II 11,9–10; Plutarch, Alexander XXIV 1–4; Justin XI 10,4. Dazu Seibert (1985) 74f.

[31] Plutarch, Alexander XXVI 1.

[32] Sein zweiter Sohn Alexander IV., den er mit Roxane hatte, wurde erst nach Alexanders Tod geboren. Alexanders Verhältnis zu den verschiedenen Frauen, die in sein Leben traten, unterschied sich deutlich von Philipps II. Verhalten, der die Polygamie als politisches Instrument gezielt verwendete. Vgl. dazu Worthington (2003) 97; Carney (2000) 229; dieselbe (2003) 227ff.

[33] Die meisten phönikischen und kyprischen Schiffe kehrten in die heimischen Häfen zurück, die Phöniker und Zyprioten traten von nun an auf die Seite Alexanders, vgl. Arrian II 20,1–3.

[34] Arrian II 13,4–6; Briant (1996) 848ff.

[35] Arrian II 14,1–9. Zur Bewertung des ersten Friedensvorschlags des Dareios III. vgl. Bosworth (1980) 227ff.; Schachermeyr (1973) 222ff.; Hammond (2004) 140f.; Wiemer (2005) 103.

[36] Zur persischen Militärstrategie nach Issos vgl. Briant (1996) 848–852.

[37] Zum Nachlassen der persischen Offensive im Ägäisraum im Verlauf des Jahres 332 vgl. Seibert (1985) 78ff.; Hammond (2004) 143f.

Lohn des Sieges

[1] Arrian II 13,7–8. Zur Unterwerfung Phönikiens vgl. Seibert (1985) 80; Lane Fox (2004) 220–224; Lauffer (2005) 81f.

[2] Briant (1996) 848f., 876f.

[3] Berve (1999) Bd. 2,3, Nr. 1.

[4] Akurgal (1987) 69ff. mit Taf. 134–138; v. Graeve (1970) 9ff.

[5] Zur Belagerung von Tyros siehe Arrian II 15,6–24,6; Curtius Rufus IV 2,2–4,21; Diodor XVII 40,2–46,6; Plutarch, Alexander XXIV 24,5–25,3; Justin XI 10,10–14. Vgl. dazu Bosworth (1980) 238–256; Seibert (1985) 80–83; Lane Fox (2004) 220–243; Lauffer (2005) 82f.; Wiemer (2005) 105f.

[6] Arrian II 20,4.

[7] Arrian II 20,1–3.

[8] Berve (1999) Bd. 2,13, Nr. 25.

[9] Arrian II 24,6.

[10] Zum Schreiben des Dareios siehe Arrian II 25,1–3; Curtius Rufus IV 5,1–9; Diodor XVII 54,1–6; Plutarch, Alexander XXIX 7–9; Plutarch, Moralia CLXXX b; Valerius Maximus VI 4. Vgl. dazu Bosworth (1980) 256f.; Schachermeyr (1973) 227ff.; Wiemer (2005) 103f. Für Briant (1996) 852–859 ist die Korrespondenz zwischen Dareios III. und Alexander unhistorisch, demnach wären die darin berichteten Konzessionen des Dareios III. Erfindungen der makedonischen Kriegspropaganda.

[11] Arrian II 25,1–3.

[12] Müller (2003) 66–68 sieht in Parmenions Haltung einen Reflex des Machtkampfes zwischen Teilen der makedonischen Militärelite und dem König um die Richtlinienkompetenz.

[13] Zu den Motiven der ägyptischen Expedition vgl. Ehrenberg (1965) 502–506; Lauffer (2005) 85f.

[14] Zur Belagerung von Gaza siehe Arrian II 26,1–27,7; Curtius Rufus IV 5,10; 6,7–30; Diodor XVII 48,7; Plutarch, Alexander XXV 4–5; Bosworth (1980) 257ff.; Lane Fox (2004) 240ff.

[15] Arrrian II 25,4. Zu Batis siehe Berve (1999) Bd. 2,104f., Nr. 209. Vgl. auch Briant (1996) 736f.

[16] Zum Aufenthalt Alexanders in Ägypten vgl. Schachermeyr (1973) 233–256; Lane Fox (2004) 244ff.; Lauffer (2005) 86ff.; Wiemer (2005) 106–110.

[17] So etwa Heuss (1977) 38.

[18] Aus Herodots Katalog (III 89–92) über das Steueraufkommen der Satrapien des Perserreiches wird ersichtlich, dass Ägypten zu den finanzkräftigsten Regionen zählte. Zu den Machtmitteln des Landes vgl. Arrian III 5,7, der Alexander als Lehrmeister des Augustus darstellt.

[19] Zur Kultur Ägyptens vgl. Clauss (2001) 277–313.

[20] Zur Topographie des ägyptischen Feldzuges vgl. Seibert (1985) 84–87.

[21] Belege bei Briant (1996) 872ff., der allerdings auf die westlich-einseitige Sicht der vorhandenen Quellen verweist. Ferner schließt er eine besonders ausgeprägte Perserfeindlichkeit im Nilland aus.

[22] Arrian III 1,1–3; Curtius Rufus IV 7,2–4. Zur Situation in Ägypten vor Alexanders Ankunft vgl. Johnson (1994) 149–159; Briant (1996) 738f.; Clauss (2001) 446ff.

[23] Nach Mithrenes, der Sardes übergeben hatte, war Mazakes der ranghöchste Perser, der zu Alexander überlief. Dazu Briant (1996) 864f.; Berve (1999) Bd. 2, 245f., Nr. 485.

[24] Nach Burstein (1994) 381–387 kann nicht von einer Sonderbehandlung Ägyptens ausgegangen werden. Alexander habe lediglich die achaimenidische Politik fortgesetzt.

[25] Im bewussten Kontrast zur Handlungsweise des Kambyses, der den Apis-Stier frevlerisch getötet hatte (Herodot III 27), sorgte Alexander für die traditionsgemäße Abhaltung des Rituals. Zu dessen Bedeutung vgl. Ehrenberg (1965) 410ff.

[26] Ps. Kallisthenes I 34, vgl. dazu Bengtson (1996) 343; Hammond (2004) 151f. Dagegen Burstein (1991) 139–145.

[27] Zur Stellung der ägyptischen Könige vgl. Clauss (2001) 193–202.

[28] Briant (1996) 877–881.

[29] Zur Gründung Alexandrias siehe Arrian III 1,5–2,2; Curtius Rufus IV 8,1–3; Diodor XVII 52,1–7; Plutarch, Alexander XXVI 3–10; Justin XI 11,13. Dazu Bosworth (1980) 263ff.; Fraser (1996) 63; Clauss (2004) 9–17.

[30] Arrian III 1,5.

[31] Ehrenberg (1965) 414ff. betont die merkantile Bedeutung der Gründung als neuer Knotenpunkt für die ägyptische Wirtschaft.

[32] Hammond (2004) 149.

[33] Berve (1999) Bd. 2, 130, Nr. 249.

[34] Kolb (1984) 123–127; Clauss (2004) 17ff.

[35] Arrian III 3,5 spricht dabei von einem Heer.

[36] Zum Zug nach Siwah siehe Arrian III 3,1–4,5; Curtius Rufus IV 7,5–32; Diodor XVII 49,2–51,4; Plutarch, Alexander XXVI 11–27,9; Justin XI 11,2–12. Vgl. dazu Andreotti (1957) 130; Ehrenberg (1965) 425ff.; Bosworth (1980) 269ff.

[37] Wiemer (2005) 108f.

[38] Arrian III 3,1–4,5 liefert darüber einen überaus nüchternen Bericht.

[39] Dies überrascht nicht, weil Alexander als Pharao das Recht hatte, als Gottessohn angesprochen zu werden. Dazu Fredricksmeyer (2003) 270ff.

[40] Curtius Rufus X 5,4; Justin XII 15,7. Vgl. dazu die archäologischen Befunde bei Heerma van Voss (1997) 71–73.

[41] Lane Fox (2004) 244–276. Zur Rezeption der Ammonepisode in Athen und Mytilene siehe ebenda 284.

[42] Berve (1999) Bd. 2, 210ff., Nr. 431.

[43] Zur Neuordnung der Verwaltung Ägyptens durch Alexander vgl. Ehrenberg (1965) 437ff.; Bosworth (1980) 275ff.; Berve (1999) Bd. 1, 259f.

[44] Seibert (1985) 84; Lane Fox (2004) 281.

Entscheidung in Gaugamela

1 Zum Aufmarsch Alexanders von Ägypten bis zum Tigris vgl. Seibert (1985) 89–93.

2 Berve (1999) Bd. 2,60, Nr. 114.

3 Hammond (2004) 159.

4 Zu Mazaios vgl. Berve (1999) Bd. 2,243 ff., Nr. 484.

5 Lauffer (2005) 93.

6 Zu den Kriegsrüstungen der Perser vgl. Seibert (1985) 93–95.

7 Zur Zusammensetzung des persischen Heeres und zur Schlachtordnung vgl. Arrian III 8,3–6; 11 3–7, dazu Bosworth (1980) 288–295; ferner Schachermeyr (1973) 270,311.

8 Arrian III 9,1; Curtius Rufus IV 12,2; Diodor XVII 55,6.

9 Zum Verlauf der Schlacht bei Gaugamela vgl. Schachermeyr (1973) 267–276; Bosworth (1980) 304–313; Gehrke (2003) 32–47; Lane Fox (2004) 296–311; Hammond (2004) 160–165; Lauffer (2005) 96f.; Wiemer (2005) 112f.

10 Berve (1999) Bd. 2,105 ff., Nr. 212.

11 Zur persischen Heeresaufstellung vgl. Arrian III, 11,3–7. Dazu Bosworth (1980) 297f.; Gehrke (2003) 38f.

12 Nach Arrian III 8,6 bestand das Perserheer aus 1 Million Mann Fußvolk sowie 40000 Reitern, ähnlich auch Plutarch, Alexander XXI 1; Plutarch, Moralia CLXXX c.; Curtius Rufus IV 12,13 dagegen verzeichnet 200000 Mann Fußvolk und 45000 Reiter; vgl. ferner Schachermeyr (1973) 269.

13 Zu den spärlichen orientalischen Quellen, welche die Ereignisse von Gaugamela reflektieren, vgl. Briant (2003) 79–84; Lane Fox (2004), Vorwort.

14 Arrian III 11,1–2.

15 Alexander soll über 40000 Fußsoldaten und 7000 Reiter verfügt haben, dazu Arrian III 12,5.

16 Zur Aufstellung des Heeres vgl. Arrian III 11,8–12, 5; Curtius Rufus IV 13, 26–35.

17 Plutarch, Alexander XXXIII 1.

18 Für die Glaubwürdigkeit der Szene könnte das Verhalten der meuternden makedonischen Truppen in Opis (Arrian VII 8) sprechen, als sie aus Verärgerung gegenüber Alexander ihn aufforderten, künftig statt mit ihnen mit Zeus/Ammon in die Schlacht zu ziehen, vgl. auch Wiemer (2005) 157.

19 Zur Rüstung Alexanders vgl. Plutarch, Alexander XXXII 8–12.

20 Zur Unhaltbarkeit der Vorwürfe gegen Parmenion vgl. Müller (2003) 68–72.

21 Zu Recht betont Lane Fox (2004) 301f., wie sehr die „Staubwolke von Gaugamela“ dazu geführt haben muss, dass die folgenden Kampfhandlungen reichlich unübersichtlich wurden.

22 Arrian III 14,4–6. Dazu Gehrke (2003) 46.

23 Arrian III 15,1.

24 Zur Flucht des persischen Heeres vgl. Seibert (1985) 95f.

25 Davon steht bei Arrian nichts, wohl aber bei Plutarch, Alexander XXXIV 1. Dazu Schachermeyr (1973) 276–279; Fredricksmeyer (2000) 137–150.

26 Zu den Planungen des Dareios III. nach Gaugamela vgl. Briant (1996) 859f.

[27] Plutarch, Alexander XXXIV 3.

[28] Zum Marsch von Gaugamela nach Babylon vgl. Seibert (1985) 96f. Zum Stellenwert Babylons innerhalb des Perserreiches vgl. Briant (1996) 739–747.

[29] Dass Babylon Alexander keinen Widerstand leistete, erachtet Briant (1996) 862 als entscheidend für das Gelingen des Feldzugs, möchte daraus aber keine stark ausgeprägten Animositäten der Bewohner des Zweistromlandes gegen die Perser ablesen, vgl. ebenda, 872ff., 881–884. Zum Aufenthalt Alexanders in Babylon vgl. Schachermeyr (1973) 280–284.

[30] Hammond (2004) 167f.

[31] Arrian III 16, 3–5; Curtius Rufus V 1, 17–42; Diodor XVII 64, 3–4.

[32] In diesem Sinne Lane Fox (2004) 288f. Den ehemaligen lydischen Satrapen Mithrenes, der sich Alexander unterworfen hatte, ernannte er nun zum Satrapen von Armenien. Möglicherweise wollte Alexander damit die bevorstehende Besitznahme der persischen Kernländer erleichtern, was im Falle Susas durchaus gelingen sollte. Dazu Briant (1996) 862ff.; Hammond (2004) 168, 173f.; Wiemer (2005) 113, 180.

[33] Curtius Rufus V 1, 36ff.

[34] Burstein (1984) 71–74; Heglmeier (1996) 51–71.

Ende des Rachefeldzuges

[1] Zur Chronologie der Etappen Babylon–Susa–Persepolis vgl. Wirth (1985) 79ff.; zum Marschweg Seibert (1985) 98ff.

[2] Diodor XVII 65,3–4; Arrian III 16,11; Curtius Rufus V 1,40–42. Zur Neugliederung des Heeres vgl. Hammond (2004) 169f.

[3] Berve (1999) Bd. 2,391, Nr. 795.

[4] Berve (1999) Bd. 2,5, Nr. 5; 291, Nr. 585.

[5] Arrian III 16,6; Curtius Rufus V 2,8–9.

[6] Arrian III 16,9. Zu Alexanders Aufenthalt in Susa vgl. Schachermeyr (1973) 284f.

[7] Laut Plutarch, Alexander XXXVII 7 fand die Szene erst in Persepolis statt. Demnach soll Demaratos geäußert haben: „Welche große Freude haben die Griechen entbehren müssen, die gestorben sind, ehe sie Alexander auf Dareios' Thron konnten sitzen sehen."

[8] Arrian III 16,9.

[9] Hautumm (1987) 131–135.

[10] Arrian III 16,7–8.

[11] Zur Finanzpolitik der Achaimenidenkönige vgl. Briant (1996) 820ff.; Lauffer (2005) 102.

[12] Allein 3000 Talente schickte er an Antipater zur Finanzierung des Feldzuges gegen Agis III. von Sparta, vgl. Arrian III 16,10.

[13] Zum Marschweg vgl. Seibert (1985) 101ff.

[14] Arrian III 17,1–6.

[15] Zur Niederwerfung der Uxier siehe Arrian III 17,1–6; Curtius Rufus V 3,1–15; Diodor XVII 67,1–5. Vgl. Bosworth (1980) 321ff.

[16] Berve (1999) Bd. 2,60f., Nr. 115.

[17] Briant (1996) 747ff. Zu den Ursachen des Widerstandes vgl. ebenda, 870.

[18] Zur Stürmung der Persischen Tore vgl. Bosworth (1980) 324–329; Seibert (1985) 104f.

[19] Berve (1999) Bd. 2, 220ff., Nr. 446.

[20] Arrian III 18,2–9; Curtius Rufus V 3,17–5,2; Diodor XXVII 68,1.

[21] Curtius Rufus V 6,3–8; Diodor XXVII 70,1–6. Zu Alexanders Aufenthalt in Persepolis vgl. Schachermeyr (1973) 285–292.

[22] Wiesehöfer (1998) 43, 49; Seibert (2003/2004) 21ff. Zum Stadtnamen von Persepolis siehe ebenda 58ff. Zur Geschichte und zum Stadtbild vgl. Koch (2001) 3ff.

[23] Curtius Rufus V 7,8; Diodor XVII 71, 3–8. Dazu Briant (1996) 99ff.

[24] Ghirshman (1964) 207, Abb. 255.

[25] Arrian III 18,10; Curtius Rufus V 6,2–3,9; Diodor XVII 79,2; 71,1; Plutarch, Alexander XXXVII 4; Justin XI 14,10; Strabo XV 3,2–4.

[26] Hammond (2004) 264f.

[27] Badian (1961) 16–43; Berve (1999) Bd. 2,275ff., Nr. 143.

[28] Berve (1999) Bd. 2,8f., Nr. 15.

[29] Seibert (1985) 99f.; Badian (1994) 258ff.; Baynham (1994) 340ff.; Welwei (2004) 325f.

[30] (Myomachia) Plutarch, Agesilaos XV 6. Vgl. dazu Noethlichs (1987) 393f.

[31] Über die Chronologie der Schlacht bei Megalopolis gehen die Meinungen auseinander. Während das Gros der Forschung sie zum gleichen Zeitpunkt wie Gaugamela ansetzt, vgl. etwa Welwei (2004) 325f.; Lauffer (2005) 100f., datiert sie Hammond (2004) 174f. auf den Sommer und Wiemer (2005) 117 auf das Frühjahr des folgenden Jahres.

[32] Zur Palastanlage vgl. Koch (2001) 21ff.

[33] Arrian III 18,11–12; laut Plutarch, Alexander XXXVIII 5–8 war es eine Affekthandlung. Vgl. Sancisi-Weerdenburg (1997) 177ff.

[34] Das nimmt zu Unrecht etwa Gehrke (1996) 60 an.

[35] Dies legen auch die archäologischen Befunde nahe, vgl. Sancisi-Weerdenburg (1997) 181ff.; Müller (2003) 72–77; Hammond (2004) 173; Lauffer (2005) 105; Wiemer (2005) 115f.

[36] In diesem Sinne Wirth (1985) 109.

[37] Arrian III 18,10; Curtius Rufus V 6,10. Dazu Seibert (1985) 107.

[38] Arrian VI 29,4–11; Strabo XV 3,7. Dazu Berve (1999) Bd. 2,64ff., Nr. 121; Briant (1996) 871.

[39] Berve (1999) Bd. 2,400, Nr. 813.

[40] Lauffer (2005) 107.

[41] Zum Marsch von Persepolis nach Ekbatana vgl. Seibert (1985) 108ff. Zu Alexanders Aufenthalt in Ekbatana vgl. Schachermeyr (1973) 292–295; Briant (1996) 757–761.

[42] Arrian III 19,5; Diodor XVII 74,3; Plutarch, Alexander XLII 5.

[43] Arrian III 19,6; Diodor XVII 74,4.

[44] Arrian III 19,3–4; Diodor XVII 73,1; Briant (1996) 884f.

[45] Bamm (1965) 291ff.

[46] Die gesamte Kriegsbeute aus Babylon, Susa, Persepolis und Pasagardai wurde

zunächst mit einer starken Wachmannschaft nach Ekbatana verbracht (vgl. Curtius Rufus V 6,9–10; Diodor XVII 71,2; Plutarch, Alexander XXXVII 4). Später sollte Babylon zur Schaltstelle der Finanzverwaltung des Reiches avancieren.

[47] Arrian III 19,7. Anders Müller (2003) 78f., die in der Stationierung Parmenions nach Ekbatana eine bewusst verfolgte Entmachtung sieht.

[48] Berve (1999) Bd. 2,268, Nr. 543.

[49] Fischer-Fabian (1994) 189f.

Verfolgung und Tod des Dareios III.

[1] Arrian III 20,1–2. Zu den von Alexander zurückgelegten Strecken bei der Verfolgung des Dareios III. vgl. Seibert (1985) 111ff.

[2] Arrian III 20,3–4.

[3] Berve (1999) Bd. 2,215ff., Nr. 439.

[4] Berve (1999) Bd. 2,98, Nr. 193.

[5] Arrian III 21,1. Dazu Schachermeyr (1973) 297; Briant (1996) 885f.

[6] Berve (1999) Bd. 2,350, Nr. 697.

[7] Berve (1999) Bd. 2,102, Nr. 205.

[8] Er war sowohl mit Dareios als auch mit Memnon, der seine Tochter geheiratet hatte, verwandtschaftlich verbunden. Außerdem hatte er einige Jahre im Exil an Philipps II. Hof verbracht. Zu Artabazos vgl. Berve (1999) Bd. 2, 82–84, Nr. 152.

[9] Arrian III 21,5.

[10] Arrian III 21,6–9. Die These Wirths (1985) 109, Alexander habe seit Persepolis ein offensichtliches Desinteresse an Dareios III. gezeigt (wohl aufgrund der längeren Pause, die Alexander in Ekbatana einlegte), kann in Anbetracht der Energieleistung Alexanders und des damit verbundenen Risikos für seine Truppen nicht aufrechterhalten werden. Auch wenn er auf dem Schlachtfeld von Gaugamela zum Herrscher von Asien proklamiert worden war, fehlte ihm doch die herrschaftliche Legitimation, um als Dareios' III. Nachfolger anerkannt zu werden, solange dieser lebte.

[11] Arrian III 21,10. Dazu Schachermeyr (1973) 296–303; Briant (2003) 487ff.

[12] Plutarch, Alexander XLIII 3–4.

[13] Arrian III 22,1. Vgl. dazu Müller (2003) 171f.

[14] Zu der unterschiedlichen Beurteilung des Dareios III. in den Quellen siehe Wiemer (2005) 120ff. Grundlegend Briant (2003).

[15] Zum Untergang der Achaimenidenherrschaft vgl. Briant (1996) 886ff.

[16] Ein landeskundlicher Überblick über die ostiranischen Satrapien bei Briant (1996) 764ff.

[17] Schachermeyr (1973) 309ff.; Briant (1996) 890f.

[18] Wiemer (2005) 119ff.

[19] Hammond (2004) 185.

[20] Dazu Fredricksmeyer (2000) 151–164.

[21] Arrian IV 7,4–5; 9,9. Zur Ideologie des achaimenidischen Königtums vgl. Briant (1996) 217ff.; Brosius (2003) 179ff.

[22] Völker-Janssen (1993) 185ff.

[23] Alexanders Übernahme orientalischer Traditionen konnte niemals die Skepsis der Perser gegen ihren westlichen König überwinden, vgl. dazu Müller (2003) 177–179.

[24] Vgl. dazu Plutarch, Alexander XLVII 1–4; Diodor XVII 75,1; Curtius Rufus VI 2,15–VI 3; Justin XII 3,2–4. Arrian hingegen schweigt dazu. Vermutlich trug sich dies während des längeren Aufenthalts in Zadrakarta zu, weil dort die hyrkanische Expedition endete. Hekatompylos dürfte dafür nicht in Frage kommen.

[25] Berve (1999) Bd. 2,400 f.. Nr. 814.

[26] Zu der Topographie des hyrkanischen Feldzuges vgl. Seibert (1985) 114 ff.

[27] Arrian III 23,3.

[28] Arrian III 23,7.

[29] Berve (1999) Bd. 2, 96 f., Nr. 189.

[30] Berve (1999) Bd. 2, 26, Nr. 55.

[31] Berve (1999) Bd. 2, 98 f., Nr. 195; Briant (2003) 426 ff.; Lane Fox (2004) 356 f.

[32] Berve (1999) Bd. 2, 307 f., Nr. 612.

[33] Arrian III 24, 5. Die Gesandten aus Sparta und Athen, die sich bei den Söldnern aufhielten, wurden dagegen von Alexander festgenommen.

[34] Zur Reorganisation des Heeres für den ostiranischen Feldzug vgl. Hammond (2004) 191 f.

[35] Plutarch, Alexander XLIV 2.

[36] Herodot I 202: „Das Kaspische Meer ist ein Binnenmeer und steht mir keinem anderen Meer in Zusammenhang."

[37] Arrian VII 16,2–3. Strabo XI 7,4 berichtet, dass Alexander dies aus propagandistischen Gründen verkündet habe, weil das Gebiet zwischen Tanais (Don) und dem Kaspischen Meer als ein gesonderter Teil Asiens angesehen wurde, der von ihm jedoch nicht erobert wurde. Indem Alexander die Maiotische See und das Kaspische Meer als ein Gewässer zusammenfasste, ließ er diesen, von ihm nicht beherrschten Teil Asiens von der Landkarte einfach verschwinden.

[38] Plutarch, Alexander XL 1–2. Zu den Geschenken Alexanders an seine Hetairen, vgl. Müller (2003) 250 ff.

[39] Berve (1999) Bd. 2, 291 f., Nr. 586.

Auf dem Weg nach Osten

[1] Aristoteles, Meteorologica 350a. Dazu Hammond (2004) 182 f.

[2] Arrian V 5,2–6,7.

[3] Zu Baktrien vor Alexander vgl. Holt (1995) 11–51.

[4] Arrian III 24,2.

[5] Plutarch, Alexander XLIV 3–4 und Diodor XVII 76,5 berichten, dass es den Barbaren während der Kämpfe gelungen sei, Alexanders Lieblingspferd, Bukephalos, in ihren Besitz zu bringen, was diesen in äußerste Wut versetzt habe. Er soll einen Herold mit dem Schwur gesandt haben, den ganzen Stamm auszulöschen, wenn das Pferd nicht umgehend zurückgegeben werde. Daraufhin erhielt er Bukephalos wieder.

[6] Müller (2003) 245 f.

[7] Bessos' militärische Gefolgschaft bestand vornehmlich aus persischen Adligen (Diodor XVII 74,1), sogdischen Hyparchoi (Curtius Rufus VII 5,19) und skythischen Hilfstruppen (Curtius Rufus VI 6,13).

[8] Bamm (1965) 293.

[9] Heuss (1977) 39.

[10] Arrian III 25,3. Zur Marschroute von Hyrkanien nach Areia vgl. Schachermeyr (1973) 312ff.; Seibert (1985) 118–123.

[11] Zur Lage des Flusses, der an den nördlichen Ausläufern des Safid-Kuh entspringt und sich in den Ebenen nahe dem heutigen Mary in Turkmenien in verschiedenen Flussarmen verläuft, vgl. Seibert (1985) Karte 22.

[12] Arrian III 25,5; Diodor XVII 78,1; Curtius Rufus VI 6, 20f. Dazu Hammond (2004) 193f.

[13] Sowohl Ägypten als auch Babylon hatten während der persischen Herrschaft versucht, durch Aufstände, die jedoch blutig niedergeschlagen wurden, ihre Unabhängigkeit vom Perserreich zu erlangen. Babylon wurde von Dareios I. über ein Jahr lang belagert und schließlich erobert. Die Mauern wurden geschleift und die Aufrührer gekreuzigt (Herodot III 159). Babylon versank danach in der Bedeutungslosigkeit und gewann erst mit Alexander einen Teil seiner früheren Bedeutung wieder.

[14] Arrian III 25,6f.; Diodor XVII 78,2f.; Curtius Rufus VI 6,23f.

[15] Berve (1999) Bd. 2,80f., Nr. 146.

[16] Plinius, Naturkunde VI 61,93; Strabo XI 10,1. Dazu Fraser (1996) 111f.

[17] Arrian III 25,8.

[18] Ein See, der zu Alexanders Zeiten vermutlich noch reichlich Wasser führte, möglicherweise auch nur saisonal. Heutzutage ist die Verlandung so weit vorangeschritten, dass sich dort ein ausgedehntes Marsch- und Sumpfgebiet erstreckt, nur im nördlichen Teil gibt es noch eine größere Wasserfläche.

[19] Fraser (1996) 132ff.

[20] Fraser (1996) 134f.

[21] Fraser (1996) 240–243 und die kritischen Bemerkungen Wiemers (2005) 173ff. zur älteren Forschung.

[22] Zu den Städtegründungen Alexanders vgl. Fraser (1996) 2–46.

[23] Arrian III 28,3.

[24] Berve (1999) Bd. 2,151f., Nr. 302.

[25] Eine eingehende Würdigung der sogenannten Philotasverschwörung unter Einbeziehung sämtlicher Quellenbelege sowie der neueren Literatur bei Müller (2003) 84–99. Vgl. auch Bosworth (1980) 359–367; (1988) 101ff.; Badian (2000) 64–69; Hammond (2004) 195–199; Wiemer (2005) 133–136.

[26] Berve (1999) Bd. 2,393ff., Nr. 802.

[27] Arrian III 26,1f. Zur Disziplin und Militärjustiz in Alexanders Heer vgl. Carney (1996) 24–31; Fernández Nieto (2000) 64–81.

[28] Berve (1999) Bd. 2,142f., Nr. 269.

[29] Berve (1999) Bd. 2,203, Nr. 418.

[30] Zu den Verdächtigten zählten neben Philotas und Dimnos auch die drei Söhne des Andromenos: Amyntas, Attalos und Simmias, dazu Arrian III 27,1.

31 Arrian III 26,1–3; Diodor XVII 79,1–80,2; Justin XII 5,1–3; Plutarch, Alexander XLVIII 1–49.

32 Arrian III 27,1–3; Curtius Rufus VI 11,34–38. Dazu Wirth (1985) 58ff.

33 Parmenion unterstanden damals über 20000 Mann, und außerdem verfügte er über einen beträchtlichen Teil der Kriegsbeute, die in Ekbatana deponiert war.

34 Das Argument, dass Parmenion aus Rache zur Gefahr für Alexander werden würde, findet sich bei Arrian III 26,4.

35 Arrian III 26,3–4; Plutarch, Alexander IL 7; Curtius Rufus VII 2,11–27. Zu den Offizieren Kleandros, Menidas und Sitalkes vgl. auch Berve (1999) Bd. 2,204, Nr. 422; 257f., Nr. 508; 358, Nr. 716.

36 Müller (2003) 99–103.

37 Diodor XVII 80,2; Curtius Rufus VII 1,5–9. Vgl. dazu Müller (2003) 109–112.

38 Arrian III 27,4.

39 Badian (1961) 22.

40 Zur Unruhe im Heer vgl. Müller (2003) 105ff.; Hammond (2004) 197ff.

Abrechnung mit Bessos

1 Diodor XVII 82,3; Strabo XV 2,10. Zum Marschweg des Heeres vgl. Schachermeyr (1973) 676–681; Bosworth (1980) 367ff.; Seibert (1985) 125ff. mit Karte 23.

2 Fraser (1996) 146ff.

3 Über den Hindukusch führten insgesamt sieben Pässe, von denen sich jedoch nur drei für eine Überquerung eigneten.

4 Arrian III 28,8.

5 Arrian III 28,9.

6 Diodor XVII 82,7.

7 Die Erwähnung von Silphium könnte ein Indiz dafür sein, dass der Marsch über den Pass tatsächlich im Frühjahr stattgefunden haben muss, da die Pflanze, welche die Griechen bislang aus Kyrene kannten, erst ab diesem Zeitpunkt zu sprießen beginnt.

8 Diodor XVII 83,1. Bei Curtius Rufus VII 3,21 dauerte die Überquerung des Hindukusch siebzehn Tage. Dazu Hammond (2004) 203–205.

9 Curtius Rufus VII 4,4–6.

10 Es gibt unterschiedliche Ansichten zur Kausalität der Ereignisse. Während Arrian III 28,8 die Flucht des Bessos als Motiv für das Desertieren der baktrischen Reiter annimmt, sieht Curtius Rufus VII 4,20 das schnelle Herannahen Alexanders als Ursache für deren Auflösung und Bessos' Rückzug als eine zwingende Konsequenz daraus. Es ist nicht unwesentlich, welcher Betrachtung man Glauben schenken will, da beide ein unterschiedliches Persönlichkeitsbild des Bessos zeichnen.

11 Arrian III 29,1. Zum baktrischen Feldzug des Jahres 329 vgl. Seibert (1985) 126–128; Hammond (2004) 205f.

12 Zum sogdischen Feldzug des Jahres 329 vgl. Schachermeyr (1973) 341ff.; Seibert (1985) 129–134.

13 Arrian III 29,5.

14 Berve (1999) Bd. 2,361f., Nr. 719.

15 Alexander kam während des Frühjahrs an den Oxus, zu einer Zeit, als die Schmelzwassermassen zwar schon im Abschwellen begriffen waren, der Fluss aber dennoch einen erhöhten Pegelstand verzeichnen konnte. Dazu Hammond (2004) 206f.

16 Arrian III 28,9–29,4.

17 Arrian I 3,6.

18 Arrian III 29,6.

19 Die kleinere Abteilung bestand immerhin aus drei Hipparchen der Getreuenreiterei, allen berittenen Wurfspießkämpfern, dem Infanteriebataillon des Philotas, allen Agrianern und der Hälfte der Bogenschützen (Arrian III 29,7).

20 Müller (2003) 172f.

21 Plutarch, Alexander LXX 3.

22 Arrian III 30,4. Über die Hinrichtung Bessos' herrscht Dissens in den Quellen. Während Curtius Rufus VII 5,40–43 davon ausgeht, Bessos sei gekreuzigt worden, weiß Plutarch, Alexander XLIII 6 von Bessos' Zerstückelung zu berichten. Zur Exekution von Alexanders Widersacher durch Oxyathres vgl. ferner Arrian IV 7,3; Diodor XVII 83,9; Justin XII 5,11.

23 Arrian III 30,11.

24 Lane Fox (2004) 125.

25 Plutarch, Alexander XLII 1.

26 Seibert (2003/2004) 40ff.

27 Zum Hof Alexanders als Instrument der Herrschaftssicherung vgl. Müller (2003) 252ff.

Am Rande der bekannten Welt

1 Ein im Tien Shan entspringender und durch Marakanda führender Fluss, der dem Oxus zustrebt, aber in der Steppe versiegt, bevor er ihn erreicht – heute besteht eine Verbindung zum Oxus. Von den Einheimischen Sogd (heute Sarafshan oder Zeravshan) genannt, war er der Namensgeber für die Region zwischen Oxus und Jaxartes.

2 Die Griechen nannten ihn Tanais, nicht gleichzusetzen mit dem Tanais, den Herodot beschreibt (dem Don), und glaubten, er würde in das Kaspische Meer münden.

3 Die Festungen lagen am Mittellauf des Oxus, nördlich des Flusses in Sogdien. Dazu zählte Alexandria am Oxus, das heutige Tarmita. Die westliche Grenze zu den Chorasmiern wurde ebenso durch einige Bollwerke abgesichert, von denen Alexandria Margiana, das heutige Merw, das bedeutendste war. Diese Forts dienten dazu, den Aktionsradius der Nomadenstämme einzuschränken und ihre Wanderungen zu überwachen.

4 Arrian IV 1,5 spricht von Zariaspa, vgl. ferner Schachermeyr (1973) 347, 414, der auf die synonyme Bedeutung von Zariaspa als Baktra hinweist.

5 Zu Spitamenes vgl. Berve (1999) Bd. 2,359–361, Nr. 717.

6 Arrian IV 1,4–5. Dazu Schachermeyr (1973) 341ff.; Bosworth (1995) 19ff.; Holt (1995) 55ff.

[7] Arrian IV 2,1–3, 1. Überblick über den Verlauf des Aufstandes in Baktrien und Sogdien bei Hammond (2004) 209ff.; Wiemer (2005) 130–132.

[8] Curtius Rufus VII 6,17–23 berichtet, die Verletzung Alexanders habe sich während der Stürmung einer Stadt ereignet. Er soll von diesem Ort zunächst abgelassen haben, da die Verteidigung stark war und er nach Kyropolis eilen musste. Nach dessen Eroberung kehrte er aber zurück und nahm die Stadt durch Unterminierung der Mauern ein. Beim Sturm auf eine der Breschen wurde er von einem Stein schwer verwundet.

[9] Arrian IV 3,1–5.

[10] Arrian IV 3,7; Curtius Rufus VII 6,24.

[11] Arrian IV 1,3. Dazu Bosworth (1995) 15ff.; Holt (1995) 54ff.; Fraser (1996) 151-161.

[12] Curtius Rufus VII 6,25–26.

[13] Die antiken Autoren sind über die Motive dieser Expedition unterschiedlicher Ansicht. Vgl. dazu Curtius Rufus VII 7,9–19; Arrian IV 4,1–2. Dazu Bosworth (1995) 26f.

[14] Arrian IV 4,3–9.

[15] Arrian IV 5,3. Dazu Berve (1999) Bd. 2,380f., Nr. 768.

[16] Arrian IV 5,3–9. Dazu Seibert (1985) 133; Holt (1995) 59f.

[17] Das Kommando hatte Pharnuches inne, der mehr Diplomat als Militär war. Dazu Berve (1999) Bd. 2,380f., Nr. 768. Nach Lauffer (2005) 127 war das taktische Geschick des Spitamenes für den Sieg am Polytimetos ausschlaggebend. Dazu Bosworth (1995) 24f.

[18] Nach Curtius Rufus VII 7,39 erreichte Alexander die Nachricht von der Niederlage am Polytimetos noch vor seinem Gefecht gegen die Skythen am Jaxartes.

[19] Nach Curtius Rufus VII 9,20 floh Spitamenes nach Baktra.

[20] Arrian IV 6,3–5.

[21] Arrian IV 7,1–2; Curtius Rufus VII 10,10–13. Insgesamt gelangten etwa 8000 griechische Söldner sowie 11000 Mann aus Kleinasien und Syrien unter Nearchos, Asandros u. a. zu den Truppen Alexanders. Dazu Bosworth (1995) 37ff.

[22] Die erste wurde kommandiert von Hephaistion, die zweite von Ptolemaios, die dritte von Perdikkas, die vierte von Koinos und Artabazos und die letzte von Alexander selbst. Zu den Operationen des Jahres 328 vgl. Seibert (1985) 137–142, einschließlich Karte 24; Holt (1995) 60–67.

[23] Arrian IV 16,3.

[24] Arrian IV 16,1–3.

[25] Arrian IV 16,4–17,2.

[26] Curtius Rufus VIII 1,19–20;35.

[27] Zu den verschiedenen Deutungen der Kleitos-Episode vgl. Berve (1999) Bd. 2,206–208, Nr. 427; Schachermeyr (1973) 362–370; Seibert (1990) 141ff.; Badian (2000) 69f.; Müller (2003) 113–133; Hammond (2004) 217–220; Lane Fox (2004) 404–420.

[28] Arrian IV 8. Dazu Bosworth (1995) 51–68.

[29] Arrian IV 9,4.

[30] Eine Ausnahme bildet Plutarch, Alexander LI 6, der schreibt, dass Alexander

sich in höchster Gefahr wähnte, als er auf Kleitos losgehen und nach seiner eigenen Waffe greifen wollte, diese ihm aber zuvor von seinem Leibwächter Aristonos abgenommen worden war.

31 Arrian IV 17,4–7.

32 Berve (1999) Bd. 2,292 f., Nr. 587.

33 Seibert (1985) 143 f., vgl. Karte 25; Bosworth (1995) 124–130.

34 Arrian IV 18,6.

35 Arrian IV 18,4–19,4.

36 Arrian IV 19,5–6; 20,4; Curtius Rufus VIII 4,21–30; Plutarch, Alexander XLVII 7: Alexander teilte mit ihr einen Brotleib, wobei beide jeweils von der eigenen Hälfte aßen. Diese Tradition ist im heutigen Turkestan noch lebendig. Vgl. Hampl (1992) 49 f.; Berve (1999) Bd. 2,346 f., Nr. 688; Lane Fox (2004) 417.

37 Bosworth (1995) 130 ff.; Carney (2000) 106 ff.

38 Belege und neuere Literatur dazu bei Müller (2003) 61 f.

39 Berve (1999) Bd. 2,354 f., Nr. 708.

40 Arrian IV 21,7.

41 Arrian IV 21,1–10.

42 Arrian IV 12,3–6; Curtius Rufus VIII 5,9–6, 1; Plutarch, Alexander LIV 3–LV 1; Justin XII 7,1–3. Dazu Bosworth (1995) 68–90.

43 Eine überzeugende Darlegung und Analyse der Proskynese-Affäre bei Balsdon (1978) 267–283. Vgl. auch Schachermeyr (1973) 370–385; Bosworth (1996) 109 ff.; Müller (2003) 140–154; Lane Fox (2004) 421 f.; Lauffer (2005) 136 f.; Wiemer (2005) 137–139.

44 Die Achaimeniden hatten einen direkten Bezug zur Gottheit Ahuramazda. Als seine Stellvertreter auf Erden legitimierten sie ihre Herrschaft. Zum „Gottesgnadentum“ der persischen Könige vgl. Wiesehöfer (1998) 55 f.

45 Möglicherweise befürchtete Alexander negative Konsequenzen für sein Herrscherimage, wenn ausgerechnet seine makedonischen Gefolgsleute die von seinen persischen Untertanen selbstverständlich dargebrachte Begrüßungsform verweigerten.

46 Arrian IV 13,2. Dazu Bosworth (1995) 93 ff. Zur Person des Hermolaos vgl. Berve (1999) Bd. 1,37 ff.; Bd. 2,152 f., Nr. 305.

47 Arrian IV 12,7–14,3; Curtius Rufus VIII 6,2–8,20; Plutarch, Alexander LV 3–9. Zu den Hintergründen der Pagenverschwörung vgl. Schachermeyr (1973) 386–390; Bosworth (1996) 21 ff., 112 ff.; Badian (2000) 70 ff.; Müller (2003) 155–159; Hammond (2004) 223–228; Lane Fox (2004) 421–435.

48 Arrian IV 13,5.

49 Arrian IV 13,2 spricht von Hermolaos’ Verehrung für Kallisthenes.

50 Arrian III 14,3. Kritische Würdigung der Umstände von Kallisthenes’ Tod bei Müller (2003) 159–165.

51 Arrian I 2,5; III 11,8. Dazu Berve (1999) Bd. 2,368 f., Nr. 736.

52 Arrian IV 18,3.

Plus ultra

[1] Hahn (2000) 9–13. Zum Verlauf des indischen Feldzuges vgl. Schachermeyr (1973) 403ff.; Bosworth (1988) 119–125; (2003) 159–168.

[2] Zu den damaligen geographischen Vorstellungen über Indien vgl. Andreotti (1957) 140ff.; Bosworth (1995) 236–246; Briant (1996) 774; Hahn (2000) 13ff.; Wiemer (2005) 141f.

[3] Hahn (2000) 28ff.

[4] Arrian IV 8,1–4.

[5] Berve (1999) Bd. 2, 351f., Nr. 700.

[6] Wirth (1985) 52ff.; Lauffer (2005) 131f.

[7] Berve (1999) Bd. 2,369ff., Nr. 739.

[8] Arrian IV 22,7; V 8,2; 18,6. Dazu Bosworth (1995) 259ff.; Wiemer (2005) 143f.

[9] Arrian IV 22,5; Berve (1999) Bd. 2,376, Nr. 758.

[10] Arrian IV 22,6. Dazu Hahn (2000) 51f.

[11] Arrian IV 22,6; Curtius Rufus VIII 10,1–2; Plutarch, Alexander LIX 1–5; vgl. Lane Fox (2004) 458.

[12] Arrian IV 22,8; Berve (1999) Bd. 2,89f., Nr. 174. Zu den Operationen des Hephaistion und des Perdikkas vgl. Seibert (1985) 147–150 mit Karte 25.

[13] Zur Topographie des Feldzuges gegen die Bergvölker Indiens vgl. Seibert (1985) 150–154. Ein Überblick über die Militäroperationen bei Hahn (2000) 57–68; Hammond (2004) 230–233.

[14] Arrian IV 23,1–25,4; Curtius Rufus VIII 10,4–6.

[15] Berve (1999) Bd. 2,329ff., Nr. 668.

[16] Arrian IV 25, 5–30, 6; Curtius Rufus VIII 10, 7–12, 3.

[17] Bosworth (1995) 176ff.

[18] Arrian V 1,1–3,4; Curtius Rufus VIII 10,7–18; Plutarch, Alexander LVIII 6–9; Justin XII 7,6–8. Dazu Schachermeyr (1973) 410–413; Bosworth (1995) 197–219; Hahn (2000) 82–89; Lane Fox (2004) 449–452.

[19] Zur Lage des Aornos-Felsen vgl. Seibert (1985) 153f.; Lane Fox (2004) 454ff.

[20] Arrian IV 28,1–30,4; Curtius Rufus VIII 11,2–25. Dazu Bosworth (1995) 178–194; Hahn (2000) 68–75.

[21] Berve (1999) Bd. 2,354, Nr. 707.

[22] Arrian IV 30,5–8; Diodor XVII 86,2–3. Dazu Hahn (2000) 76ff.

[23] Arrian IV 30,8; V 3,5; 4,3; Curtius Rufus VIII 12,4; Diodor XVII 86,3. Dazu Hahn (2000) 89–92.

[24] Zu seinem Herrschaftsgebiet vgl. Berve (1999) Bd. 1,270.

[25] Arrian VII 2,2–5; Plutarch, Alexander LIX 8; LXIV; LXV 1–8. Dazu Schachermeyr (1973) 420f.; Seibert (1990) 153–156.

[26] Arrian VII 2,4; Plutarch, Alexander LXV 2–8; Berve (1999) Bd. 2,187f., Nr 396; Hahn (2000) 99f.

[27] Berve (1999) Bd. 2,3f., Nr. 2.

[28] Zu Poros vgl. Berve (1999) Bd. 2, 340–345, Nr. 683. Zu seinem Herrschaftsgebiet vgl. Berve (1999) Bd. 1, 288–290.

[29] Arrian V 8,5–13,4; Curtius Rufus VIII 13,13–27; Plutarch, Alexander LX 1–7. Dazu Bosworth (1995) 262–287.

[30] Zum Verlauf der Schlacht am Hydaspes vgl. Schachermeyr (1973) 424–428; Seibert (1990) 156–160; Bosworth (1996) 5–21; Hahn (2000) 111–129; Hammond (2004) 233–237; Lane Fox (2004) 462–476; Lauffer (2005) 148f.

[31] Arrian V 15,3–18,3; Curtius Rufus VIII 14,1–31; Diodor XVII 87,1–89,3; Plutarch, Alexander LX 1–11; Justin XII 8,1–4. Dazu Bosworth (1995) 291–305.

[32] Arrian V 14,4; 19,5–6; Plutarch, Alexander LXI 1–2. Dazu Bosworth (1995) 311ff.; Fraser (1996) 161f.

[33] Arrian V 19,4; 20,2; Curtius Rufus IX 1,6; 3,23; Diodor XVII 89,6; XVII 95, 5; Plutarch, Alexander LXI 2; Justin XII 8,8; Strabo XV 1,29. Dazu Bosworth (1995) 311ff.; Fraser (1996) 161f.

[34] Zum Marsch Alexanders durch die Indusregion vgl. Seibert (1985) 158–161; Lane Fox (2004) 477ff.

[35] Diodor XVII 90,1–7, 94,3; Strabo XV 1,17; 26–28; Schachermeyr (1973) 417; 431; 435.

[36] Hahn (2000) 147ff.

[37] Arrian V 25,3–27,9. Dazu Andreotti (1957) 143ff.; Bosworth (1995) 344–354.

[38] Arrian V 28,1–29,1; Curtius Rufus IX 3, 18f.; Plutarch, Alexander LXII 5f. Dazu Schachermeyr (1973) 434–442; Hahn (2000) 165–175; Hammond (2004) 238f.; Lane Fox (2004) 484–489; Lauffer (2005) 152f.

[39] Arrian V 29,3.

[40] Arrian V 29,5. Fraser (1996) 161.

[41] Ein Überblick über die Militäroperationen auf dem Marsch zum Indusdelta bei Hahn (2000) 182ff.; Hammond (2004) 241–250. Zu den Gründen, die Alexander zur Beauftragung des Nearchos mit dem Flottenkommando führten, vgl. Wirth (1985) 68ff.

[42] Berve (1999) Bd. 2,288ff., Nr. 583.

[43] Bosworth (1996) 133ff.

[44] Berve (1999) Bd. 2,318f., Nr. 634.

[45] Berve (1999) Bd. 2,232ff., Nr. 466.

[46] Arrian VI 10,1–11,2; Curtius Rufus IX 5,14–30. Dazu Hahn (2000) 193ff.; Lane Fox (2004) 497ff.; Lauffer (2005) 155f.

[47] Arrian VI 12,1–13,4; Curtius Rufus IX 5,19; IX 5,29–6,1; Plutarch, Alexander LXIII 11.

[48] Arrian VI 14,1ff.; Curtius Rufus IX 7,12–15; 8,1f.

[49] Arrian VI 14,4–15,2. Dazu Lauffer (2005) 156f.

[50] Berve (1999) Bd. 2,384f., Nr. 780.

[51] Arrian VI 14,3; 15,2f.

[52] Zur Indusfahrt vgl. Seibert (1985) 168–170.

[53] Zur Rückkehr des Krateros vgl. Seibert (1985) 181.

[54] Arrian VI 15,4; 17,1ff.; Berve (1999) Bd. 2,310, Nr. 619.

[55] Ehrenberg (1965) 449–457.

[56] Zum Indusdelta vgl. Hammond (2004) 241ff.

[57] Zu den Rückschlägen des Indienzuges vgl. Müller (2003) 185–192. Allzu unkritische und optimistische Bewertung der indischen Expedition bei Hammond (2004) 249.

[58] Schneider (1967) 841–863; zu Indien nach Alexander vgl. Hahn (2000) 37ff.

Misslungener Rückzug

[1] Seibert (1985) 171–184.

[2] Arrian VI 17,3–4; Justin XII 10,1; Strabo XV 2,11. Zur Route des Krateros vgl. Seibert (1985) 181.

[3] Zur Küstenfahrt des Nearchos vgl. Hahn (2000) 247–280.

[4] Arrian VI 21,1–3; Curtius Rufus IX 10, 3–4; Diodor XVII 104,3; Justin XII 10,7; Plutarch, Alexander, LXVI 3. Dazu Seibert (1985) 172–180.

[5] Arrian VI 24,2–3; Strabo XV 1,5. Dazu Hahn (2000) 230ff.; Wiemer (2005) 152f.

[6] Zu den Motiven der gedrosischen Unternehmung vgl. Strasburger (1982) 485f.; Müller (2003) 181–185; 192ff.

[7] Plutarch, Alexander LXVI 5; Curtius Rufus VIII 5,4. Strasburger (1982) 479 hält die Mannschaftsstärke von über 120000 Mann, die Alexander in Indien zur Verfügung gestanden haben sollen, für glaubhaft. Demnach hätte er nach den Abordnungen für Krateros und Nearchos mit etwa 70000 Mann den Rückmarsch angetreten, was wohl zu hoch gegriffen ist.

[8] Arrian VI 21,3–5; Curtius Rufus IX 10,6–7; Diodor XVII 104,4–105. Hier gründete Alexander eine Stadt zur Absicherung des westlichen Indusdeltas, vgl. Fraser (1996) 164ff.

[9] Zum Wüstenmarsch vgl. Hahn (2000) 227ff.; Bosworth (1996) 166–185.

[10] Arrian VI 24,4–26; Curtius Rufus IX 10,8–16; Diodor XVII 105,6–8; Plutarch, Alexander LXVI 4–6.

[11] Strasburger (1982) 480 nimmt an, dass von den ursprünglich etwa 70000 Mann, die den Marsch durch die Wüste angetreten haben sollen, etwa 15000 Mann den mörderischen Rückmarsch überlebten.

[12] Arrian VI 27,1; Curtius Rufus IX 10,18; Diodor XVII 106,1; Plutarch, Alexander LXVI 7–67.

[13] Arrian VI 27,3; 27,6; Curtius Rufus IX 10,17–22; X 1,9; Diodor XVII 105,7–8; Strabo XV 2, 11.

[14] Onesikritos hatte vorgeschlagen, mit der Flotte nach Westen abzudrehen und somit Arabien zu umfahren (Arrian, Indische Geschichte XXXII 7–13). Dazu Seibert (1985) 182f.

[15] Arrian, Indische Geschichte XXXIII 5 - XXXV 8; Curtius Rufus X 1,10–15; Plutarch, Alexander LXVIII 1. Nearchos und seine Begleiter wurden stürmisch bejubelt (Diodor XVII 106,4–7) und prachtvoll (Arrian, Indische Geschichte XXXVI 3) empfangen. Dazu Hahn (2000) 272–279.

[16] Arrian VII 4,2–3; Plutarch, Alexander LVIII 2–3. Dazu Hammond (2004) 257–261.

[17] Belege hierzu bei Müller (2003) 194ff.

[18] Berve (1999) Bd. 2,89, Nr. 173.

[19] Berve (1999) Bd. 2,375f., Nr. 757.

[20] Arrian VI 27,1; Curtius Rufus IX 10,29.

[21] Abulites und Oxathres wurden erst nach Alexanders Ankunft in Susa beseitigt, vgl. Arrian VII 4,1; Plutarch, Alexander LXVIII 7.

[22] Arrian VI 27,1.

[23] Arrian VI 27,2; Curtius Rufus X 1, 20–21.

[24] Es handelte sich vor allem um Kleander und Sitalkes, die einst Parmenion auf Geheiß des Alexander umgebracht hatten. Vgl. dazu Müller (2003) 108f.

[25] Arrian VII 23,6. Dazu Müller (2003) 234–236.

[26] Arrian VII 12,7; Curtius Rufus IX 3,21; X 2,1–3; Diodor XVII 108,4–8; Plutarch, Demosthenes XXV 1–26. Dazu Mossé (1979) 126ff.; Müller (2003) 202–208.

[27] Arrian VII 14,10. Dazu Schachermeyr (1973) 511–515.

[28] Arrian VII 5,4–6.

[29] Berve (1999) Bd. 2,294, Nr. 592.

[30] Während Orxines laut Arrian VI 30,1–2 durch Alexanders Initiative sein Leben verwirkte, wird dieser bei Curtius Rufus X 1,37 Opfer einer Intrige des Eunuchen Bagoas. Dazu Müller (2003) 199ff.

[31] Arrian VI 30,2–3; Diodor IXX 14,5.

[32] Zur Restaurierung des Kyrosgrabs vgl. Arrian VI 29,4–11; Curtius Rufus X 1,30–34; Plutarch, Alexander LXIX 3; Strabo XV 3,7. Alexanders Reue wegen des Brandes von Persepolis überliefert nur Arrian VI 30,1.

[33] Arrian, Indische Geschichte XLII 5–10; Plinius, Naturkunde VI 100.

[34] Arrian VII 18,6; Plutarch, Alexander LXIX 6. Dazu Hahn (2000) 241f.

[35] Arrian VII 4,1.

[36] Berve (1999) Bd. 2,363f., Nr. 722.

[37] Berve (1999) Bd. 2,306, Nr. 607.

[38] Arrian VII 4,4–8; Diodor XVII 197, 6; Plutarch, Alexander LXX 3; Justin XII 10,9–10.

[39] Arrian VII 6,1; Diodor XVII 108,1–2; Plutarch, Alexander LXXI 1.

[40] Berve (1999) Bd. 2,276f., Nr. 557.

[41] Curtius Rufus X 2,4–7; Diodor XVII 109,1; XVIII 8,2–7; Justin XIII 5,3–4. Von dem „Verbannten-Erlass" ausgenommen waren die Bewohner der böotischen Stadt Theben sowie Mörder und Tempelräuber. Zum politischen Hintergrund des Verbanntendekrets vgl. Heuss (1938) 134–141; Hammond (2004) 274f.; Dmitriev (2004) 348ff.

[42] Curtius Rufus X 2,5–7; Diodor XVIII 8,6.

[43] Schachermeyr (1973) 522f.

[44] Guzmán Guerra, Gómez Espelosín (1997) 116.

[45] Balsdon (1978) 283ff. Bereits in der ersten Phase seines Feldzuges wurde Alexander von einigen griechischen Städten Kleinasiens mit gottähnlichen Ehren überhäuft. So etwa in Erythrai. Vgl. Lane Fox (2004) 278.

[46] Zahlreiche Forscher, so etwa Schachermeyr (1973) 525ff.; Bosworth (1988) 278ff.; Hammond (2004) 276, gehen von einem derartigen Ansinnen Alexanders aus. Cawkwell (1994) 293ff. kann keinerlei Initiative Alexanders in Richtung Vergöttlichung erkennen. Vgl. auch Heuss (1938) 134f.; Wiemer (2005) 163f.

[47] Zur Religiosität Alexanders vgl. Cawkwell (1994) 297ff.; Heuss (1954) 70f.; Blázquez (2000) 99ff.

[48] Arrian VII 19,1–2; Diodor XVII 113,2–4. Dazu Mossé (1979) 128ff.

[49] Plutarch, Alexander XXVIII 1–6.

[50] Zu den Motiven der Arabienexpedition vgl. Högemann (1985) 120–143.

[51] Arrian VII 1,1–4; 19,3–6. Zum Operationsplan zur Eroberung Arabiens vgl. Högemann (1985) 184–201.

[52] Diodor XVIII 4,4. Plutarch, Alexander LXVIII 1, Andreotti (1957) 134ff. Dazu grundlegend Bosworth I (1988) 185–211.

Alexanders Tod

[1] Seibert (1985) 186ff.

[2] Plinius, Naturkunde VI 138–139. Zur weiteren Geschichte der Stadt Alexandria an der Tigrismündung vgl. Lane Fox (2004) 558.

[3] Arrian VII 7 6; Strabo XVI 1,5.

[4] Arrian VII 8,1; 11,9; Curtius Rufus X 2,8–4,3; Diodor XVII 109,2–3; Plutarch, Alexander LXXI 2–9; Justin XII 11,4–12,10. Zu den Spannungen zwischen Makedonen und Persern vgl. Hammond (2004) 265–269.

[5] Zu den Vorkommnissen von Opis vgl. Müller (2003) 208–213; Lane Fox (2004) 555ff.; Wiemer (2005) 156ff.

[6] Fernández Nieto (2000) 79f.

[7] Arrian VII 10,7.

[8] Arrian VII 11,1–3; Diodor XVII 109,3; Plutarch, Alexander LXXI 4; Justin XII 12,4. Zudem bekräftigte Alexander die Bedeutung und Wichtigkeit der Perser in einer flammenden Rede an die persischen Offiziere (Curtius Rufus X 2,15–19), indem er zugleich auf seine Hochzeit mit der persischen Königstochter hinwies und gleiche Rechte für Griechen, Makedonen und Perser proklamierte.

[9] Arrian VII 11,4–6; Diodor XVII 109,3; Plutarch, Alexander LXXI 5–7; Justin XII 12,5–6. Dazu Berve (1999) Bd. 2,190, Nr. 405.

[10] Arrian VII 11,6–9; Plutarch, Alexander LXX 3; LXXI 8.

[11] Arrian VII 11,9.

[12] Das Gleiche lässt sich von der Massenhochzeit in Susa sagen, vgl. Heuss (1977) 48f.

[13] Berve (1999) Bd. 2, 146f., Nr. 284.

[14] Curtius Rufus IX 7,16–26.

[15] Heuss (1977) 56f.; Guzmán Guerra, Gómez Espelosín (1997) 128; Wiemer (2005) 181–183.

[16] Arrian VII 12,1–3; Plutarch, Alexander LXXI 8–9; Justin XII 12,7.

[17] Berve (1999) Bd. 2,325f., Nr. 654.

[18] Zur Mission des Krateros vgl. Müller (2003) 213–216.

[19] Arrian VII 12,5–7; Justin XII 12,9. Dazu Hammond (2004) 271f.

[20] Berve (1999) Bd. 2,201f., Nr. 414; Baynham (1994) 343f.

[21] Diodor XVII 110,3–6.

[22] Arrian VII 16,1–4.

[23] Arrian VII 14,1; Diodor XVII 110,7; Plutarch, Alexander LXXII 1.

[24] Arrian VII 14,1–15,1; Diodor XVII 110,8; Plutarch, Alexander LXXII 2–3; Justin XII 12,11–12. Dazu Müller (2003) 217ff.

[25] Arrian VII 14,4–7; Plutarch, Alexander LXX 3; Justin XII 12,12.

[26] Arrian VII 14,8; Diodor XVII 110,8; Plutarch, Alexander LXXII 5–8. Alexander ließ Hephaistions Position als Chiliarch nicht wiederbesetzen. Außerdem verlieh er ihm weitere postume Ehren. Die erste Hipparchie, die nach Hephaistions

Tod fortan unter Peridikkas' Befehl stand, erhielt den Namen des Freundes. Ferner durfte sie auch dessen Feldzeichen mitführen (Arrian VII 14,10). Zum Verhältnis Alexander–Hephaistion vgl. Müller (2003) 221–228. Zur Pyra des Hephaistion in Bayblon vgl. Völker-Janssen (1993) 100–116.

[27] Arrian VII 15,1–3; Diodor XVII 111,4–6; Plutarch, Alexander LXXII 4. Dazu Müller (2003) 232–234.

[28] Arrian VII 15,4–6; Diodor XVII 113,1–4; Justin XII 13,1–2; Plinius, Naturkunde III 57. In den Quellen herrscht Dissens bezüglich des Zeitpunkts des Eintreffens der Gesandtschaften. Während Arrian VII 14,6; 15,4 davon berichtet, dass die Gesandten zu Alexander kamen, während sich dieser auf dem Weg nach Babylon befunden habe, schreibt Justin, dass sie bereits vor dem Eintreffen des Makedonenkönigs in Babylon zugegen waren und auf ihn warteten. Anders Diodor, der das Eintreffen der Gesandten nach Alexanders Ankunft in Babylon datiert.

[29] Arrian VII 16,5–6; Diodor XVII 112,2–3; Plutarch, Alexander LXXIII 1; Justin XII 13,3. Dazu Abramenko (2000) 373ff.

[30] Der Zeichendeuter Peithagoras hatte ihm ebenfalls ein Unheil in Babylon vorhergesagt, dazu Arrian VII 18,1–5; Plutarch, Alexander LXXIII 3–5.

[31] Arrian VII 17,6; Diodor XVII 112,4–5; Justin XII 13,5–6. Dazu Wiemer (2005) 166f.

[32] Arrian VII 12,2.

[33] Arrian VII 19,3–4; Strabo XVI 1, 11. Dazu Högemann (1985) 144–183.

[34] Arrian VII 21,1–22,5; Strabo XVI 1,9–11. Dazu Briant (1996) 740ff.

[35] Arrian VII 17,2–3. Strabo XVI 1,5 schätzte, dass 10000 Arbeiter etwa zwei Monate bräuchten, um den Schutt des zerstörten Heiligtums wegzuräumen, um anschließend mit dem Neuaufbau beginnen zu können.

[36] Arrian VII 23,1–24,1; Diodor XVII 110,2.

[37] Arrian VII 24,1–3; Diodor XVII 116,2–4; Plutarch, Alexander LXXIII 7 – LXXIV 1. Zur Deutung dieser Szene vgl. Müller (2003) 175–177. Abramenko (2000) 363–378 vermutet eine gezielte Verschwörung (die letzte) gegen den König.

[38] Arrian VII 24,4–25,1; Diodor XVII 117,1–2; Plutarch, Alexander LXXV 4–5; Justin XII 13,6–9. Dazu Berve (1999) Bd. 2,261 f., Nr. 521.

[39] Arrian VII 25,1–26,3; Curtius Rufus X 5, 1–6; Diodor XVII 117,1–5; Plutarch, Alexander LXXV 4 – LXXVI 9. Vgl. dazu Bosworth I (1988) 158–184.

[40] Curtius Rufus X 10,14–18; Diodor XVII 117,5–118,2; Plutarch, Alexander LXXVII 2–5. Arrian VII 27,1–2 lehnt diese Variante des Todes Alexanders ab. Dazu Müller (2003) 45.

[41] Plutarch, Alexander LXXIV 2–6.

[42] Curtius Rufus X 10,12 berichtet, wie sehr die Ausstrahlung des Verstorbenen über den Tod hinauswirkte: „Wie endlich den Freunden Zeit blieb, sich um den Leichnam zu kümmern, fanden sie ihn bei ihrem Eintritt nicht nur von keiner Fäulnis, sondern nicht einmal durch die geringste Verfärbung entstellt. Selbst die Lebendigkeit, die vom Geiste abhängt, war nicht aus der Miene gewichen."

[43] Curtius Rufus X 5,4; Justin XII 15,7.

[44] Curtius Rufus X 10,20; Diodor XVIII 28,1–3. Dazu Elvira Barba (2000) 199–218; Mariotta (2004) 98–108.

[45] Curtius Rufus X 10,20; Diodor XVIII 28,3–6; Strabo XVII 1,8.

[46] Neben Augustus (Sueton, Augustus XVIII 1) besuchte auch Caligula Alexanders Grab und raubte die Rüstung des Makedonenkönigs (Sueton, Caligula LII).

[47] Herodian IV 8,9; Clauss (2004) 194ff.

Zwischen Mythos und Historie

[1] Alexander hatte Glück, dass seine maritime Unterlegenheit zu Beginn des Feldzuges von den Persern nicht ausgenützt wurde. Hinzu kam der Faktor Zufall. Der unerwartete Tod Memnons, Alexanders wichtigstem Gegner in der ersten Phase seines Feldzuges, befreite ihn von der Last eines mühseligen und kaum zu gewinnenden Krieges im Westen. Vgl. Flavius Josephus, Jüdischer Krieg V 460f.

[2] Heuss (1977) 37f.

[3] Plutarch, Alexander XVII 4.

[4] Arrian II 18,1; Plutarch, Alexander XXIV 5–10.

[5] Grundlegendes zu Alexanders Beziehungen zu Zeus/Ammon, Herakles und Dionysos bei Heuss (1954) 69ff. Belege zur Religiosität Alexanders bei Blázquez (2000) 99–152; zu der mythischen Dimension der Handlungen Alexanders vgl. Gehrke (2004) 69ff. Besonders die Münzprägungen Alexanders verknüpften den Göttervater Zeus mit Heraklesmotiven, vgl. dazu etwa Price (1991) 5, 78, 93, 2995, 3620, 3964.

[6] Andreotti (1957) 125.

[7] Weitere Belege hierzu bei Müller (2003) 173–175.

[8] Andreotti (1957) 131–133.

[9] Briant (1996) 177ff.

[10] Zur Religionspolitik des Achaimenidenreiches siehe Heuss (1981) 278ff.; Heinz (1987) 317–325.

[11] Heuss (1977) 42f.

[12] Vgl. etwa Plutarch, Alexander XXIX 1–6.

[13] Symptomatisch dafür ist Arrians Bilanz der Taten Alexanders, Arrian VII 30,2: „Dass dieser Mann nicht in unsere Welt getreten sein kann ohne göttliche Fügung, er, der so wenig einem anderen der Sterblichen gleicht, ist meine Überzeugung."

[14] Der Verweis auf die dunklen Seiten Alexanders, die von Badian, Bosworth oder Will gelegentlich über Gebühr betont wurden, kommt hingegen bei den meisten Alexander-Portraits der Gegenwart, die ein allzu glattes Persönlichkeitsbild vermitteln, zu kurz. Vgl. etwa Hammond (2004) 281–286; Wiemer (2005) 171–185.

[15] Lauffer (2005) 210.

[16] Kann man, wie Lauffer (2005) 204 dies tut, Alexanders Verhalten nach dem Tod des Hephaistion als Beleg für seine Menschlichkeit ausgeben? Bekanntlich trauerte Alexander maßlos um den verstorbenen Freund. Doch ließ er dann skrupellos den behandelnden Arzt umbringen, um seinen Schmerz zu besänftigen. Zum politischen Hintergrund der Mordtat vgl. Müller (2003) 228–231.

[17] So äußerte sich Cicero, Philippische Reden V 48, folgendermaßen: „Auch Alexander der Makedonier hat von früher Jugend an gewaltige Taten vollbracht, und als er starb, war er erst dreiunddreißig Jahre alt. Das sind zehn Jahre weniger

als bei uns für das Consulat vorgeschrieben sind! Daraus kann man entnehmen, dass der Lauf der Tüchtigkeit schneller ist als der des Lebens."

[18] Zu den Hintergründen der Weltmonarchie Alexanders vgl. Andreotti (1957) 120ff.

[19] Zur Alexanderimitatio in der griechisch-römischen Antike vgl. Heuss (1954) 79ff.; Hannestad (1997) 61–69. Zum Alexanderbild des Orients vgl. Wiesehöfer II (1994) 389–397.

[20] Über Augustus' Besuch des Alexandergrabes in Alexandria überliefert Sueton, Augustus XVIII 1: „Augustus warf einen langen Blick auf den Toten, setzte ihm einen goldenen Kranz auf und streute Blumen darüber, um seine Ehrerbietung zu bezeugen. Als man ihn fragte, ob er auch die Grabstätte der Ptolemäer zu sehen wünschte, entgegnete er: Ich wollte einen König sehen, keine Toten."

[21] Ab 330 taten die Söhne des makedonischen Adels Dienst am Hof Alexanders als Pagen. Der König kontrollierte auf diese Weise das Verhalten der Verwandten in der Heimat und baute gleichzeitig eine enge Beziehung zu den künftigen Eliten seines Reiches auf. Die Versetzung der königlichen Pagen nach Asien brachte die Verschiebung der Machtzentrale nach Osten zum Ausdruck. Dazu Hammond (2004) 171.

Literaturverzeichnis

Abramenko, A.: Der Fremde auf dem Thron. Die letzte Verschwörung gegen Alexander d. Gr., Klio 82 (2000) 361–378.

Akurgal, E.: Griechische und römische Kunst in der Türkei, München 1987.

Alvar, J.: Alejandro, explorador y hombre de ciencia, in: J. Alvar/J. M. Blázquez (Hrsg.): Alejandro Magno. Hombre y mito, Madrid 2000, 83–98.

Ameling, W.: Alexander und Achilleus. Eine Bestandsaufnahme, in: W. Will/J. Heinrichs (Hrsg.): Zu Alexander d. Gr. Festschrift G. Wirth, Bd. 2, Amsterdam 1988, 657–692.

Andreae, B.: Das Alexandermosaik aus Pompeji, Recklinghausen 1977.

Andreotti, R.: Die Weltmonarchie Alexanders des Großen in Überlieferung und geschichtlicher Wirklichkeit, Saeculum 8 (1957) 120–166.

Andronicos, M.: Vergina. The Royal Tombs and the Ancient City, Athen 1997.

Badian, E.: Harpalus, Journal of Hellenic Studies 81 (1961) 16–43.

Badian, E.: Agis III: Revisions and Reflections, in: I. Worthington (Hrsg.): Ventures into History, Oxford 1994, 258–292.

Badian, E.: Conspiracies, in: A. B. Bosworth/E. J. Baynham (Hrsg.): Alexander the Great in Fact and Fiction, Oxford 2000, 50–95.

Balsdon, J. P. V. D.: Die Göttlichkeit Alexanders, in: A. Wlosok (Hrsg.): Römischer Kaiserkult, Darmstadt 1978, 254–290 (Wege der Forschung 372).

Bamm, P.: Alexander oder die Verwandlung der Welt, Zürich 1965.

Bammer, A.: Das Heiligtum der Artemis von Ephesos, Graz 1984.

Baynham, E. J.: Antipater: Manager of Kings, in: I. Worthington (Hrsg.): Ventures into Greek History, Oxford 1994, 331–356.

Bengtson, H.: Griechische Geschichte, München 1996 (5. Aufl.).

Bengtson, H.: Philipp und Alexander der Große. Die Begründer der hellenistischen Welt, München 1985.

Bengtson, H.: Die Diadochen. Die Nachfolger Alexanders des Großen, München 1987.

Berve, H.: Das Alexanderreich auf prosopographischer Grundlage, 2 Bde., Hildesheim/Zürich/New York 1999 (Nachdruck von 1926).

Blackwell, C. W.: In the Absence of Alexander. Harpalus and the Failure of Macedonian Authority, Lang Classical Studies, Bd. 12, New York [u. a. O.] 1999.

Blázquez, J. M.: Alejandro Magno, homo religiosus, in: J. Alvar/J. M. Blázquez (Hrsg.): Alejandro Magno. Hombre y mito, Madrid 2000, 99–152.

Borza, E. N.: The Natural Resources of Early Macedonia, in: W. L. Adams/E. N. Borza (Hrsg.): Philip II, Alexander the Great and the Macedonian Heritage, Washington D. C. 1982, 1–20.

Borza, E. N.: In the Shadow of Olympus. The Emergence of Macedon, New Jersey 1990.

Bosworth, A. B.: A Historical Commentary on Arrian's History of Alexander, Vol. I. Commentary on Books I–III, Oxford 1980.

Bosworth, A. B.: From Arrian to Alexander. Studies in Historical Interpretation, Oxford 1988 (zitiert als Bosworth I).

Bosworth, A. B.: Conquest and Empire. The Reign of Alexander the Great, Cambridge 1988 (zitiert als Bosworth II).

Bosworth, A. B.: A Historical Commentary on Arrian's History of Alexander, Vol. II. Commentary on Books IV–V, Oxford 1995.

Bosworth, A. B.: Alexander and the East. The Tragedy of Triumph, Oxford 1996.

Bosworth, A. B.: The Indian Campaigns, 327–325 B. C., in: J. Roisman (Hrsg.): Brill's Companion to Alexander the Great, Leiden/Boston 2003, 159–168.

Bouché-Leclercq, A.: Histoire des Lagides, 4 Bde. Aalen 1978 (Erstausgabe Paris 1903–1907).

Bouché-Leclercq, A.: Histoire des Séleucides, Aalen 1978 (Erstausgabe Paris, 2 Bde., 1913–1914).

Briant, P. [u. a.]: Le monde grec aux temps classiques, Bd. 1, Le V siècle, Paris 1995, 17–132.

Briant, P.: Histoire de l'Empire perse. De Cyrus à Alexandre, Paris 1996.

Briant, P.: Darius dans l'ombre d'Alexandre, Paris 2003.

Brosius, M.: Alexander and the Persians, in: J. Roisman (Hrsg.): Brill's Companion to Alexander the Great, Leiden/Boston 2003, 169–193.

Brulé, P. [u. a.]: Le monde grec aux temps classiques, Bd. 2, Le IV siècle, Paris 2004.

Buraselis, K.: Das hellenistische Makedonien und die Ägäis. Forschungen zur Politik des Kassandros und der drei ersten Antigoniden im Ägäischen Meer und in Westkleinasien, München 1982.

Burstein, St. M.: Callisthenes and Babylonian Astronomy. A Note of FGrHist 124 T3, Echos du Monde Classique 28 (1984) 71–74.

Burstein, St. M.: Pharaoh Alexander. A Scholary Myth, Ancient Society 22 (1991) 139–145.

Burstein, St. M.: Alexander in Egypt. Continuity or Change?, in: H. Sancisi-Weerdenburg [u. a.] (Hrsg.): Achaemenid History VIII. Continuity and Change. Leiden 1994, 381–387.

Cagnazzi, S.: Il grande Alessandro, Historia 54 (2005) 132–143.

Carney, E. D.: Olympias, Ancient Society 18 (1987) 35–62.

Carney, E. D.: The Politics of Polygamy: Olympias, Alexander and the Murder of Philip, Historia 41 (1992) 169–189.

Carney, E. D.: Adea, Eurydice, and the End of the Argead Dynasty, in: I. Worthington (Hrsg.): Ventures into Greek History, Oxford 1994, 357–380.

Carney, E. D.: Macedonians and Mutiny: Discipline and Indiscipline in the Army of Philip and Alexander, Classical Philology 91 (1996) 19–44.

Carney, E. D.: Women and Monarchy in Macedonia, Oklahoma 2000.

Carney, E. D.: Women in Alexander's Court, in: J. Roisman (Hrsg.): Brill's Companion to Alexander the Great, Leiden/Boston 2003, 227–252.

Cawkwell, G. L.: The Deification of Alexander the Great: a Note, in: I. Worthington (Hrsg.): Ventures into Greek History, Oxford 1994, 293–306.

Charbonneaux, J./Martin, R./Villard, F.: Das hellenistische Griechenland (330–350 v. Chr.), in: A. Malraux/A. Parrot (Hrsg.): Universum der Kunst XVIII, München 1971.

Clauss, M.: Das alte Ägypten, Berlin 2001.

Clauss, M.: Alexandria. Schicksale einer antiken Weltstadt, Stuttgart 2004 (2. Aufl.).

Cohen, A.: The Alexander Mosaic. Stories of Victory and Defeat, Cambridge 1997.

Diem, C.: Alexander der Große als Sportsmann, Frankfurt a. M. 1957.

Dmitriev, S.: Alexander's Exiles Decree, Klio 86 (2004) 348–381.

Donderer, M.: Das pompejanische Alexandermosaik – Ein östliches Importstück?, in: C. Börker/M. Donderer (Hrsg.): Das antike Rom und der Osten. Festschrift für Klaus Parlasca, Erlangen 1990, 19–31.

Droysen, J. G.: Geschichte Alexanders des Großen, bearb. von G. Ressing, Darmstadt 1966.

Dunkel, H. B.: Was Demosthenes a Panhellenist?, Classical Philology 33 (1938) 291–305.

Eder, W.: Monarchie und Demokratie im 4. Jahrhundert v. Chr. Die Rolle des Fürstenspiegels in der athenischen Demokratie, in: W. Eder (Hrsg.): Die athenische Demokratie im 4. Jahrhundert v. Chr. Vollendung oder Verfall einer Verfassungsform, Stuttgart 1995, 153–173.

Ehrenberg, V.: Polis und Imperium. Beiträge zur Alten Geschichte, Zürich/Stuttgart 1965.

Elliger, W.: Ephesos. Geschichte einer antiken Weltstadt, Stuttgart 1992.

Ellis, J. R.: Amyntas, Perdikkas, Philip II and Alexander the Great: A Study of Conspiracy, Journal of Hellenic Studies 91 (1971) 15–24.

Ellis, J. R.: Philip II and Macedonian Imperialism, London 1976.

Elvira Barba, M. A.: Observaciones iconográficas sobre el carro funerario de Alejandro, in: J. Alvar/J. M. Blázquez (Hrsg.): Alejandro Magno. Hombre y mito, Madrid 2000, 99–152.

Engels, J.: Philipp II. und Alexander der Große, Darmstadt 2006.

Errington, M.: Geschichte Makedoniens, München 1986.

Fadinger, V.: Das Attentat auf König Philipp II. von Makedonien in Aigai 336 v. Chr., in: P. Neukam (Hrsg.): Vermächtnis und Herausforderung, Klassische Sprachen und Literaturen, Bd. 31, München 1997, 101–145.

Faraguna, M.: Alexander and the Greeks, in: J. Roisman (Hrsg.): Brill's Companion to Alexander the Great, Leiden/Boston 2003, 99–130.

Feis, O.: Die Geburt Alexanders des Großen. Die Wandlung einer Geburtsgeschichte, Archiv für Geschichte der Medizin 11 (1965) 260–277 (Neudruck von 1919).

Fernández Nieto, F. J.: El mundo griego y Filipo de Macedonia, Madrid 1989.

Fernández Nieto, F. J.: Disciplina y justicia militar en el ejército macedonio en tiempos de Alejandro Magno, in: J. Alvar/J. M. Blázquez (Hrsg.): Alejandro Magno. Hombre y Mito, Madrid 2000, 59–81.

Fischer-Fabian, S.: Alexander der Große. Der Traum vom Frieden der Völker, Bergisch Gladbach 1994.

Franke, P./Hirmer, M.: Die griechische Münze, München 1972.

Fraser, P. M.: Cities of Alexander the Great, Oxford 1996.

Fredricksmeyer, E. A.: On the Final Aims of Philipp II, in: W. Lindsay Adams/E. N. Borza (Hrsg.): Philipp II, Alexander the Great and the Macedonian Heritage, Lanham/New York 1982, 85–89.

Fredricksmeyer, E. A.: Alexander the Great and the Kingship of Asia, in: A. B. Bosworth/E. J. Baynham (Hrsg.): Alexander the Great in Fact und Fiction, Oxford 2000, 136–166.

Fredricksmeyer, E. A.: Alexander's Religion and Divinity, in: J. Roisman (Hrsg.): Brill's Companion to Alexander the Great, Leiden/Boston 2003, 253–278.

Fuller, J.: Alexander der Große als Feldherr, Stuttgart 1961.

Funck, B. (Hrsg.): Hellenismus. Beiträge zur Erforschung von Akkulturation und politischer Ordnung in den Staaten des hellenistischen Zeitalters, Tübingen 1996.

Gehrke, H.-J.: Geschichte des Hellenismus, München 1995 (2. Aufl.).

Gehrke, H.-J.: Alexander der Große, München 1996.

Gehrke, H.-J.: Weltreich im Staub. Gaugamela, 1. Oktober 331 v. Chr., in: S. Förster [u. a.] (Hrsg.): Schlachten der Weltgeschichte. Von Salamis bis Sinai, München 2003, 32–47 (3. Aufl.).

Gehrke, H.-J.: Alexander der Große. Mythos macht Geschichte, in: M. Neumann (Hrsg.): Mythen Europas. Schlüsselfiguren der Imagination, Regensburg 2004, 67–81.

Ghirshman, R.: Protoiraner, Meder, Achämeniden, München 1964.

Goossens, R.: Euripide et Athènes, Brüssel 1962.

Goukowsky, R.: Essai sur les origines du mythe d'Alexandre, Nancy 1978.

Graeve, V. v.: Der Alexandersarkophag und seine Werkstatt, Berlin 1970.

Graf, D. F.: The Persian Royal Road System, in: H. Sancisi-Weerdenburg [u. a.] (Hrsg.): Achaemenid History VIII. Continuity and Change. Leiden 1994, 167–189.

Green, P.: Alexander der Große. Mensch oder Mythos?, Würzburg 1974.

Griffith, G. T.: The Reign of Philip the Second, in: N. G. L. Hammond/G. T. Griffith: A History of Macedonia, Bd. II. 550–336 B.C., Amsterdam 1997.

Guzmán Guerra, A./Gómez Espelosín, F. J.: Alejandro Magno. De la historia al mito, Madrid 1997.

Hahn, J.: Alexander in Indien 327 – 325 v. Chr. Antike Zeugnisse, Stuttgart 2000.

Hall, E.: Inventing the Barbarian. Greek Self–Definition through Tragedy, Oxford 1989.

Hammond, N. G. L.: Alexander's Charge at the Battle of Issus in 333 B.C., Historia 41 (1992) 395–406.

Hammond, N. G. L.: Philip of Macedon, Baltimore 1994.

Hammond, N. G. L.: The Development of the Macedonain State and the Struggle for Survival, in: N. G. L. Hammond/G. T. Griffith: A History of Macedonia Bd. II. 550–336 B.C., Amsterdam 1997.

Hammond, N. G. L.: Alexander der Große. Feldherr und Staatsmann. Biographie, Berlin 2004.

Hampl, F.: Alexander der Große, Göttingen/Zürich 1992 (3. Aufl.).

Hannestad, N.: Imitatio Alexandri in Roman Art, in: J. Carlsen [u. a.] (Hrsg.): Alexander the Great. Reality and Myth, Rom 1997, 61–69 (2. Aufl.).

Hautumm, W.: Die griechische Skulptur, Köln 1987.

Heckel, W.: Alexandros Lynkestes and Orontas, Eranos 81 (1983) 139–142.

Heckel, W.: The Marshals of Alexander's Empire, London/New York 1992.

Heckel, W.: King and „Companions“: Observations on the Nature of Power in the Reign of Alexander, in: J. Roisman (Hrsg.): Brill's Companion to Alexander the Great, Leiden/Boston 2003, 197–225.

Heerma van Voss, M.: Alexander und die ägyptische Religion. Einige ägyptologische Bemerkungen, in: J. Carlsen [u. a.] (Hrsg.): Alexander the Great. Reality and Myth, Rom 1997, 71–73 (2. Aufl.).

Heglmeier, F.: Die griechische Astronomie zur Zeit des Aristoteles. Ein neuer Ansatz zu den Sphärenmodellen des Eudoxos und des Kallippos, in: K. Döring [u. a.] (Hrsg.): Antike Naturwissenschaft und ihre Rezeption, Trier 1996, 51–71.

Heinen, H.: Geschichte des Hellenismus. Von Alexander zu Kleopatra, München 2003.

Heinz, K.: Religion und Politik in Vorderasien im Reich der Achämeniden, Klio 69 (1987) 317–325.

Heuss, A.: Antigonos Monophtalmos und die griechischen Städte, Hermes 73 (1938) 133–194.

Heuss, A.: Alexander der Große und die politische Ideologie des Altertums, Antike und Abendland 4 (1954) 65–104.

Heuss, A.: Alexander der Große und das Problem der historischen Urteilsbildung, Historische Zeitschrift 225 (1977) 29–64.

Heuss, A.: Weltreichsbildung im Altertum, Historische Zeitschrift 232 (1981) 265–326.

Högemann, P.: Alexander der Große und Arabien, München 1985.

Hofstetter, J.: Die Griechen in Persien. Prosopographie der Griechen im persischen Reich vor Alexander, Berlin 1978.

Holt, F. L.: Alexander the Great and Bactria. The Formation of a Greek Frontier in Central Asia, Leiden/New York, Köln 1995 (4. Aufl.).

Hornblower, S.: Mausolus, Oxford 1982.

Instinsky, H.-U.: Alexander der Große am Hellespont, Godesberg 1949.

Jehne, M.: Koiné Eirené. Untersuchungen zu den Befreiungs- und Stabilisierungsbemühungen in der griechischen Poliswelt des 4.Jahrhunderts v. Chr., Stuttgart 1994.

Johnson, J. H.: The Persians and the Continuity of Egyptian Culture, in: H. Sancisi-Weerdenburg [u. a.] (Hrsg.): Achaemenid History VIII. Continuity and Change, Leiden 1994, 149–159.

Judeich, W.: Kleinasiatische Studien. Untersuchungen zur griechisch-persischen Geschichte des IV. Jahrhunderts v. Chr., Marburg 1892.

Kienast, D.: Philipp II. von Makedonien und das Reich der Achaimeniden, München 1973.

Koch, H. : Persepolis. Glänzende Hauptstadt des Perserreiches, Mainz 2001.

Kolb, F.: Die Stadt im Altertum, München 1984.

Kraft, K.: Der „rationale“ Alexander, Kallmünz 1971 (Frankfurter Althistorische Studien, Heft 5).

Lane Fox, R.: Alexander der Große. Eine Biographie, Stuttgart 2004.

Lauffer, S.: Alexander der Große, München 2005 (4. Aufl.).

Le Rider, G.: Le monnayage d'agent et d'or de Philippe II frappé en Macédoine de 359 à 294, Paris 1977.

Levi, M. A.: Indroduzione ad Alessandro Magno, Mailand 1977.

Lozano, A.: Alejandro ante el cínico Diógenes: la confrontación del pensamiento y la acción, in: J. Alvar/J. M. Blázquez (Hrsg.): Alejandro Magno. Hombre y mito, Madrid (2000) 153–169.

Mariotta, G.: La cerimonia del trasporto in Egitto del corpo di Alessandro: il carro funebre del re (Diod. 18, 26–28), in: H.-D. Heimann [u. a.] (Hrsg.): Ceremoniales, ritos y representación del poder, Castellón 2004, 89–108.

Mederer, E.: Die Alexanderlegende bei den ältesten Alexander-Historikern, Stuttgart 1936.

Meloni, P.: Perseo e la fine della monarchia macedone, Cagliari 1953.

Momigliano, A.: Hochkulturen im Hellenismus. Die Begegnung der Griechen mit Kelten, Juden, Römern und Persern, München 1979.

Mossé, C.: Der Zerfall der athenischen Demokratie, Zürich/München 1979.

Müller, S.: Maßnahmen der Herrschaftssicherung gegenüber der makedonischen Opposition bei Alexander dem Großen, Frankfurt [u. a. O.] 2003.

Nawotka, K.: Freedom of Greek Cities in Asia Minor in the Age of Alexander the Great, Klio 85 (2003) 15–41.

Noethlichs, K. L.: Sparta und Alexander: Überlegungen zum „Mäusekrieg" und zum „Sparta-Mythos", in: W. Will/J. Heinrichs (Hrsg.): Zu Alexander d. Gr. Festschrift G. Wirth, Bd. 1, Amsterdam 1987, 391–412.

Petsas, P.: Pella. Alexander the Great's Capital, Thessalonike 1978.

Pfrommer, M.: Untersuchungen zur Chronologie und Komposition des Alexandermosaiks auf antiquarischer Grundlage, Mainz 1998.

Price, J. M.: The Coinage in the Name of Alexander the Great and Philip Arrhidaeus. A British Museum Catalog, Zürich/London 1991.

Ranowitsch, A. B.: Der Hellenismus und seine Geschichte, Berlin 1958.

Rosen, K.: Alexander I., Herodot und die makedonische Basileia, in: W. Will/J. Heinrichs (Hrsg.): Zu Alexander d. Gr. Festschrift G. Wirth, Bd. 1, Amsterdam 1987, 25–51.

Sancisi-Weerdenburg, H.: The Orality of Herodotus' *Medikos* Logos or: the Median Empire revisited, in: H. Sancisi-Weerdenburg [u. a.] (Hrsg.): Achaemenid History VIII. Continuity and Change, Leiden 1994, 389–397.

Sancisi-Weerdenburg, H.: Alexander and Persepolis, in: J. Carlsen [u. a.] (Hrsg.): Alexander the Great. Reality and Myth, Rom 1997, 177–188 (2. Aufl.).

Schachermeyr, F.: Alexander in Babylon und die Reichsordnung nach seinem Tode, Wien 1970.

Schachermeyr, F.: Alexander der Große. Das Problem seiner Persönlichkeit und seines Wirkens, Wien 1973.

Schneider, C.: Kulturgeschichte des Hellenismus, 2 Bde., München 1967/1969.

Scholz, P.: Der Philosoph und die Politik. Die Ausbildung der philosophischen Lebensform und die Entwicklung des Verhältnisses von Philosophie und Politik im 4. und 3. Jh. v. Chr., Stuttgart 1998 (Frankfurter althistorische Beiträge 2).

Schuhmacher, L.: Zum Herrschaftsverständnis Philipps II. von Makedonien, Historia 39 (1990) 426–443.

Schulz, R.: Athen und Sparta, Darmstadt 2003.

Schwarz, H.: Das Heer Alexanders des Großen in seinen Teilen und deren Wandlungen, München 1982.

Sealey, R.: Philipp II. und Athen, 334/3 und 339, Historia 27 (1978) 293–316.

Seibert, J.: Alexander der Große, Darmstadt 1990 (Erträge der Forschung, Bd. 10, 3. Aufl.).

Seibert, J.: Die Eroberung der Perserreiches durch Alexander den Großen auf kartographischer Grundlage, Wiesbaden 1985 (Beiträge zum Tübinger Atlas des Vorderen Orients: Reihe B, Geisteswissenschaften, Nr. 68).

Seibert, J.: „Panhellenischer" Kreuzzug, Nationalkrieg, Rachefeldzug oder makedonischer Eroberungskrieg? – Überlegungen zu den Ursachen des Krieges gegen Persien, in: W. Will (Hrsg.): Alexander der Große – Eine Welteroberung und ihr Hintergrund, Bonn 1998.

Seibert, J.: Der Geheimdienst Alexanders des Großen (336–323 v. Chr.), in: W. Krieger (Hrsg.): Geheimdienste in der Weltgeschichte. Spionage und verdeckte Aktionen von der Antike bis zur Gegenwart, München 2003, 19–29.

Seibert, J.: Die Hauptstadt des Perserreiches unter den Achaimeniden: Ständiger Regierungssitz oder ein „Herrscher auf Achse"?, Iranistik (2003/2004) 21–61.

Stahl, M.: Aristokraten und Tyrannen im archaischen Athen. Untersuchungen zur Überlieferung, zur Sozialstruktur und zur Entstehung des Staates, Wiesbaden 1987.

Strasburger, H.: Alexanders Zug durch die gedrosische Wüste (Erstveröffentlichung 1952), in: Studien zur Alten Geschichte, Bd. 1, Hildesheim/New York 1982, 449–486.

Strauss, B. S.: Alexander: The Military Compaign, in: J. Roisman (Hrsg.): Brill's Companion to Alexander the Great, Leiden/Boston 2003, 133–157.

Stroheker, K. F.: Zu den Anfängen der monarchischen Theorie in der Sophistik, Historia 2 (1953/1954) 381–412.

Völker-Janssen, W.: Kunst und Gesellschaft an den Höfen Alexanders d. Gr. und seiner Nachfolger, München 1993.

Vogelsang, W. J.: The Rise and Organisation of the Achaemenid Empire. The Eastern Iranian Evidence, Leiden 1992.

Walser, G.: Hellas und Iran, Darmstadt 1984.

Weber, G.: Dichtung und höfische Gesellschaft. Die Rezeption von Zeitgeschichte am Hof der ersten drei Ptolemäer, Stuttgart 1993.

Welles, C. D.: Alexander and the Hellenistic World, Toronto 1970.

Welwei, K.-W.: Sparta. Aufstieg und Niedergang einer antiken Großmacht, Stuttgart 2004.

Wiemer, H.-U.: Alexander der Große, München 2005.

Wiesehöfer, J.: Die „dunklen" Jahrhunderte der Persis, München 1994 (zitiert als Wiesehöfer I).

Wiesehöfer, J.: Zum Nachleben von Achaimeniden und Alexander in Iran, in: H. Sancisi-Weerdenburg [u. a.] (Hrsg.): Achaemenid History VIII. Continuity and Change, Leiden 1994, 389–397 (zitiert als Wiesehöfer II).

Wiesehöfer, J.: Das antike Persien. Von 550 v. Chr. bis 650 n. Chr., München 1998.

Wilcken, U.: Alexander der Große, Leipzig 1931.

Will, E.: Histoire politique du monde hellénistique (323–30 av. J.-C.), 2 Bde., Nancy 1979/1984.

Will, W. : Athen und Alexander. Untersuchung zur Geschichte der Stadt von 338–322 v. Chr., München 1983.

Will, W.: Alexander der Große. Geschichte Makedoniens, Bd. 2, Stuttgart [u. a.] 1986.

Wirth, G. : Studien zur Alexandergeschichte, Darmstadt 1985.

Wirth, G.: Alexander der Große, Reinbek bei Hamburg 2000 (11. Aufl.).

Wirth, G.: Der Kampfverband des Proteas. Spekulationen zu den Begleitumständen der Laufbahn Alexanders, Amsterdam 1989.

Worthington, I.: Alexander, Philip, and the Macedonian Background, in: J. Roisman (Hrsg.): Brill's Companion to Alexander the Great, Leiden/Boston 2003, 69–98.

Zahrnt, M.: Die Entwicklung des makedonischen Reiches bis zu den Perserkriegen, Chiron 14 (1984) 325–368.

Zahrnt, M.: Alexanders Übergang über den Hellespont, Chiron 26 (1996) 129–147.

Zahrnt, M.: Alexander in Gordion und die Entstehung einer Legende, in: S. Böhm [u. a.] (Hrsg.): IOAKE. Festschrift für J. Schäfer, Würzburg 2001, 303–306.

Zeittafel

Alle Jahresangaben beziehen sich auf die Zeit v. Chr.

371	Ende der spartanischen Hegemonie über Griechenland.
362	Ende der thebanischen Hegemonie.
359–336	Regierungszeit Philipps II. begründet die Vorherrschaft Makedoniens über Griechenland.
356 (Juli)	Geburt Alexanders.
342–340	Alexander als Schüler des Aristoteles.
340	Alexander als Stellvertreter Philipps II., erste Feldzüge in Thrakien.
338 (August)	Schlacht von Chaironeia: Alexander befiehlt die makedonischen Reitertruppen, die den Kampf entscheiden; Gründung des Korinthischen Bundes (Herbst).
337 (Frühjahr)	Kriegsbeschluss des Korinthischen Bundes gegen das Perserreich.
336 (Sommer)	Ermordung Philipps II.; Thronbesteigung Alexanders; Archon der Thessaler, Vorsitzender der Delphischen Amphiktyonie, Hegemon des Korinthischen Bundes.
336	Dareios III. König des Achaimenidenreiches.
335	Feldzüge gegen die Thraker (Frühjahr) und Illyrer (Sommer); Zerstörung Thebens (Herbst).
334 (Frühjahr)	Beginn des Feldzuges gegen das Perserreich: Überquerung des Hellespont, Besuch in Troia.
334 (Mai)	Schlacht am Granikos, Einnahme von Sardes, Ephesos und Milet (Sommer), Belagerung und Eroberung von Halikarnassos (Herbst).
334/333	Winterfeldzug in Lykien und Pamphylien.
333	Seekrieg der Perser in der Ägäis.
333 (Frühjahr)	Alexander sammelt sein Heer in Gordion.
333 (Sommer)	Marsch durch Kappadokien; Eroberung Kilikiens.
333 (Herbst)	Schlacht bei Issos: Alexander siegt über Dareios III.
332	Unterwerfung Phönikiens: Belagerung und Eroberung von Tyros (Januar bis August); Scheitern der Verhandlungen zwischen Dareios III. und Alexander über die Aufteilung des Perserreiches.
332 (Herbst)	Belagerung und Eroberung von Gaza, Einzug in Ägypten: Krönung zum Pharao (Winter).
331 (Winter/Frühjahr)	Gründung der Stadt Alexandria an der Nilmündung; Zug in die Oase Siwah.
331 (Mai)	Alexander sammelt sein Heer in Tyros und marschiert Richtung Euphrat und Tigris; Erhebung Spartas unter König Agis III. gegen Makedonien (Sommer).

331 (Oktober)	Schlacht von Gaugamela: Sieg über Dareios III., Einzug in Babylon und Susa (Oktober bis Dezember).
330	Einnahme von Persepolis, Zerstörung des Palastes der Achaimeniden (Januar bis Mai); Ankunft in Ekbatana, Entlassung der griechischen Bundesgenossen: Beendigung des Rachekrieges gegen das Perserreich.
330 (Sommer)	Ermordung des Dareios III.; Alexander zieht nach Ostiran, um Bessos, Dareios' III. Nachfolger, auszuschalten; Alexander beginnt, Teile der persischen Königstracht zu übernehmen; Hinrichtung des Philotas, Ermordung Parmenions (Herbst).
329 (Frühjahr)	Überschreitung des Hindukusch; Ergreifung und Hinrichtung des Bessos.
329–327	Unterwerfung Baktriens und Sogdiens.
328 (Sommer)	Tötung des Kleitos in Marakanda; Ergreifung und Hinrichtung des Spitamenes (Dezember).
327 (Frühjahr)	Heirat mit der sogdischen Fürstentochter Roxane; Proskynese-Streit, Pagenverschwörung; Aufbruch von Baktra nach Indien (Sommer), Kämpfe im nördlichen Afghanistan und Pakistan (Herbst, Winter).
327–325	Indienexpedition.
326 (Frühjahr)	Überquerung des Indus; Schlacht am Hydaspes gegen Poros; Umkehr am Hyphasis (Sommer); Beginn der Indusfahrt Richtung Ozean (Herbst).
325 (Frühjahr)	Kämpfe gegen die Maller; Ankunft der Flotte am Indusdelta (Sommer); Rückmarsch des Heeres durch die Gedrosische Wüste, Abfahrt der Flotte unter Nearchos nach Westen (Herbst).
325/324	Zusammentreffen der Heeresteile in Karmanien; Strafgericht über Satrapen und andere Untergebene.
324 (Frühjahr)	Ankunft in Susa: Massenhochzeit, Erlass des Verbanntendekrets; griechische Städte verleihen Alexander göttliche Ehren; Meuterei des makedonischen Heeres in Opis: Versöhnungsfest (Sommer); Alexander in Ekbatana, Tod des Hephaistion (Herbst).
323 (Frühjahr)	Ankunft in Babylon; Gesandte aus Griechenland kommen mit Zeichen göttlicher Verehrung zu Alexander; Vorbereitung eines Feldzuges nach Arabien.
323 (Juni)	Tod Alexanders.

Register

Personen

Orte

Abbildungsnachweis

Abb. 1, 1a, 13, 15: akg-images/Erich Lessing.
Abb. 2, 18, 25, 26: aus P. Barceló, Kleine griechische Geschichte, Darmstadt 2004.
Abb. 3, 4, 7, 8, 11: bpk/Münzkabinett/SMB.
Abb. 5, 6, 14: aus: John Haywood, Atlas der alten Kulturen, Darmstadt 2005.
Abb. 9: aus: M. Andronicos: Vergina, The Royal Tombs and the Ancient City, Athen 1992.
Abb. 10, 12, 16, 22, 24: akg-images.
Abb. 17, 23, 31: aus N. Hammond, Alexander der Große, München, Berlin 2001 (Original: The Genius of Alexander the Great, London 1997).
Abb. 19: aus: F. Hampl, Alexander der Große. 3. Aufl. 1992, Muster-Schmidt, Göttingen/Zürich.
Abb. 20, 28: akg-images/Gérard Degeorge.
Abb. 21: M. Clauss, Alexandria, Klett-Cotta, Stuttgart 2003.
Abb. 27: akg-images/Werner Forman.
Abb. 29: Peter Palm, Berlin.
Abb. 30: akg-images/Paul Almasy.